# ATLAS DE

CW00960486

# Remerciements

Ce livre a pu être élaboré grâce aux recherches sociologiques menées par le groupe Louis Dirn à l'Observatoire français des conjonctures économiques (Fondation nationale des sciences politiques) présidé par Jean-Paul Fitoussi. Elles sont dirigées par Henri Mendras, que je remercie ici après vingt ans de collaboration, ainsi que Michel Forsé. Ma gratitude va aussi à mes « camarades de jeu », tout particulièrement au sociologue Maxime Parodi et aux économistes Xavier Timbeau, Éric Heyer, Gaël Dupont et Valérie Chauvin pour leurs conseils judicieux. J'ai une dette particulière à l'égard de Gwenola de Gouvello et Christine Paquentin pour leur aide documentaire.
Enfin, je remercie tous mes proches pour leur soutien affectif.

---

**Laurence Duboys Fresney** a débuté sa carrière comme documentaliste. Entrée à l'Observatoire français des conjonctures économiques (Fondation nationale des sciences politiques) en 1981, elle est devenue secrétaire scientifique du groupe Louis Dirn où elle participe à des recherches comparatives sur le changement social en Europe. Secrétaire de rédaction de *La Revue Tocqueville/The Tocqueville Review* depuis dix ans, elle a organisé de nombreux séminaires internationaux et assuré la publication de plusieurs ouvrages collectifs.

---

**Les références bibliographiques concernant les textes et les sources des illustrations sont réunies en fin d'ouvrage.**


17, rue du Louvre, 75001 Paris.
www.autrement.com


6/7, Old Steine, Brighton BN1 1EJ, UK.
www.MyriadEditions.com

Coordonné par Marie Pinatelle et Juliette Solvès.
Cartes et planches graphiques par Isabelle Lewis.



ISBN : 2-7467-0160-X
ISSN : 1169-4696

Imprimé et broché à Hong-Kong

# Atlas des Français

## Grand angle sur un peuple singulier

Laurence Duboys Fresney

Éditions Autrement
collection Atlas/Monde
&

SCIENCES
HUMAINES

# TABLE DES MATIÈRES

# IL ÉTAIT AUTREFOIS LA FRANCE...

*Rien n'est mort que ce qui n'existe pas encore*
*Près du passé luisant, demain est incolore.*
Guillaume Apollinaire

De l'Après-guerre au cœur des années 1960, les Français étaient soucieux du lendemain, ils vivaient dans la frugalité et la prévoyance et s'en remettaient aux traditions et aux institutions – l'Église ou le Parti communiste – pour décider des comportements à suivre. Puis, en quelques années, la France s'est enrichie ; la croissance économique et le plein emploi ont entraîné le desserrement des contraintes et les vertus cardinales du monde paysan chrétien traditionnel se sont étiolées. Ce que Henri Mendras définit comme la « Seconde révolution française[1] » se situe entre 1965 et 1984, période où les structures sociales issues de 1789 disparaissent mais où ses idéaux pénètrent la société : la tendance est à l'égalité des conditions et à la prééminence de l'individu.

En **1965** sonne le glas des paysans, la fin de la bourgeoisie rentière qui vit de ses terres et de ses capitaux comme celle du boutiquier qui vit de son échoppe : « Le monde de Balzac et de Zola a entièrement disparu, et aussi le monde d'Alain, des petits contre les gros, du citoyen contre les pouvoirs[2]. » Après cette date s'ouvre l'ère du changement : le nombre de femmes actives augmente sensiblement, la nuptialité et la natalité diminuent, la courbe des divorces amorce son lent décollage, la fréquentation de l'Église le dimanche devient moins régulière, alors que les jeunes prolongent leurs études à l'université. La consommation de masse et la carte de crédit répondent au désir de satisfaction immédiate des besoins : les grandes surfaces se répandent autour des villes, le livre de poche devient la norme. Le nu gagne le cinéma et les magazines tandis que les valeurs hédonistes deviennent licites. Les années qui suivent confirment cette révolution des mœurs : « En une vingtaine d'années, il y eut changement du comportement collectif et des mœurs dans des domaines qui touchent aux temps forts et aux valeurs d'une société : la naissance, la mort, le mariage, le plaisir. Les seuils en ces domaines se sont déplacés, les valeurs sous-jacentes se sont modifiées, la norme et la transgression, au bout du compte, ont plus changé au cours de ces deux décennies qu'en plusieurs siècles[3]. »
Puis une « onde de choc » – la crise économique – vient briser l'euphorie des *sixties*, mais elle n'entrave en rien la mutation sociologique la plus rapide de l'histoire.

**1981** : nouvelle rupture. Grâce à ses « bataillons » électoraux issus de la couche moyenne salariée devenue majoritaire, les moins de 35 ans, les employés, les ouvriers et les cadres moyens, la gauche gagne les élections présidentielles, après vingt-trois ans de pouvoir à droite. Le peuple de France, qui ne croyait plus à l'alternance, est en liesse et chante *Le Temps des cerises*, il attend du

1. H. Mendras, *La Seconde Révolution française 1965-1984* (1988), Paris, Gallimard, 1994 (ed. augmentée).
2. *Ibidem*.
3. J.-F. Sirinelli, J.-F. Rioux, *La France d'un siècle à l'autre 1914-2000*, Paris, Hachette, 1999.

nouveau pouvoir socialiste qu'il vienne conjurer la crise et « changer la vie ». Les Français, toujours remplis des idéaux républicains, avides comme en 1789 d'une plus grande justice sociale, attendent de la gauche qu'elle lutte contre le capitalisme et que de nouvelles institutions viennent valider les valeurs de l'après-68. Suite aux soubresauts de la majorité socialiste, les Français prônent des évolutions plus souples, des réformes progressives ; ils intègrent petit à petit l'idée d'une mondialisation des échanges, de l'esprit d'entreprise, de la flexibilité de l'emploi, de l'autonomie de l'individu et du pluralisme culturel.

En **1989**, vient le temps du bilan ; c'est l'heure où la France revient sur sa passion révolutionnaire. Pour François Furet, « depuis bientôt deux cents ans, l'histoire de la Révolution française n'a cessé d'être un récit des origines, donc un discours de l'identité[4] ». Aussi, rien ne marque mieux la transformation de la société française que les débats autour de la commémoration de 1789. La France brise son vieux miroir quand d'autres font s'écrouler le mur de Berlin, enterrant le rêve d'une société entièrement administrée où toute inégalité et tout conflit auraient disparu.

En s'édifiant sur ces ruines idéologiques, l'Europe va-t-elle développer une nouvelle civilisation entre l'Amérique et l'Islam ?

---

4. F. Furet, *Penser la Révolution française*, Paris, Gallimard, 1978.

# LES GRANDS CADRES

1

## Citadins malgré eux

Nous sommes 59 millions à peupler la France en 2000. La Haute-Garonne détient le record d'augmentation de population, à l'inverse de la Creuse. Travailler en ville et habiter la campagne est la situation d'un nombre croissant de personnes. Phénomène nouveau et important : le rural et l'urbain évoluent désormais dans le même sens.

- *Sous le soleil et à la mer*
- *Paris* versus *province*

## Le pouls de la population

L'accroissement de la population est proche de 300 000 individus. Il cache néanmoins un futur déficit puisque les jeunes couples, aujourd'hui moins nombreux que leurs prédécesseurs, font peu d'enfants.

## Économie(s)

Après des décennies de crise, une nouvelle France se dessine, la reprise vient s'inscrire sur fond de forces économiques et industrielles solides à l'aube du XXIe siècle. Depuis 1997, la croissance oscille entre 2 et 3 %, en tête des grands pays européens, grâce aux nouvelles technologies.

- *L'agriculture*
- *La nouvelle industrie*
- *Le grand bond en avant du tertiaire*
- *Un monde fragilisé : le travail*
- *Les Français renouent avec l'entreprise et le capitalisme*
- *Plaisir, santé, sécurité : la trilogie du consommateur*
- *En avoir ou pas... le logement et son équipement*
- *Culture et loisirs ont le vent en poupe*

# CITADINS MALGRÉ EUX

*La ville a une figure, la campagne a une âme.*
Jacques de Lacretelle

Le recensement de 1999 établit la population de la France à 59 millions d'habitants, soit 2 millions de plus qu'en 1990. La Haute-Garonne a connu la plus forte hausse de population et la Creuse la plus forte baisse.

## La ville à la campagne

Travailler en ville et habiter la campagne est la situation d'un nombre croissant de personnes. Les citadins sont partis habiter au-delà des villes et de leur banlieue, les ruraux ont trouvé un emploi en ville, la « périurbanisation » a commencé il y a plus de trente ans autour de Paris.
Pour étudier le nouveau territoire français, caractérisé par la dilatation des villes, l'Insee a élaboré le zonage en « aires urbaines », qui comprend :
•les *pôles urbains* : les villes importantes et leur banlieue,
•la *couronne périurbaine* : dont 40 % des résidents vont travailler en ville.
Ces *aires urbaines* rassemblent les trois quarts de la population. Le reste du territoire est *l'espace à dominante rurale*, il comprend les petites unités urbaines et les communes rurales, représente 70 % de la superficie totale mais rassemble un quart de la population.
Aujourd'hui, la croissance est particulièrement forte dans une « deuxième couronne périurbaine » formée des communes qui envoyaient, en 1990, 25 à 40 % de leurs actifs dans ces grandes villes. Ainsi, autour de l'aire urbaine de Paris, la croissance des communes est vive, beaucoup plus rapide que l'aire urbaine proprement dite. Il en est de même autour de Marseille/Aix-en-Provence.
Ce phénomène d'urbanisation lâche par extension des banlieues est relayé par des zones urbanisées qui se développent entre bourgs et villages.
Ces zones sont particulièrement visibles dans les vallées : la carte ci-contre fait ressortir nettement la vallée de la Loire jusqu'à Orléans, celle de la Garonne jusqu'à l'entrée des Pyrénées, la vallée du Rhône et la plaine d'Alsace. Globalement, l'espace périurbain des villes dynamiques empiète de plus en plus sur l'espace voisin à dominante rurale, c'est la « rurbanisation ». Bungalows, pavillons-HLM, fermes restaurées, ruines remontées, dans les nouveaux villages de la rurbanisation, ouvriers, jeunes cadres et récents retraités transforment la campagne à leur usage, impraticable sans automobile, téléphone portable, congélateur et supermarché, entraînant dans ces nouveaux modes de vie les derniers professionnels de l'agriculture.

## Régions dynamiques, régions léthargiques

Le phénomène le plus nouveau et le plus important est que le rural et l'urbain évoluent maintenant dans le même sens. Autrefois, les villes croissaient en « pompant » les campagnes environnantes de leur population. Aujourd'hui, les régions évoluent d'un seul mouvement : dans les régions où les villes stagnent, la population rurale n'augmente pas ; au

LA VIE, ENTRE VILLE ET VERT
En pourcentages

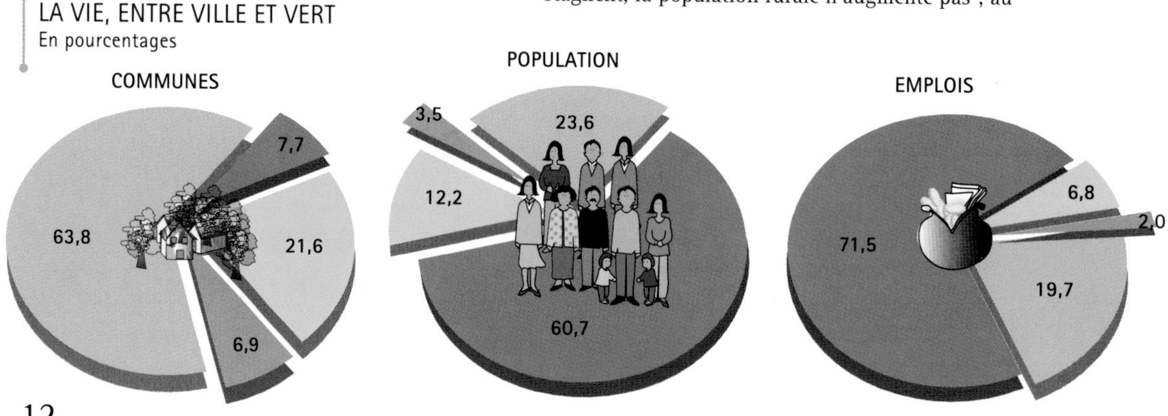
COMMUNES
7,7
63,8
21,6
6,9
POPULATION
3,5
23,6
12,2
60,7
EMPLOIS
6,8
2,0
71,5
19,7

contraire, les villes dynamiques sont entourées de communes rurales florissantes.

Les contrastes entre des zones rurales ou montagnardes en pleine croissance et par ailleurs d'autres en déclin, sont un des grands défis de l'aménagement du territoire. Pourquoi les montagnards auvergnats n'ont-ils su développer leur territoire comme les Alpins ? Pourquoi les villes du centre connaissent-elles la récession, et les villes du sud une croissance continue ? Ce ne sont ni les montagnes ni le rural qui sont en crise, mais des formes d'urbanisation, de maillage du local, des réseaux économiques et sociaux.

De ces différents mouvements résulte, au centre de la France, par contraste, une longue écharpe de décroissance démographique qui prend naissance en Picardie, englobe la Champagne-Ardenne, traverse la Bourgogne, couvre le Centre, le Massif central, et tend à remonter vers le Centre ouest. Ce fort déséquilibre macrorégional est difficile à expliquer et, surtout, il pose un problème majeur aux responsables de l'aménagement du territoire. De la mégapole parisienne au Massif central et de la Vendée à la Bourgogne s'étend une région qui paraît en perte grave de vitalité démographique.

## LA CAMPAGNE SOUS INFLUENCE

Développement des zones périurbaines

Catégories de communes :

- pôles urbains
- couronnes périurbaines
- communes multipolarisées (comprimées entre deux zones urbaines)
- espace à dominance rurale
- zones rurales en décroissance démographique

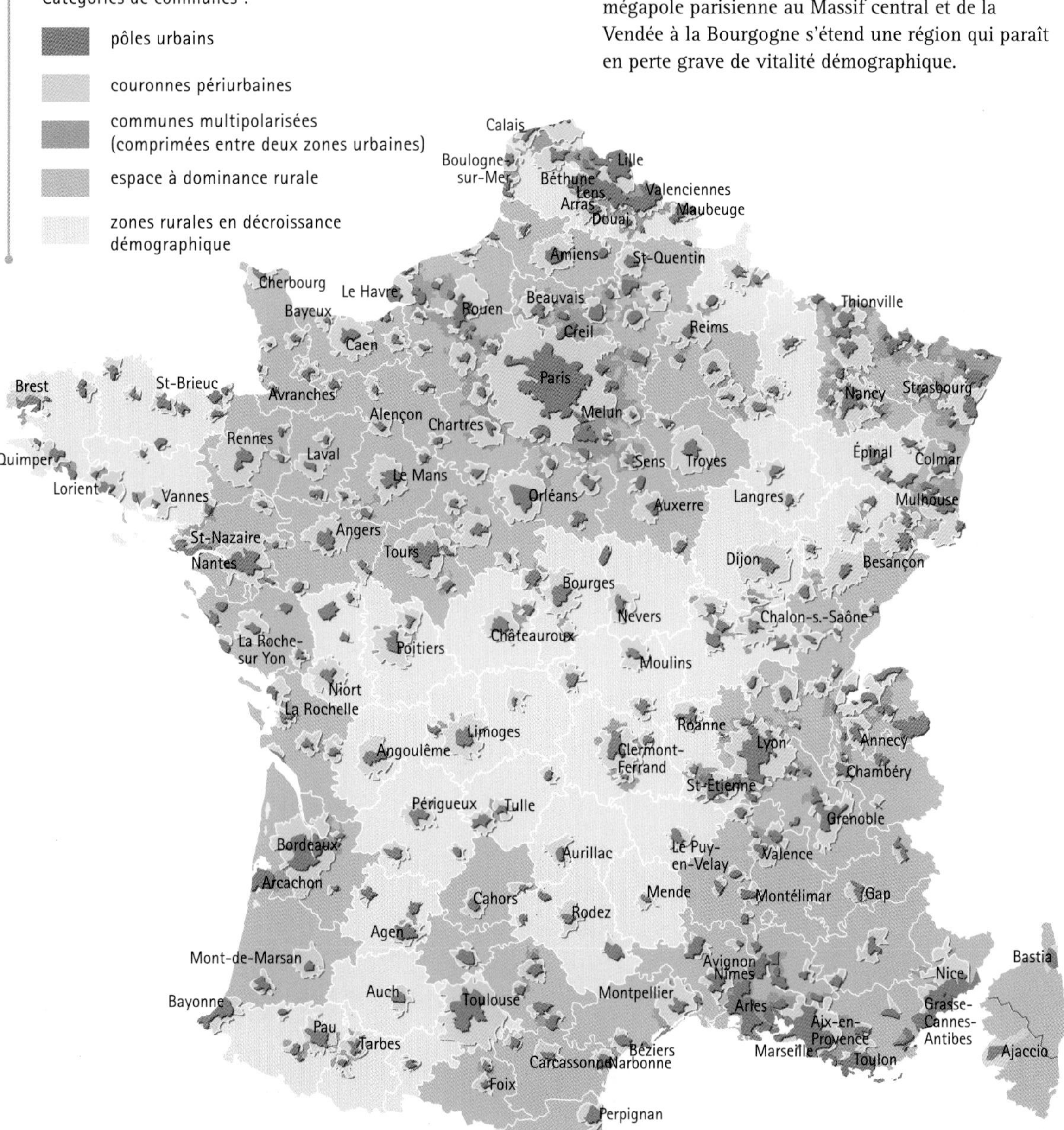

Calais
Boulogne-sur-Mer
Lille
Béthune
Lens
Arras
Valenciennes
Douai
Maubeuge
Amiens
St-Quentin
Cherbourg
Le Havre
Bayeux
Rouen
Beauvais
Thionville
Creil
Reims
Caen
Brest
St-Brieuc
Avranches
Paris
Nancy
Strasbourg
Melun
Alençon
Chartres
Rennes
Laval
Sens
Troyes
Épinal
Colmar
Quimper
Le Mans
Lorient
Vannes
Orléans
Langres
Auxerre
Mulhouse
St-Nazaire
Angers
Tours
Dijon
Besançon
Nantes
Bourges
Nevers
Chalon-s.-Saône
La Roche-sur Yon
Poitiers
Châteauroux
Moulins
Niort
La Rochelle
Roanne
Limoges
Annecy
Angoulême
Lyon
Clermont-Ferrand
Chambéry
St-Étienne
Périgueux
Tulle
Grenoble
Bordeaux
Aurillac
Le Puy-en-Velay
Valence
Arcachon
Mende
Montélimar
Gap
Cahors
Rodez
Agen
Mont-de-Marsan
Avignon
Bastia
Nîmes
Nice
Auch
Bayonne
Toulouse
Montpellier
Arles
Grasse-Cannes-Antibes
Aix-en-Provence
Pau
Tarbes
Béziers
Marseille
Toulon
Ajaccio
Carcassonne
Narbonne
Foix
Perpignan

# Sous le soleil et à la mer

Le nord et le centre du pays se dépeuplent, l'ouest et le sud, en revanche, connaissent une croissance supérieure à la moyenne nationale. C'est ce que nous pourrions appeler un « héliotropisme », qui correspond à un exode industriel depuis les régions où le secteur secondaire était traditionnellement implanté – avant tout, le Nord et la Lorraine –, vers les régions méditerranéennes, de Nice jusqu'à Toulouse, où les industries de haute technologie et les services se sont particulièrement développés.

Le dernier recensement fait ressortir un mouvement nouveau de croissance rapide des littoraux en France ; tout comme aux États-Unis, le bord de mer français devient attractif. Sur la façade Atlantique et sur les côtes de la Manche, la grande majorité des cantons littoraux croissent, comme c'est le cas pour la Bretagne où le littoral en forte croissance fait contraste avec des zones de dépeuplement massif situées à dix ou vingt kilomètres du rivage. Le littoral méditerranéen, de Toulouse à Nice, connaît une densification au point que la population s'installe de plus en plus dans l'arrière-pays. C'est ce que l'on pourrait appeler un « thalassotropisme ».

Le développement du tourisme côtier, des résidences secondaires ou de retraite, ne suffit plus à expliquer le développement du littoral, non plus que le caractère attractif ou distractif du bord de mer. La population littorale ne se distingue pas de la moyenne française, et n'est certainement pas la population la plus âgée du territoire français : contrairement aux idées reçues, les côtes ne sont pas spécifiquement peuplées de sédentaires venus passer au bord de la mer une retraite heureuse.

## LE LITTORAL S'URBANISE

Évolution du taux d'urbanisation
En points
*1990-1999*

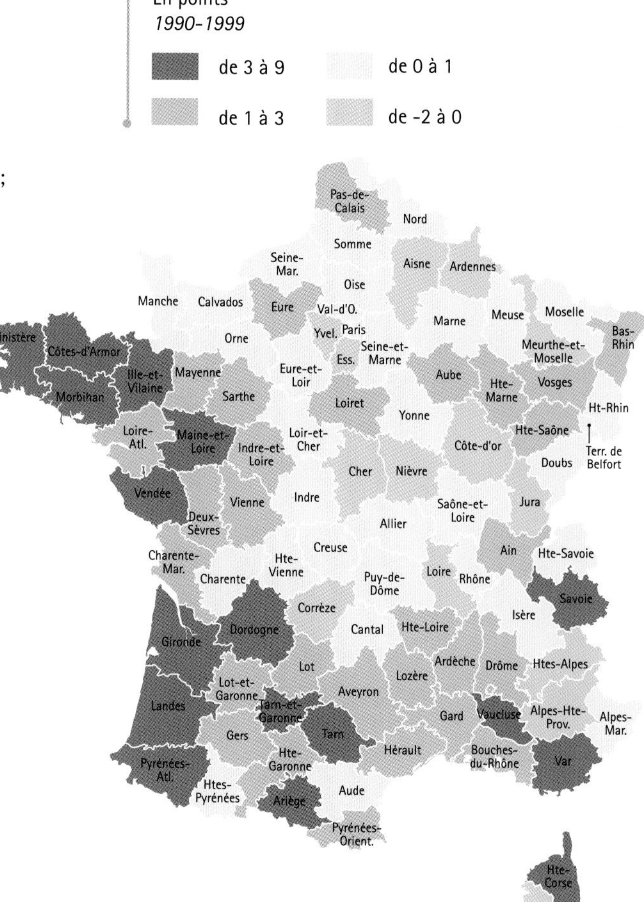
de 3 à 9
de 0 à 1
de 1 à 3
de -2 à 0
Pas-de-Calais
Nord
Somme
Seine-Mar.
Aisne
Ardennes
Oise
Manche
Calvados
Eure
Val-d'O.
Marne
Meuse
Moselle
Bas-Rhin
Finistère
Côtes-d'Armor
Orne
Yvel.
Paris
Seine-et-Marne
Ess.
Meurthe-et-Moselle
Ille-et-Vilaine
Mayenne
Eure-et-Loir
Aube
Hte-Marne
Vosges
Morbihan
Sarthe
Loiret
Yonne
Ht-Rhin
Loire-Atl.
Maine-et-Loire
Indre-et-Loire
Loir-et-Cher
Côte-d'or
Hte-Saône
Terr. de Belfort
Doubs
Cher
Nièvre
Vendée
Vienne
Indre
Saône-et-Loire
Jura
Deux-Sèvres
Allier
Creuse
Ain
Hte-Savoie
Charente-Mar.
Charente
Hte-Vienne
Puy-de-Dôme
Loire
Rhône
Savoie
Corrèze
Isère
Gironde
Dordogne
Cantal
Hte-Loire
Lot
Ardèche
Drôme
Htes-Alpes
Lot-et-Garonne
Lozère
Aveyron
Landes
Tarn-et-Garonne
Gard
Vaucluse
Alpes-Hte-Prov.
Alpes-Mar.
Gers
Tarn
Hérault
Bouches-du-Rhône
Var
Pyrénées-Atl.
Hte-Garonne
Htes-Pyrénées
Ariège
Aude
Pyrénées-Orient.
Hte-Corse
Corse-du-Sud

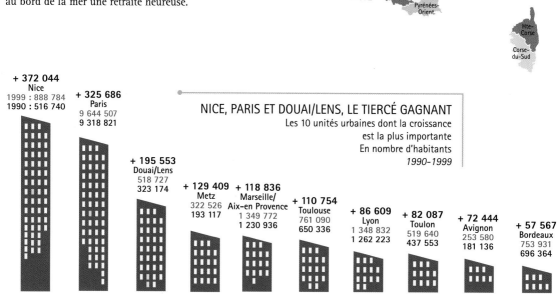

## NICE, PARIS ET DOUAI/LENS, LE TIERCÉ GAGNANT

Les 10 unités urbaines dont la croissance est la plus importante
En nombre d'habitants
*1990-1999*

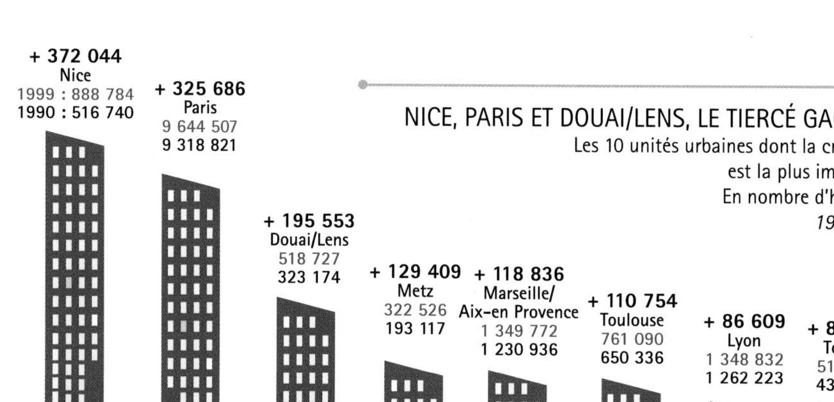
+ 372 044
Nice
1999 : 888 784
1990 : 516 740
+ 325 686
Paris
9 644 507
9 318 821
+ 195 553
Douai/Lens
518 727
323 174
+ 129 409
Metz
322 526
193 117
+ 118 836
Marseille/
Aix-en Provence
1 349 772
1 230 936
+ 110 754
Toulouse
761 090
650 336
+ 86 609
Lyon
1 348 832
1 262 223
+ 82 087
Toulon
519 640
437 553
+ 72 444
Avignon
253 580
181 136
+ 57 567
Bordeaux
753 931
696 364

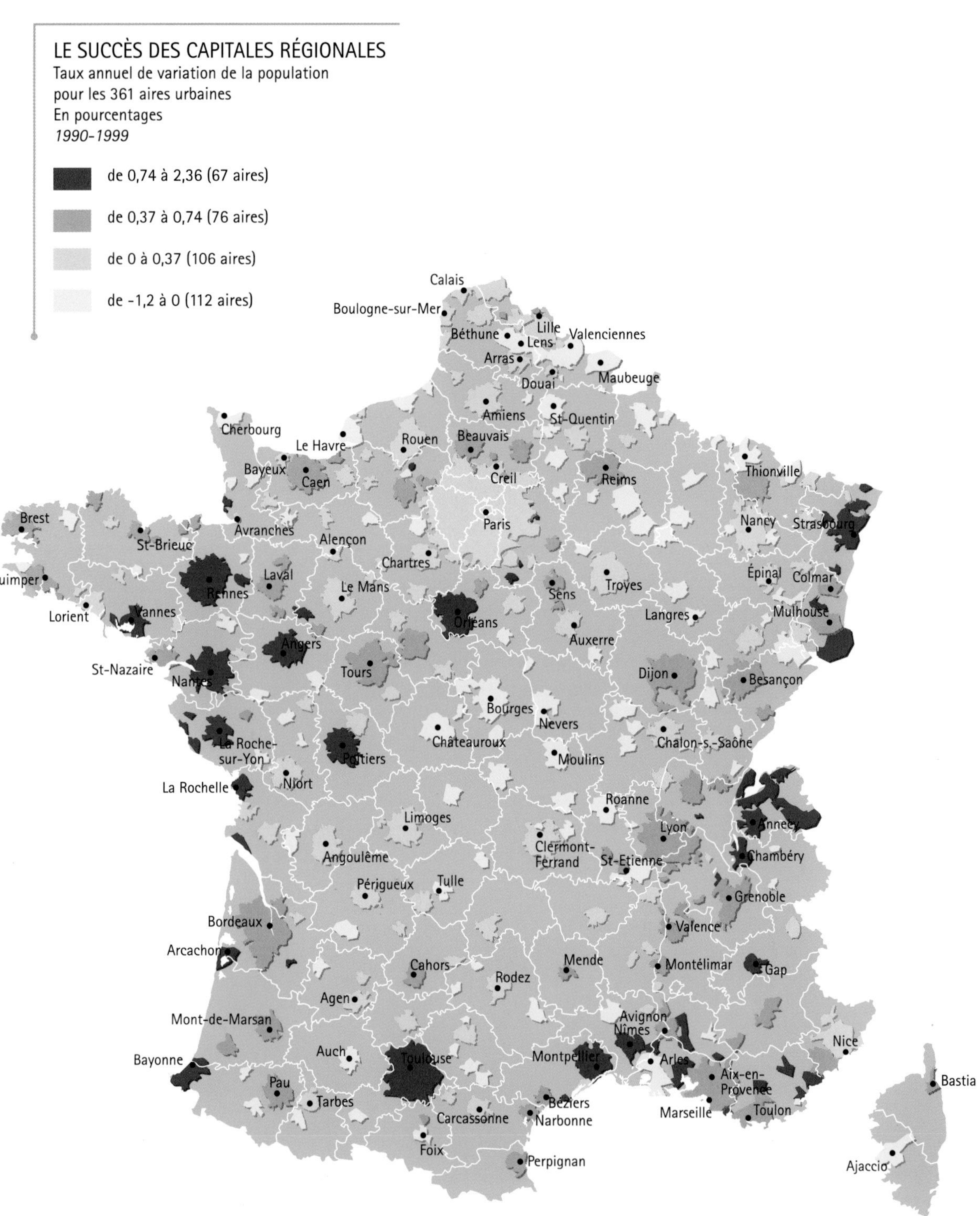
de 0,74 à 2,36 (67 aires)
de 0,37 à 0,74 (76 aires)
de 0 à 0,37 (106 aires)
de -1,2 à 0 (112 aires)
Calais
Boulogne-sur-Mer
Lille
Béthune
Lens
Valenciennes
Arras
Maubeuge
Douai
Amiens
St-Quentin
Cherbourg
Le Havre
Rouen
Beauvais
Bayeux
Caen
Creil
Reims
Thionville
Brest
Paris
Nancy
Strasbourg
Avranches
St-Brieuc
Alençon
Chartres
Quimper
Laval
Rennes
Le Mans
Sens
Troyes
Épinal
Colmar
Lorient
Vannes
Orléans
Langres
Mulhouse
Auxerre
Angers
St-Nazaire
Nantes
Tours
Dijon
Besançon
Bourges
Nevers
Châteauroux
Chalon-s.-Saône
La Roche-sur-Yon
Poitiers
Moulins
La Rochelle
Niort
Roanne
Limoges
Annecy
Lyon
Angoulême
Clermont-Ferrand
St-Etienne
Chambéry
Périgueux
Tulle
Grenoble
Bordeaux
Valence
Arcachon
Mende
Montélimar
Cahors
Gap
Rodez
Agen
Mont-de-Marsan
Avignon
Nîmes
Nice
Auch
Bayonne
Toulouse
Montpellier
Arles
Aix-en-Provence
Bastia
Pau
Tarbes
Béziers
Carcassonne
Narbonne
Marseille
Toulon
Foix
Perpignan
Ajaccio

LE SUCCÈS DES CAPITALES RÉGIONALES
Taux annuel de variation de la population pour les 361 aires urbaines
En pourcentages
*1990-1999*

# PARIS *VERSUS* PROVINCE

Depuis la lutte des Jacobins contre les Girondins, l'opposition entre Paris et la province s'est manifestée jusqu'au début du XXe siècle où une renaissance régionaliste se dessine avec l'entrée dans la République de l'Alsace-Lorraine. La protestation contre la suprématie de Paris, solidement établie par la centralisation administrative datant de la Révolution et de Napoléon Ier, est toujours d'actualité, malgré les efforts de décentralisation des pouvoirs.
Longtemps, les Parisiens ont regardé la province comme un lieu où la vie paraît obéir à un mouvement rétrograde, où les gens parlent des événements avec une certaine distance, cultivent les valeurs du passé, où la solitude peut devenir triste, voire angoissante. L'image du paysan, coiffé d'une casquette, poussant sa vache au champ, est longtemps restée le cliché représentatif de la province française.
Pourtant, le paysage a changé. Paris perd d'année en année un peu de sa population, la province est devenue urbaine. Par les investissements en universités, recherche, emplois, théâtres, festivals, les métropoles régionales se développent rapidement, et attirent sans cesse de nouveaux habitants, qui désirent quitter les tumultes de la vie parisienne pour trouver une meilleure qualité de vie ; c'est un souci de plus en plus fréquent chez des gens de moins en moins « carriéristes ». Des logements moins chers, des déplacements moins fatigants et des unités professionnelles plus petites attirent les jeunes.
Nantes, Bordeaux, Lille, Lyon, Toulouse mettent en valeur l'alliance de leurs atouts naturels (les charmes de la mer ou de la campagne) et de leurs infrastructures modernes (un tramway silencieux ou un opéra). La caricature du centralisme français, représenté par les lignes TGV, est en train de disparaître, puisque ce train rapide, prolongé par l'Eurostar et le Thalys, relie peu à peu des grandes villes françaises et européennes sans passer par Paris. Rivalisant entre elles et jouant la carte européenne, ces grandes métropoles deviennent elles-mêmes tentaculaires, elles tentent de séduire les plus petites (comme Reims ou Poitiers) qui n'ont pas leurs moyens et qui deviennent des villes satellites des plus puissantes.

## L'atout capital ?

Mais Paris détient encore beaucoup de privilèges. C'est là que l'on recrute le plus et à des postes élevés, facteur important pour un ménage dont les deux conjoints ont de hautes qualifications, les rémunérations y sont plus gratifiantes. De même, si les enfants tentent les grandes écoles, c'est plus simple en habitant Paris.
Paris continue de jouer la vedette dans le cercle des capitales mondiales, elle est la plus visitée et ne cesse d'augmenter son prestige (Stade de France, Grande Bibliothèque et bientôt, dans « sa campagne », un nouvel aéroport). La vie nocturne est sans rivale ; aller dans un bon restaurant, décoré par une star, en écoutant la musique des meilleurs DJ ou assister à un événement mondain comme l'inauguration d'une grande exposition restent des activités typiquement parisiennes ; de nombreux jeunes créateurs venus du monde entier s'installent à Paris, et y réussissent, de la Cour carrée du Louvre à Belleville, en passant par Pigalle. En France, le grand amateur de soirées *show-biz* ou la passionnée de défilés *off* ne trouvera pas satisfaction ailleurs qu'à Paris.
Le lieu de résidence est un facteur qui distingue, par certains aspects, les Français les uns des autres. En matière d'opinions diverses, on observe que les « ruraux » sont plus conservateurs vis-à-vis des institutions, plus rétifs au développement des nouvelles technologies, se sentent en meilleur état de santé, moins inquiets et plus traditionalistes en matière de mœurs que les « franciliens » ; sur cette échelle, les « urbains » (provinciaux) occupent une place intermédiaire. Plus la taille de l'agglomération est petite, plus les habitants semblent satisfaits de leur environnement. En revanche, les franciliens semblent souffrir de tous les maux ; ils se plaignent facilement de la pollution, de la délinquance, des transports éreintants, du bruit... mais qu'attendent-ils donc ?

PARIS, LA FRANCE RURALE OU LES VILLES DE PROVINCE : TROIS FAÇONS DE PENSER

Les principales différences d'opinions, *1999*

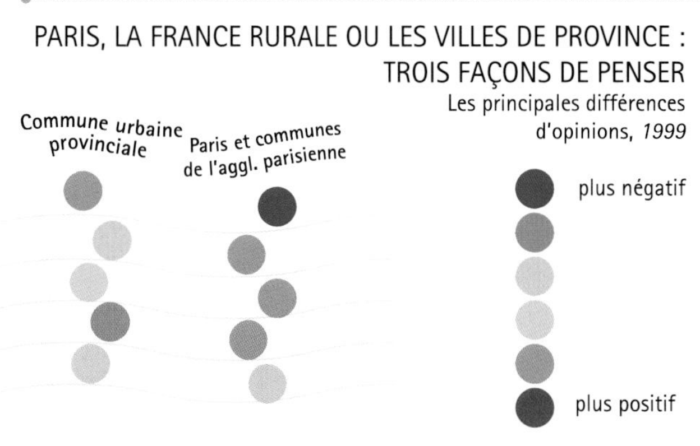
Commune rurale
Commune urbaine provinciale
Paris et communes de l'aggl. parisienne
Jugement favorable sur l'environnement régional
Modernisme en matière de mœurs
Demande de transformation de la société
Sévérité à l'égard de la justice
Frilosité face à l'informatique
plus négatif
plus positif

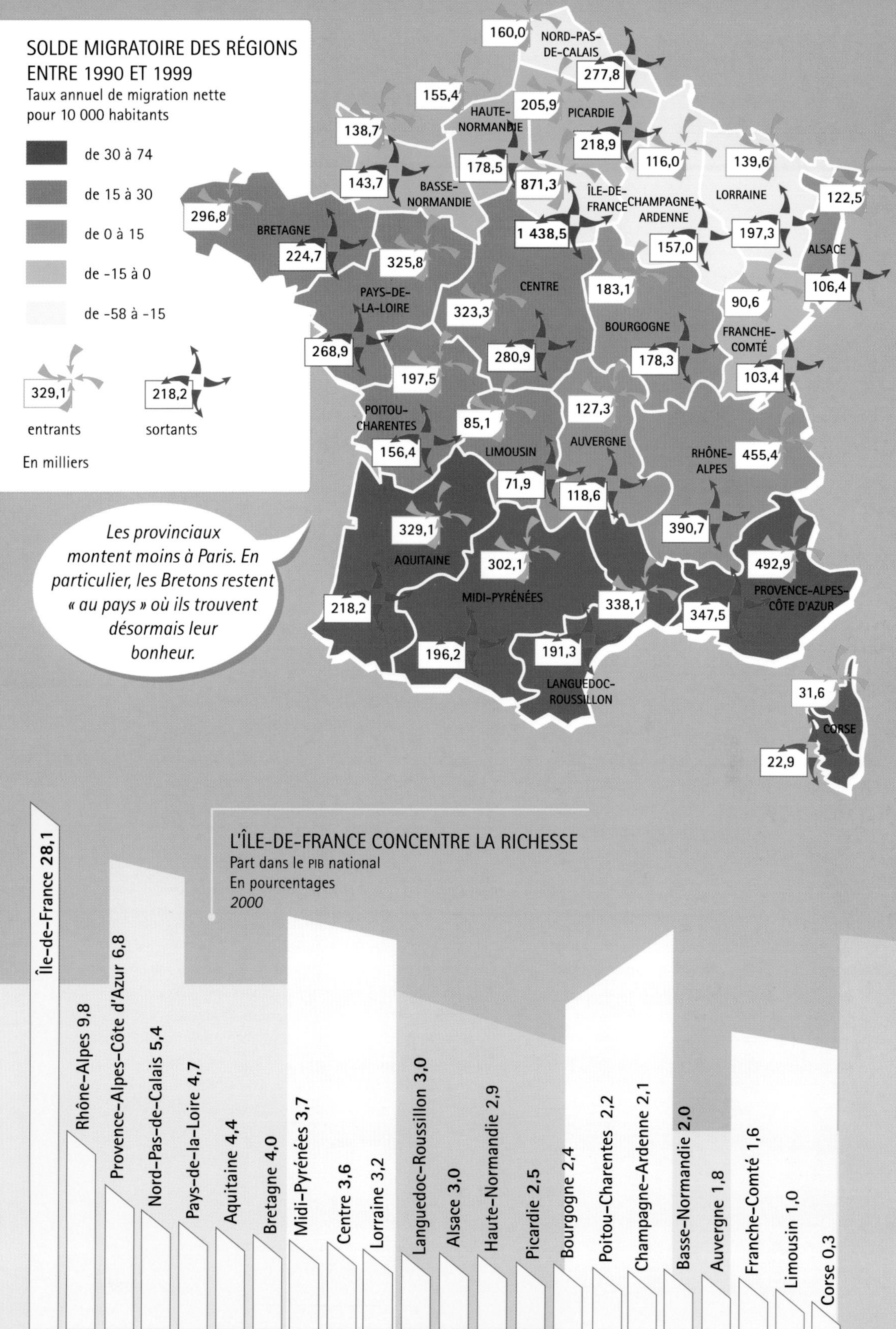

SOLDE MIGRATOIRE DES RÉGIONS ENTRE 1990 ET 1999
Taux annuel de migration nette pour 10 000 habitants
de 30 à 74
de 15 à 30
de 0 à 15
de -15 à 0
de -58 à -15
329,1
entrants
218,2
sortants
En milliers
160,0
NORD-PAS-DE-CALAIS
277,8
155,4
205,9
HAUTE-NORMANDIE
PICARDIE
138,7
218,9
178,5
143,7
BASSE-NORMANDIE
871,3
ÎLE-DE-FRANCE
1 438,5
116,0
139,6
CHAMPAGNE-ARDENNE
157,0
LORRAINE
197,3
122,5
ALSACE
106,4
296,8
BRETAGNE
224,7
325,8
PAYS-DE-LA-LOIRE
268,9
CENTRE
323,3
280,9
183,1
BOURGOGNE
178,3
90,6
FRANCHE-COMTÉ
103,4
197,5
POITOU-CHARENTES
156,4
85,1
LIMOUSIN
71,9
127,3
AUVERGNE
118,6
RHÔNE-ALPES
455,4
390,7
329,1
AQUITAINE
218,2
302,1
MIDI-PYRÉNÉES
196,2
338,1
191,3
LANGUEDOC-ROUSSILLON
492,9
PROVENCE-ALPES-CÔTE D'AZUR
347,5
31,6
CORSE
22,9
Les provinciaux montent moins à Paris. En particulier, les Bretons restent « au pays » où ils trouvent désormais leur bonheur.
L'ÎLE-DE-FRANCE CONCENTRE LA RICHESSE
Part dans le PIB national
En pourcentages
2000
Île-de-France 28,1
Rhône-Alpes 9,8
Provence-Alpes-Côte d'Azur 6,8
Nord-Pas-de-Calais 5,4
Pays-de-la-Loire 4,7
Aquitaine 4,4
Bretagne 4,0
Midi-Pyrénées 3,7
Centre 3,6
Lorraine 3,2
Languedoc-Roussillon 3,0
Alsace 3,0
Haute-Normandie 2,9
Picardie 2,5
Bourgogne 2,4
Poitou-Charentes 2,2
Champagne-Ardenne 2,1
Basse-Normandie 2,0
Auvergne 1,8
Franche-Comté 1,6
Limousin 1,0
Corse 0,3

# LE POULS DE LA POPULATION

*Non ! Ce n'était toujours que le flot inconnu du monde en marche ; la mort brutale, accidentelle, restait anonyme, comme la vie pressée dont le galop passait là, allant à l'avenir.*
Émile Zola

La France continue de voir sa population croître et atteint, en 2000, 59 millions d'habitants. Il y a eu ainsi environ 780 000 naissances pour 540 000 décès ; le solde migratoire étant de l'ordre de quelque 55 000 individus, on compte au total un accroissement de la population proche de 300 000 individus. Néanmoins, cet accroissement cache un futur déficit du simple fait que ce sont en grande partie les jeunes couples aujourd'hui moins nombreux que leurs prédécesseurs qui font peu d'enfants. De plus, le flux migratoire a nettement baissé, même en tenant compte des régularisations : il s'agit là d'une tendance commune à l'ensemble des pays occidentaux.

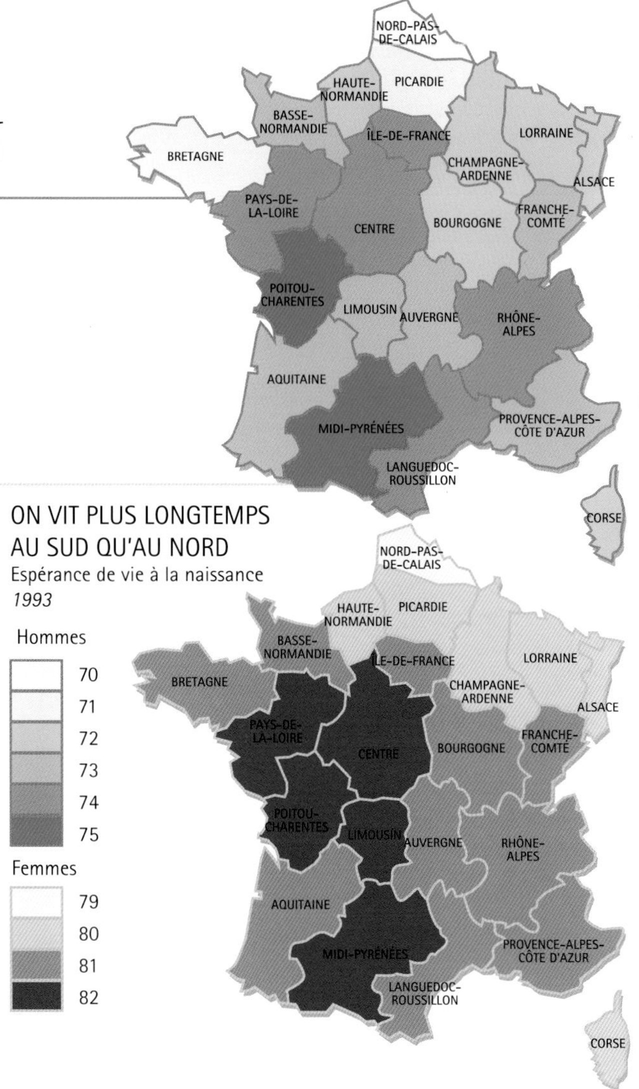

ON VIT PLUS LONGTEMPS
AU SUD QU'AU NORD
Espérance de vie à la naissance
1993
Hommes
70
71
72
73
74
75
Femmes
79
80
81
82
NORD-PAS-DE-CALAIS
PICARDIE
HAUTE-NORMANDIE
BASSE-NORMANDIE
BRETAGNE
ÎLE-DE-FRANCE
LORRAINE
CHAMPAGNE-ARDENNE
ALSACE
PAYS-DE-LA-LOIRE
CENTRE
BOURGOGNE
FRANCHE-COMTÉ
POITOU-CHARENTES
LIMOUSIN
AUVERGNE
RHÔNE-ALPES
AQUITAINE
MIDI-PYRÉNÉES
PROVENCE-ALPES-CÔTE D'AZUR
LANGUEDOC-ROUSSILLON
CORSE


## Les naissances

En France, une femme née en 1930 a eu en moyenne 2,63 enfants ; née en 1945, elle en a eu 2,22 ; et on remarque que les femmes nées après 1965 ont en moyenne moins de 2 enfants (1,89 en 2000). Si l'on observe les générations au moment où elles ont 24 ans révolus, on constate une baisse continue de la fécondité (de 0,9 enfant par femme de la génération 1930 à 0,32 pour celle de 1973) ; en revanche, si on les observe à 39 ans révolus, on constate un fort rattrapage : les femmes nées en 1950 ont à cet âge 2,07 enfants en moyenne et celles nées en 1958 en ont 2,08 ; mais, selon toute vraisemblance, le rattrapage ne sera pas aussi important pour les générations d'après 1965.
Pour les générations précédentes, la politique des gouvernements consistait à favoriser, par le biais des allocations et avantages divers, la naissance du troisième enfant, aujourd'hui c'est la première naissance qui fait l'objet de pressions natalistes.
Enfin, l'une des spécificités de la France en matière de fécondité est le très faible nombre de femmes qui à terme n'auront pas d'enfants : elles ne sont que 10 % tandis que, par exemple, 25 % des femmes allemandes mariées ne sont pas mères à 50 ans. On ne peut exclure que l'infécondité augmente en France.

Une des explications de la baisse de la fécondité nous est donnée par Bernard Préel : « À vingt ans, les filles ne penseraient qu'à leurs études, tandis que les garçons auraient la fâcheuse tendance de penser aussi aux filles ! Pour les jeunes étudiantes, la réussite professionnelle est encore une idée neuve qui mérite qu'on s'y consacre en renvoyant à plus tard les engagements personnels. Aussi, tant qu'elles ne sentent pas leur avenir professionnel assuré, elles diffèrent leur union et la conception des enfants. Et comme, en ces affaires, elles mènent la danse, elles obligent les jeunes gens à patienter. D'où les décalages des calendriers qui, depuis 1975, ont repoussé l'âge de la première naissance de 24 à 29 ans, alors qu'auparavant il n'avait cessé d'être plus précoce[1]. »

1. B. Préel (dir.), *Le Choc des générations*, Paris, La Découverte, 2000.

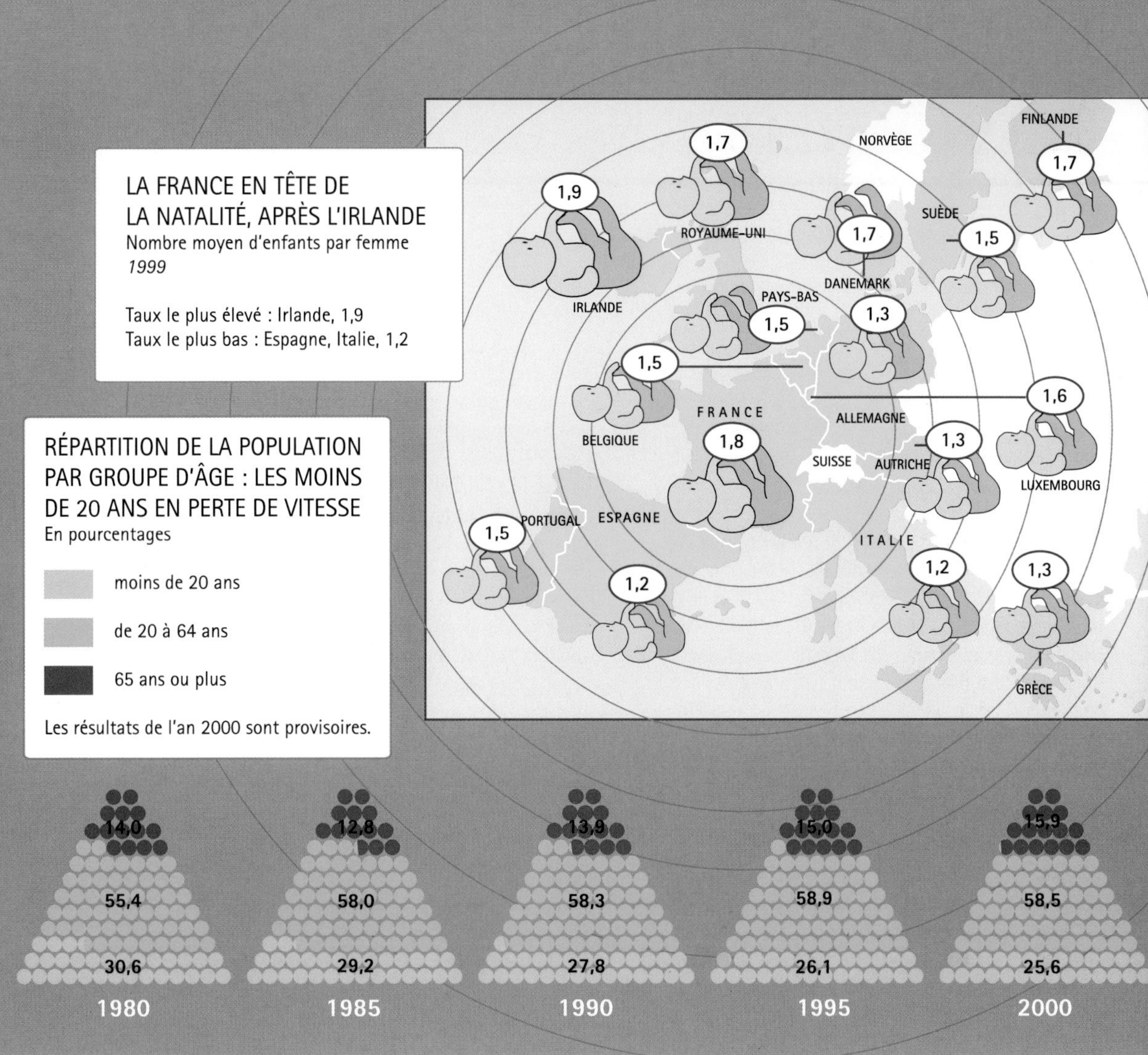
LA FRANCE EN TÊTE DE
LA NATALITÉ, APRÈS L'IRLANDE
Nombre moyen d'enfants par femme
1999
Taux le plus élevé : Irlande, 1,9
Taux le plus bas : Espagne, Italie, 1,2
RÉPARTITION DE LA POPULATION
PAR GROUPE D'ÂGE : LES MOINS
DE 20 ANS EN PERTE DE VITESSE
En pourcentages
moins de 20 ans
de 20 à 64 ans
65 ans ou plus
Les résultats de l'an 2000 sont provisoires.
IRLANDE 1,9
ROYAUME-UNI 1,7
NORVÈGE
FINLANDE 1,7
SUÈDE 1,5
DANEMARK 1,7
PAYS-BAS 1,5
ALLEMAGNE 1,3
BELGIQUE 1,5
LUXEMBOURG 1,6
FRANCE 1,8
SUISSE
AUTRICHE 1,3
PORTUGAL 1,5
ESPAGNE 1,2
ITALIE 1,2
GRÈCE 1,3
1980: 14,0 / 55,4 / 30,6
1985: 12,8 / 58,0 / 29,2
1990: 13,9 / 58,3 / 27,8
1995: 15,0 / 58,9 / 26,1
2000: 15,9 / 58,5 / 25,6

## La durée de vie

L'espérance de vie à la naissance est calculée sur la base de la mortalité par âge de l'année considérée ; elle est actuellement de 82 ans pour les femmes et de 75 ans pour les hommes – par comparaison, elle n'était respectivement que de 47 et 43 ans au début du XXe siècle. Les progrès de la durée de vie se poursuivent, mais selon un rythme ralenti et pour des raisons différentes d'il y a trente ans. Jusqu'aux années 1960, l'essentiel des progrès est dû à la baisse de la mortalité infantile et à la lutte contre les maladies. Depuis, l'accroissement de l'espérance de vie provient du recul de mortalité aux âges élevés grâce, essentiellement, aux efforts de lutte contre les maladies cardio-vasculaires et, avec un moindre succès, les cancers. Aujourd'hui, 84 % des hommes et 93 % des femmes peuvent espérer atteindre 60 ans et, à cet âge, il leur reste encore respectivement 20 et 25 ans en moyenne à vivre.

L'écart d'espérance de vie entre les hommes et les femmes est le plus important d'Europe, même s'il commence à se réduire depuis le début des années 1990. La France se distingue à cet égard doublement : d'une part, les Françaises ont l'espérance de vie la plus forte du monde après les Japonaises et, d'autre part, les Français connaissent une surmortalité particulièrement forte à deux moments de leur vie : les morts violentes – accidents et suicides – aux âges jeunes et les morts par tumeurs dues à l'alcool et au tabac vers 55-60 ans.
Enfin, rappelons que les progrès de la durée de vie n'ont pas bénéficié de façon égale à toutes les couches sociales, ce qui fait que les écarts entre classes sociales se sont accrus, à tout le moins maintenus, depuis trente ans.

# ÉCONOMIE(S)

*Il n'y a pas de source de profits aussi sûre*
*que l'économie.*
Publius Syrus

Le dernier quart de siècle a été marqué par le mot crise : croissance faible, montée du chômage, forte inflation suivie d'une politique de rigueur anti-inflationniste, secteurs industriels en déclin, endettement de l'État, déficit de la Sécurité sociale, nouveaux pauvres, etc. Pourtant d'autres tendances furent aussi à l'œuvre : le PIB a augmenté de 2 % par an en moyenne, ce qui correspond à une croissance de 70 % entre 1975 et aujourd'hui, le pouvoir d'achat des ménages a augmenté de plus de 60 %, et le nombre d'emplois a crû de plus de 2 millions : alors que l'agriculture perdait 1,3 million d'emplois et l'industrie 2 millions, le secteur tertiaire, lui, en créait 5.

À l'aube du XXIe siècle, une nouvelle France se dessine, la reprise vient s'inscrire sur fond de forces économiques et industrielles solides. La croissance oscille entre 2 et 3 % depuis 1997, en tête des grands pays européens, grâce aux nouvelles technologies. La vague des privatisations, y compris celles des dinosaures comme Thomson Multimédia, Air France et France Télécom, la hausse fulgurante des valeurs en bourse (50 % en 1999) et le nouveau marché (les valeurs technologiques ont fait un bond de 135 %, en 1999 !) ont eu une fonction psychologique : soigner la dépression collective ; observant en même temps la baisse du chômage, ces dernières années, les Français se sont mis à consommer, à investir et à se dire optimistes. La France est aujourd'hui le deuxième exportateur agricole, la quatrième puissance économique, la première destination touristique mondiale, et une puissance scientifique avérée, leader mondial dans le domaine des transports (TGV), de l'aérospatiale (Airbus et la fusée Ariane, en partenariat avec d'autres pays européens), en télécommunications (téléphonie portable et téléphone sans fil) et en génie civil (pont de Normandie et tunnel sous la Manche franco-britannique). Les étrangers portent un regard confiant sur la France, puisqu'ils possèdent 40 % des 40 plus grandes entreprises françaises cotées en bourse.

Mais pour rester compétitive, la France a deux lourds défis à relever : le poids de l'impôt motivé par la politique sociale incarnée par l'État-providence, et la taille du secteur public. Mais en même temps, les Français ne veulent pas être assimilés à une société libérale comme les États-Unis ou l'Angleterre. Le mot « libéralisme » est encore tabou pour une majorité de Français. Il est l'antithèse des idéaux des cinq républiques qui ont suivi la Révolution française : centralisme, dirigisme, gouvernement fort, égalité et solidarité. Néanmoins, ils adoptent les logiques du libéralisme, mais ils le qualifient de « pragmatique », refusant son idéologie...

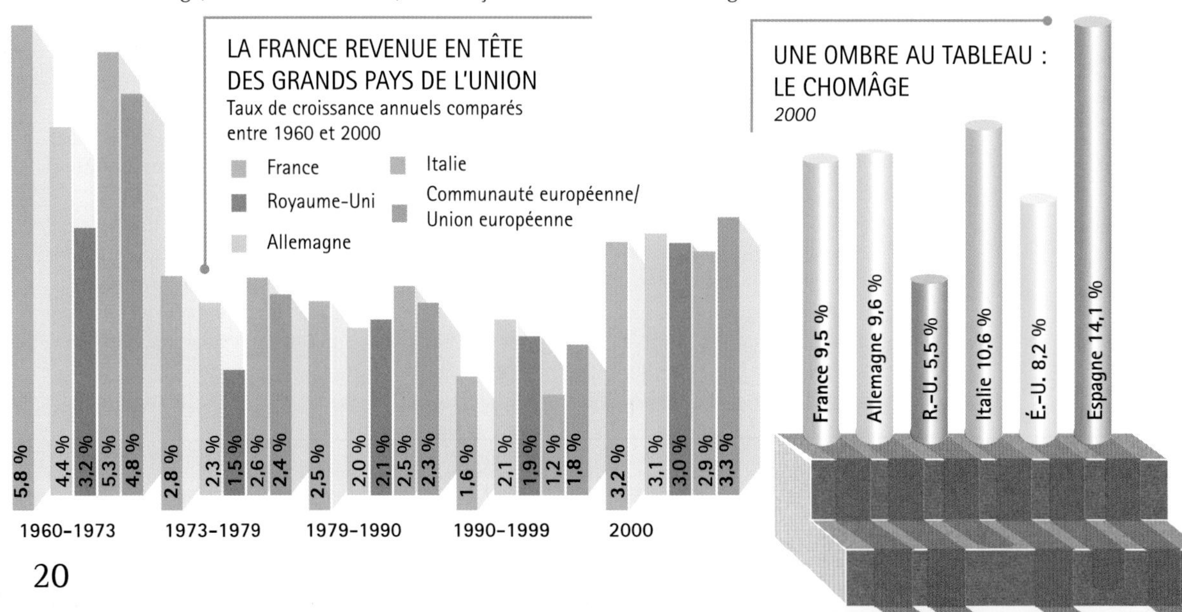
LA FRANCE REVENUE EN TÊTE DES GRANDS PAYS DE L'UNION
Taux de croissance annuels comparés entre 1960 et 2000
France
Royaume-Uni
Allemagne
Italie
Communauté européenne/ Union européenne
5,8 % 4,4 % 3,2 % 5,3 % 4,8 %
2,8 % 2,3 % 1,5 % 2,6 % 2,4 %
2,5 % 2,0 % 2,1 % 2,5 % 2,3 %
1,6 % 2,1 % 1,9 % 1,2 % 1,8 %
3,2 % 3,1 % 3,0 % 2,9 % 3,3 %
1960-1973
1973-1979
1979-1990
1990-1999
2000
UNE OMBRE AU TABLEAU : LE CHOMÂGE
2000
France 9,5 %
Allemagne 9,6 %
R.-U. 5,5 %
Italie 10,6 %
É.-U. 8,2 %
Espagne 14,1 %

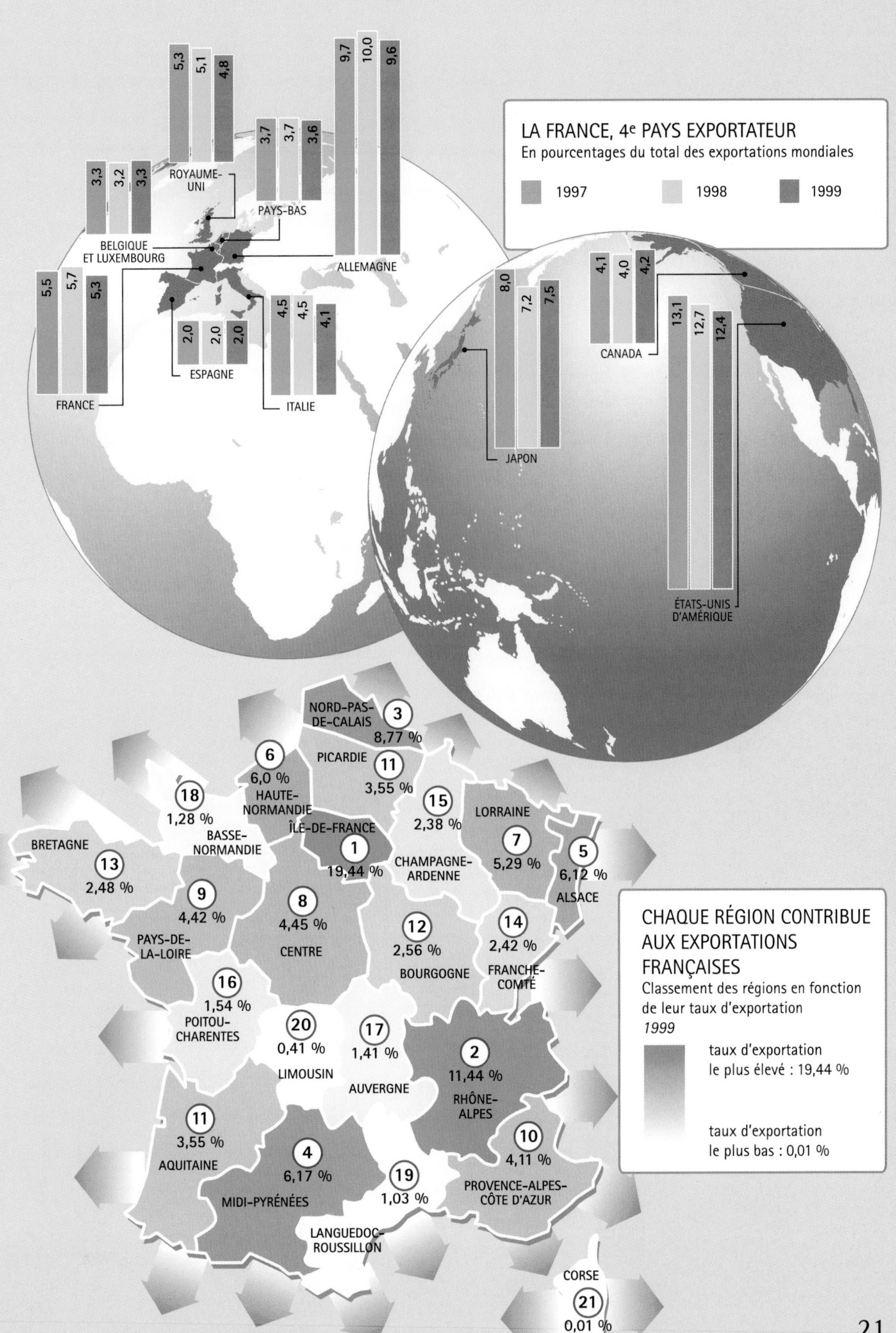

LA FRANCE, 4e PAYS EXPORTATEUR
En pourcentages du total des exportations mondiales
1997
1998
1999
ROYAUME-UNI
5,3
5,1
4,8
BELGIQUE ET LUXEMBOURG
3,3
3,2
3,3
PAYS-BAS
3,7
3,7
3,6
ALLEMAGNE
9,7
10,0
9,6
FRANCE
5,5
5,7
5,3
ESPAGNE
2,0
2,0
2,0
ITALIE
4,5
4,5
4,1
JAPON
8,0
7,2
7,5
CANADA
4,1
4,0
4,2
ÉTATS-UNIS D'AMÉRIQUE
13,1
12,7
12,4
CHAQUE RÉGION CONTRIBUE AUX EXPORTATIONS FRANÇAISES
Classement des régions en fonction de leur taux d'exportation
1999
taux d'exportation le plus élevé : 19,44 %
taux d'exportation le plus bas : 0,01 %
NORD-PAS-DE-CALAIS 3 8,77 %
PICARDIE 11 3,55 %
HAUTE-NORMANDIE 6 6,0 %
BASSE-NORMANDIE 18 1,28 %
ÎLE-DE-FRANCE 1 19,44 %
CHAMPAGNE-ARDENNE 15 2,38 %
LORRAINE 7 5,29 %
ALSACE 5 6,12 %
BRETAGNE 13 2,48 %
PAYS-DE-LA-LOIRE 9 4,42 %
CENTRE 8 4,45 %
BOURGOGNE 12 2,56 %
FRANCHE-COMTÉ 14 2,42 %
POITOU-CHARENTES 16 1,54 %
LIMOUSIN 20 0,41 %
AUVERGNE 17 1,41 %
RHÔNE-ALPES 2 11,44 %
AQUITAINE 11 3,55 %
MIDI-PYRÉNÉES 4 6,17 %
LANGUEDOC-ROUSSILLON 19 1,03 %
PROVENCE-ALPES-CÔTE D'AZUR 10 4,11 %
CORSE 21 0,01 %

# L'Agriculture

La production agricole française a augmenté de 40 % en volume depuis 1973, tandis qu'environ 50 % des emplois disparaissaient.
La surface cultivable a perdu 6 millions d'hectares au profit de la forêt et de l'urbanisation. Mais cette réduction n'a pas empêché un développement considérable de la production grâce à des rendements en moyenne trois fois plus élevés. Dans le même temps, le paysage agricole s'est transformé, les progrès des modes de production végétale et animale se sont diffusés, ce qui a atténué les différences régionales.
Grâce à ce développement spectaculaire de la production, le commerce extérieur agroalimentaire de la France a progressé plus fortement que dans le reste de l'Union européenne. Cette spécificité française s'explique par la croissance des produits « bruts » (céréales), mais aussi par le dynamisme des biens « transformés » (vins, cognacs, fromages). La mise en place de la Politique agricole commune (PAC) dans les années 1960 visait à encourager les agriculteurs européens à produire plus, afin d'alléger le lourd déficit du secteur agroalimentaire européen (soutien des prix, protection des produits européens contre la concurrence extérieure). La réforme de la PAC en 1993 a changé de façon décisive le soutien à l'agriculture : il s'agit d'inciter à réduire l'offre (gel des terres) et à baisser les prix (compensés par des aides directes aux agriculteurs). Ainsi, malgré la baisse du nombre d'exploitations, le revenu brut par exploitation a diminué jusqu'à la fin des années 1970. Depuis le milieu des années 1980 (grâce à une meilleure maîtrise des coûts, une forte progression des subventions et une baisse continuelle du nombre d'exploitations), ce revenu a de nouveau augmenté avec de grandes disparités selon le type de production.
Depuis 1970, les grandes cultures (céréales, oléagineux, etc.) se développent aux dépens des cultures fourragères, les prairies ayant perdu 5 millions d'hectares. Les autres cultures se sont diversifiées et répandues sur l'ensemble du territoire (notamment celles servant à l'alimentation du bétail : maïs, tournesol et colza, par exemple). La viticulture s'est orientée vers la qualité. L'élevage traditionnel des herbivores a fait place à un élevage hors sol plus intensif.
La France produit près de 22 % de la valeur de la production agricole de l'Union européenne. Elle occupe le premier rang pour les céréales, les plantes industrielles (oléagineux et betteraves), les vins et l'élevage.
La modernisation agricole va prendre un tournant. La production intensive a atteint ses limites, laissant le champ libre au développement de l'agriculture biologique.

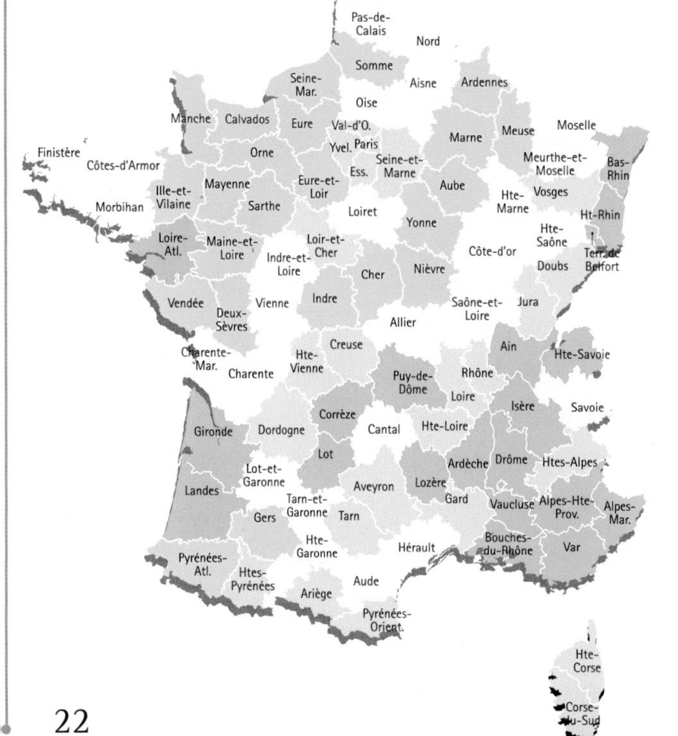

Pas-de-Calais
Nord
Somme
Seine-Mar.
Aisne
Ardennes
Oise
Manche
Calvados
Eure
Val-d'O.
Moselle
Meuse
Marne
Yvel.
Paris
Finistère
Orne
Meurthe-et-Moselle
Seine-et-Marne
Côtes-d'Armor
Ess.
Bas-Rhin
Mayenne
Eure-et-Loir
Aube
Ille-et-Vilaine
Hte-Marne
Vosges
Morbihan
Sarthe
Loiret
Ht-Rhin
Yonne
Hte-Saône
Loire-Atl.
Maine-et-Loire
Loir-et-Cher
Indre-et-Loire
Côte-d'or
Terr. de Belfort
Cher
Nièvre
Doubs
Vendée
Vienne
Indre
Saône-et-Loire
Jura
Deux-Sèvres
Allier
Charente-Mar.
Creuse
Ain
Hte-Savoie
Hte-Vienne
Charente
Puy-de-Dôme
Rhône
Loire
Isère
Savoie
Corrèze
Gironde
Dordogne
Cantal
Hte-Loire
Lot
Ardèche
Drôme
Htes-Alpes
Lot-et-Garonne
Lozère
Aveyron
Landes
Gard
Vaucluse
Alpes-Hte-Prov.
Alpes-Mar.
Tarn-et-Garonne
Gers
Tarn
Hte-Garonne
Hérault
Bouches-du-Rhône
Var
Pyrénées-Atl.
Htes-Pyrénées
Aude
Ariège
Pyrénées-Orient.
Hte-Corse
Corse-du-Sud


## LA SURFACE AGRICOLE LAISSE LA PLACE À LA FORÊT ET À L'ESPACE URBAIN

Évolution de la surface agricole entre 1950 et 1995
En pourcentages

- -23 % et au delà
- de -23 % à -17 %
- de -17 % à -10 %
- -10 et moins

Moyenne : -15,8 %

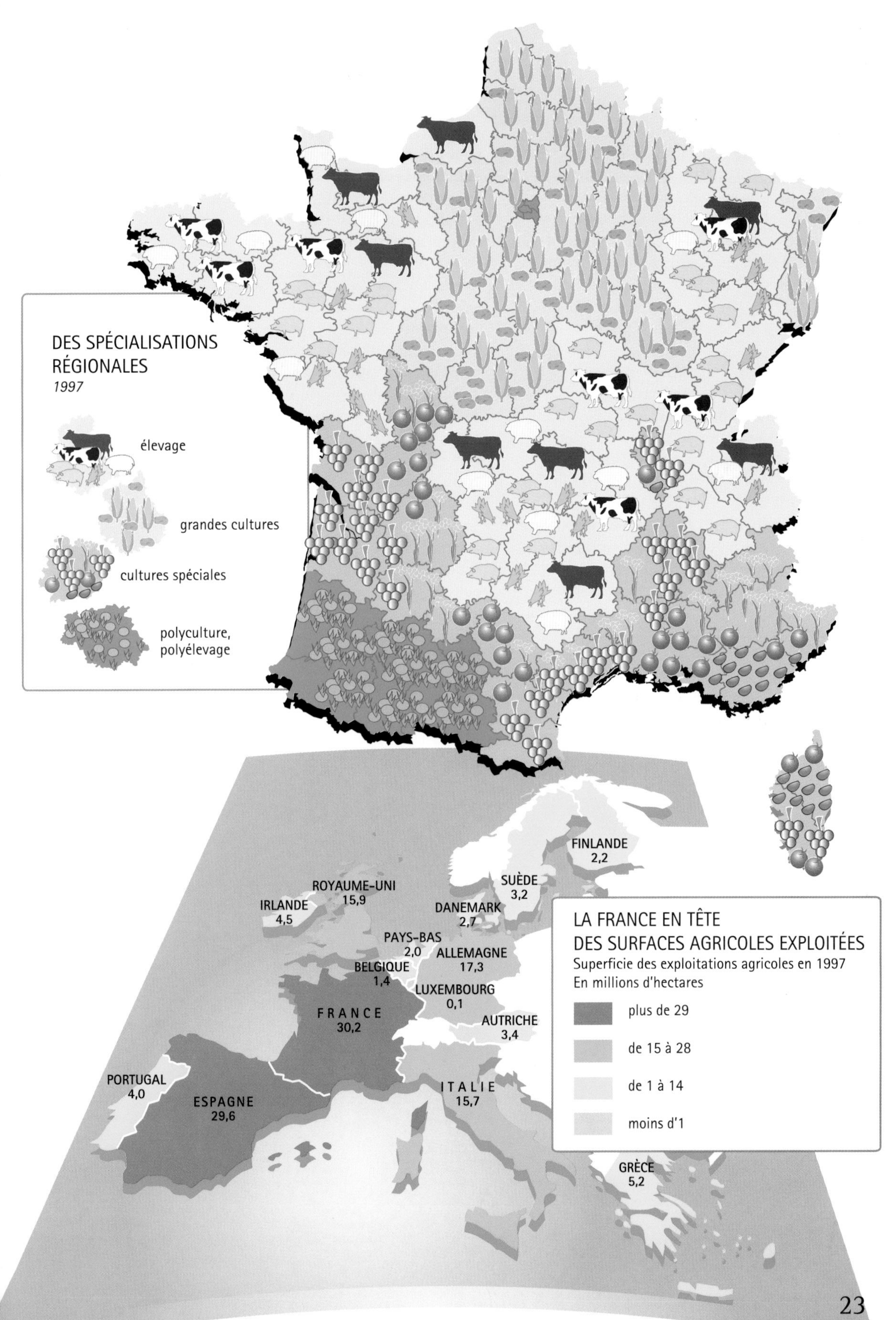
DES SPÉCIALISATIONS RÉGIONALES
1997
élevage
grandes cultures
cultures spéciales
polyculture, polyélevage
FINLANDE
2,2
SUÈDE
3,2
ROYAUME-UNI
15,9
IRLANDE
4,5
DANEMARK
2,7
PAYS-BAS
2,0
ALLEMAGNE
17,3
BELGIQUE
1,4
LUXEMBOURG
0,1
FRANCE
30,2
AUTRICHE
3,4
PORTUGAL
4,0
ESPAGNE
29,6
ITALIE
15,7
GRÈCE
5,2
LA FRANCE EN TÊTE DES SURFACES AGRICOLES EXPLOITÉES
Superficie des exploitations agricoles en 1997
En millions d'hectares
plus de 29
de 15 à 28
de 1 à 14
moins d'1

# LA NOUVELLE INDUSTRIE

Le secteur industriel français a connu des bouleversements importants ce dernier quart de siècle, et sa mutation se poursuit avec les progrès rapides des technologies. À partir de la fin des années 1970, les licenciements de masse, les fermetures de sites, les plans sociaux ont profondément marqué la sidérurgie, le textile ou les chantiers navals, anéantissant des régions entières (Lorraine, Nord) et entraînant la disparition de la culture ouvrière. La construction automobile a connu des soubresauts, mais elle a résisté grâce à de fortes réorganisations et à une robotisation importante.
Aujourd'hui, les grands groupes français sont engagés dans des processus de mondialisation ; sur les 200 premiers groupes mondiaux, la France et l'Allemagne en comptent une vingtaine chacune. Sur les vingt premières entreprises françaises, seules quatre appartiennent au secteur public, contre treize il y a dix ans. Six appartiennent à la grande distribution, trois à l'énergie, deux à l'automobile et deux aux services. On observe l'éclatement et la filialisation des grands groupes, qui représentent toujours le quart de la main-d'œuvre.
L'État contrôle ainsi de moins en moins d'entreprises. Les grandes entreprises nationales (La Poste, la SNCF, France Télécom, EDF, GDF, la RATP, Air France...) concentrent plus des deux tiers des effectifs des entreprises publiques. L'État est de moins en moins présent dans l'industrie, sauf dans les secteurs de l'énergie et les biens d'équipement, notamment l'aéronautique et l'armement. Il est aussi en bonne place dans l'audiovisuel.
Les Petites et moyennes industries (de 20 à 499 salariés) constituent la majorité des entreprises industrielles. Elles sont très exportatrices, se concentrent sur les biens de consommation, certains biens intermédiaires et la construction mécanique. Très actives dans les travaux de recherche et développement, elles emploient un tiers des chercheurs. À l'échelle de l'Union européenne, on compte presque 20 millions d'entreprises de moins de 250 personnes, et celles-ci fournissent les deux tiers de l'emploi total.
Enfin, les entreprises artisanales sont souvent des entreprises individuelles ; environ 20 % d'entre elles sont dirigées par une femme. Ce sont surtout des entreprises liées aux secteurs du bâtiment et des services.

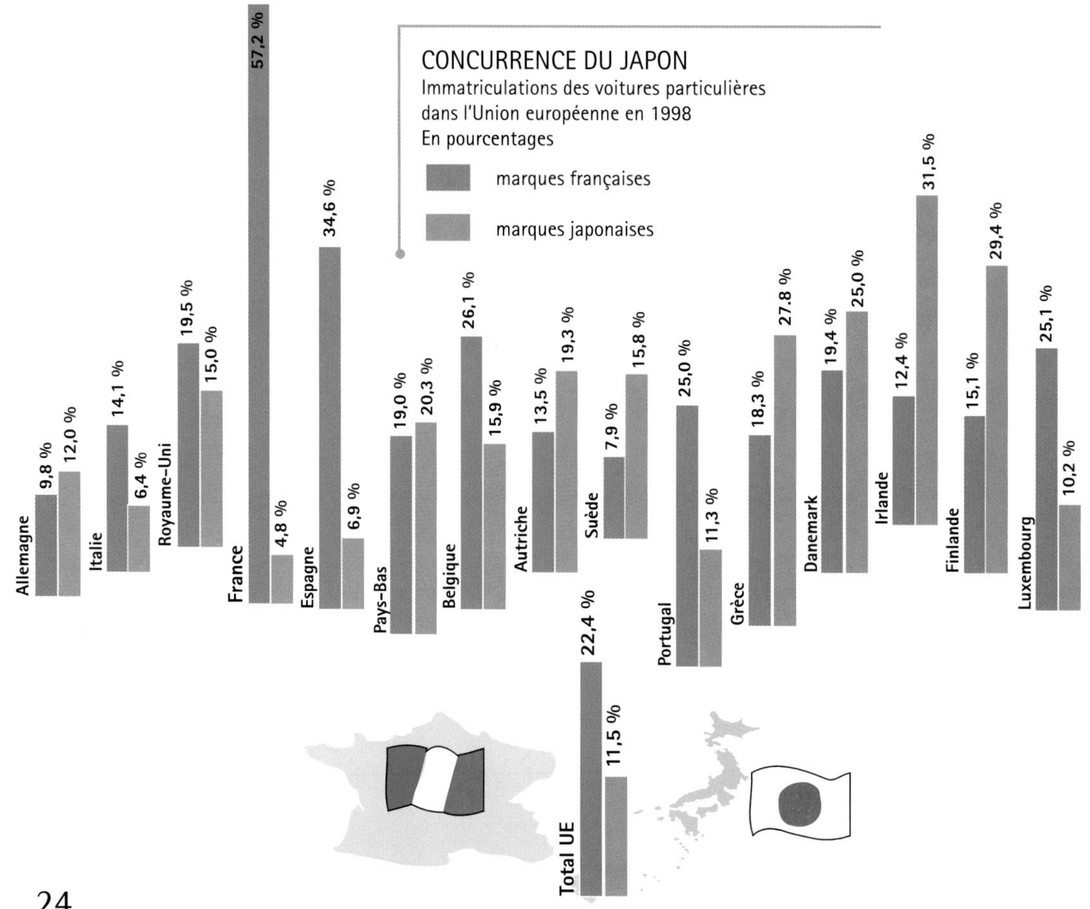
CONCURRENCE DU JAPON
Immatriculations des voitures particulières
dans l'Union européenne en 1998
En pourcentages
marques françaises
marques japonaises
Allemagne 9,8 % 12,0 %
Italie 14,1 % 6,4 %
Royaume-Uni 19,5 % 15,0 %
France 57,2 % 4,8 %
Espagne 34,6 % 6,9 %
Pays-Bas 19,0 % 20,3 %
Belgique 26,1 % 15,9 %
Autriche 13,5 % 19,3 %
Suède 7,9 % 15,8 %
Total UE 22,4 % 11,5 %
Portugal 25,0 % 11,3 %
Grèce 18,3 % 27,8 %
Danemark 19,4 % 25,0 %
Irlande 12,4 % 31,5 %
Finlande 15,1 % 29,4 %
Luxembourg 25,1 % 10,2 %

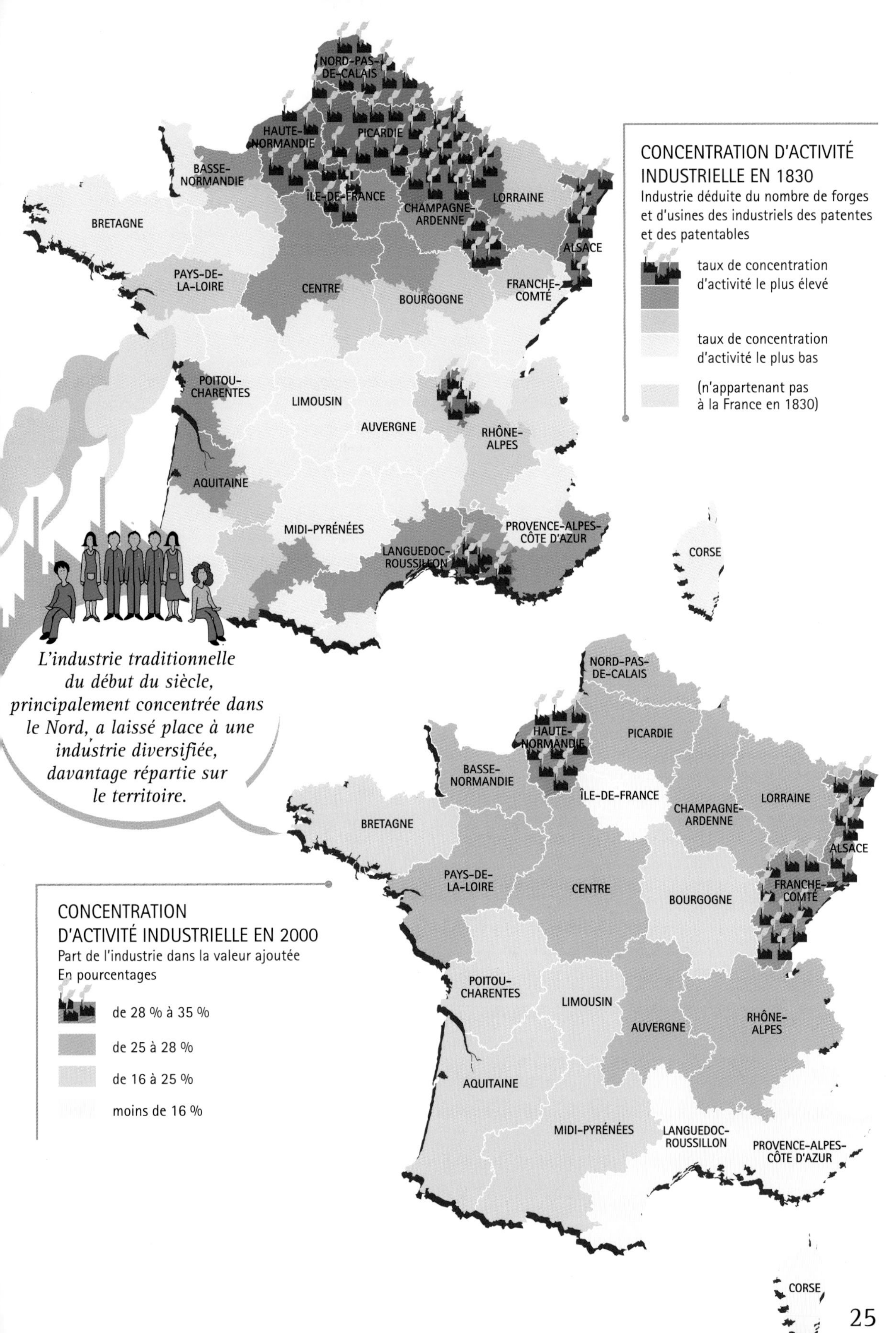
NORD-PAS-DE-CALAIS
HAUTE-NORMANDIE
PICARDIE
BASSE-NORMANDIE
ÎLE-DE-FRANCE
CHAMPAGNE-ARDENNE
LORRAINE
ALSACE
BRETAGNE
PAYS-DE-LA-LOIRE
CENTRE
BOURGOGNE
FRANCHE-COMTÉ
POITOU-CHARENTES
LIMOUSIN
AUVERGNE
RHÔNE-ALPES
AQUITAINE
MIDI-PYRÉNÉES
LANGUEDOC-ROUSSILLON
PROVENCE-ALPES-CÔTE D'AZUR
CORSE
CONCENTRATION D'ACTIVITÉ INDUSTRIELLE EN 1830
Industrie déduite du nombre de forges et d'usines des industriels des patentes et des patentables
taux de concentration d'activité le plus élevé
taux de concentration d'activité le plus bas
(n'appartenant pas à la France en 1830)
L'industrie traditionnelle du début du siècle, principalement concentrée dans le Nord, a laissé place à une industrie diversifiée, davantage répartie sur le territoire.
NORD-PAS-DE-CALAIS
HAUTE-NORMANDIE
PICARDIE
BASSE-NORMANDIE
ÎLE-DE-FRANCE
CHAMPAGNE-ARDENNE
LORRAINE
ALSACE
BRETAGNE
PAYS-DE-LA-LOIRE
CENTRE
BOURGOGNE
FRANCHE-COMTÉ
POITOU-CHARENTES
LIMOUSIN
AUVERGNE
RHÔNE-ALPES
AQUITAINE
MIDI-PYRÉNÉES
LANGUEDOC-ROUSSILLON
PROVENCE-ALPES-CÔTE D'AZUR
CORSE
CONCENTRATION D'ACTIVITÉ INDUSTRIELLE EN 2000
Part de l'industrie dans la valeur ajoutée
En pourcentages
de 28 % à 35 %
de 25 à 28 %
de 16 à 25 %
moins de 16 %

# Le grand bond en avant du tertiaire

Toutes les activités rassemblées dans le secteur tertiaire ont connu une croissance forte ; elles ont été le moteur de l'économie française dans la période récente et ont donné à la France une image nouvelle, celle d'une société plus dynamique, innovante, une société prête à affronter les défis de la mondialisation.
7 actifs sur 10 travaillent dans le secteur tertiaire qui recouvre des activités très disparates. D'un côté, le tertiaire « marchand » comprend les assurances, le commerce, les banques, etc., y compris les services aux entreprises (conseil, intérim, sécurité...) et aux particuliers (hôtels, restaurants, tourisme, immobilier...) ; de l'autre, le secteur public emploie 5 à 6 millions de personnes et comprend l'enseignement, la santé, la fonction publique territoriale. Certaines activités tertiaires peuvent être publiques ou privées comme la recherche, l'audiovisuel, les transports et la poste.
Parmi l'ensemble des activités, le secteur des technologies de l'information et de la communication s'est beaucoup développé. L'ouverture des télécommunications à la concurrence a fait baisser les tarifs et a provoqué un fort accroissement du trafic ainsi que la création de nombreuses entreprises spécialisées. Les activités de conseil et d'assistance sont florissantes, grâce à l'investissement des entreprises dans des techniques de pointe. Les services de travail temporaire affichent une progression soutenue.
Le secteur de l'hôtellerie et de la restauration, les agences de voyages sont aussi en pleine croissance et sont bien la preuve de la forte demande en matière de loisirs des ménages français et étrangers, car la France est le pays qui attire le plus de touristes.
La progression des activités culturelles, récréatives et sportives s'accélère nettement ; il s'agit en premier lieu des activités cinématographiques et vidéo et d'autres activités liées à l'audiovisuel. Sans oublier les jeux de hasard et d'argent dont la production ne cesse de croître...

## La nouvelle économie ou la ruée vers l'or

La nouvelle économie, ou net-économie, est en train de se généraliser à une échelle qui rappelle les précédentes révolutions techniques. L'usage des TIC (Technologies de l'information et de la communication) vont transformer les relations commerciales entre entreprises et particuliers. Internet, WAP, start-up, services en ligne, etc., ces notions ont envahi les écrans, les ondes, les journaux et les conversations. Elles s'immiscent partout, des circuits économiques au monde du travail, en passant par l'investissement, la consommation et les loisirs. L'information circule en temps réel et fait disparaître toute sorte de frontière.
Commme toute innovation, son apparition coûteuse est suivie d'une période critique, puis éventuellement d'une phase d'accélération lorsque beaucoup d'agents l'utilisent. Elle devient alors rentable et contribue à la croissance du pays. Alors que les États-Unis ont atteint cette phase, la France vit en 2001 la période critique mais avec un regard optimiste sur l'avenir. Sur l'ensemble de la période 1995-1999, les TIC ont contribué à hauteur de 0,4 point par an à la croissance française ; aux États-Unis, et dans les autres pays du G7, la croissance fut plus forte et plus rapide car ces innovations se sont diffusées beaucoup plus rapidement.

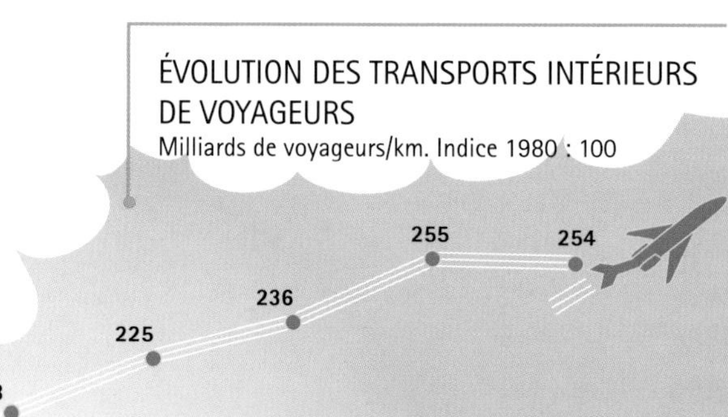
ÉVOLUTION DES TRANSPORTS INTÉRIEURS DE VOYAGEURS
Milliards de voyageurs/km. Indice 1980 : 100
208
225
236
255
254

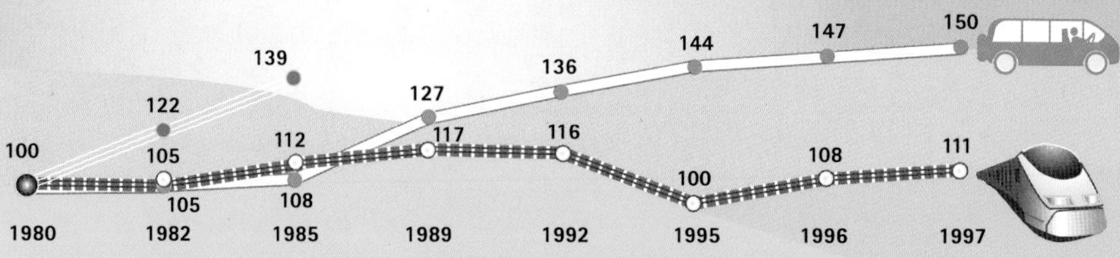
100
122
139
105
105
112
108
127
117
136
116
144
100
147
108
150
111
1980
1982
1985
1989
1992
1995
1996
1997

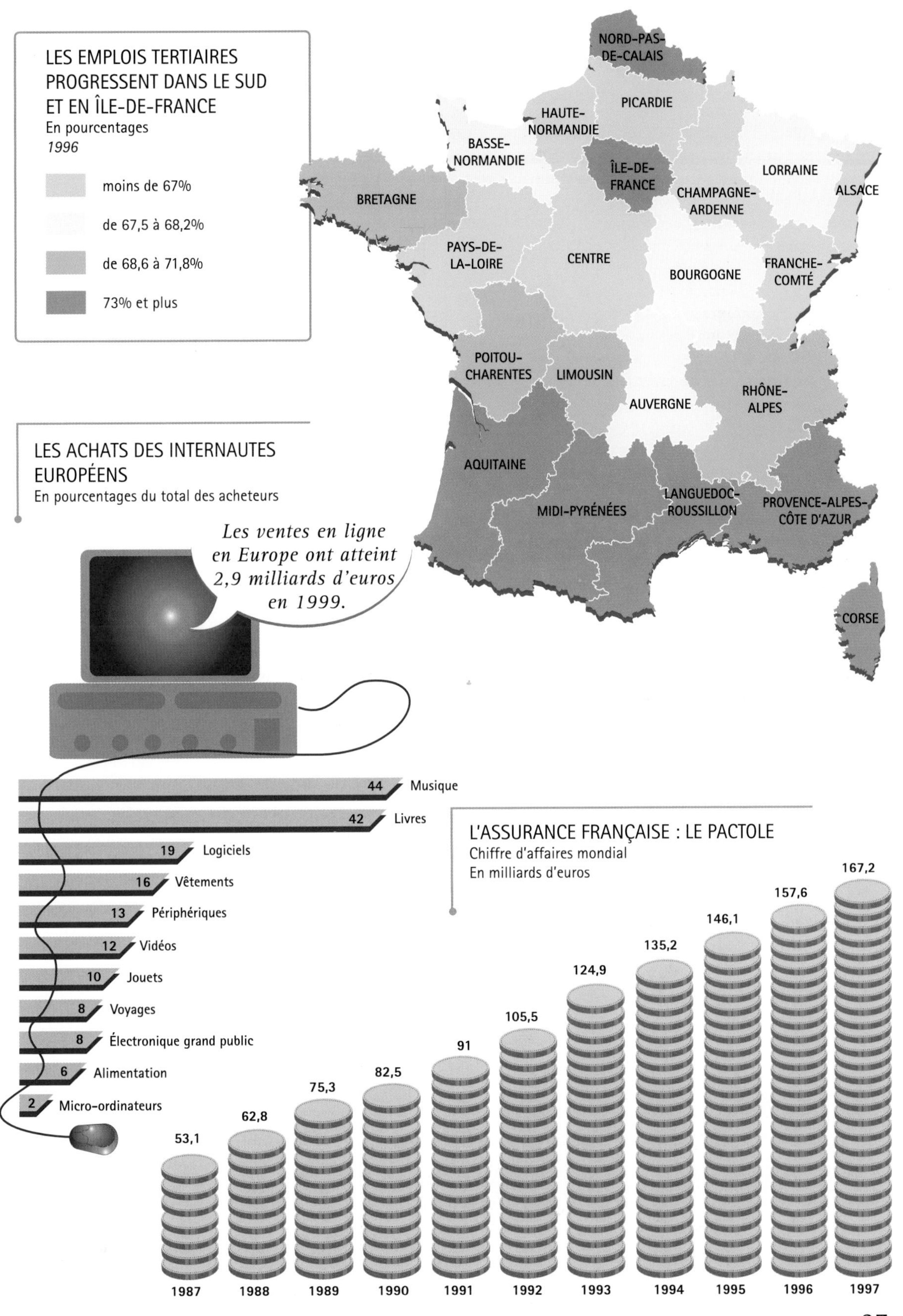
LES EMPLOIS TERTIAIRES PROGRESSENT DANS LE SUD ET EN ÎLE-DE-FRANCE
En pourcentages
1996
moins de 67%
de 67,5 à 68,2%
de 68,6 à 71,8%
73% et plus
NORD-PAS-DE-CALAIS
PICARDIE
HAUTE-NORMANDIE
BASSE-NORMANDIE
ÎLE-DE-FRANCE
LORRAINE
ALSACE
BRETAGNE
CHAMPAGNE-ARDENNE
PAYS-DE-LA-LOIRE
CENTRE
BOURGOGNE
FRANCHE-COMTÉ
POITOU-CHARENTES
LIMOUSIN
AUVERGNE
RHÔNE-ALPES
AQUITAINE
MIDI-PYRÉNÉES
LANGUEDOC-ROUSSILLON
PROVENCE-ALPES-CÔTE D'AZUR
CORSE
LES ACHATS DES INTERNAUTES EUROPÉENS
En pourcentages du total des acheteurs
Les ventes en ligne en Europe ont atteint 2,9 milliards d'euros en 1999.
44 Musique
42 Livres
19 Logiciels
16 Vêtements
13 Périphériques
12 Vidéos
10 Jouets
8 Voyages
8 Électronique grand public
6 Alimentation
2 Micro-ordinateurs
L'ASSURANCE FRANÇAISE : LE PACTOLE
Chiffre d'affaires mondial
En milliards d'euros
1987 53,1
1988 62,8
1989 75,3
1990 82,5
1991 91
1992 105,5
1993 124,9
1994 135,2
1995 146,1
1996 157,6
1997 167,2

# UN MONDE FRAGILISÉ : LE TRAVAIL

Aujourd'hui, en France, la population active rassemble 26 millions de personnes. Sa croissance continue résulte à la fois de la démographie et de l'augmentation de l'activité des femmes. À partir de 2006, elle commencera à décroître, avec le départ à la retraite des générations du *baby-boom*. Depuis trente ans, le monde du travail en France a connu des transformations majeures, comme dans les autres pays européens :

- La croissance de l'emploi salarié au détriment du travail indépendant (notamment les exploitants agricoles) ;
- La tertiarisation de ces emplois (au profit du secteur des services marchands et au détriment du secteur industriel) ;
- La concentration de la durée de la vie active sur une période plus courte de l'existence : les 15-25 ans et les plus de 50 ans ont vu leur taux d'activité baisser davantage en France qu'ailleurs en Europe ; et seulement 15 % des 60-64 ans sont encore en activité ;
- La féminisation de ces emplois ;
- L'élévation des qualifications : diminution des ouvriers non qualifiés, augmentation des professions intermédiaires et des cadres.

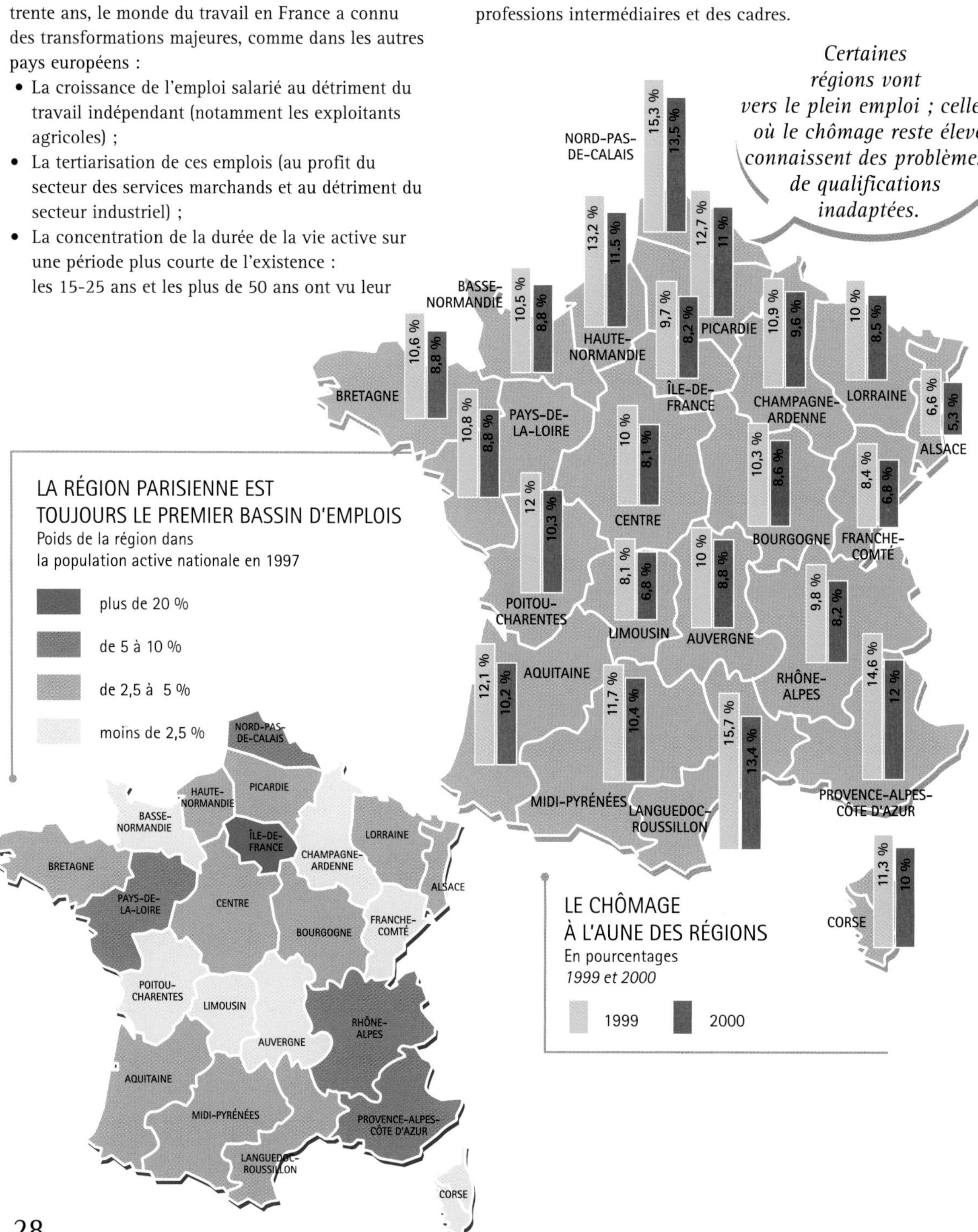

*Certaines régions vont vers le plein emploi ; celles où le chômage reste élevé connaissent des problèmes de qualifications inadaptées.*
LE CHÔMAGE À L'AUNE DES RÉGIONS
En pourcentages
1999 et 2000
1999
2000
NORD-PAS-DE-CALAIS 15,3 % 13,5 %
PICARDIE 12,7 % 11 %
HAUTE-NORMANDIE 13,2 % 11,5 %
BASSE-NORMANDIE 10,5 % 8,8 %
BRETAGNE 10,6 % 8,8 %
ÎLE-DE-FRANCE 9,7 % 8,2 %
CHAMPAGNE-ARDENNE 10,9 % 9,6 %
LORRAINE 10 % 8,5 %
ALSACE 6,6 % 5,3 %
PAYS-DE-LA-LOIRE 10,8 % 8,8 %
CENTRE 10 % 8,1 %
BOURGOGNE 10,3 % 8,6 %
FRANCHE-COMTÉ 8,4 % 6,8 %
POITOU-CHARENTES 12 % 10,3 %
LIMOUSIN 8,1 % 6,8 %
AUVERGNE 10 % 8,8 %
RHÔNE-ALPES 9,8 % 8,2 %
AQUITAINE 12,1 % 10,2 %
MIDI-PYRÉNÉES 11,7 % 10,4 %
LANGUEDOC-ROUSSILLON 15,7 % 13,4 %
PROVENCE-ALPES-CÔTE D'AZUR 14,6 % 12 %
CORSE 11,3 % 10 %
LA RÉGION PARISIENNE EST TOUJOURS LE PREMIER BASSIN D'EMPLOIS
Poids de la région dans la population active nationale en 1997
plus de 20 %
de 5 à 10 %
de 2,5 à 5 %
moins de 2,5 %
NORD-PAS-DE-CALAIS
HAUTE-NORMANDIE
PICARDIE
BASSE-NORMANDIE
ÎLE-DE-FRANCE
LORRAINE
BRETAGNE
CHAMPAGNE-ARDENNE
ALSACE
PAYS-DE-LA-LOIRE
CENTRE
FRANCHE-COMTÉ
BOURGOGNE
POITOU-CHARENTES
LIMOUSIN
RHÔNE-ALPES
AUVERGNE
AQUITAINE
MIDI-PYRÉNÉES
PROVENCE-ALPES-CÔTE D'AZUR
LANGUEDOC-ROUSSILLON
CORSE

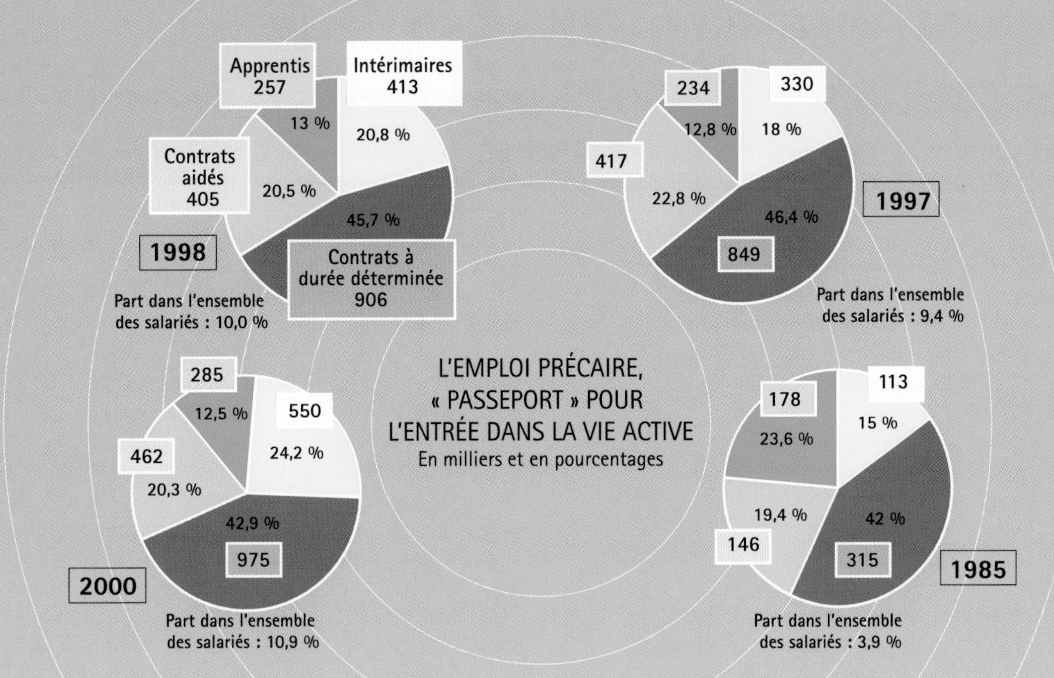

L'EMPLOI PRÉCAIRE, « PASSEPORT » POUR L'ENTRÉE DANS LA VIE ACTIVE
En milliers et en pourcentages
1998
Apprentis 257
Intérimaires 413
Contrats aidés 405
Contrats à durée déterminée 906
13 %
20,8 %
20,5 %
45,7 %
Part dans l'ensemble des salariés : 10,0 %
1997
234
330
417
849
12,8 %
18 %
22,8 %
46,4 %
Part dans l'ensemble des salariés : 9,4 %
2000
285
550
462
975
12,5 %
24,2 %
20,3 %
42,9 %
Part dans l'ensemble des salariés : 10,9 %
1985
178
113
146
315
23,6 %
15 %
19,4 %
42 %
Part dans l'ensemble des salariés : 3,9 %


## Précarité : passeport pour l'emploi

Le modèle de l'emploi salarié à plein temps, à durée indéterminée, a fortement régressé. Les nouveaux venus sur le marché du travail (jeunes, femmes et chômeurs) se voient offrir des statuts d'emplois précaires (intérim, contrats à durée déterminée, stages rémunérés et emplois aidés). Pour les jeunes, ces statuts sont devenus une sorte de passeport obligé pour entrer dans la vie active.
Contrairement à d'autres pays de l'Union (Allemagne et Pays-Bas), le travail à temps partiel se développe timidement en France. Il occupe surtout les femmes, mais il paraît plus subi que choisi dans 40 % des cas...

## Chômage : la fin des années noires

Depuis les années 1970, l'offre d'emploi n'a pas suivi l'évolution de la population active, même si le Produit intérieur brut a augmenté de 70 % et le nombre d'emplois de 2,3 millions depuis 1975.
Le nombre de chômeurs a dépassé les 3 millions en 1997. Le chômage est devenu la première préoccupation des Français, le travail étant le principal facteur de l'insertion sociale. Un tiers des Français déclare avoir été sans emploi au cours des dernières années, et un quart d'entre eux ont frôlé le chômage de longue durée. Il atteint surtout les femmes, les travailleurs âgés, les jeunes et les peu qualifiés. Il peut être un traumatisme, en particulier pour les femmes qui, plus touchées que les autres par les emplois précaires, risquent d'enchaîner pendant de longues périodes des emplois de courte durée et ne jamais stabiliser leur vie professionnelle. Depuis fin 1999, la croissance de l'emploi a repris, notamment dans le secteur des services marchands. Le passage aux 35 heures de travail hebdomadaire et l'accélération de la croissance devraient permettre à l'économie française de continuer à créer des emplois à un rythme soutenu.

## Les 35 heures : un nouvel emploi du temps

Votée en 1998, la loi sur la réduction du temps de travail (RTT) porte en elle un projet de création d'emplois et de transformation sociale, une meilleure articulation entre vie professionnelle et vie familiale. Les sondages montrent que 60 % des Français approuvent ce principe : malgré les « sacrifices » demandés aux salariés lors de la signature des accords (modulation annuelle du temps de travail ou modération salariale), la RTT est perçue comme ayant un double bénéfice, à la fois individuel (du temps pour soi et sa famille) et collectif (l'emploi pour les autres). L'approbation est plus forte chez les personnes les plus concernées (salariés, jeunes et chômeurs) ; elle décroît avec l'âge. Ceux qui considèrent que la RTT dégrade la compétitivité des entreprises sont de plus en plus rares (42 % en novembre 1998, 35 % en novembre 1999). Restent les indépendants, opposés à cette loi. La satisfaction des salariés déjà passés aux 35 heures est unanime, même pour les femmes qui se consacrent davantage aux enfants et aux tâches domestiques, alors que les hommes s'adonnent à leurs passe-temps favoris : bricolage, sport, etc.

# Les Français renouent avec l'entreprise et le capitalisme

La mondialisation de l'économie a fait prendre conscience aux Français que les entreprises étaient fragiles, qu'elles étaient « mortelles » et que la course à la productivité était devenue inéluctable. Les deux notions les plus fréquemment attachées à l'entreprise sont « compétition » et « productivité ». 80 % des Français se disent très attachés à leur entreprise ; en fait, ils placent ainsi la valeur intrinsèque du travail bien plus haut dans la hiérarchie (en deuxième position derrière la famille !) que les autres Européens. Les nouvelles générations (18-24 ans), qui ont vu leurs parents endurer les écueils du marché du travail, ont des entreprises une opinion mitigée : ils en ont une bonne image mais les trouvent peu innovantes et peu accueillantes pour les jeunes. Plus que des considérations de carrière ou de secteur, c'est sous l'angle de la qualité de vie qu'ils appréhendent leur vie professionnelle : une bonne ambiance dans l'entreprise constitue le premier critère de choix. En revanche, ils se disent prêts à accepter mobilité et flexibilité.

## Créer son entreprise : les espoirs de la nouvelle économie

Créer sa propre entreprise soulève encore peu d'enthousiasme en France (7 % des jeunes l'envisagent *très* sérieusement et 34 % *assez* sérieusement). L'arrivée récente de la nouvelle économie, qui a pris à ses débuts la forme d'un nouvel Eldorado, suscite moins d'espoirs, après les échecs retentissants de quelques pionniers. Jusqu'à présent, la majorité des créations se fait sans salarié, il s'agit le plus souvent de préserver un emploi à son créateur. Les entreprises nouvellement créées sont peu pérennes, leur taux de survie est faible ; et celles qui survivent augmentent peu le nombre de leurs salariés. La nouvelle économie pourrait renverser la tendance, les nouveaux entrepreneurs paraissent plus audacieux et, si une majorité réussit, ils feront naître nombre de vocations.

LA CRÉATION D'ENTREPRISES
par secteur en 1999
En pourcentages

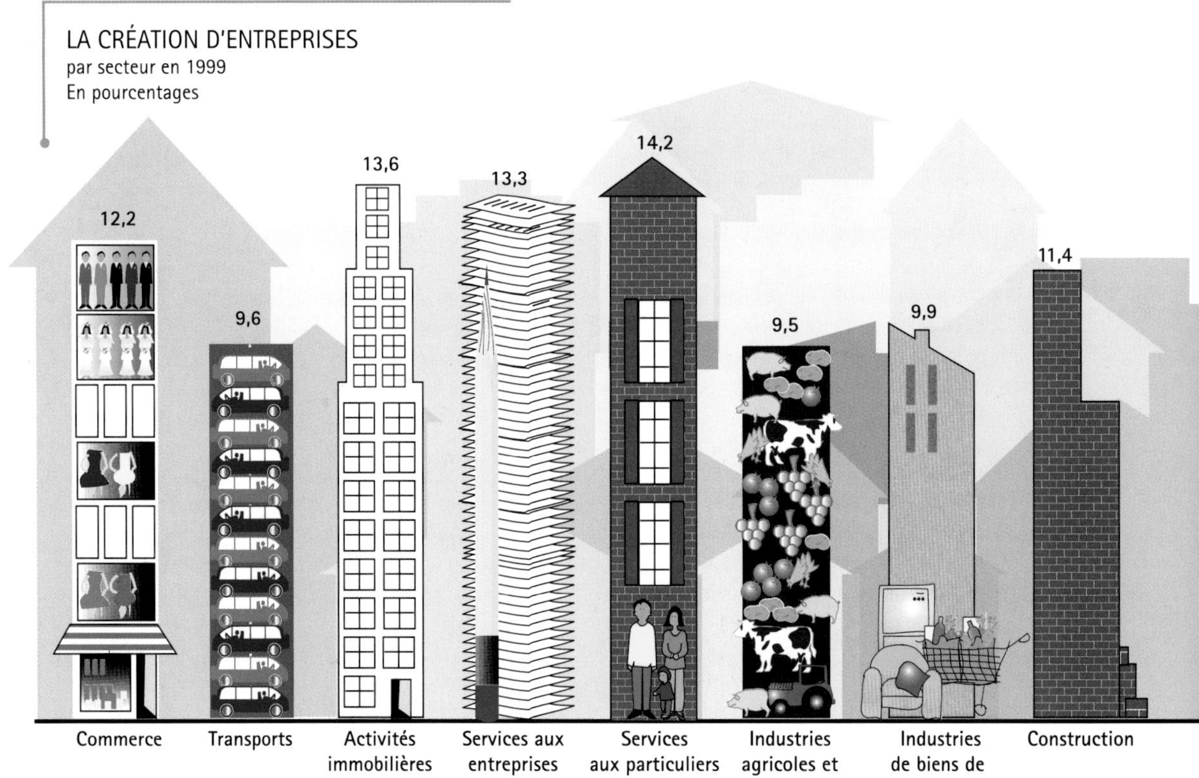

12,2
Commerce
9,6
Transports
13,6
Activités immobilières
13,3
Services aux entreprises
14,2
Services aux particuliers
9,5
Industries agricoles et agroalimentaires
9,9
Industries de biens de consommation
11,4
Construction

## En Bourse, petits joueurs

Alors que dans les années récentes, le CAC 40 a atteint des sommets historiques et que les privatisations se sont multipliées, l'actionnariat individuel reste très minoritaire en France : 12 % des Français possèdent des actions cotées. À cela plusieurs raisons : même si les Français pensent que la Bourse permet aux entreprises de trouver des capitaux, elle est accusée de favoriser la spéculation et de ne pas créer d'emplois. Une raison plus culturelle s'y ajoute : ils se disent choqués par une rémunération qui ne correspond pas à un travail ou à une création effective de richesse. Mais les mentalités changent, puisqu'ils sont de plus en plus nombreux à trouver naturel l'actionnariat salarié ; sans doute sont-ils préoccupés par l'avenir incertain de leur retraite.

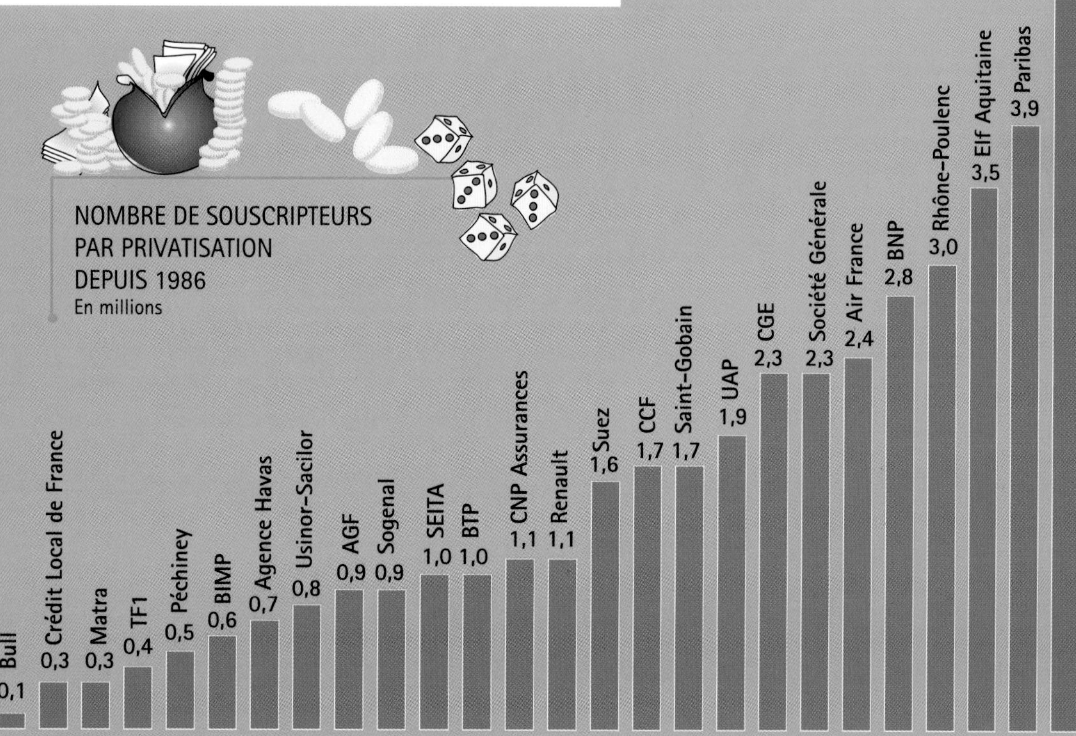
NOMBRE DE SOUSCRIPTEURS
PAR PRIVATISATION
DEPUIS 1986
En millions
Bull 0,1
Crédit Local de France 0,3
Matra 0,3
TF1 0,4
Péchiney 0,5
BIMP 0,6
Agence Havas 0,7
Usinor-Sacilor 0,8
AGF 0,9
Sogenal 0,9
SEITA 1,0
BTP 1,0
CNP Assurances 1,1
Renault 1,1
Suez 1,6
CCF 1,7
Saint-Gobain 1,7
UAP 1,9
CGE 2,3
Société Générale 2,3
Air France 2,4
BNP 2,8
Rhône-Poulenc 3,0
Elf Aquitaine 3,5
Paribas 3,9
France Télécom 6,7

# Plaisir, santé, sécurité : la trilogie du consommateur

Alors qu'en Mai 68, les jeunes générations dénonçaient la société de consommation, société de bien-être illusoire conduisant au gaspillage des ressources naturelles, trente ans plus tard, l'attitude consumériste est valorisée puisque, en relançant la demande de produits manufacturés, elle crée des emplois et chasse ainsi, dans l'opinion des ménages, le spectre du chômage.

Après les années de crise où la croissance des revenus était modérée et où il fallait économiser dans la crainte de situations difficiles, ces dernières années c'est au rythme de 2-3 % l'an que la consommation en volume augmente.

Aujourd'hui, elle reflète de moins en moins le statut social. La consommation ostentatoire, celle des « années frime » n'est plus de mise ; cadres comme ouvriers consomment globalement les mêmes produits qu'ils se procurent dans les mêmes réseaux de distribution. Cependant, les inquiétudes récentes sur la qualité (vache folle, OGM...) pourraient faire apparaître de nouveaux des clivages entre ceux qui s'offriront les produits du terroir ou biologiques nettement plus chers et les autres. Enfin, le même consommateur peut acheter du bas de gamme et du haut de gamme, il est devenu « zappeur », changeant en permanence de distributeur au gré des baisses de prix.

La structure du budget des familles s'est modifiée. Depuis 1980, le logement devient la dépense la plus importante, dépassant l'alimentation. De même la part consacrée à l'habillement est en baisse, on achète plus de vêtements mais beaucoup moins chers (- 40 % depuis 1985). La folie des soldes en témoigne... À l'opposé, l'enrichissement général a profité aux biens de loisirs, l'éducation et les spectacles ont connu un développement rapide ; mais ce sont surtout les services médicaux et de santé qui remportent la palme.

## On dépense moins d'argent pour manger, on en dépense plus pour se loger et se distraire

Évolution des dépenses de consommation
En pourcentages, *1990 et 1999*

| | 1990 | 1999 |
|---|---|---|
| Alimentation | 16,3 | 14,6 |
| Boissons alcoolisées et tabac | 3,0 | 3,5 |
| Habillement | 6,7 | 5,3 |
| Logement | 21,7 | 24,4 |
| Équipement du logement | 7,0 | 6,5 |
| Santé | 3,4 | 3,6 |
| Transport | 15,7 | 15,2 |
| Communications | 1,8 | 2,0 |
| Loisirs et culture | 8,7 | 8,9 |
| Éducation | 0,6 | 0,7 |
| Hôtels, cafés et restaurants | 7,5 | 7,5 |
| Autres biens et services | 7,5 | 7,8 |

## À CHAQUE ÂGE SON PRODUIT

En pourcentages, *1999*

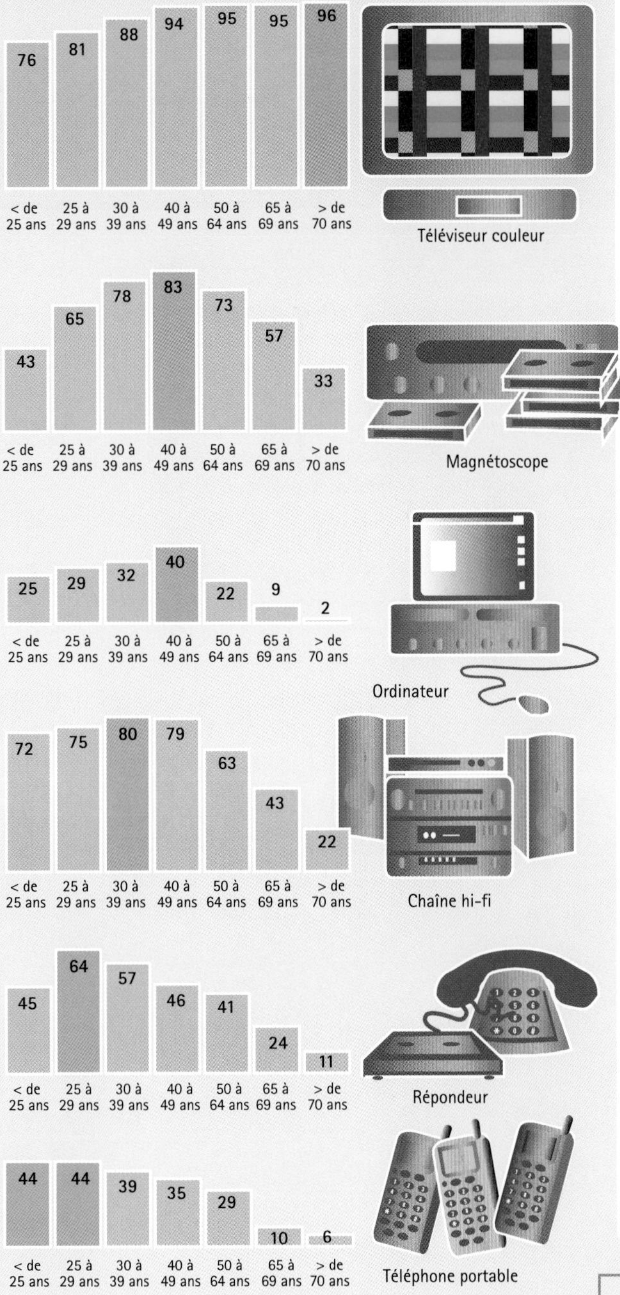

| | < de 25 ans | 25 à 29 ans | 30 à 39 ans | 40 à 49 ans | 50 à 64 ans | 65 à 69 ans | > de 70 ans |
|---|---|---|---|---|---|---|---|
| Téléviseur couleur | 76 | 81 | 88 | 94 | 95 | 95 | 96 |
| Magnétoscope | 43 | 65 | 78 | 83 | 73 | 57 | 33 |
| Ordinateur | 25 | 29 | 32 | 40 | 22 | 9 | 2 |
| Chaîne hi-fi | 72 | 75 | 80 | 79 | 63 | 43 | 22 |
| Répondeur | 45 | 64 | 57 | 46 | 41 | 24 | 11 |
| Téléphone portable | 44 | 44 | 39 | 35 | 29 | 10 | 6 |

## Alimentation : la discipline

En vingt ans, la croissance du niveau de vie et les normes sociales concernant la diététique ont changé le contenu du panier de la ménagère. Le nombre de « gros » mangeurs est en diminution, les produits de base (pain, pomme de terre...), nécessaires aux travailleurs manuels, agriculteurs ou ouvriers – dont la part diminue dans la population active – et qui constituaient l'essentiel des achats des ménages les plus pauvres, ont laissé la place à des produits diversifiés, plus adaptés au mode de vie actuel.

Les industries agroalimentaires ont fait preuve de tant d'innovations qu'elles ont détrôné l'agriculture et l'élevage sur la table des Français : confitures, conserves de fruits et jus de fruits ont remplacé les fruits frais, de même des légumes surgelés ou en conserves ; les plats cuisinés avec de la viande et du poisson, les produits frais laitiers et crèmes glacées, les biscottes et céréales du petit déjeuner ont remplacé les pièces de viande, le lait et le pain. Les aliments diététiques et les produits pour bébés connaissent une croissance rapide. Tous ces produits présentent des facilités d'usage, ils sont prêts à être consommés et évitent le gaspillage ; les grands systèmes de distribution, respectueux des règles d'hygiène, garantissent un prix modéré et une conservation plus longue. De plus, ils correspondent aux attentes de la mère de famille active dont la présence n'est plus indispensable à la préparation du repas ; les formes variables de présentation (parts individuelles), la variété des produits offerts répondent à la diversité des modes de vie.

## LES FRANÇAIS JOUISSENT D'UN CONFORT CERTAIN

Taux d'équipement des ménages en biens durables

En pourcentages, *2000*

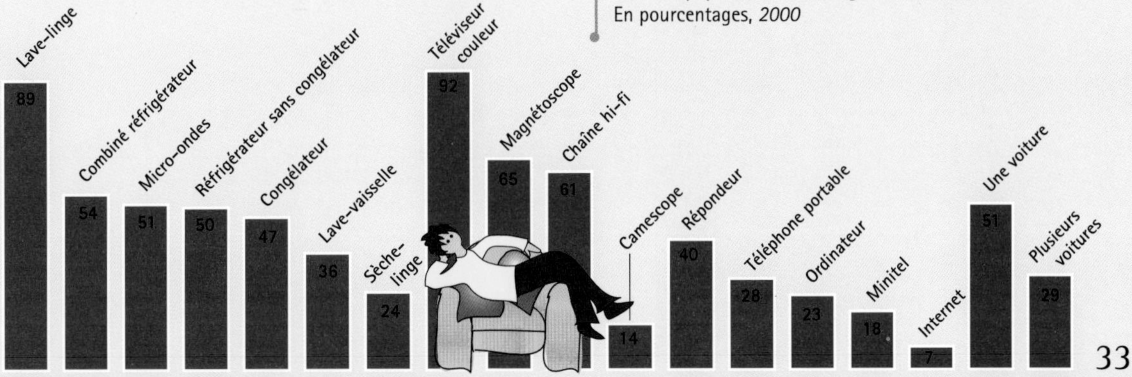

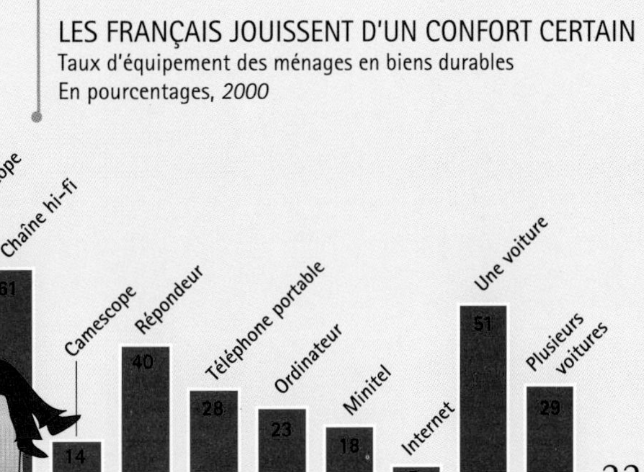

| Équipement | % |
|---|---|
| Lave-linge | 89 |
| Combiné réfrigérateur | 54 |
| Micro-ondes | 51 |
| Réfrigérateur sans congélateur | 50 |
| Congélateur | 47 |
| Lave-vaisselle | 36 |
| Sèche-linge | 24 |
| Téléviseur couleur | 92 |
| Magnétoscope | 65 |
| Chaîne hi-fi | 61 |
| Camescope | 14 |
| Répondeur | 40 |
| Téléphone portable | 28 |
| Ordinateur | 23 |
| Minitel | 18 |
| Internet | 7 |
| Une voiture | 51 |
| Plusieurs voitures | 29 |

# EN AVOIR OU PAS... LE LOGEMENT ET SON ÉQUIPEMENT

54 % des Français sont propriétaires de leur logement et ce taux est stable depuis 1988, même si le nombre de propriétaires augmente en raison de la croissance de la population. L'achat de la maison individuelle, à laquelle aspirent particulièrement les familles modestes, est resté en deçà des espérances. D'une part, l'État a plutôt encouragé l'habitat social collectif et les conditions d'accès à l'emprunt bancaire se sont durcies, d'autre part, les foyers aisés ont procédé à d'autres investissements plus attractifs. La « maison bourgeoise », avec entrée, salon, salle à manger, cuisine, chambres, toutes pièces séparées, meubles de style et vitrines remplies de porcelaines, cristaux et argenterie, a perdu de son attrait, même au sein des catégories aisées. Aujourd'hui, on ne conçoit plus son intérieur pour la vie, meubles en « kit » et équipements de confort évoluent au rythme de l'âge. Auparavant, l'achat d'un équipement était définitif. Aujourd'hui, le renouvellement est fréquent, les innovations techniques et les économies d'échelle mettent tous ces produits à la portée de tous.

Le confort des logements n'a cessé d'augmenter ainsi que la surface moyenne. Quasiment tous les ménages possèdent un lave-linge, un réfrigérateur, une cuisinière, un système de chauffage ; en revanche le lave-vaisselle, qui pourtant assure une tâche dévalorisée, est possédé par seulement 36 % des Français. Soit le besoin ne se fait pas sentir au sein des ménages de petite taille, soit le manque de place, soit la contrainte du prix fait reculer les familles nombreuses (souvent celles aux ressources plus modestes).

L'équipement du logement sert de modèle pour différencier deux types d'économie domestique : le premier gère le foyer comme une petite entreprise, achète des produits transformables et investit dans un outillage important pour transformer lui-même les biens commercialisés (le secteur du bricolage et du jardinage est en forte augmentation, comme le révèlent les dimanches après-midi passés aux caisses des magasins Castorama ou Leroy-Merlin...) ; le second, au contraire, dépense peu pour l'équipement, il préfère rester locataire et faire appel aux services marchands.

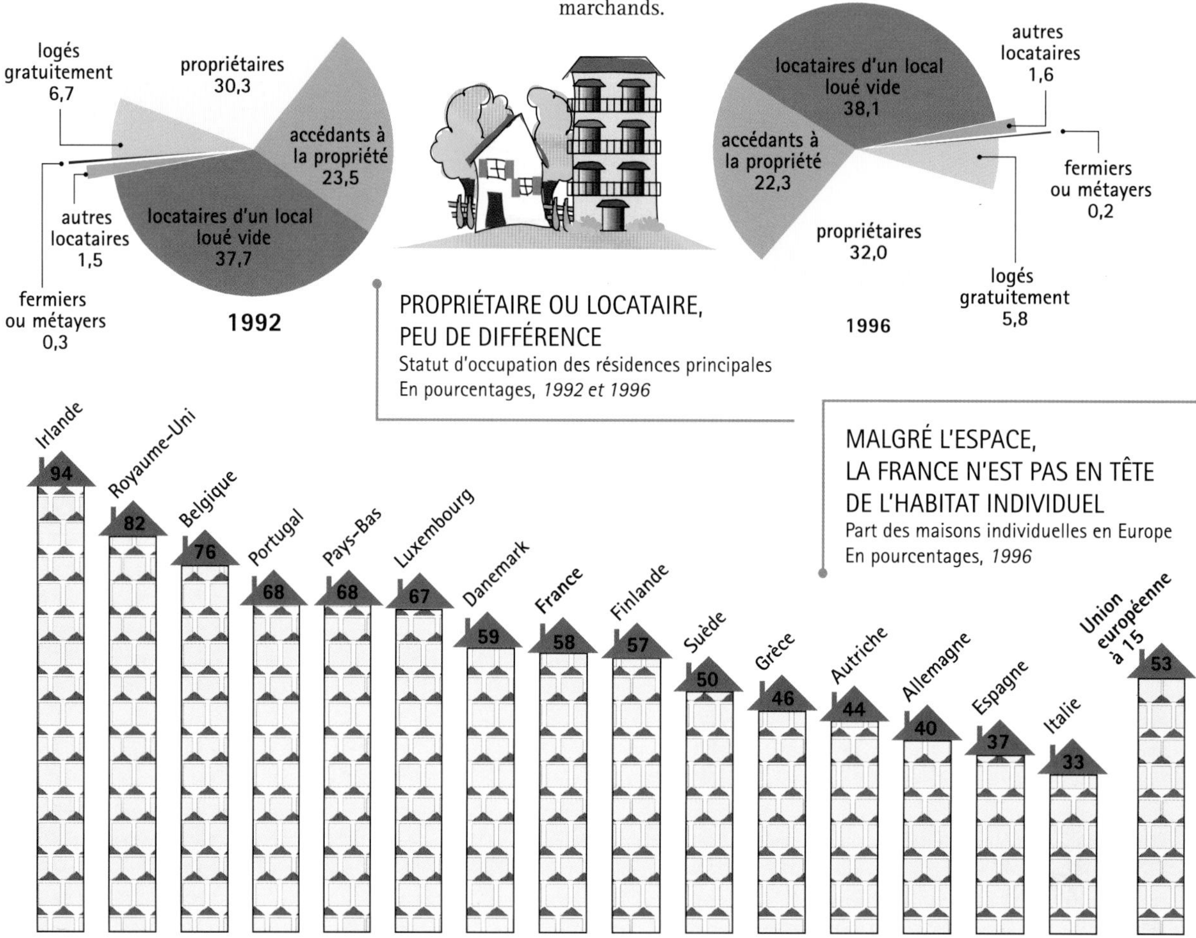

1992
logés gratuitement 6,7
propriétaires 30,3
accédants à la propriété 23,5
locataires d'un local loué vide 37,7
autres locataires 1,5
fermiers ou métayers 0,3
1996
locataires d'un local loué vide 38,1
autres locataires 1,6
accédants à la propriété 22,3
fermiers ou métayers 0,2
propriétaires 32,0
logés gratuitement 5,8
Irlande 94
Royaume-Uni 82
Belgique 76
Portugal 68
Pays-Bas 68
Luxembourg 67
Danemark 59
France 58
Finlande 57
Suède 50
Grèce 46
Autriche 44
Allemagne 40
Espagne 37
Italie 33
Union européenne à 15 53


PROPRIÉTAIRE OU LOCATAIRE, PEU DE DIFFÉRENCE
Statut d'occupation des résidences principales
En pourcentages, *1992 et 1996*

MALGRÉ L'ESPACE, LA FRANCE N'EST PAS EN TÊTE DE L'HABITAT INDIVIDUEL
Part des maisons individuelles en Europe
En pourcentages, *1996*

# Culture et loisirs ont le vent en poupe

Dépenser son temps à se cultiver et à s'amuser était le propre de la « bonne société », des grandes familles bourgeoises qui concevaient le travail comme avilissant. Jusqu'aux années 1970, le milieu social était très discriminant en ce qui concernait ce domaine. Depuis, les dépenses liées aux loisirs ne contribuent pas à affirmer sa position sociale dans la hiérarchie, mais à « être de son temps ».
L'avidité des Français pour les loisirs a transformé des pans entiers de l'économie. La mobilité de loisir a cru plus vite que les autres types de mobilité et a servi le secteur de l'automobile : moyen de transport familial, la voiture est devenue individuelle : un quart des ménages ont deux voitures et 4 % trois ou plus. Parallèlement, les transports collectifs de longue distance (avion et TGV) utilisés pour les week-ends et les vacances à l'étranger ont augmenté dans de fortes proportions.
Télévisions, magnétoscopes et chaînes hi-fi ont fait une entrée fracassante dans les foyers (respectivement 92 %, 65 % et 61 % des ménages sont équipés). Téléphone portable, répondeur téléphonique et lecteur de DVD sont en train de suivre le même chemin. Seul l'ordinateur domestique est plus présent dans les foyers de cadres, notamment ceux qui ont deux enfants ou plus (44 %) ; la familiarité avec l'outil explique cette différence. En général, pour les produits de haute technologie, l'acquisition est plutôt une question d'âge que de statut social (les jeunes sont les plus équipés en téléphones portables), mais ce n'est pas un effet direct : avec l'âge, les jeunes d'aujourd'hui continueront à s'équiper, il s'agit donc là d'un effet de génération.
Enfin, les secteurs des articles de sport, de pêche ou de chasse, des camping-car... sont en pleine expansion.
Il est donc évident que nous entrons dans une « société de loisirs », où ne s'opposent plus culture populaire et culture élitiste, mais où il s'agit avant tout de vivre avec son temps, et d'y trouver du plaisir.

LES ACHATS EN LIGNE : DENIERS DU RÊVE
Pourcentage de personnes prêtes à acheter un bien ou un service sur Internet
*1999*

33
Voyages (train, avion)
32
Locations (vacances, hôtels)
32
Livres
31
Disques
23
Jeux, jouets
22
Articles de sport
21
Micro-informatique
19
Articles de bricolage-jardinage
19
Alimentation
18
Cosmétiques
17
Vêtements
15
Hi-fi, vidéo
15
Électroménager
13
Produits financiers
9
Meubles

# LES UNS ET LES AUTRES

## Les âges de la vie

Les trois étapes classiques de la vie, la jeunesse, l'âge adulte, et la vieillesse, n'apparaissent plus aussi tranchées qu'auparavant. Les « jeunes », notamment, sont appelés ainsi plus longtemps, alors que retraités ou arrière-grands-parents se partagent entre seniors et quatrième âge.

- *Le troisième âge : une économie bien réelle*

## Anciens et nouveaux métiers

Le paysage français des catégories sociales a beaucoup évolué. Le nombre des retraités y figure en tête (une personne sur cinq de plus de 15 ans). Chez les actifs, ce sont les cadres, professions intermédiaires et employés – désormais plus nombreux que les ouvriers – qui se multiplient.

- *À la terre*
- *En haut de l'échelle*
- *De l'usine au bureau*
- *Être son propre patron*
- *Ceux du public*

## Classes et inégalités sociales

Un couple avec deux enfants dispose de 2 241 euros par unité de consommation pour vivre. C'est au regard du patrimoine que les inégalités de revenus sont flagrantes. Quant à la notion de classe sociale, elle s'est bel et bien effritée : de plus en plus de Français disent appartenir à la classe moyenne.

- *Riches et pauvres*
- *Nobles et grands bourgeois*
- *Adieu camarades...*

## Les trajectoires de l'immigration

Le dernier recensement de 1999 montre que, pour la première fois, le nombre d'immigrés diminue : ils sont à cette date 4 310 000 et représentent 7,4 % de la population. Cela ne signifie pas que la France ne soit plus une terre d'accueil. En vérité, le nombre de naturalisations a doublé en 10 ans : aujourd'hui, plus d'un immigré sur trois est français.

- *Marginalisation dans les banlieues « sensibles »*

## De la violence des bandes à la révolte de l'exclu

La violence prend des formes multiples. Depuis une vingtaine d'années, celle qui s'exprime contre « l'extérieur » augmente en milieu urbain ; on observe également un rajeunissement des délinquants. Drogues en tout genre et autres psychotropes sont les exutoires d'un mal de vivre, parfois mortifère.

- *Du mal-être au suicide*

# LES ÂGES DE LA VIE

*Un octogénaire plantait.*
*Passe encore de bâtir, mais planter à cet âge !*
*Disaient trois jouvenceaux, enfants du voisinage...*
La Fontaine

Les trois étapes classiques de la vie, la jeunesse, la vie adulte et la vieillesse, n'apparaissent plus aussi tranchées qu'auparavant. Aujourd'hui, un Français sur quatre âgé de 45 à 64 ans appartient à une parentèle composée de quatre générations et l'on voit apparaître les nouveaux « âges » de la vie :

- Les 18-25 ans, âge caractérisé aujourd'hui par une cohabitation prolongée chez les parents – cohabitation qui n'est plus soumise à l'autorité parentale –, par une dépendance financière accompagnée d'une autonomie en termes d'initiation, d'expérimentation, de formation de la personnalité et de références culturelles.
- Le deuxième âge va de 25-30 ans à environ 50-55 ans ; il constitue « une courte période de l'existence où se cumulent les carrières à mener, les responsabilités professionnelles à assumer, la vie amoureuse et la famille à élever, les relations sociales à gérer... un cumul particulièrement lourd pour les femmes[1] ».
- Le troisième âge intervient plus tôt qu'auparavant (entre 50 et 55 ans, un travailleur est considéré comme « vieillissant » sur le marché du travail) et tend à se prolonger avec l'augmentation de l'espérance de vie sans incapacité jusqu'à 70-80 ans. Ce nouvel âge est devenu celui d'une « génération pivot » entre les plus âgés et les plus jeunes[2].
- Le quatrième âge est souvent celui de la dépendance. Il est marqué par l'isolement, en particulier pour les femmes, et pose pour l'avenir des problèmes redoutables en matière de dépendance et d'assurance maladie.

1. X. Gaullier, « Âges mobiles et générations incertaines », *Esprit*, octobre 1998.
2. *Ibidem.*

## Une autre jeunesse

En l'espace de deux générations seulement, la jeunesse a considérablement allongé sa « durée de vie ». Pendant longtemps, la période qui suivait l'adolescence et qui précédait l'âge adulte était très

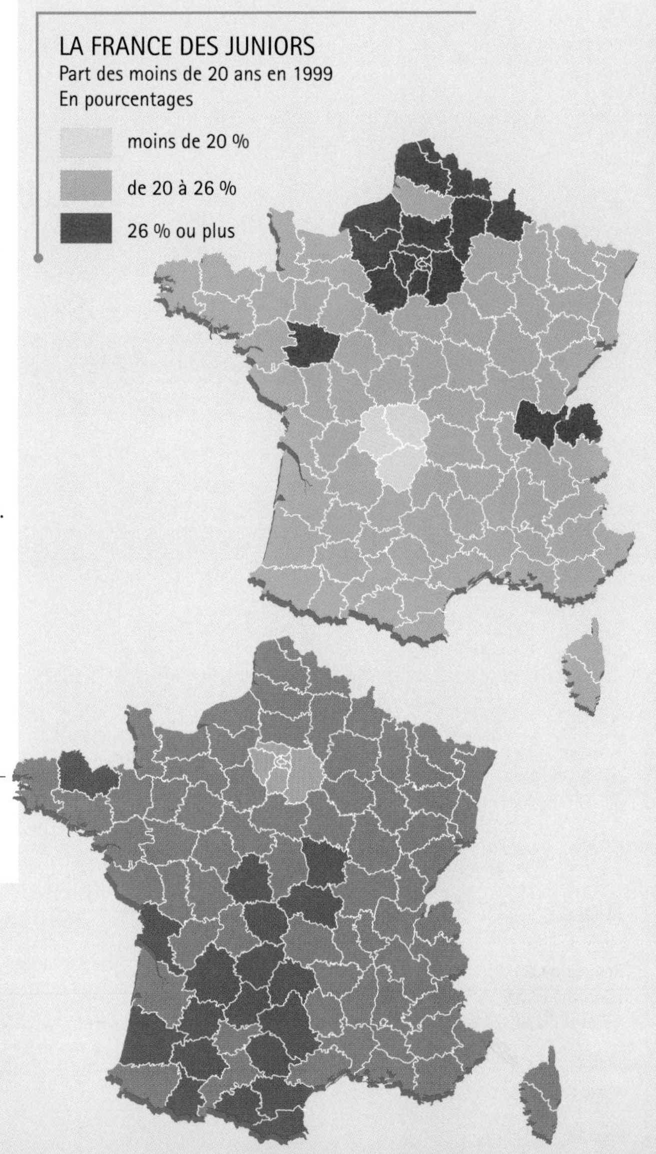
LA FRANCE DES JUNIORS
Part des moins de 20 ans en 1999
En pourcentages
moins de 20 %
de 20 à 26 %
26 % ou plus
LA FRANCE DES SENIORS
Part des 60-74 ans en 1999
En pourcentages
moins de 11 %
17 % ou plus
de 11 à 17 %

courte : les études terminées, on trouvait un emploi, et, à 24 ans environ, on quittait ses parents pour fonder une famille. Aujourd'hui, l'évolution des modes de vie et des comportements a transformé cette classe d'âge ; beaucoup de jeunes ne vivent pas encore en couple à 24 ans et n'ont pas eu leur premier enfant ; bien qu'ils aient quitté la prime jeunesse, ils en ont encore les attributs. C'est à 29 ans que la plupart des jeunes accèdent au statut de l'adulte. Deux tendances expliquent ce changement. Tout d'abord, l'allongement des études, une insertion professionnelle plus tardive, la précarité des premiers emplois, le niveau de vie des jeunes qui stagne ou baisse pour certains, des comportements pathologiques, individuels ou collectifs, qui se développent parmi les jeunes (sentiment de mal-être, dépendance à la drogue et à l'alcool...) poussent les jeunes à cohabiter plus longtemps avec leurs parents. D'autre part, il existe des raisons propres à cette période, plutôt d'ordre fonctionnel : les jeunes ne conçoivent plus l'âge adulte de la même façon que leurs parents qui ont adopté eux-mêmes, systématiquement, le modèle des générations antérieures. En fait, il s'agit plutôt d'un processus complexe de construction du statut d'adulte : c'est le temps de la préparation des choix, du mûrissement des aspirations, de la définition de l'identité. La question n'est pas seulement économique ; si certains restent chez leurs parents parce qu'ils n'ont pas le choix, d'autres vivent à distance avec leur soutien occasionnel et d'autres encore financent eux-mêmes leurs études grâce à des petits boulots. Si certains accusent, à tort, les jeunes d'aujourd'hui de profiter de l'aisance de leurs parents en restant chez eux plus longtemps, de retarder la prise de responsabilités liée à l'âge adulte, de se complaire dans une sorte de « post-adolescence » – ils les nomment la génération « cocooning » –, c'est qu'ils n'ont pas perçu qu'il s'agit là d'une transformation culturelle de l'entrée dans la vie. La jeunesse est une période de préparation à l'âge adulte, qui s'est allongée parce qu'elle ne s'arrête pas à la fin de la scolarité ; c'est un processus de plus en plus individualisé de construction progressive qui se poursuit jusqu'à la trentaine.

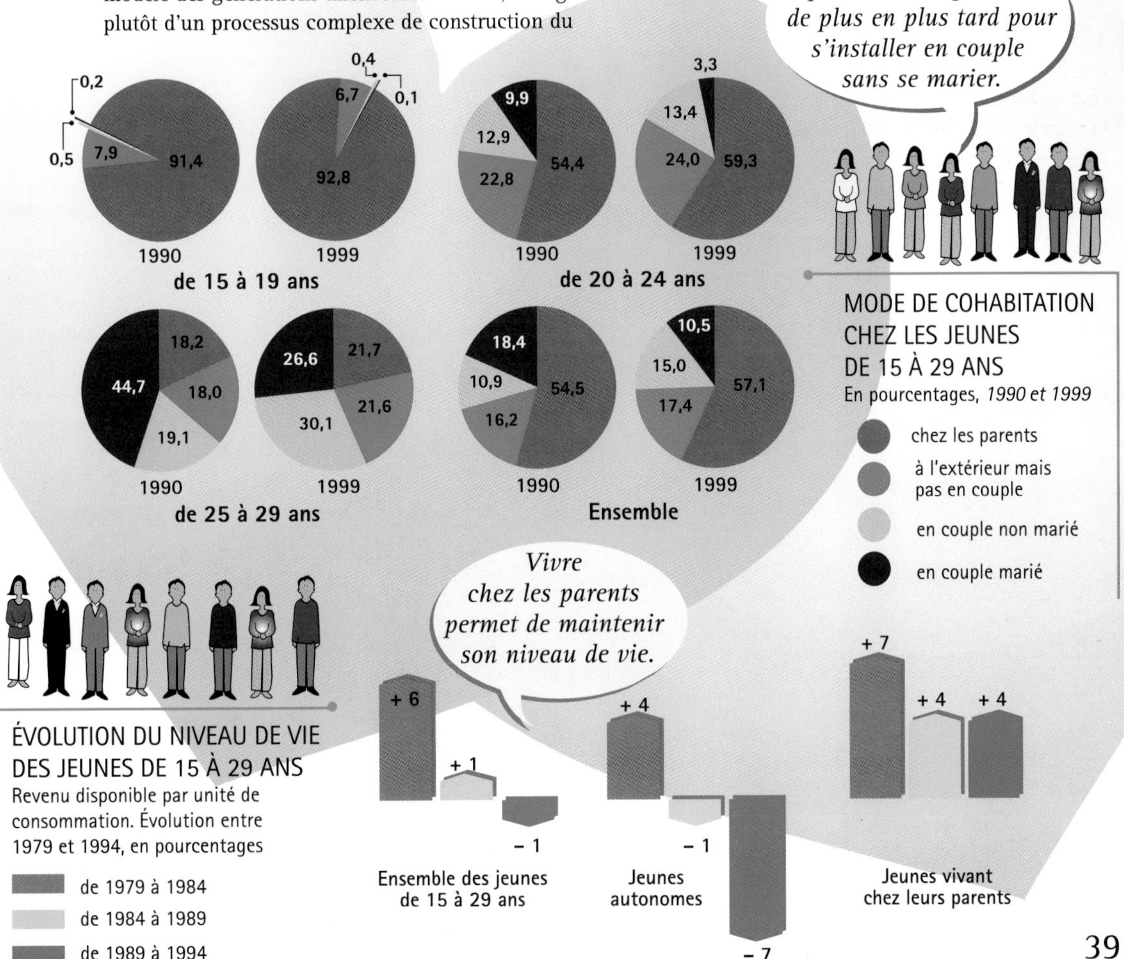

Les jeunes quittent leurs parents de plus en plus tard pour s'installer en couple sans se marier.
0,2
0,5
7,9
91,4
0,4
6,7
0,1
92,8
9,9
12,9
22,8
54,4
3,3
13,4
24,0
59,3
1990
1999
de 15 à 19 ans
1990
1999
de 20 à 24 ans
18,2
44,7
18,0
19,1
26,6
21,7
30,1
21,6
18,4
10,9
16,2
54,5
10,5
15,0
17,4
57,1
1990
1999
de 25 à 29 ans
1990
1999
Ensemble
MODE DE COHABITATION CHEZ LES JEUNES DE 15 À 29 ANS
En pourcentages, 1990 et 1999
chez les parents
à l'extérieur mais pas en couple
en couple non marié
en couple marié
Vivre chez les parents permet de maintenir son niveau de vie.
ÉVOLUTION DU NIVEAU DE VIE DES JEUNES DE 15 À 29 ANS
Revenu disponible par unité de consommation. Évolution entre 1979 et 1994, en pourcentages
de 1979 à 1984
de 1984 à 1989
de 1989 à 1994
+ 6
+ 1
– 1
Ensemble des jeunes de 15 à 29 ans
+ 4
– 1
– 7
Jeunes autonomes
+ 7
+ 4
+ 4
Jeunes vivant chez leurs parents

# Le troisième âge : une économie bien réelle

Partir en retraite ne veut pas dire être vieux, invalide et inactif : aujourd'hui une période de vingt ans s'écoule entre le départ en retraite et le risque de dépendance physique. La cessation de l'activité professionnelle arrive de plus en plus tôt, à partir de 55 ans, grâce aux diverses incitations publiques ; l'espérance de vie et l'état de santé au-delà de 50 ans se sont nettement améliorés ; ces deux paramètres contribuent à accroître la part du troisième âge dans la population française. En 2000, les plus de 60 ans représentent 20,5 % de la population française, et leur part est estimée à 33,7 % en 2050. Des inégalités selon les catégories sociales persistent : un manœuvre a moins de chance de fêter son soixantième anniversaire qu'un cadre supérieur et la durée de sa retraite sera en moyenne de cinq années plus courte. Autrefois, vieillesse était souvent synonyme de pauvreté, il a fallu mettre en place le système des retraites et le « minimum vieillesse » pour améliorer le quotidien de nos aînés. Aujourd'hui, le revenu des nouveaux retraités rejoint celui des ménages de salariés si on inclut les revenus du patrimoine. C'est pourquoi les professionnels du marketing s'intéressent tant à cette catégorie d'âge qu'ils nomment les « seniors » ; il n'est pas rare de voir sur un spot publicitaire un « papy » vantant les mérites d'un produit destiné plutôt à un fils ou à un petit-fils qu'à lui-même. Mais ce portrait du retraité « moyen » doit être nuancé : il est le résultat de la conjoncture économique jusqu'à la fin

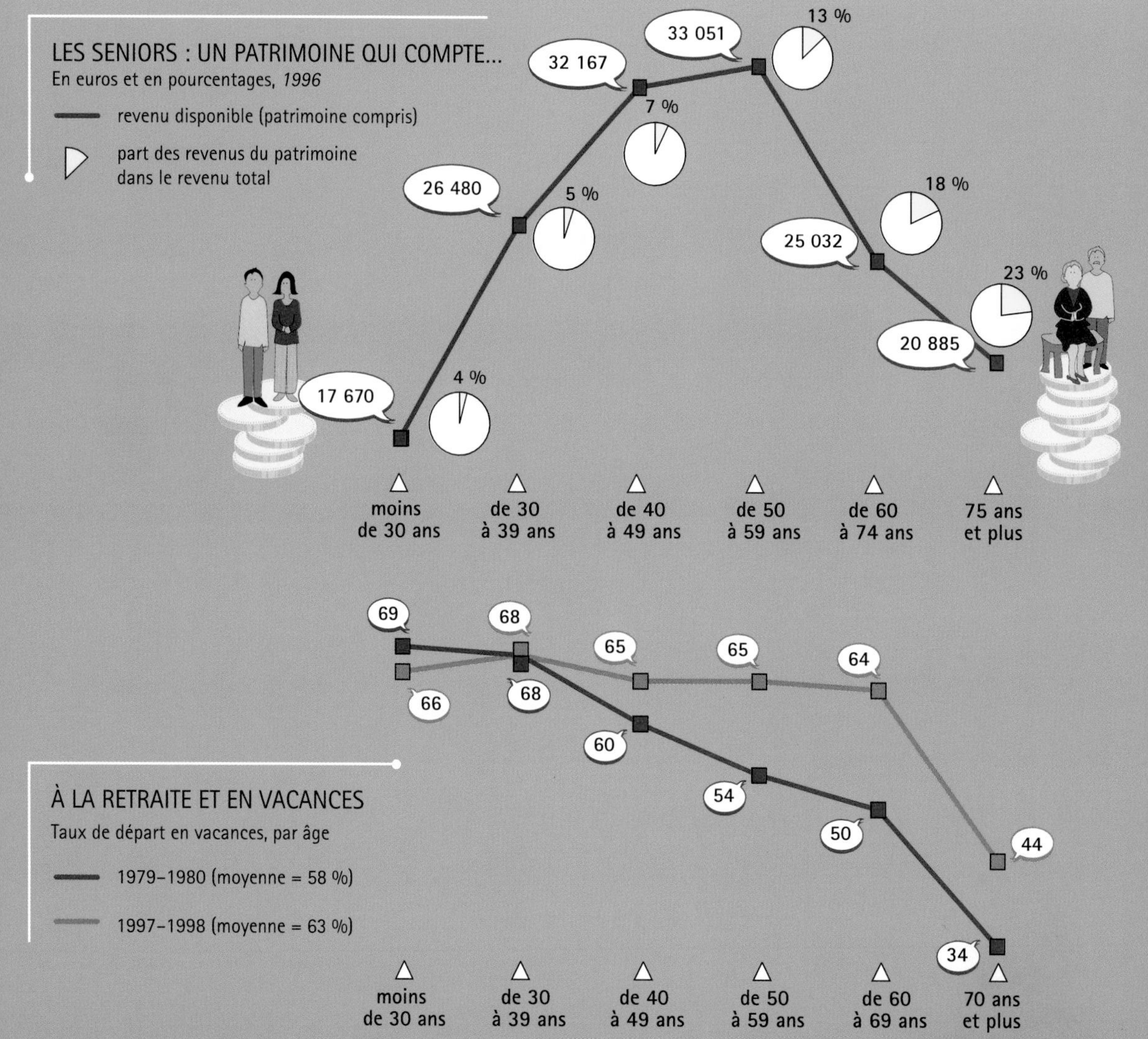

LES SENIORS : UN PATRIMOINE QUI COMPTE...
En euros et en pourcentages, 1996
revenu disponible (patrimoine compris)
part des revenus du patrimoine dans le revenu total
17 670
4 %
26 480
5 %
32 167
7 %
33 051
13 %
25 032
18 %
20 885
23 %
moins de 30 ans
de 30 à 39 ans
de 40 à 49 ans
de 50 à 59 ans
de 60 à 74 ans
75 ans et plus
À LA RETRAITE ET EN VACANCES
Taux de départ en vacances, par âge
1979-1980 (moyenne = 58 %)
1997-1998 (moyenne = 63 %)
69
66
68
68
65
60
65
54
64
50
44
34
moins de 30 ans
de 30 à 39 ans
de 40 à 49 ans
de 50 à 59 ans
de 60 à 69 ans
70 ans et plus

des années 1970, la période des Trente glorieuses : une croissance forte, un emploi stable et une progression salariale continue ; en revanche une partie des retraités, surtout les femmes, ont connu l'inactivité, les emplois précaires ou à temps partiel ou ont été touchés par les plans sociaux de la période suivante ; ceux-là bénéficient d'une retraite modeste.

Disposant d'une bonne santé, de temps et d'argent, déchargés de la contrainte des enfants, les retraités d'aujourd'hui ont un mode de vie qui n'a plus rien de commun avec celui de leurs aînés. Ils changent de voiture, aménagent leur maison d'équipements modernes, notamment informatiques, voyagent, reçoivent famille et amis plus que la génération qui les précédait, sont membres d'associations, surtout celles liées aux activités culturelles et de loisirs, sont majoritairement volontaires dans les actions bénévoles et humanitaires. Enfin, dotés d'une instruction civique, ils participent plus à la vie politique, notamment locale, où ils ont des responsabilités. Leur participation électorale est plus élevée que la moyenne.

Les problèmes de financement des retraites se profilant, ces « panthères grises », jouissant d'une autonomie grandissante, pourvues de temps, d'argent et de responsabilités, ne craignant plus les ennuis professionnels, pourraient à l'avenir se constituer en un véritable groupe de pression.

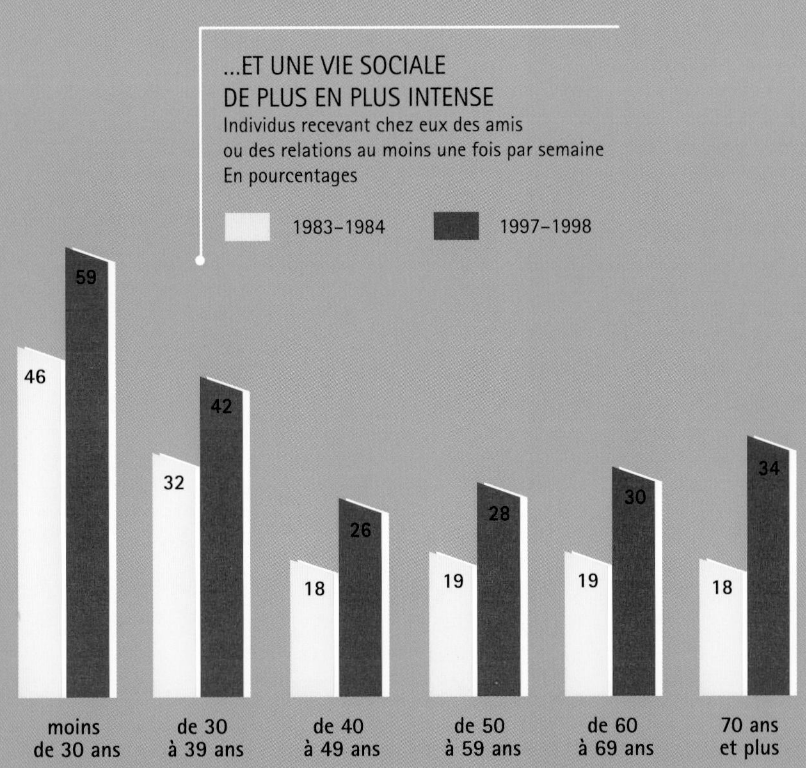
...ET UNE VIE SOCIALE
DE PLUS EN PLUS INTENSE
Individus recevant chez eux des amis
ou des relations au moins une fois par semaine
En pourcentages
1983-1984
1997-1998
46
59
32
42
18
26
19
28
19
30
18
34
moins de 30 ans
de 30 à 39 ans
de 40 à 49 ans
de 50 à 59 ans
de 60 à 69 ans
70 ans et plus

# ANCIENS ET NOUVEAUX MÉTIERS

*Le métier, c'est ce qui ne s'apprend pas.*
Pablo Picasso

Le paysage français des catégories sociales a beaucoup évolué ces dernières décennies. Aujourd'hui, ce sont les retraités qui sont les plus nombreux : une personne sur 5 de plus de 15 ans est à la retraite.
Parmi les actifs, les moins nombreux sont les agriculteurs ; en revanche les cadres, professions intermédiaires et employés voient leur nombre croître, et les employés sont maintenant plus nombreux que les ouvriers.
D'une manière générale, la progression des métiers se fait au détriment des emplois non qualifiés, particulièrement dans l'industrie, au profit des cadres et des métiers du tertiaire, à la fois du tertiaire marchand (cadres administratifs d'entreprise, informaticiens, professionnels de la communication, cadres des secteurs financiers, médecins...) et non marchand (enseignants, cadres de la fonction publique).

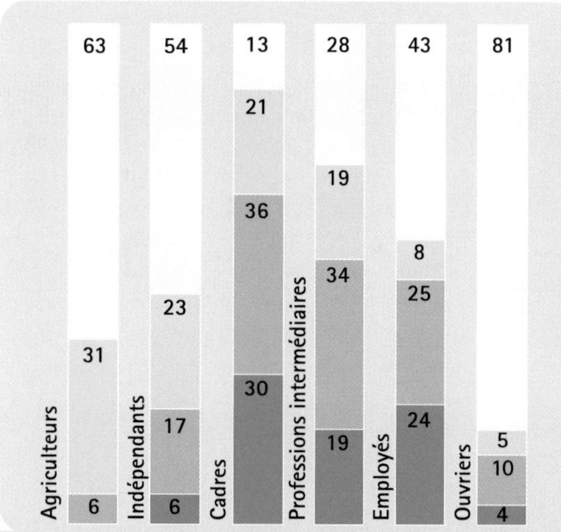

Agriculteurs
63
31
6
Indépendants
54
23
17
6
Cadres
13
21
36
30
Professions intermédiaires
28
19
34
19
Employés
43
8
25
24
Ouvriers
81
5
10
4


LES CADRES ET LES EMPLOYÉS SONT LES PLUS GROS UTILISATEURS D'ORDINATEUR DANS LE CADRE PROFESSIONNEL
En pourcentages
utilisation quotidienne : plus de 20 h par semaine
utilisation quotidienne : moins de 20 h par semaine
utilisation non quotidienne
pas d'utilisation

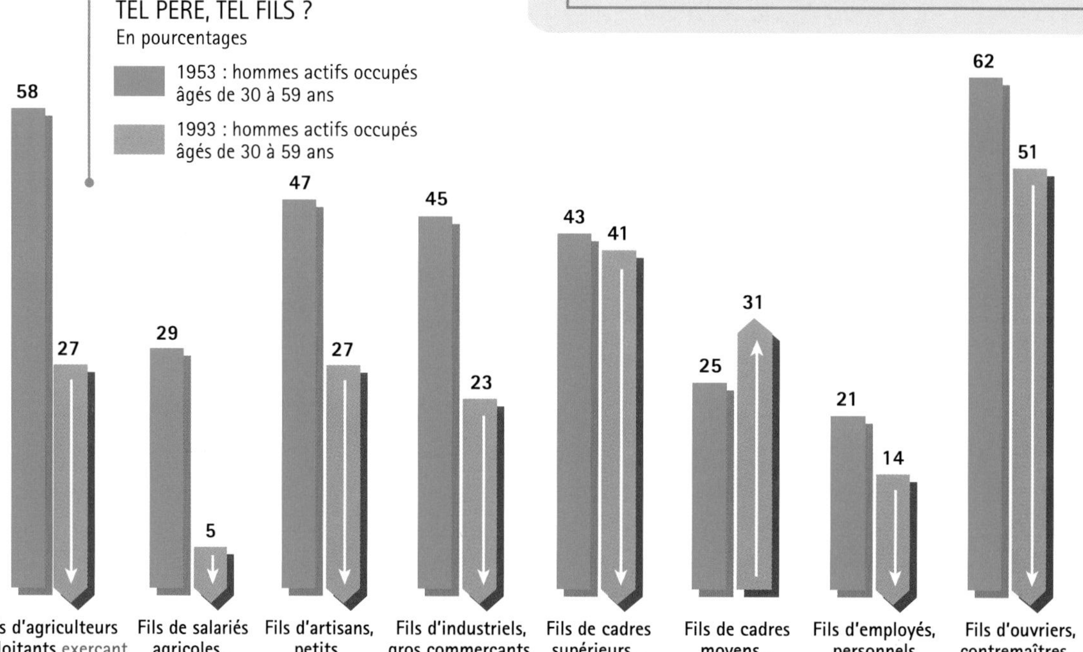

TEL PÈRE, TEL FILS ?
En pourcentages
1953 : hommes actifs occupés âgés de 30 à 59 ans
1993 : hommes actifs occupés âgés de 30 à 59 ans
58
27
Fils d'agriculteurs exploitants exerçant la même profession que leur père
29
5
Fils de salariés agricoles...
47
27
Fils d'artisans, petits commerçants...
45
23
Fils d'industriels, gros commerçants, professions libérales...
43
41
Fils de cadres supérieurs...
25
31
Fils de cadres moyens...
21
14
Fils d'employés, personnels de services, autres actifs...
62
51
Fils d'ouvriers, contremaîtres...

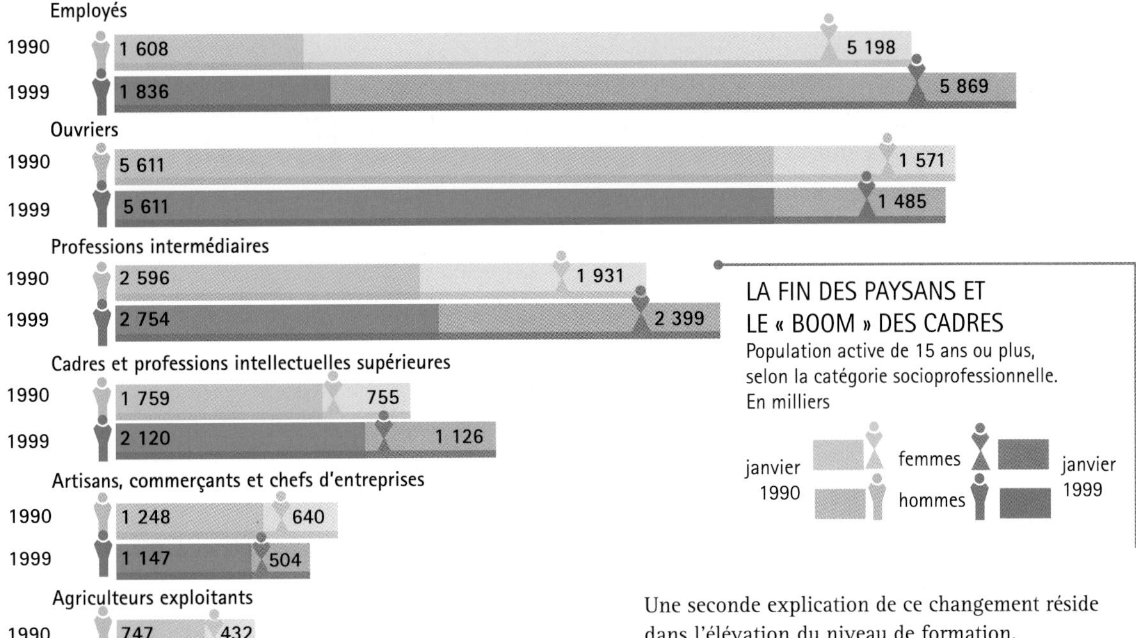
Employés
1990
1 608
5 198
1999
1 836
5 869
Ouvriers
1990
5 611
1 571
1999
5 611
1 485
Professions intermédiaires
1990
2 596
1 931
1999
2 754
2 399
Cadres et professions intellectuelles supérieures
1990
1 759
755
1999
2 120
1 126
Artisans, commerçants et chefs d'entreprises
1990
1 248
640
1999
1 147
504
Agriculteurs exploitants
1990
747
432
1999
443
228
Chômeurs n'ayant jamais travaillé
1990
89
165
1999
154
196
janvier 1990
femmes
hommes
janvier 1999

## LA FIN DES PAYSANS ET LE « BOOM » DES CADRES

Population active de 15 ans ou plus, selon la catégorie socioprofessionnelle.
En milliers

L'emploi recule donc dans les métiers liés à l'industrie, l'agriculture et le BTP ; il augmente fortement dans les fonctions liées aux nouvelles technologies.

La participation des femmes à l'activité économique est une des causes majeures de ces bouleversements ; elles sont essentiellement embauchées dans le secteur tertiaire et certaines professions sont devenues typiquement féminines : employées, professions intermédiaires de la santé et du travail social, institutrices, elles sont devenues majoritaires parmi les professeurs et dans les professions scientifiques. Encore minoritaires chez les cadres et dans les professions intellectuelles supérieures, leur nombre a doublé depuis 1982 au sein de cette catégorie.

Une seconde explication de ce changement réside dans l'élévation du niveau de formation, particulièrement chez les jeunes. Être cadre avant 30 ans nécessite au moins une maîtrise ; c'est le cas de deux jeunes cadres sur trois contre deux sur cinq il y a quinze ans. Être reconnu comme technicien implique deux fois sur trois d'avoir un DUT ou un BTS ; dans la vaste catégorie des employés, près de la moitié des jeunes a au moins le baccalauréat, pour des métiers pas toujours très qualifiés. Parmi les *jeunes* ouvriers non spécialisés, plus de la moitié ont un diplôme professionnel, soit un CAP ou un BEP, soit un bac.

Enfin, les nouveaux emplois créés font appel aux différentes formes de contrat : à durée limitée ou à temps partiel, emplois-jeunes et autres formes d'emploi précaires créées dans le but d'enrayer le chômage, surtout parmi les employés dont aujourd'hui 31 % connaissent une de ces formes particulières de statut.

## À CHACUN SON RYTHME

Temps de travail quotidien des salariés à temps complet, hors enseignants.
En heures et minutes, par journée travaillée

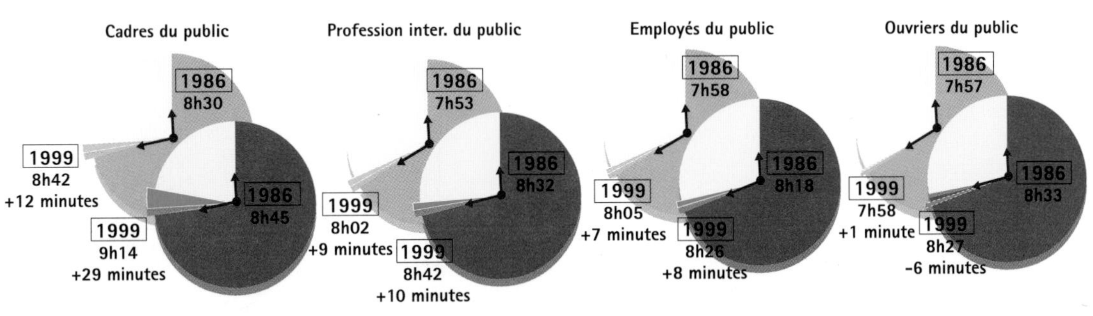
Cadres du public
1986
8h30
1999
8h42
+12 minutes
1986
8h45
1999
9h14
+29 minutes
Cadres du privé
Profession inter. du public
1986
7h53
1999
8h02
+9 minutes
1986
8h32
1999
8h42
+10 minutes
Profession inter. du privé
Employés du public
1986
7h58
1999
8h05
+7 minutes
1986
8h18
1999
8h26
+8 minutes
Employés du privé
Ouvriers du public
1986
7h57
1999
7h58
+1 minute
1986
8h33
1999
8h27
-6 minutes
Ouvriers du privé

# À LA TERRE

En quarante ans, le nombre d'agriculteurs a été divisé par quatre : alors que presque tous les Français se flattent d'avoir des parents ou grands-parents paysans, la France compte aujourd'hui moins d'1 million d'agriculteurs (un Français sur deux en 1851). Les exploitations moins nombreuses se sont agrandies, et leurs directeurs sont devenus de véritables chefs d'entreprise, en société ou à leur compte. En quarante ans, la surface moyenne des exploitations a presque triplé (14 hectares en 1955 contre 40 hectares aujourd'hui). La gestion en société est encore très minoritaire, le Groupement agricole d'exploitation en commun (GAEC) est la forme la plus répandue. La part des terres en fermage a progressé, ceci traduit la transformation des relations entre propriétaires et locataires au sein de la famille : les retraités agricoles ne divisent ou ne vendent plus leur bien au moment du départ à la retraite, mais le louent à des enfants ou des voisins et complètent ainsi leur pension. Contrairement aux générations précédentes, les agriculteurs ont dû suivre une formation adaptée, contrainte liée à l'obtention des aides à l'installation. Parallèlement, la restructuration des exploitations voulue par la Politique agricole commune s'est accompagnée d'un formidable essor de la mécanisation. Ainsi, les exploitants d'aujourd'hui sont de véritables entrepreneurs qui passent presque autant de temps à la gestion qu'à l'exploitation, quand ils ne font pas appel aux services de comptables.

Le mouvement, déjà ancien, d'exode rural a laissé une population agricole familiale vieillie et à dominante masculine. Ce sont les jeunes qui sont le plus partis, surtout les jeunes femmes, et à des âges où l'on se marie (20-29 ans). Bien que les exploitants épousent de plus en plus des non-agricultrices (dont le revenu de l'activité extérieure à la ferme est souvent salvateur), le célibat masculin s'accentue : il concerne un tiers des exploitants. De plus, la fécondité et l'union libre sont en proportion moindre dans cette profession. Autrefois, les agriculteurs âgés restaient sur l'exploitation, aujourd'hui la décohabitation est quasi générale, les vieux cèdent la place aux jeunes.
Les salariés agricoles, peu nombreux, sont devenus de véritables techniciens ; ils sont jeunes et ont acquis une qualification professionnelle ; parallèlement les exploitants font de plus en plus appel à des entreprises de travaux agricoles.
Jusqu'à présent, les agriculteurs avaient la faveur de tous les Français ; ils ont souvent fait l'objet de soins particuliers dans les campagnes électorales, et aujourd'hui 20 % des maires de France sont des agriculteurs. Il se peut qu'au fil du temps, des faits répétés comme la pollution par les nitrates, la crise de la vache folle ou l'élevage de poules pondeuses en batterie viennent petit à petit ternir l'image de la profession ; malgré tout, les Français sont toujours prêts à venir au secours des agriculteurs puisque, selon les sondages, 90 % sont d'avis de payer le coût supplémentaire d'un élevage de poules en liberté (2 centimes d'euro par œuf) !
Les agriculteurs forment la profession la plus syndiquée. En bonne entente avec le ministère de l'Agriculture, qui les défend à Bruxelles, la FNSEA (syndicat agricole très majoritaire) détermine la politique agricole. Depuis 1962, cette politique n'a pas changé d'orientation, elle consiste à inciter les agriculteurs à produire de plus en plus, ce qui a conduit aux catastrophes que cette profession connaît aujourd'hui.

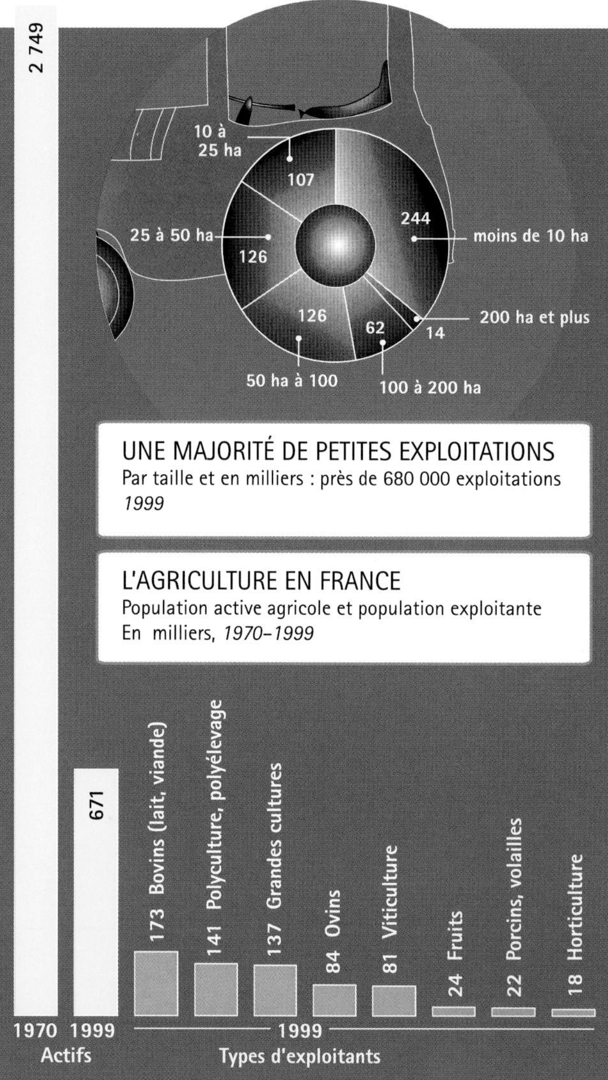
2 749
10 à 25 ha
107
25 à 50 ha
126
244
moins de 10 ha
126
62
14
200 ha et plus
50 ha à 100
100 à 200 ha
671
173 Bovins (lait, viande)
141 Polyculture, polyélevage
137 Grandes cultures
84 Ovins
81 Viticulture
24 Fruits
22 Porcins, volailles
18 Horticulture
1970 1999
Actifs
1999
Types d'exploitants

UNE MAJORITÉ DE PETITES EXPLOITATIONS
Par taille et en milliers : près de 680 000 exploitations
*1999*

L'AGRICULTURE EN FRANCE
Population active agricole et population exploitante
En milliers, *1970-1999*

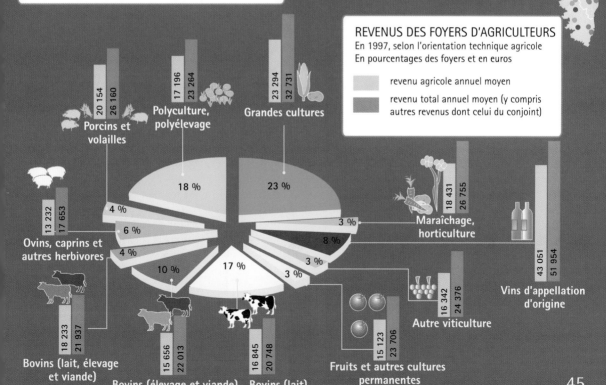

## QUEL TYPE D'EXPLOITATION AGRICOLE ?

*1996*

UTA : unité de travail annuel

- **exploitation conjugale :** les salariés occupent moins d'une UTA, les autres membres de la famille moins de 0,5 UTA et le conjoint est actif sur l'exploitation
- **exploitation familiale :** les salariés occupent moins d'une UTA, et les autres membres de la famille (hors conjoint et chef d'exploitation) occupent au moins 0,5 UTA
- **exploitation individuelle :** les salariés occupent moins d'une UTA, les autres membres de la famille moins de 0,5 UTA et le conjoint n'est pas actif sur l'exploitation
- **exploitation de retraité :** le chef d'exploitation se déclare comme retraité en profession principale
- **exploitation de salariés :** les salariés occupent au moins une unité de travail annuel
- **sans exploitation agricole**

## REVENUS DES FOYERS D'AGRICULTEURS

En 1997, selon l'orientation technique agricole

En pourcentages des foyers et en euros

| Orientation | % des foyers | revenu agricole annuel moyen | revenu total annuel moyen (y compris autres revenus dont celui du conjoint) |
|---|---|---|---|
| Porcins et volailles | 4 % | 20 154 | 26 160 |
| Polyculture, polyélevage | 18 % | 17 196 | 23 264 |
| Grandes cultures | 23 % | 23 294 | 32 731 |
| Maraîchage, horticulture | 3 % | 18 431 | 26 755 |
| Vins d'appellation d'origine | 8 % | 43 051 | 51 954 |
| Autre viticulture | 3 % | 16 342 | 24 376 |
| Fruits et autres cultures permanentes | 3 % | 15 123 | 23 706 |
| Bovins (lait) | 17 % | 16 845 | 20 748 |
| Bovins (élevage et viande) | 10 % | 15 656 | 22 013 |
| Bovins (lait, élevage et viande) | 4 % | 18 233 | 21 937 |
| Ovins, caprins et autres herbivores | 6 % | 13 232 | 17 653 |

# EN HAUT DE L'ÉCHELLE

La catégorie des cadres s'est constituée avec la crise de 1936. À cette époque, elle permettait de distinguer, parmi les employés, les ingénieurs et agents de maîtrise des employés de bureau. La naissance de ce groupe accompagne donc l'histoire de la reconversion de la bourgeoisie et petite bourgeoisie traditionnelles[1]. Aujourd'hui, la notion de cadre, typiquement française, rassemble des professions très diverses : qu'y a-t-il de commun entre un grand patron parisien, issu de la vieille bourgeoisie et sorti d'une grande école, un ancien ouvrier devenu chef d'atelier, un représentant de commerce, et un ingénieur de recherche de l'aérospatiale passé par le CNRS ? Chacun est cadre mais tout les distingue : le diplôme, le revenu, l'origine sociale, le genre de vie, l'opinion politique... et pourtant ils forment un groupe. Actuellement, l'accès au statut de cadre par promotion interne concerne un cadre sur deux. Un cadre sur trois l'obtient dès son premier emploi. Dans ce groupe, des distinctions sont possibles :

- les cadres supérieurs, y compris les professions intellectuelles : ils sont très diplômés et ont des revenus élevés. Parmi les femmes de ce groupe, nombreuses sont celles qui vivent seules ou élèvent seules leur(s) enfant(s), leur condition leur permettant cette indépendance.
- Les professions libérales sont proches des chefs d'entreprise par leur statut d'indépendant et par leur niveau de revenu, mais ils se rapprochent des cadres par leur niveau de diplôme requis pour l'exercice de leur profession. Les ménages de cette catégorie comptent une forte proportion de couples et un nombre d'enfants supérieur à la moyenne nationale.

Des différences séparent les cadres du public et les cadres d'entreprises privées. Ces derniers ont des salaires supérieurs et sont moins nombreux à posséder un diplôme ; les cadres administratifs et commerciaux et les ingénieurs et cadres techniques sont souvent des couples où les femmes sont moins nombreuses à exercer une activité professionnelle. En revanche, les cadres de la fonction publique perçoivent des salaires inférieurs. Les professeurs et les cadres des professions scientifiques, les professionnels de la culture et de l'information sont plus jeunes et le plus souvent des femmes. Ils vivent majoritairement dans une grande ville.

## Le « malaise » des cadres

La crise économique n'a pas épargné les cadres qui ont connu le chômage dans les années 1990 (4,5 % d'entre eux en 1999). L'intérim des cadres s'est donc développé récemment. Ce sont surtout les plus de 45 ans qui recourent à cette solution puisqu'ils ont plus de chance de retrouver un emploi durable à l'issue d'une mission d'intérim.

De même, la crise économique a nourri le « malaise » qui les atteint. Aujourd'hui, le harcèlement psychologique au travail est un phénomène dont se plaignent nombre de salariés, en particulier les cadres. Ils ont de plus en plus de mal à concilier vie personnelle et travail. Le stress devient parfois un outil de gestion, même si dirigeants et personnel d'encadrement contestent son utilisation. Les cadres attribuent ce stress à une surcharge de travail, au raccourcissement des délais et à la mauvaise organisation de l'entreprise ; des modes ont été lancées – stages de relaxation –, mais sans grand résultat. De plus, les cadres estiment que les 35 heures ne leur seront pas bénéfiques. La plupart d'entre eux réclament plutôt une plus grande délégation des responsabilités à tous les niveaux, mais chacun est-il prêt à appliquer la méthode ?

D'un point de vue général, ce malaise est plus profond. Autrefois, la notion de cadre était claire dans l'esprit de tous : il encadrait du personnel et était membre de la direction. Aujourd'hui, les études récentes montrent qu'un « divorce » potentiel caractérise les relations entre les cadres et l'entreprise. Elles montrent que la sécurité de l'emploi et une carrière ascendante ne sont plus de mise ; que les activités des cadres sont plus contrôlées que celles des autres salariés, plus autonomes ; que le processus de rationalisation de l'organisation a provoqué une prise de distance des cadres face à l'entreprise ; enfin, que leur aspiration à réduire leur temps d'activité entraîne une évaluation constante de leur productivité. Ce groupe social semble très déstabilisé. Va-t-il éclater et se transformer en une constellation d'experts (classés selon la spécificité du diplôme) ou de consultants, comme les *managers* et *professionals* chez les Anglo-Saxons ?

---

1. *Cf.* L. Boltanski, *Les Cadres*, Paris, éd. de Minuit, 1982.

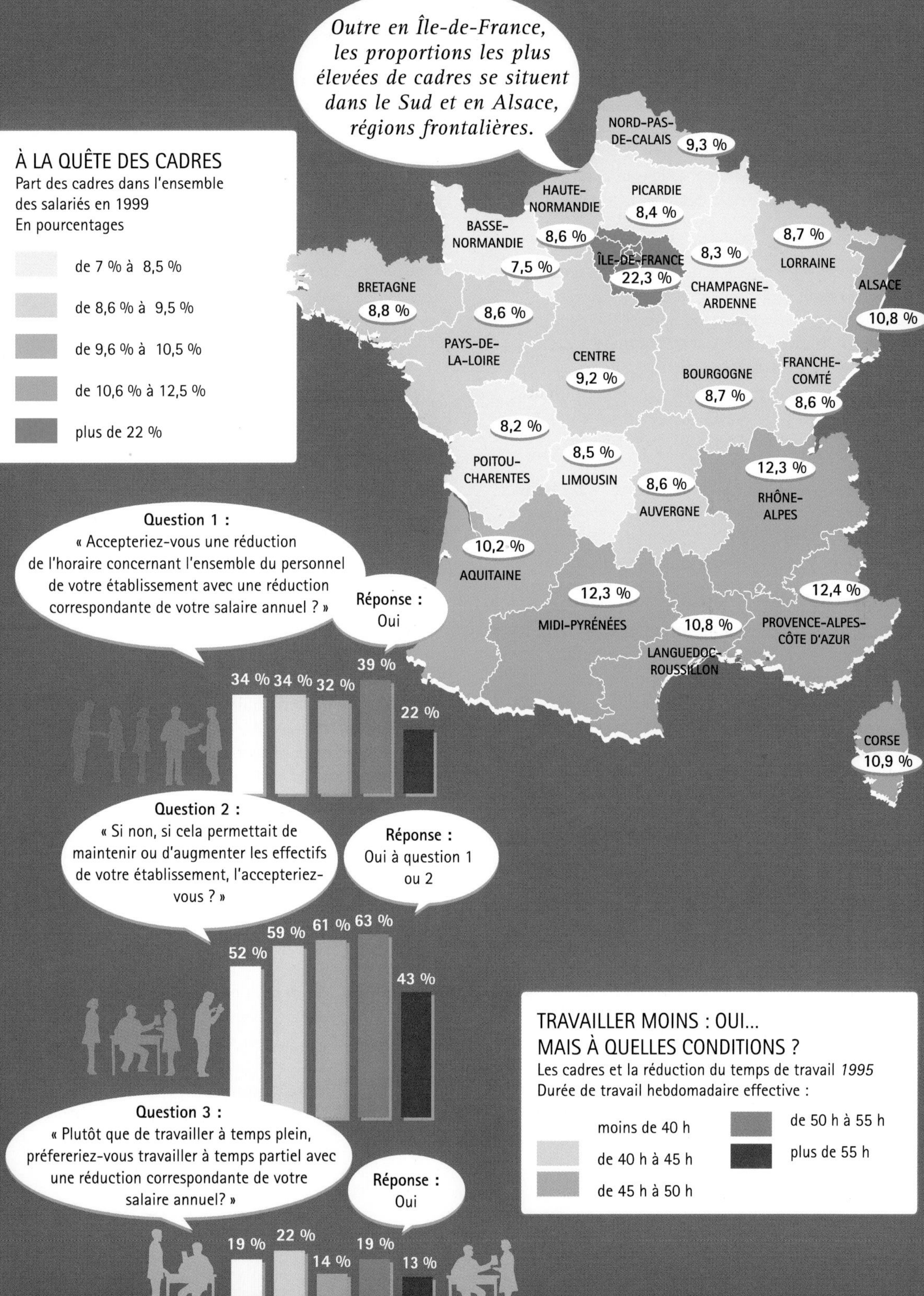
Outre en Île-de-France, les proportions les plus élevées de cadres se situent dans le Sud et en Alsace, régions frontalières.
À LA QUÊTE DES CADRES
Part des cadres dans l'ensemble des salariés en 1999
En pourcentages
de 7 % à 8,5 %
de 8,6 % à 9,5 %
de 9,6 % à 10,5 %
de 10,6 % à 12,5 %
plus de 22 %
NORD-PAS-DE-CALAIS 9,3 %
HAUTE-NORMANDIE 8,6 %
PICARDIE 8,4 %
BASSE-NORMANDIE 7,5 %
ÎLE-DE-FRANCE 22,3 %
CHAMPAGNE-ARDENNE 8,3 %
LORRAINE 8,7 %
ALSACE 10,8 %
BRETAGNE 8,8 %
PAYS-DE-LA-LOIRE 8,6 %
CENTRE 9,2 %
BOURGOGNE 8,7 %
FRANCHE-COMTÉ 8,6 %
POITOU-CHARENTES 8,2 %
LIMOUSIN 8,5 %
AUVERGNE 8,6 %
RHÔNE-ALPES 12,3 %
AQUITAINE 10,2 %
MIDI-PYRÉNÉES 12,3 %
LANGUEDOC-ROUSSILLON 10,8 %
PROVENCE-ALPES-CÔTE D'AZUR 12,4 %
CORSE 10,9 %
Question 1 :
« Accepteriez-vous une réduction de l'horaire concernant l'ensemble du personnel de votre établissement avec une réduction correspondante de votre salaire annuel ? »
Réponse : Oui
34 %
34 %
32 %
39 %
22 %
Question 2 :
« Si non, si cela permettait de maintenir ou d'augmenter les effectifs de votre établissement, l'accepteriez-vous ? »
Réponse : Oui à question 1 ou 2
52 %
59 %
61 %
63 %
43 %
Question 3 :
« Plutôt que de travailler à temps plein, préfereriez-vous travailler à temps partiel avec une réduction correspondante de votre salaire annuel? »
Réponse : Oui
19 %
22 %
14 %
19 %
13 %
TRAVAILLER MOINS : OUI... MAIS À QUELLES CONDITIONS ?
Les cadres et la réduction du temps de travail 1995
Durée de travail hebdomadaire effective :
moins de 40 h
de 40 h à 45 h
de 45 h à 50 h
de 50 h à 55 h
plus de 55 h

# De l'usine au bureau

« Dans ce mouvement conjoint de désindustrialisation relative de l'économie, de désouvriérisation relative de l'industrie et de déconcentration relative des centres ouvriers, c'est, bien au-delà de la garantie de l'emploi et de la protection légale de l'ouvrier de masse, la question du nombre, de l'homogénéité, de l'unité et finalement de la substance même de la classe tout entière qui se trouve posée[1]. »

Le XXe siècle fut le siècle des ouvriers ; au milieu des années 1950, ils forment le groupe social le plus important de la population active. Ce groupe est caractérisé par son unité qu'on nomme la « condition ouvrière ». L'univers de l'ouvrier se résume à son usine et son travail. Ouvriers de l'automobile, mineurs et métallurgistes, ouvriers du textile, etc., participent tous de la renaissance française d'après 1945 ; ils sont les héros des grandes batailles industrielles. Ils adhèrent au Parti communiste et militent à la CGT, renforçant ainsi leur unité. De 1936 à 1950, ils revendiquent, par de grands mouvements encore inédits dans la tradition française, de meilleurs salaires, de meilleures conditions de travail et des avantages sociaux, imposant au patronat et à l'État un nouveau langage. Jusque dans les années 1980, la classe ouvrière forme un modèle d'organisation et de lutte qui empiète sur le reste de la société. Ainsi, le syndicalisme a été adopté par les employés, les professions libérales ou les petits commerçants. La grève est devenue l'arme de toutes les catégories de salariés.

Depuis les années 1980, les différentes catégories d'ouvriers sont toutes en décroissance ; seul le nombre d'ouvriers au chômage a augmenté et s'est stabilisé ces dernières années ! Un ouvrier sur cinq est une ouvrière, et un ouvrier au chômage sur trois est une femme.

Les distinctions entre ouvriers qualifiés et ouvriers non qualifiés sont très nettes. Les premiers ont un CAP, sont plus âgés et comptent peu de femmes. Les seconds sont plus jeunes et vivent plus souvent chez leurs parents. Les ménages ouvriers sont de taille élevée par rapport à la moyenne, ils ont plus d'enfants et sont en cela proches des agriculteurs. Les femmes d'ouvriers occupent moins souvent une activité professionnelle, ils sont plutôt locataires de leur logement et vivent plus que la moyenne dans une commune rurale ou à la périphérie d'une ville.

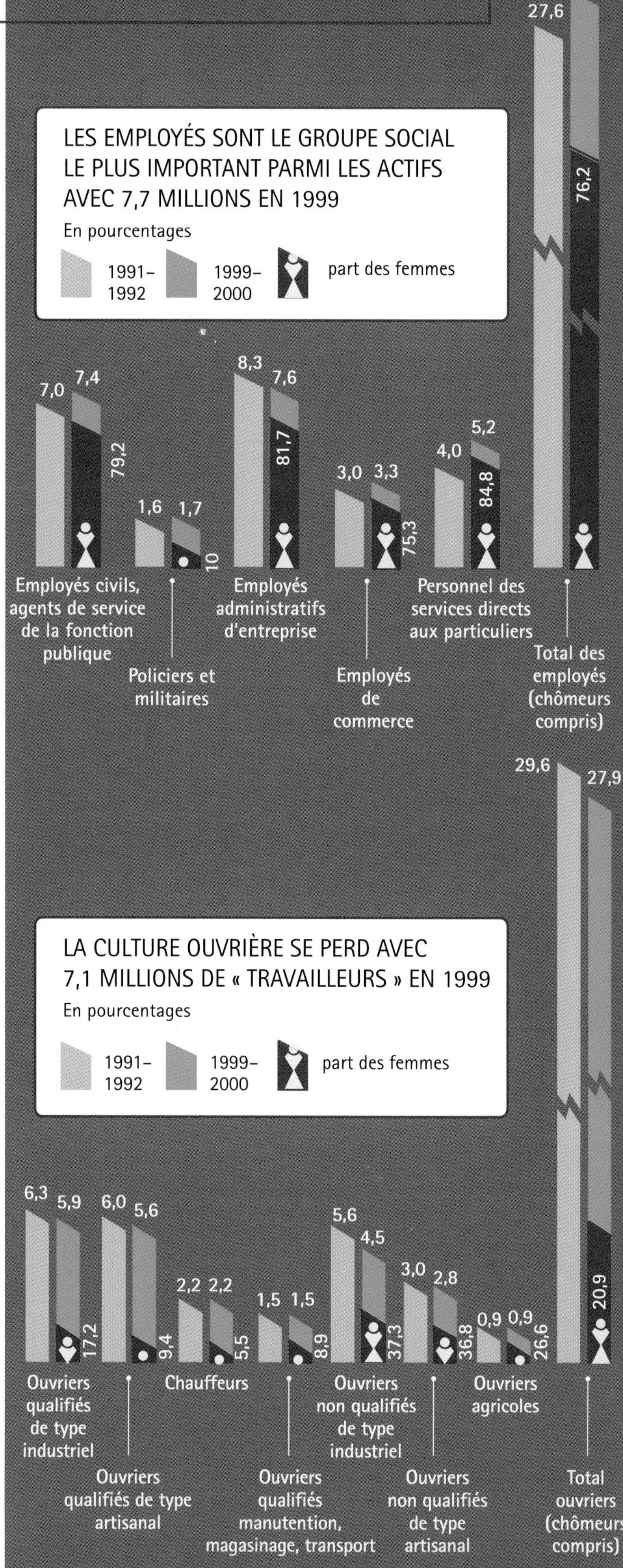

LES EMPLOYÉS SONT LE GROUPE SOCIAL LE PLUS IMPORTANT PARMI LES ACTIFS AVEC 7,7 MILLIONS EN 1999
En pourcentages
1991–1992
1999–2000
part des femmes
7,0
7,4
79,2
1,6
1,7
10
8,3
7,6
81,7
3,0
3,3
75,3
4,0
5,2
84,8
27,6
29,9
76,2
Employés civils, agents de service de la fonction publique
Policiers et militaires
Employés administratifs d'entreprise
Employés de commerce
Personnel des services directs aux particuliers
Total des employés (chômeurs compris)
LA CULTURE OUVRIÈRE SE PERD AVEC 7,1 MILLIONS DE « TRAVAILLEURS » EN 1999
En pourcentages
1991–1992
1999–2000
part des femmes
6,3
5,9
17,2
6,0
5,6
9,4
2,2
2,2
5,5
1,5
1,5
8,9
5,6
4,5
37,3
3,0
2,8
36,8
0,9
0,9
26,6
29,6
27,9
20,9
Ouvriers qualifiés de type industriel
Ouvriers qualifiés de type artisanal
Chauffeurs
Ouvriers qualifiés manutention, magasinage, transport
Ouvriers non qualifiés de type industriel
Ouvriers non qualifiés de type artisanal
Ouvriers agricoles
Total ouvriers (chômeurs compris)


1. M. Verret, *La Culture ouvrière*, Paris, ACL éditions, 1988.

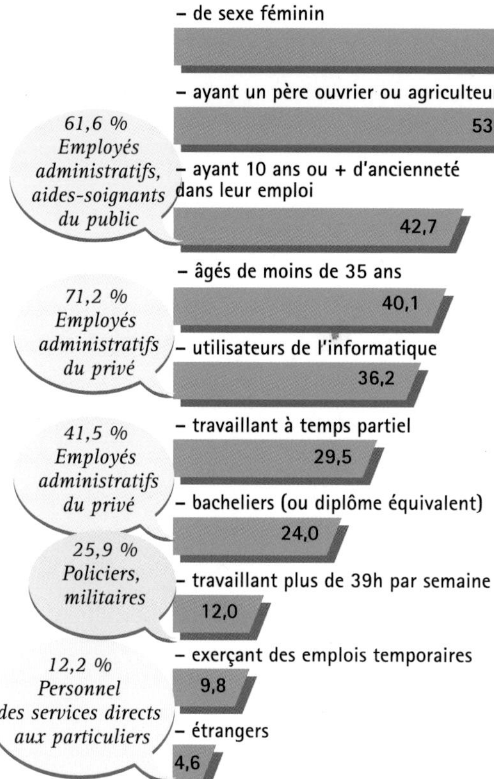
Proportion d'employés
– de sexe féminin
76,6
6,8 % Policiers, militaires
– ayant un père ouvrier ou agriculteur
53,7
64,5 % Agents de service
61,6 % Employés administratifs, aides-soignants du public
– ayant 10 ans ou + d'ancienneté dans leur emploi
42,7
– âgés de moins de 35 ans
40,1
71,2 % Employés administratifs du privé
– utilisateurs de l'informatique
36,2
41,5 % Employés administratifs du privé
– travaillant à temps partiel
29,5
– bacheliers (ou diplôme équivalent)
24,0
25,9 % Policiers, militaires
– travaillant plus de 39h par semaine
12,0
12,2 % Personnel des services directs aux particuliers
– exerçant des emplois temporaires
9,8
– étrangers
4,6

LES PROFILS DE L'EMPLOYÉ
Caractéristiques socio-démographiques et conditions de travail
En pourcentages, *1996*

## « L'archipel des employés »

Le vaste groupe des employés dépasse aujourd'hui celui des ouvriers et recouvre des réalités très différentes : il est composé à la fois de personnes ayant un niveau de diplôme supérieur (BTS ou DUT par exemple), une position sociale élevée et des revenus moyens (les employés administratifs), de personnes qui appartiennent à la classe moyenne, mais aussi de salariés précaires, avec une faible qualification (les employés de commerce ou personnels des services directs aux particuliers, peuvent être classés parmi les salariés défavorisés[2]). Le groupe des employés est le plus féminisé à l'exception des policiers et des militaires ; il est aussi plus jeune, de ce fait les ménages sont souvent composés d'une seule personne. L'échelle des salaires est très large : en haut les employés administratifs des entreprises, en bas les coiffeurs, serveurs ou employés de maison. Les ménages dont le chef est employé sont de taille plus faible que la moyenne à l'exception des employés de la fonction publique, des policiers et militaires dont les familles sont plus nombreuses et où la vie en couple est privilégiée.

2. *Cf.* A. Chenu, *Les Employés*, Paris, La Découverte, 1994.

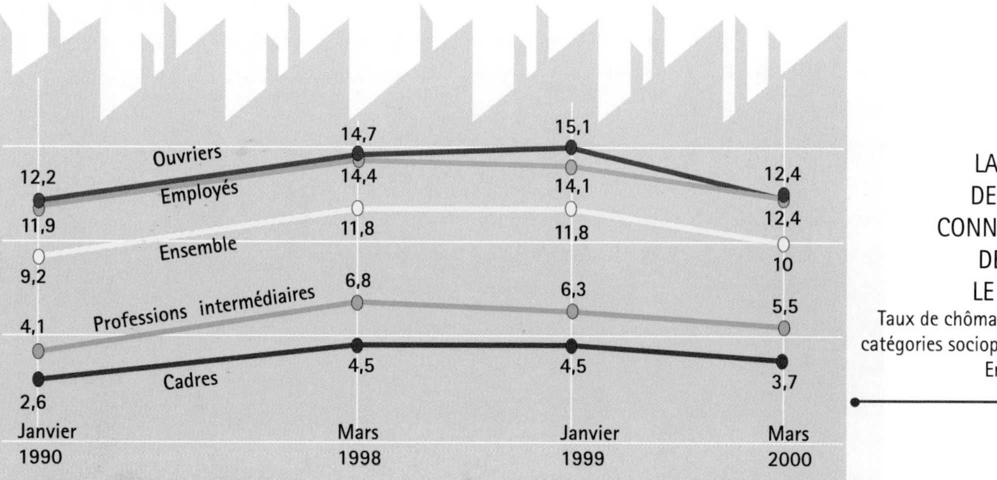
Ouvriers
Employés
Ensemble
Professions intermédiaires
Cadres
12,2
11,9
9,2
4,1
2,6
14,7
14,4
11,8
6,8
4,5
15,1
14,1
11,8
6,3
4,5
12,4
12,4
10
5,5
3,7
Janvier 1990
Mars 1998
Janvier 1999
Mars 2000

LA CATÉGORIE DES OUVRIERS CONNAÎT LE TAUX DE CHÔMAGE LE PLUS ÉLEVÉ
Taux de chômage de quelques catégories socioprofessionnelles
En pourcentages

# Être son propre patron

Le groupe des travailleurs indépendants s'oppose à la catégorie dominante du monde du travail, le salariat. Après avoir beaucoup baissé, le nombre d'indépendants s'est stabilisé. La population des employeurs et surtout des travailleurs indépendants a rajeuni, en particulier dans les secteurs des services et du bâtiment. C'est grâce à ces deux secteurs que l'emploi non-salarié résiste aujourd'hui : de nombreux emplois de services indépendants se créent du fait des innovations technologiques et de la revalorisation de l'image de l'entreprise et de l'entrepreneur individuel (2 % par an). En revanche, dans le commerce et l'industrie, les effectifs sont en baisse continue, artisanat et commerce de proximité connaissent toujours la crise. Autrefois, ce groupe social se situait entre la bourgeoisie et le prolétariat ; être artisan ou commerçant dans une petite ville était un signe d'ascension sociale, d'accession au petit patrimoine, sans toutefois atteindre les cercles bourgeois des professions libérales, des propriétaires ou des représentants de l'État. Aujourd'hui, la diversité des origines de ce groupe est beaucoup plus large. Il n'est pas rare qu'un cadre en recherche d'emploi tente de créer son entreprise de services ou que la femme d'un notable de province, essayant de tuer son ennui, ouvre une boutique. Cependant, cette entreprise ou cette boutique reflètera tout de même l'origine sociale : ni le cadre ni l'épouse n'ouvriront une épicerie, mais plutôt une boutique informatique ou une brocante. « Plus fragile, moins enraciné, plus divers par ses origines, il [le boutiquier] n'incarne plus cette image si française de la menue notabilité, son effacement signe la disparition d'une forme de sociabilité des bourgs et des quartiers[1]. »

1. D. Borne, dans J.-P. Rioux et J.-F. Sirinelli, *La France d'un siècle à l'autre,* Paris, Hachette, 1999.

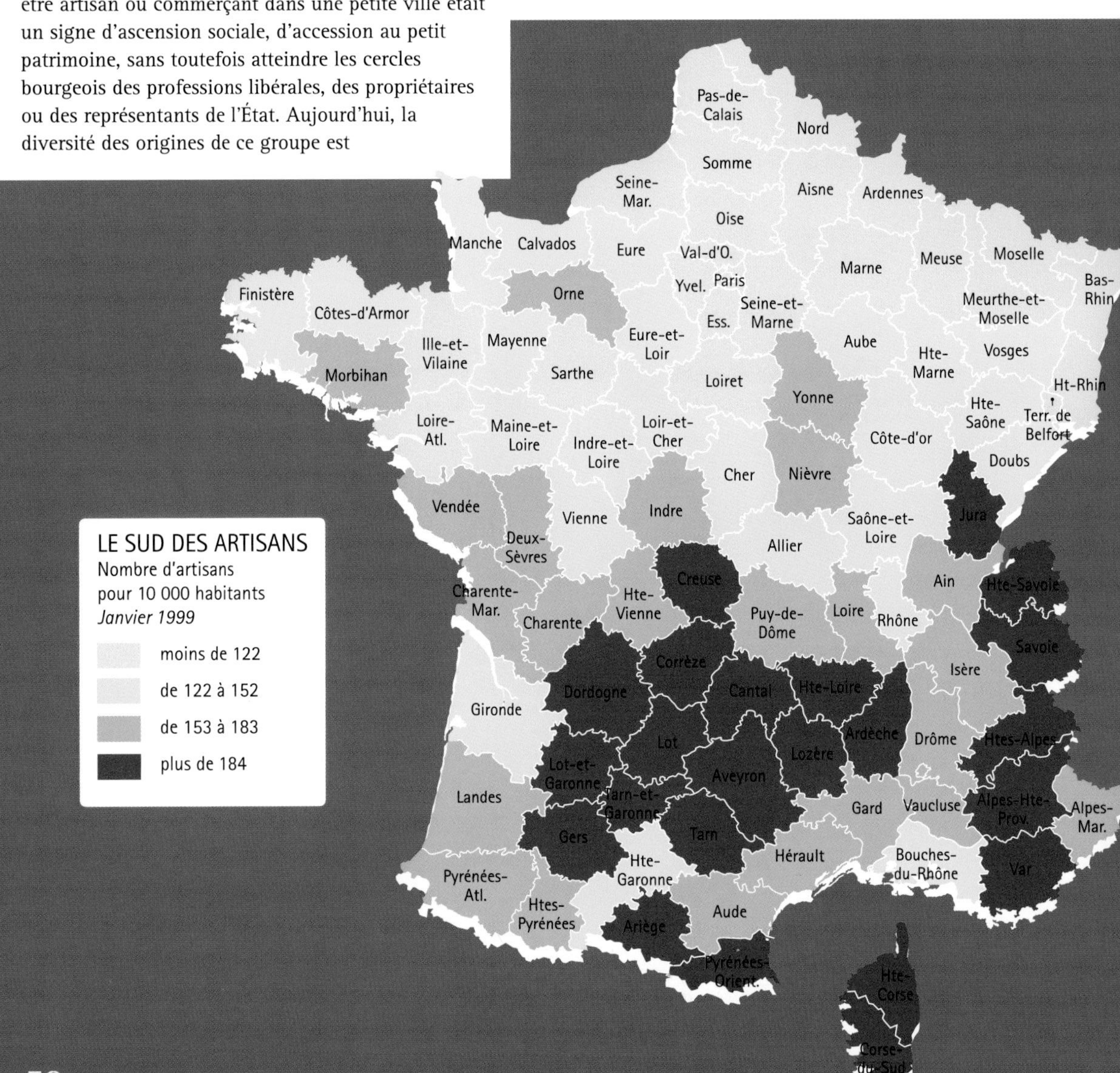
LE SUD DES ARTISANS
Nombre d'artisans
pour 10 000 habitants
Janvier 1999
moins de 122
de 122 à 152
de 153 à 183
plus de 184
Pas-de-Calais
Nord
Somme
Seine-Mar.
Aisne
Ardennes
Oise
Manche
Calvados
Eure
Val-d'O.
Marne
Meuse
Moselle
Yvel.
Paris
Bas-Rhin
Finistère
Orne
Seine-et-Marne
Meurthe-et-Moselle
Côtes-d'Armor
Ess.
Ille-et-Vilaine
Mayenne
Eure-et-Loir
Aube
Hte-Marne
Vosges
Morbihan
Sarthe
Loiret
Ht-Rhin
Yonne
Hte-Saône
Terr. de Belfort
Loire-Atl.
Maine-et-Loire
Indre-et-Loire
Loir-et-Cher
Côte-d'or
Doubs
Cher
Nièvre
Jura
Vendée
Vienne
Indre
Saône-et-Loire
Deux-Sèvres
Allier
Creuse
Ain
Hte-Savoie
Charente-Mar.
Hte-Vienne
Charente
Puy-de-Dôme
Loire
Rhône
Savoie
Corrèze
Isère
Dordogne
Cantal
Hte-Loire
Gironde
Ardèche
Lot
Drôme
Htes-Alpes
Lozère
Lot-et-Garonne
Aveyron
Landes
Tarn-et-Garonne
Gard
Vaucluse
Alpes-Hte-Prov.
Alpes-Mar.
Gers
Tarn
Hérault
Hte-Garonne
Bouches-du-Rhône
Var
Pyrénées-Atl.
Htes-Pyrénées
Aude
Ariège
Pyrénées-Orient.
Hte-Corse
Corse-du-Sud

# Ceux du public

Précisons d'abord le statut du fonctionnaire. On en distingue trois sortes : les fonctionnaires de l'État (presque 2 millions de personnes), les fonctionnaires territoriaux (1,4 million en croissance modérée) et le fonctionnariat hospitalier (800 000 agents), auxquels s'ajoutent les statuts spécifiques (militaire, ouvrier d'État, magistrat, praticien hospitalier, etc.) et les agents non titulaires (contractuels, auxiliaires, vacataires).

L'idée est très répandue que la France souffre d'un nombre excessif de fonctionnaires, mais il faut alors mettre en relation ce nombre avec les évolutions économiques, sociales, culturelles et institutionnelles. Ainsi, l'évolution forte dans le secteur de l'éducation, de la santé ou de la communication n'est pas sans rapport avec l'évolution de la demande sociale dans ces domaines. Il en est de même du rôle accru des collectivités territoriales. À l'inverse, la baisse des effectifs en matière de défense suit l'évolution géopolitique.

La critique peut être justifiée pour les emplois publics à statut précaire (emplois jeunes, CES, par exemple), qui sont certes des embauches justifiant une décision gouvernementale visant à améliorer la situation de l'emploi ; mais, après examen des tâches, ils se révèlent très utiles au bon fonctionnement des services (accueil des familles dans les hôpitaux, assistants-éducateurs dans les écoles, gardiens de l'ordre dans les quartiers...).

Après avoir été traités de « ronds-de-cuir » par Courteline à la fin du XIX$^{e}$ siècle et souffert d'une image dégradée jusqu'à la Seconde Guerre mondiale, les fonctionnaires connaissent leur consécration lors de la réforme de 1945, instituant l'ENA, inventant une véritable politique de la fonction publique et un statut des fonctionnaires avec des catégories, des grades, des échelons.

Dans les années 1950, les candidatures affluent pour entrer à la SNCF, Air France ou la Sécurité sociale. De cette période sont issus les hauts fonctionnaires, dont aujourd'hui encore le prestige est une caractéristique bien française. Ces « grands commis » ont conduit des réussites techniques spectaculaires, comme la filière du nucléaire, des télécommunications, du logement social ou de l'aménagement du territoire, qui ont renforcé leur légitimité.

Depuis le milieu des années 1970, les fonctionnaires voient leur image se ternir. On leur reproche de dépasser le périmètre de leurs attributions. François Bloch-Lainé s'interroge : « Le cuisinier de la cantine du ministère de l'Intérieur doit-il être fonctionnaire tout comme un préfet[1] ? » ; on leur reproche d'être trop nombreux, suite aux recrutements massifs des années 1980 ; en période de chômage massif, on envie leurs privilèges (sécurité de l'emploi, droit de grève, etc.), le mot « technocrate » remplace le mot « haut fonctionnaire », le soupçon pèse de plus en plus sur la fonction publique dans son ensemble. Les affaires (Crédit Lyonnais, Gan, Elf) ont défait la figure du fonctionnaire-entrepreneur et ont remis en question le rôle de l'État. Un lent mouvement de modernisation s'opère dans l'administration dont la première étape est l'amélioration des relations avec les usagers. Le chantier est vaste et difficile, mais il faudra bien que l'Administration et ses agents s'adaptent eux aussi aux métiers de demain, aux nouvelles technologies de l'information qui sont un défi dans un univers « marqué par la prééminence de la voie hiérarchique[2] ».

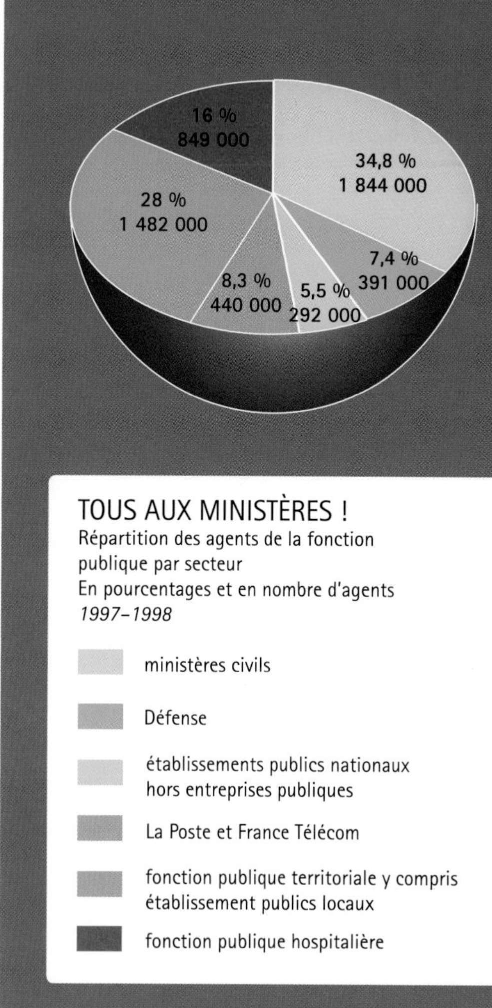
16 %
849 000
34,8 %
1 844 000
28 %
1 482 000
7,4 %
391 000
8,3 %
440 000
5,5 %
292 000
ministères civils
Défense
établissements publics nationaux hors entreprises publiques
La Poste et France Télécom
fonction publique territoriale y compris établissement publics locaux
fonction publique hospitalière

TOUS AUX MINISTÈRES !
Répartition des agents de la fonction publique par secteur
En pourcentages et en nombre d'agents
*1997–1998*

1. R. Rioux, dans J.-P. Rioux et J.-F. Sirinelli, *La France d'un siècle à l'autre*, Paris, Hachette, 1999.
2. *Ibidem.*

# CLASSES ET INÉGALITÉS SOCIALES

*Ah ! si j'avais 1 franc 50 !*
*J'aurais bientôt 2 francs 50...*
Boris Vian

En 1997, le niveau de vie médian des Français se situe à 1 067 euros par mois (après impôts et prestations) par unité de consommation. Une moitié de la population vit avec un revenu supérieur et une autre moitié avec un revenu inférieur. Le niveau de vie médian varie selon la composition du ménage : il correspond à 1 601 euros pour un couple sans enfant et à 2 241 euros pour un couple avec deux jeunes enfants.
Entre les 10 % des ménages les plus pauvres et les 10 % des ménages les plus riches, le rapport est de 1 à 3,4 : les premiers disposent de 579 euros par unité de consommation, les seconds de plus de 1 966 euros.

## Des inégalités de nouveau croissantes ?

En 1956, on observait une fraction importante de population très pauvre et une fraction très riche assez nombreuse. Au milieu des années 1980, la proportion des riches, relativement au reste de la population, a fortement diminué, la situation des plus pauvres s'est nettement améliorée et les classes moyennes se sont développées de façon massive. L'évolution entre 1984 et 1995 montre une concentration croissante du nombre des plus riches, une stabilisation de la situation des plus pauvres et une légère dégradation relative de la situation des classes moyennes, par rapport aux autres. La diminution récente du chômage (premier pourvoyeur d'inégalités en France) pourrait renverser la tendance vers une diminution des inégalités.

## La différence majeure : le patrimoine

Sur la période 1985-1995, la part des revenus d'activité a baissé de 6 points dans le revenu des ménages tandis que les revenus du patrimoine progressaient de 10,5 à 13 %, et les retraites de 16,7 à 19,8 %. Le revenu des personnes âgées a donc crû beaucoup plus rapidement que celui des actifs, et les revenus des catégories les plus aisées disposant d'un patrimoine plus important, ont augmenté nettement plus vite que ceux des ménages les moins favorisés. Les inégalités semblent donc s'infléchir légèrement à la hausse depuis le début des années 1990.

## De la difficulté de classer les Français

Parmi ceux qui disent appartenir à telle ou telle classe sociale, de plus en plus se réfèrent à la classe moyenne, ce qui peut s'interpréter comme la négation de la conscience de classe, puisqu'il n'y a pas d'opposition à une autre classe. Si aujourd'hui ouvriers comme bourgeois se disent appartenir à la classe moyenne, alors tout le monde est moyen et la notion perd son sens. Autrefois, l'origine sociale était suffisante pour identifier un Français, la profession du père était seule prise en compte, parce que souvent la femme ne travaillait pas ou aidait son mari et que les enfants, le plus souvent, suivaient la trace de leurs parents ; aujourd'hui, il faut prendre en compte nombre de critères, par exemple le diplôme, la profession, la proximité à un parti politique ou une association militante, le mode de vie, les appartenances à divers univers sociaux de moins en moins congruents. Comment « classer », par exemple, un ménage dont le père est agriculteur, peu diplômé, ayant reçu en héritage un capital foncier important mais aux revenus modestes, la mère, pharmacienne, fille de médecin, est présidente d'une association de lutte contre la faim dans le monde, et les enfants préparent des grandes écoles à Paris ? Le couple est tiré vers le haut de l'échelle sociale par la position de la femme. Leurs enfants ne peuvent être classés avec les enfants d'un couple d'agriculteurs.

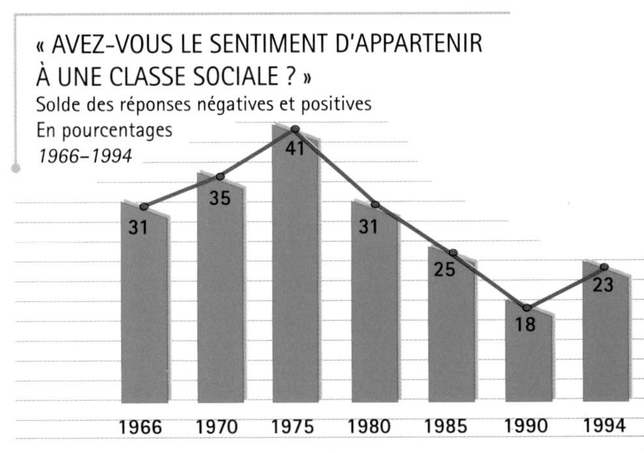
« AVEZ-VOUS LE SENTIMENT D'APPARTENIR À UNE CLASSE SOCIALE ? »
Solde des réponses négatives et positives
En pourcentages
1966-1994
31
35
41
31
25
18
23
1966
1970
1975
1980
1985
1990
1994

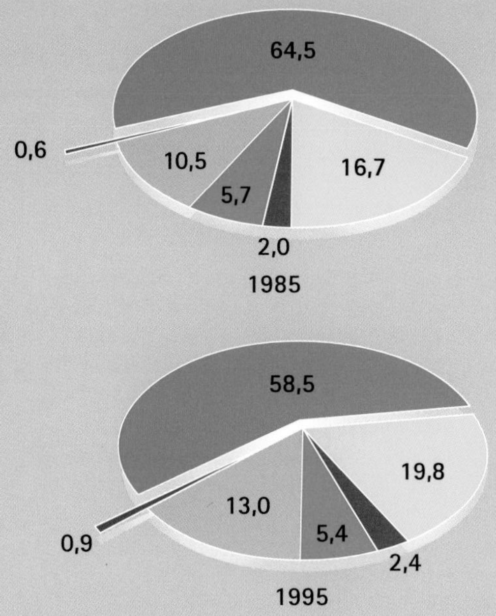
64,5
0,6
10,5
5,7
16,7
2,0
1985
58,5
19,8
13,0
0,9
5,4
2,4
1995

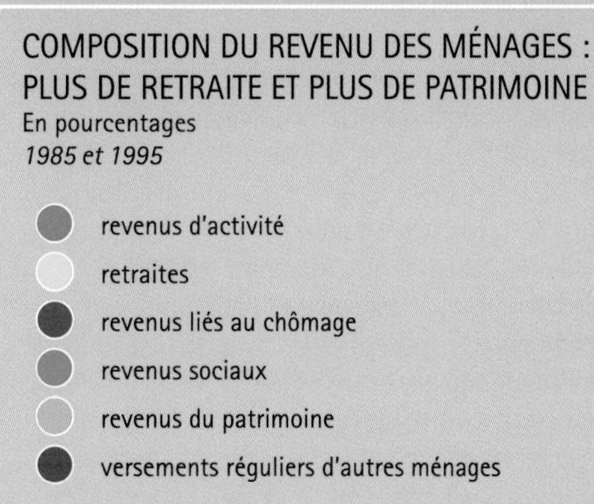

## COMPOSITION DU REVENU DES MÉNAGES : PLUS DE RETRAITE ET PLUS DE PATRIMOINE

En pourcentages
*1985 et 1995*

revenus d'activité
retraites
revenus liés au chômage
revenus sociaux
revenus du patrimoine
versements réguliers d'autres ménages

## L'ARGENT DES RICHES À LA BOURSE ET DANS LE BÂTIMENT

En pourcentages des ménages
*1997-1998*

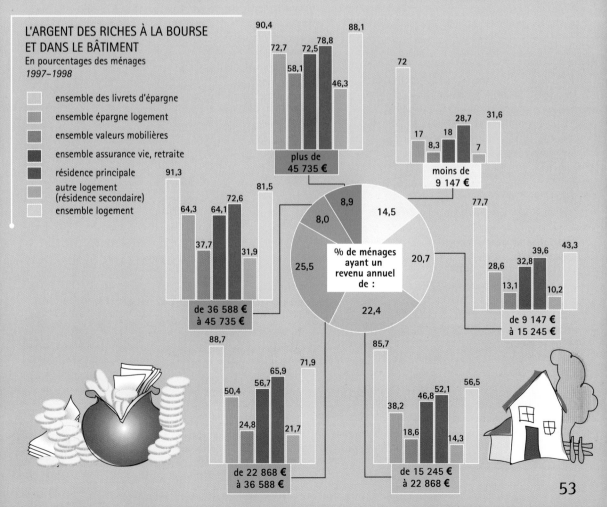

| % de ménages ayant un revenu annuel de : | % | ensemble des livrets d'épargne | ensemble épargne logement | ensemble valeurs mobilières | ensemble assurance vie, retraite | résidence principale | autre logement (résidence secondaire) | ensemble logement |
|---|---|---|---|---|---|---|---|---|
| plus de 45 735 € | 8,9 | 90,4 | 72,7 | 58,1 | 72,5 | 78,8 | 46,3 | 88,1 |
| moins de 9 147 € | 14,5 | 72 | 17 | 8,3 | 18 | 28,7 | 7 | 31,6 |
| de 9 147 € à 15 245 € | 20,7 | 77,7 | 28,6 | 13,1 | 32,8 | 39,6 | 10,2 | 43,3 |
| de 15 245 € à 22 868 € | 22,4 | 85,7 | 38,2 | 18,6 | 46,8 | 52,1 | 14,3 | 56,5 |
| de 22 868 € à 36 588 € | 25,5 | 88,7 | 50,4 | 24,8 | 56,7 | 65,9 | 21,7 | 71,9 |
| de 36 588 € à 45 735 € | 8,0 | 91,3 | 64,3 | 37,7 | 64,1 | 72,6 | 31,9 | 81,5 |

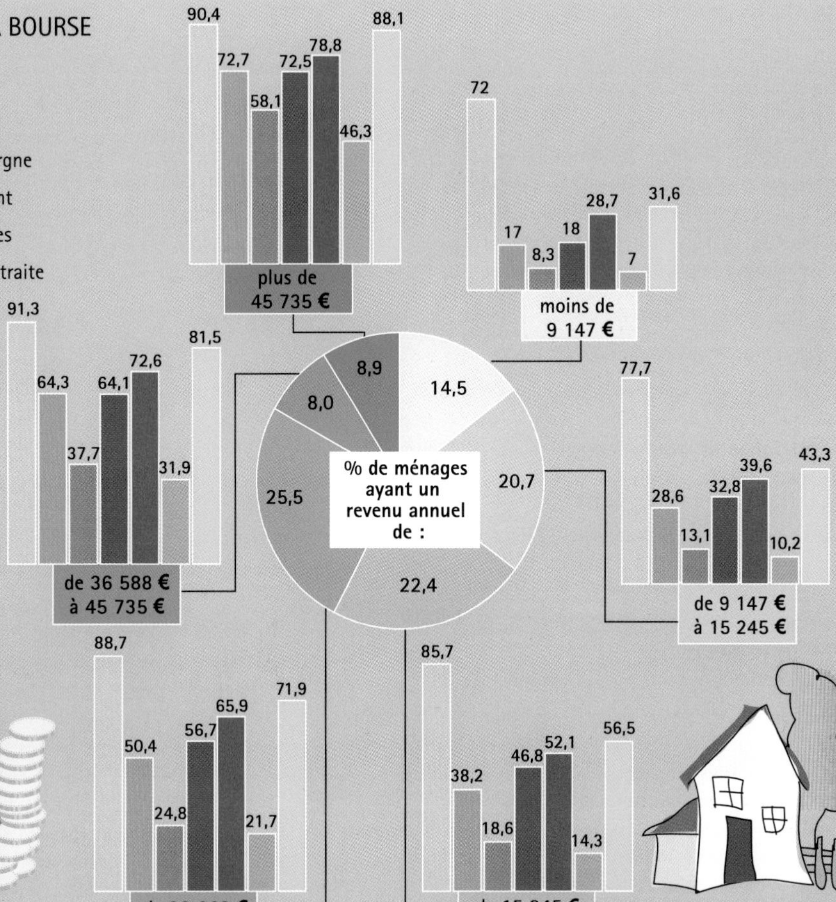

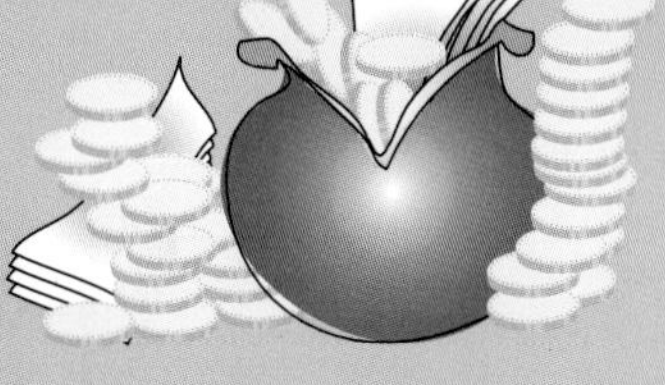

# Riches et pauvres

Les inégalités de patrimoine ne cessent de se creuser : les 10 % des ménages les plus fortunés détiennent 50 % du patrimoine (1 % des ménages détient 20 % du patrimoine), ils en détenaient 40 % il y a vingt ans. La moitié des Français possède un patrimoine inférieur à 91 000 euros et un quart supérieur à 152 450 euros. Les petits patrimoines sont essentiellement liquides (comptes chèques et livrets), ceux supérieurs à 15 244 euros et inférieurs à 76 224 euros sont souvent investis en épargne-logement et assurance vie. Entre 76 000 et 230 000 euros, c'est souvent l'immobilier qui domine. Enfin pour les plus grandes fortunes, les valeurs mobilières deviennent prépondérantes. Ces dernières années, la valeur de ce patrimoine a augmenté considérablement, grâce au développement des produits financiers ; sur la période qui court de fin 1996 à fin 1999, le patrimoine de rapport (placements financiers et immobiliers) a atteint 13 % par an contre 1 % dans les années 1970 et 5 % dans les années 1980. La valeur ajoutée a donc surtout profité aux plus hauts patrimoines.
En termes de générations, ce sont celles nées avant et pendant la guerre qui ont bénéficié de l'effet des Trente glorieuses qui jouissent de ce patrimoine (notamment en accédant à la propriété de leur logement). Mais si les jeunes générations rencontrent des difficultés, celles-ci sont souvent compensées par les transferts financiers provenant du patrimoine de leurs aînés.

## Une nouvelle pauvreté

La pauvreté n'a pas augmenté mais elle a changé de nature au cours des années 1980. La pauvreté de type traditionnel, celle des taudis et bidonvilles, celle qui était souvent héréditaire et touchait particulièrement les gens âgés et les familles nombreuses, a été prise en charge grâce au développement de la protection sociale, en particulier le minimum vieillesse. Mais les années de crise et l'apparition du chômage de longue durée ont fait tomber nombre de personnes dans des situations d'exclusion (surtout des jeunes peu ou pas qualifiés en recherche d'emploi, des familles monoparentales ou des chômeurs ayant dépassé les 45 ans). Une mesure de cette pauvreté estime à 8 % le taux de personnes vivant avec moins de 533 euros par mois (par unité de consommation). Les dépenses

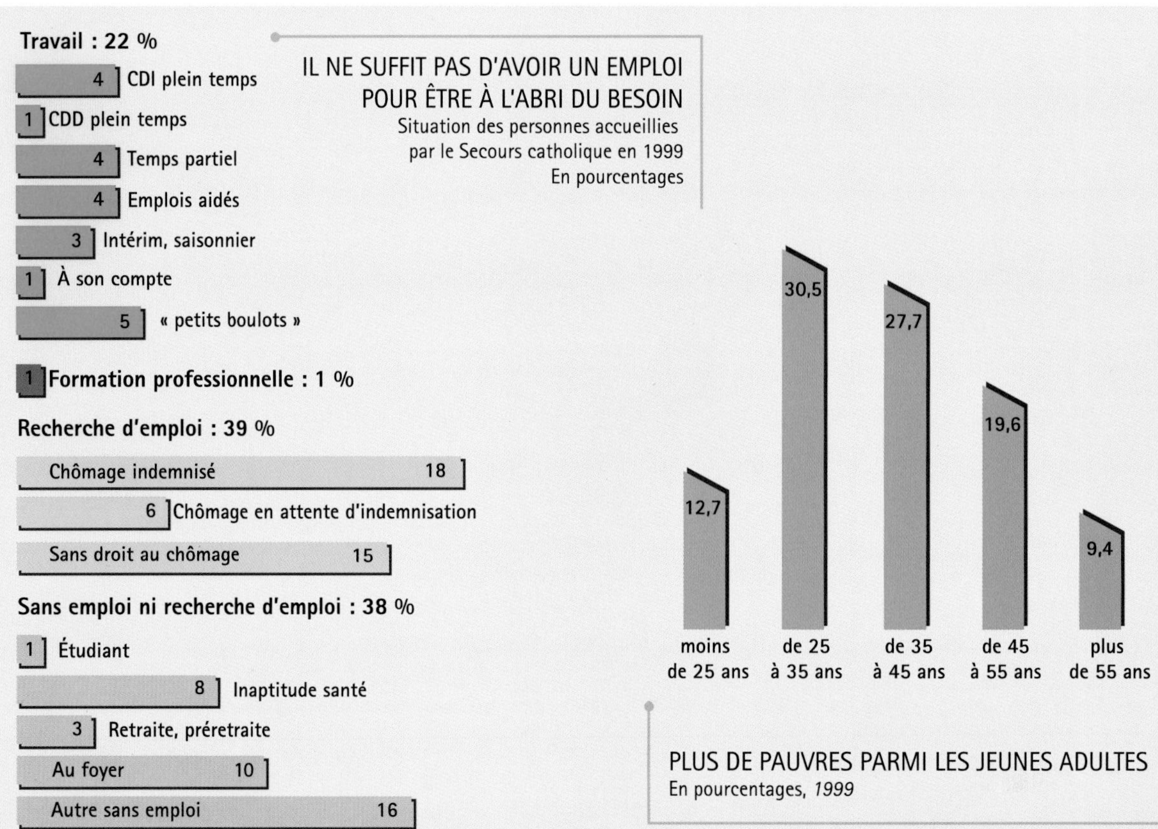

IL NE SUFFIT PAS D'AVOIR UN EMPLOI POUR ÊTRE À L'ABRI DU BESOIN
Situation des personnes accueillies par le Secours catholique en 1999
En pourcentages
Travail : 22 %
4 CDI plein temps
1 CDD plein temps
4 Temps partiel
4 Emplois aidés
3 Intérim, saisonnier
1 À son compte
5 « petits boulots »
1 Formation professionnelle : 1 %
Recherche d'emploi : 39 %
Chômage indemnisé 18
6 Chômage en attente d'indemnisation
Sans droit au chômage 15
Sans emploi ni recherche d'emploi : 38 %
1 Étudiant
8 Inaptitude santé
3 Retraite, préretraite
Au foyer 10
Autre sans emploi 16
12,7
30,5
27,7
19,6
9,4
moins de 25 ans
de 25 à 35 ans
de 35 à 45 ans
de 45 à 55 ans
plus de 55 ans
PLUS DE PAUVRES PARMI LES JEUNES ADULTES
En pourcentages, 1999

de l'État consacrées à l'exclusion ne cessent d'augmenter (5,2 milliards d'euros en 1998) et ont permis la mise en place de minima sociaux : depuis sa création, 3,5 millions de personnes ont bénéficié du Revenu minimum d'insertion (RMI), les moins de 30 ans en représentent la moitié, ils sont de plus en plus souvent diplômés et chefs de famille. Les cadres et les agents de maîtrise sortent plus facilement du RMI alors que les travailleurs non qualifiés, bénéficiaires du RMI depuis plus d'un an, de plus en plus nombreux, basculent dans une pauvreté durable. Lorsque les problèmes pécuniaires durent, ils conduisent à l'isolement total, à la perte progressive du sens du temps et du travail, sans lesquels toute insertion est impossible. Ces situations sont plus souvent le fait des femmes seules que des hommes, des familles monoparentales ou nombreuses que des couples stables avec ou sans enfant, des jeunes immigrés (un quart des ménages dont le chef de famille est ressortissant des pays du Maghreb vit en-dessous du seuil de pauvreté). Souvent leur extrême pauvreté est le résultat d'un cumul de difficultés : une mauvaise santé, des conditions de logement dégradées, un isolement social...

## LES PAUVRES SELON LE TYPE DE FAMILLE : LES FEMMES SEULES SONT DE PLUS EN PLUS NOMBREUSES

En pourcentages, *1999*

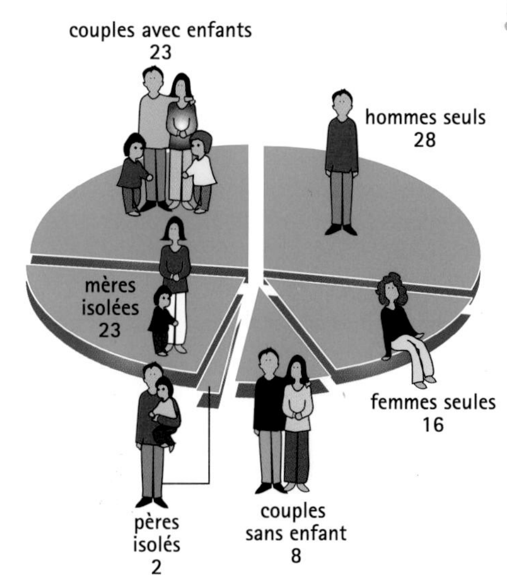
couples avec enfants
23
hommes seuls
28
mères
isolées
23
femmes seules
16
pères
isolés
2
couples
sans enfant
8

## LE GRAND ÉCART

Rapport entre le revenu moyen des 10 % des ménages les plus riches et des 10 % des ménages les plus pauvres *1975–1996*

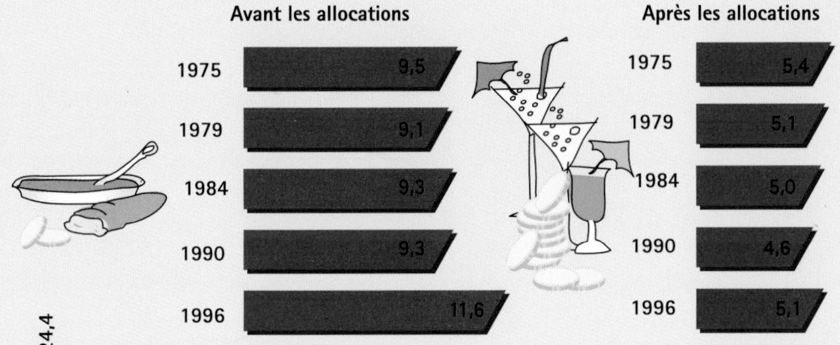

| | Avant les allocations | Après les allocations |
|---|---|---|
| 1975 | 9,5 | 5,4 |
| 1979 | 9,1 | 5,1 |
| 1984 | 9,3 | 5,0 |
| 1990 | 9,3 | 4,6 |
| 1996 | 11,6 | 5,1 |

## LES LIEUX DE LA PAUVRETÉ

Taux de pauvreté selon la strate urbaine En pourcentages, *1975–1996*

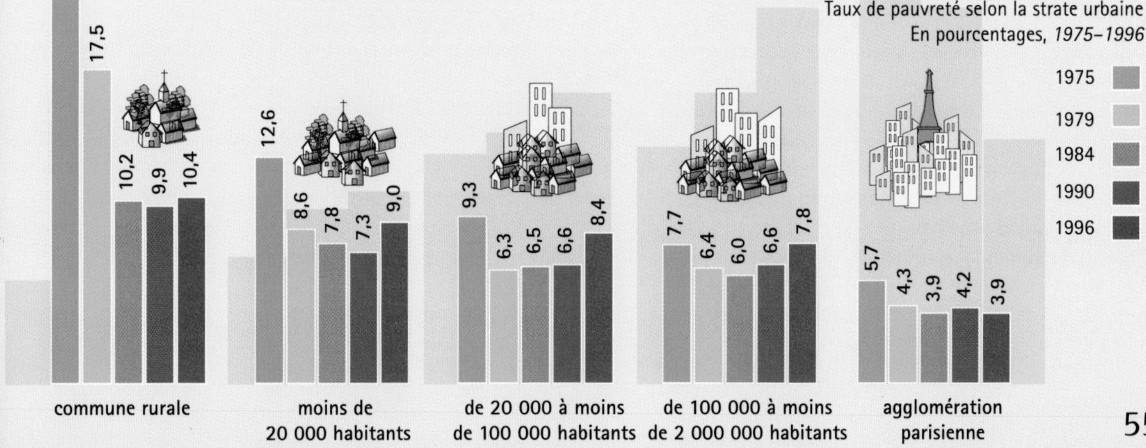

| | 1975 | 1979 | 1984 | 1990 | 1996 |
|---|---|---|---|---|---|
| commune rurale | 24,4 | 17,5 | 10,2 | 9,9 | 10,4 |
| moins de 20 000 habitants | 12,6 | 8,6 | 7,8 | 7,3 | 9,0 |
| de 20 000 à moins de 100 000 habitants | 9,3 | 6,3 | 6,5 | 6,6 | 8,4 |
| de 100 000 à moins de 2 000 000 habitants | 7,7 | 6,4 | 6,0 | 6,6 | 7,8 |
| agglomération parisienne | 5,7 | 4,3 | 3,9 | 4,2 | 3,9 |

# Nobles et grands bourgeois

La notion de *classe sociale*, liée à l'idéologie marxiste (ouvriérisme contre bourgeoisie), est quasiment en voie de disparition en France. Cependant une classe, pas vraiment marxiste, a résisté au temps et persiste à montrer les signes de sa différence : c'est celle née de la fusion de la noblesse et de la bourgeoisie ancienne. Elle a su entretenir sa position au sommet de la société grâce à la constitution de ses lignées : le choix des alliances y est crucial. Après la Révolution, la noblesse est devenue banquière ou industrielle ; celle qui est restée sur ses terres tend à se consumer lentement et vend ses châteaux aux nouveaux venus de la fortune. Cette classe développe nombre de stratégies destinées à garantir sa cohésion et ses intérêts. La clé de voûte de son système est de maintenir « l'esprit de famille », la famille au sens large – tous les descendants de la branche aînée à la branche cadette, mais aussi cousins issus de germains ou autres oncles à la mode de Bretagne. Le chef de famille accomplit son droit d'aînesse : il reçoit les siens dans la « maison de famille », aide la cousine pauvre, veille à la transmission de la mémoire familiale (les « récits de famille »), veille aussi à faire respecter un certain ordre, assurant ainsi la cohésion du groupe. Une autre stratégie est tout aussi primordiale : le souci de fréquenter des gens comme soi. Ce principe entraîne la constitution de « quartiers chics ». Les mères exercent un rôle majeur dans la pérennité de cette stratégie, elles organisent des rallyes. Pour être un grand bourgeois, il faut jouir d'une aisance du langage et du corps : il faut connaître « les bonnes manières », faire preuve de discrétion et de courtoisie, combattre l'arrogance et la frime du nouveau riche. Le *Bottin mondain* sert à circonscrire les relations, tout comme les cercles (Jockey Club, Cercle de l'Union Interalliée...).

On reconnaît un grand bourgeois aux différentes richesses dont il jouit : une *richesse économique*, bien sûr, mais qui n'est pas suffisante (l'argent est un sujet de conversation tabou dans les cocktails, cependant il est difficile d'assumer cette position en étant dans la gêne) ; une *richesse sociale*, condition nécessaire, constituée par son réseau de relations (plus on a de relations porteuses ou mobilisables, plus son pouvoir dans le groupe est fort) ; une *richesse culturelle* : le niveau d'études est souvent élevé, mais il doit être associé à une culture artistique approfondie (un grand bourgeois est souvent un collectionneur) ; enfin une *richesse symbolique* qui permet de vous situer dans l'histoire ancienne ou contemporaine : appartenir à une famille illustre, animer une société caritative ou être décoré de la Légion d'honneur par exemple.

Sous-jacent à ce mode de vie, les grands bourgeois ont le souci de transmettre les valeurs morales et religieuses traditionnelles ; leur taux de fréquentation des églises, temples et synagogues est très élevé. Conscients de leurs privilèges, ils agissent et donnent pour soulager la misère, que ce soit dans la lutte contre le SIDA ou la réinsertion des jeunes détenus ; ils ont, à l'image de leurs ancêtres, un sens aigu de la philanthropie, associé à celui du civisme et de l'attachement à la patrie.

## COMMUNICATIONS DIVERSES

**S.A.I. et R. Lætitia**
**de HABSBOURG-LORRAINE**
**archiduchesse d'Autriche**
présidente d'honneur,

nous prie d'annoncer
pour l'année 2001,
la deuxième réédition du

**High Life**
(l'annuaire mondain le plus ancien
de France, créé en 1879)

intitulé désormais

**Nobilis & High Life**

et qui comportera, en plus
de la liste mondaine,
des indications sur les blasons
des familles et leurs ancêtres
marquants.

Nobilis & High Life,
boîte postale 55116,
49051 Angers-Cedex 02

LES HAUTES SPHÈRES COSMOPOLITES
Annonce parue dans *Le Figaro*
*24 novembre 2000*

TEST : ÊTES-VOUS UN(E) BOURGEOIS(E) ?

Ce test a été diffusé sur ARTE dans le cadre d'une soirée thématique consacrée à la bourgeoisie en avril 1999

## Capital économique

- *Possédez-vous un portefeuille de valeurs mobilières ?*
- *Disposez-vous d'au moins une personne à temps plein pour vos besoins domestiques ?*
- *En plus de votre résidence principale, disposez-vous d'au moins deux autres résidences ?*
- *Êtes-vous assujetti à l'impôt de solidarité sur la fortune (ISF) ?*
- *Possédez-vous des biens mobiliers ou immobiliers à l'étranger ?*

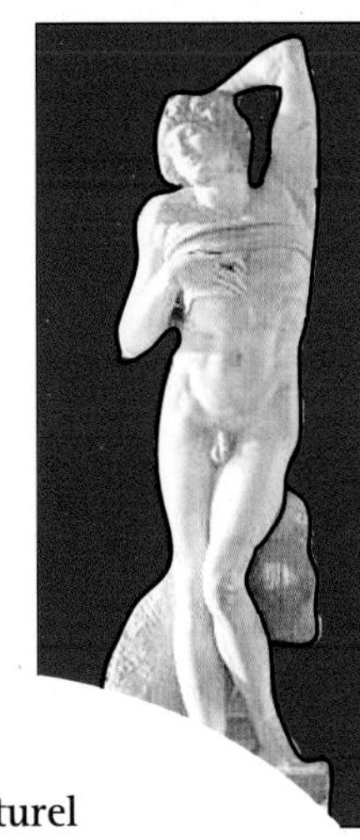

## Capital culturel

- *Êtes-vous élève ou ancien élève d'une grande école permettant d'intégrer un grand corps de l'État ?*
- *Enfant, vos parents vous emmenaient de façon régulière dans les musées ?*
- *Allez-vous au théâtre, au concert ou à l'Opéra au moins une fois par mois en moyenne ?*
- *Achetez-vous des œuvres d'art ou des antiquités ?*
- *Parlez-vous au moins deux langues étrangères ?*

## Capital familial et social

- *Connaissez-vous les prénoms de vos arrière-grands-parents ?*
- *Pendant l'enfance, avez-vous passé des vacances en compagnie de cousins et cousines dans des maisons de famille ?*
- *Participez-vous à des dîners au moins deux fois par semaine (comme hôte ou comme invité) ?*
- *Êtes-vous membre d'un cercle auquel vous auriez été présenté par des parrains ?*
- *Avez-vous des membres de votre famille qui soient de nationalité étrangère ?*

## Capital symbolique

- *Êtes-vous dans le* Bottin mondain *?*
- *Des rues, à Paris ou ailleurs, portent-elles le nom de membres de votre famille ?*
- *Votre famille dispose-t-elle d'une maison de maître dans un village ?*
- *Êtes-vous membre actif d'une société caritative ?*
- *Êtes-vous membre de la Légion d'honneur ?*

SOLUTION :

Il faut atteindre un maximum de réponses positives dans chaque catégorie pour être indentifié comme un grand bourgeois. Si votre score est médiocre dans le premier thème et plus élevé dans les trois autres, vous faites partie de la bourgeoisie intellectuelle plutôt démunie ; en revanche les fortunés récents ont des scores médiocres dans les thèmes 2, 3 et 4.

# Adieu camarades...

La classe ouvrière traditionnelle a quasiment disparu. Les anciens « ouvriers professionnels », qui s'étaient battus pour acquérir une respectabilité, participaient à la vie sociale des quartiers, aux partis politiques locaux, à la défense des intérêts des membres de leur classe, ont perdu, le chômage et la précarité aidant, leurs raisons d'être et leurs solidarités.
Les récentes mutations du travail expliquent, pour une part, la « fin » de cette classe. En effet, quand il est qualifié, l'ouvrier travaille désormais dans une petite ou moyenne structure ou entreprise, souvent une entreprise de sous-traitance. Il a davantage de responsabilités, maîtrise des techniques de pointe, est au courant du marché et n'hésite pas à répondre à une logique commerciale par un emploi du temps de travail flexible. Quand il n'est pas qualifié, l'ouvrier est souvent salarié d'une société de service, de commerce, de restauration collective... où il côtoie des personnes qui n'appartiennent pas à sa catégorie. Bien qu'il reste de nombreux ouvriers industriels soumis au travail à la chaîne, de plus en plus d'ouvriers sont évalués selon des critères liés à la personnalité, à « l'initiative créatrice » par exemple, à l'assiduité à participer à la bonne marche de l'entreprise, comme s'ils étaient *indépendants*. Cette individualisation du travail de l'ouvrier a conduit à un affaiblissement de la résistance collective au « grand capital ».
La catégorie ouvrière a subi fortement les effets de l'évolution économique vers le secteur tertiaire ; les conditions salariales ont été moins favorables que celles des autres catégories et les conditions de vie ne se sont pas améliorées, elles se sont même dégradées pour les moins qualifiés. Les budgets familiaux sont serrés et réduits aux biens indispensables.

## Rupture de chaîne

La nouvelle génération ne s'identifie plus du tout à ce monde social, à tel point qu'elle en refuse même le nom ; les plus jeunes se présentent comme « opérateurs », tant le terme d'« ouvrier » leur semble démodé et vieillot.
Un décalage important marque les différentes générations d'ouvriers. Considérant le chômage de masse et la stagnation des revenus, les enfants d'ouvriers prolongent leurs études. La différence de niveau entre parents et enfants a ainsi abouti à disqualifier la position des parents et à remettre en cause l'identité ouvrière. De plus, souvent, les enfants n'ont pas trouvé l'emploi correspondant à leur titre scolaire ; « ni prolos, ni intellos », la situation des enfants a contribué à altérer l'unité du groupe familial. Finalement, une distance sociale, culturelle et affective s'est établie dans les familles, accentuée par un brassage associant d'autres catégories à travers le mariage ou la sociabilité.
La fête ouvrière s'est déplacée de la buvette ou du café entre camarades vers la famille ; la fête de masse, à l'opposé du loisir bourgeois, est passée du théâtre de salle local aux stades, palais des sports, zéniths, réunissant tous les milieux sociaux.
La communauté ouvrière, homogène, centrée sur le « chez-soi et l'entre-soi » – en même temps consciente d'être le principal acteur de la société au nom de son travail productif, capable d'affronter la

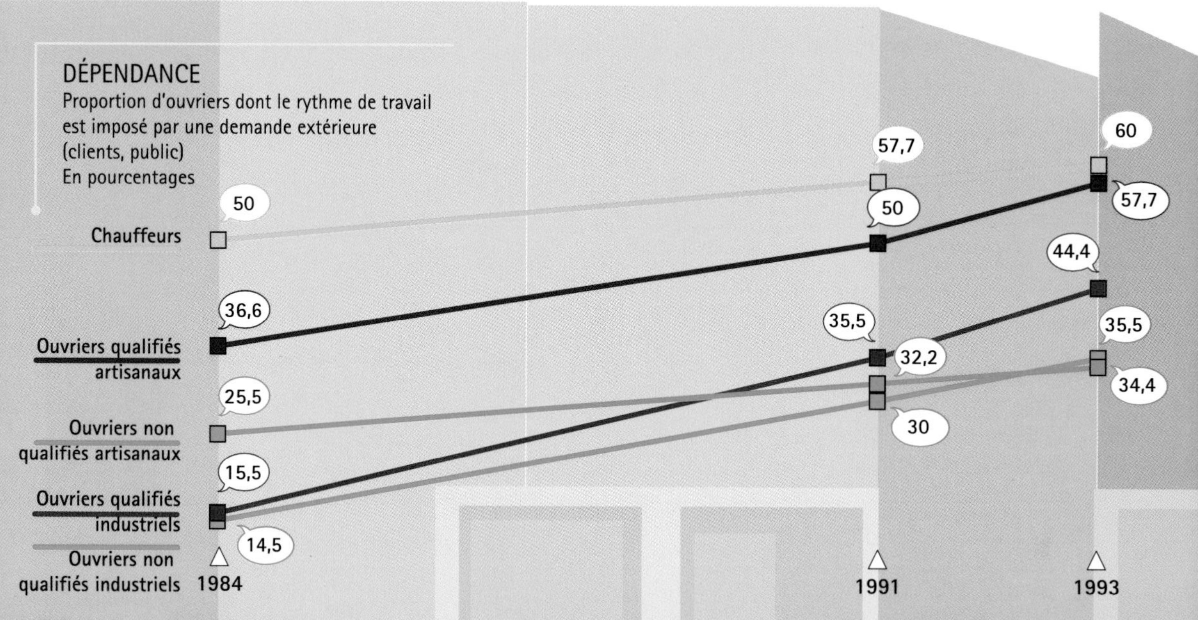
DÉPENDANCE
Proportion d'ouvriers dont le rythme de travail est imposé par une demande extérieure (clients, public)
En pourcentages
Chauffeurs
Ouvriers qualifiés artisanaux
Ouvriers non qualifiés artisanaux
Ouvriers qualifiés industriels
Ouvriers non qualifiés industriels
50
36,6
25,5
15,5
14,5
57,7
50
35,5
32,2
30
60
57,7
44,4
35,5
34,4
1984
1991
1993

domination patronale au nom de son utilité sociale – a disparu, tout comme ses mouvements qui associaient deux sortes de lutte : les travailleurs contre leurs patrons et le peuple contre l'élite dirigeante.

« Les classes naissent, les classes meurent. Mourant ici, il leur arrive de renaître ailleurs. Ou non, elles sont mortes. Et c'est pour toi, 'camarade historien'[1]. »

---

1. M. Verret, *La Culture ouvrière*, Paris, ACL éditions, 1988.

RÉPARTITION DES ÉLÈVES DE L'ENSEIGNEMENT GÉNÉRAL ET PROFESSIONNEL ADAPTÉ

Selon la profession du chef de famille

En pourcentages et en nombres

*1999–2000*

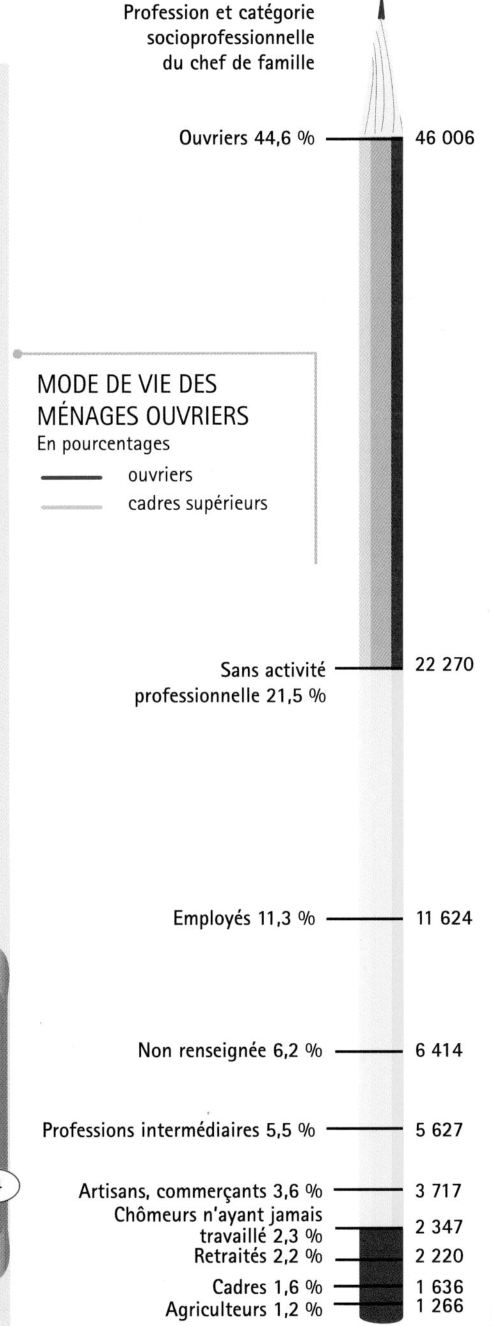
Profession et catégorie socioprofessionnelle du chef de famille
Ouvriers 44,6 % 46 006
Sans activité professionnelle 21,5 % 22 270
Employés 11,3 % 11 624
Non renseignée 6,2 % 6 414
Professions intermédiaires 5,5 % 5 627
Artisans, commerçants 3,6 % 3 717
Chômeurs n'ayant jamais travaillé 2,3 % 2 347
Retraités 2,2 % 2 220
Cadres 1,6 % 1 636
Agriculteurs 1,2 % 1 266

MODE DE VIE DES MÉNAGES OUVRIERS

En pourcentages

ouvriers

cadres supérieurs

56 65
25 24
1973 1997

Fréquentation du musée

82 82
78 44
1973 1997

Sorties au cinéma

83 84 86 87 87
44 44 54 54 44
1960 1970 1980 1990 1999

Taux de départ en vacances

# LES TRAJECTOIRES DE L'IMMIGRATION

*Si vous ne connaissez pas les langues étrangères,*
*vous ne comprenez jamais le silence des étrangers.*
Stanislaw Jerzy Lec

La France est traditionnellement un pays d'accueil. Au XIXe siècle, la fécondité a baissé aussi vite que la mortalité et a induit des flux d'immigration : au lendemain de la Grande Guerre, Belges, Polonais, Italiens, Nord-Africains ou Indochinois sont venus compenser les pertes militaires ; mais surtout à partir de 1954, Espagnols, Portugais, Maghrébins, Africains et Antillais sont venus répondre aux besoins de main-d'œuvre suscités par l'expansion économique. Depuis 1974, la crise a fermé les frontières sans les rendre totalement étanches.

Compter les immigrés est une chose difficile qui alimente nombre de débats. Dans le langage commun, un jeune garçon né en France (de nationalité française) de parents marocains est-il un immigré au même titre que les étrangers vivant en France ?

Le dernier recensement de 1999 montre que, pour la première fois, le nombre d'immigrés diminue : ils sont à cette date 4 310 000 et représentent 7,4 % de la population. Cette baisse s'explique par l'augmentation du nombre de naturalisations (elles ont doublé en dix ans) : aujourd'hui, plus d'un immigré sur trois est Français.

L'immigration a changé d'aspect. Autrefois, elle répondait à une demande de travail et était essentiellement masculine ; aujourd'hui elle tend à favoriser le regroupement familial : femme et enfants viennent rejoindre le père dont les allers-retours au pays sont plus difficiles. C'est particulièrement le cas pour les Sénégalais et les Maliens. Actuellement, les hausses les plus importantes concernent Ivoiriens, Camerounais et Congolais, issus de milieux urbains, parlant français et souvent scolarisés au-delà du baccalauréat, ce qui laisse présager une intégration plus facile.

Les immigrés représentent 8,6 % de la population active ; ils sont principalement ouvriers dans la construction et l'industrie automobile. La part des hommes ouvriers qualifiés diminue alors que celle des femmes ouvrières qualifiées augmente. De même on observe de plus en plus de femmes immigrées parmi les personnels de services directs aux particuliers. Par ailleurs, ils occupent plus souvent des emplois à temps partiel ou temporaires que les Français de souche. Concentrés dans le bas de l'échelle sociale, ils sont donc plus touchés par le chômage. Cependant ils ressentent aussi la reprise récente de l'emploi, puisque leur taux de chômage est en baisse.

## Une intégration en douceur pour la majorité

L'accès des femmes immigrées au monde du travail a bouleversé les modes de vie de ces populations. Les femmes actives étrangères adoptent les mœurs des femmes françaises et transgressent ainsi les modèles de rôles masculins et féminins traditionnels de leur pays d'origine. Elles osent les mariages mixtes ou l'union libre, elles ont moins d'enfants et les naissances sont plus tardives, elles « poussent » leurs enfants dans les études, à tel point que, à situation familiale et sociale identique, le taux de réussite

*À 50 ans, le taux d'activité des hommes immigrés est très proche de celui de l'ensemble des hommes, en revanche le taux d'activité des femmes immigrées est plus faible que celui de l'ensemble des femmes mais s'en rapproche chaque année.*

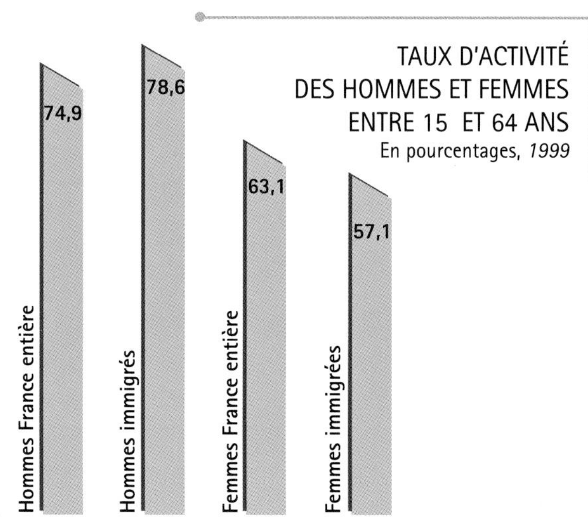
TAUX D'ACTIVITÉ
DES HOMMES ET FEMMES
ENTRE 15 ET 64 ANS
En pourcentages, 1999
74,9
78,6
63,1
57,1
Hommes France entière
Hommes immigrés
Femmes France entière
Femmes immigrées

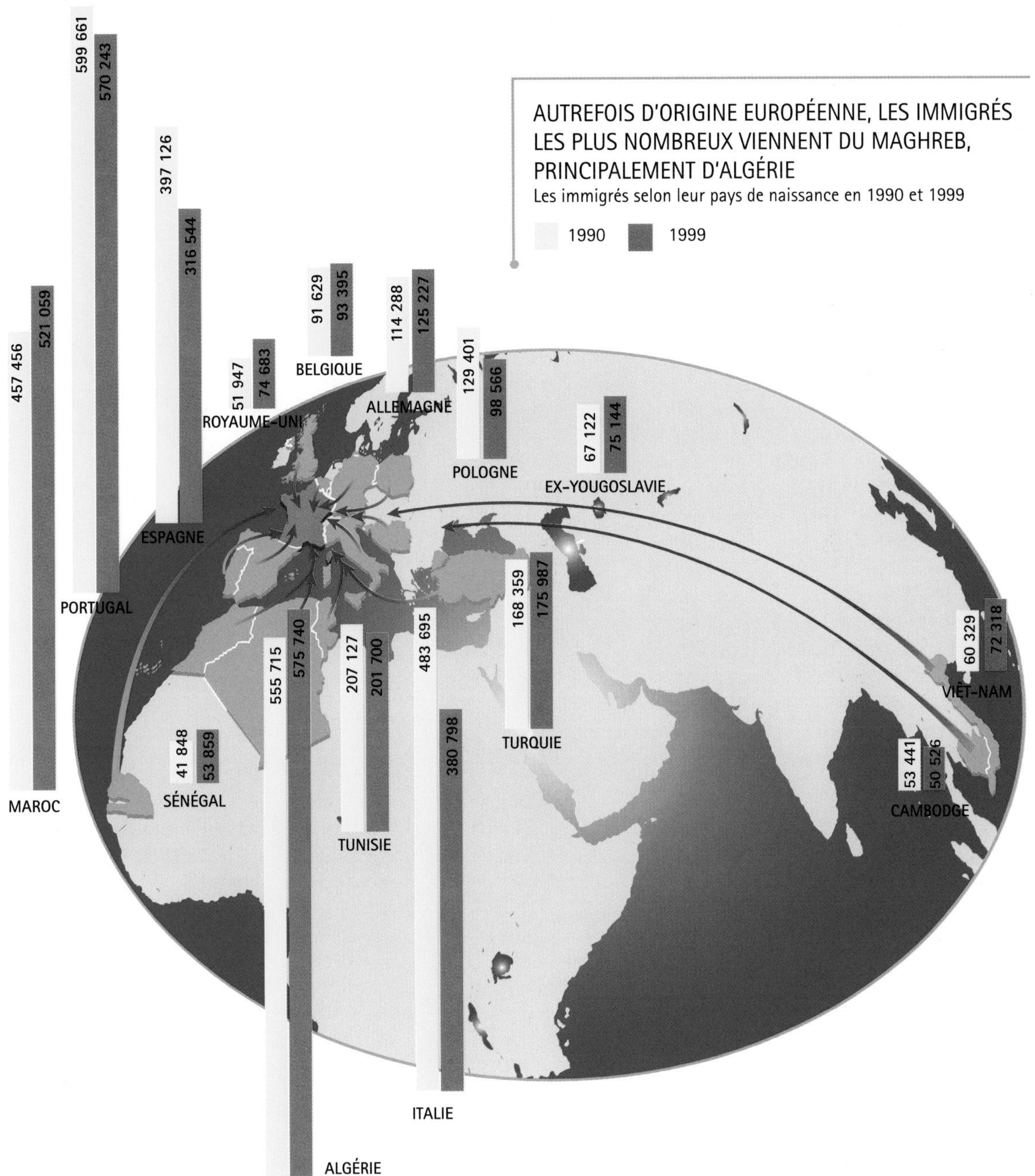

AUTREFOIS D'ORIGINE EUROPÉENNE, LES IMMIGRÉS LES PLUS NOMBREUX VIENNENT DU MAGHREB, PRINCIPALEMENT D'ALGÉRIE
Les immigrés selon leur pays de naissance en 1990 et 1999
1990
1999
MAROC 457 456 521 059
PORTUGAL 599 661 570 243
ESPAGNE 397 126 316 544
ROYAUME-UNI 51 947 74 683
BELGIQUE 91 629 93 395
ALLEMAGNE 114 288 125 227
POLOGNE 129 401 98 566
EX-YOUGOSLAVIE 67 122 75 144
VIÊT-NAM 60 329 72 318
CAMBODGE 53 441 50 526
TURQUIE 168 359 175 987
ITALIE 483 695 380 798
TUNISIE 207 127 201 700
ALGÉRIE 555 715 575 740
SÉNÉGAL 41 848 53 859


scolaire des enfants d'immigrés est égal à celui des Français de souche ; la maîtrise de la langue, qui dépend de l'ancienneté de l'immigration, est un facteur déterminant de réussite. De même, les immigrés en ascension sociale, comme les Portugais, les Espagnols ou les Asiatiques du Sud-Est, quittent les logements précaires pour les HLM ou accèdent à la propriété ; Turcs, Maghrébins et Africains demeurent les principaux locataires des logements inconfortables. Les immigrés rencontrent des difficultés d'ordre culturel, que ce soit au niveau de la religion, des codes de conduite, des rapports d'autorité au sein de la famille, etc. Une majorité d'entre eux surmontent ces problèmes en se créant une identité intermédiaire, conciliant leur assimilation et leur milieu d'origine. Les jeunes « Beurs » parlent arabe avec leurs parents tout en considérant le français comme leur langue maternelle. Ils dénoncent l'intégrisme musulman tout en conservant quelques rites comme le Ramadan ou les interdits alimentaires. Ils maîtrisent les codes culturels du pays d'accueil sans vraiment dissoudre leur culture d'origine. Contrairement à d'autres pays d'Europe, on assiste en France à de véritables mélanges entre populations.

# Marginalisation dans les banlieues « sensibles »

Parallèlement à cette intégration silencieuse et majoritaire, certaines banlieues vivent des problèmes cruciaux dont les médias s'emparent quotidiennement. Dans les années 1970, les Français de souche ont quitté les cités HLM pour se loger dans des zones pavillonnaires plus confortables ou, de plus en plus, pour accéder à la propriété grâce aux aides étatiques incitatives. Les familles immigrées ont quitté les centres-villes, les cités de transit ou les bidonvilles pour s'installer dans ces cités. Aux Minguettes à Lyon, dans la banlieue nord de Marseille ou dans la banlieue parisienne, ces îlots ont connu jusqu'en 1982 une forte poussée démographique des ménages étrangers, surtout maghrébins. Avec les années de crise économique, la montée du chômage, la situation s'est dégradée, la violence a fait son chemin et les crimes et incidents à caractère raciste se sont multipliés. Les années 1980 ont été marquées par les émeutes urbaines des « jeunes Beurs » qui ont connu le chômage de leurs parents, l'échec scolaire, tous les handicaps économiques et sociaux ; pauvreté matérielle, pauvreté culturelle et violence sont en général très liées. Les parents, pas encore intégrés, n'ont pu gérer l'éducation de leurs enfants, ils ont conservé leur langue d'origine et leurs traditions, ne pouvant stimuler l'intégration de leurs enfants et les laissant écartelés entre deux mondes. Depuis peu, la tendance inverse est amorcée : les jeunes s'expriment de plus en plus en français chez eux, pratiquent de moins en moins les rites religieux, fréquentent moins les associations – celles qui servirent un instant de tremplin à quelques leaders politiques – et autres espaces ludiques créés à leur intention dans le but de les « récupérer ». Ils sont de plus en plus nombreux à penser que l'école est le lieu d'intégration principal, et désirent une insertion sérieuse, c'est-à-dire par le travail, dans l'espoir d'une vie normale. Mais cette espérance individuelle est très ténue : comme le montrent les résultats des sondages, ils croient plutôt à une solution collective pour un avenir meilleur.

Le sport devient un des biais de l'intégration ; les immigrés marginalisés y trouvent un encadrement, un lieu de socialisation et des règles, enfin un moyen de s'identifier à un quartier ou à une cité ; parfois ils y trouvent le chemin de la réussite. Les « Beurs » sont de plus en plus nombreux parmi les professionnels du sport.

Lorsque, malgré tous leurs efforts, rien ne leur sourit et que l'horizon reste bouché, ils en arrivent à refuser l'intégration et trouvent dans le fanatisme islamique les promesses d'un monde meilleur (c'est le cas de 20 % d'entre eux).

L'avenir de cette population pourrait bien passer par les « Beurettes » : les filles sont généralement plus scolarisées, trouvent plus facilement du travail, car elles sont mieux admises par les autres ; enfin, elles hésitent de moins en moins à fréquenter des non-Maghrébins. Elles jouent désormais le rôle de soutien de famille, celui anciennement dévolu aux grands frères ; elles mènent un combat de libération et sont en passe de le gagner.

## Parmi les immigrés qui ont un emploi, une part importante est composée d'ouvriers

En pourcentages, *1999*

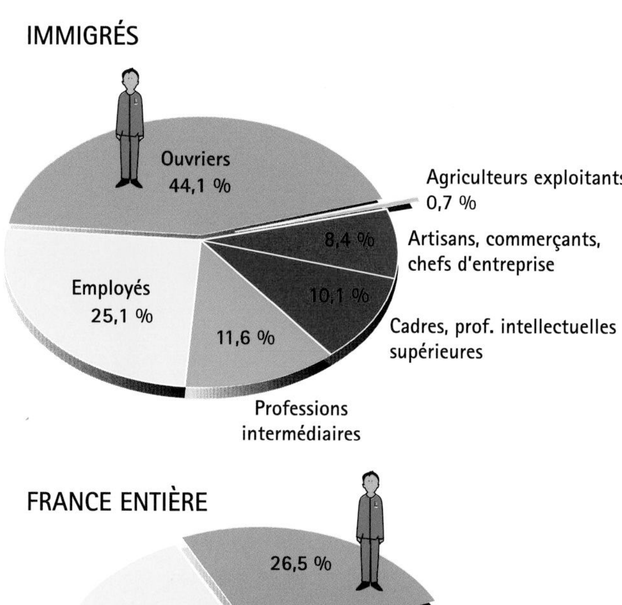
IMMIGRÉS
Ouvriers
44,1 %
Agriculteurs exploitants
0,7 %
8,4 %
Artisans, commerçants, chefs d'entreprise
Employés
25,1 %
10,1 %
11,6 %
Cadres, prof. intellectuelles supérieures
Professions intermédiaires

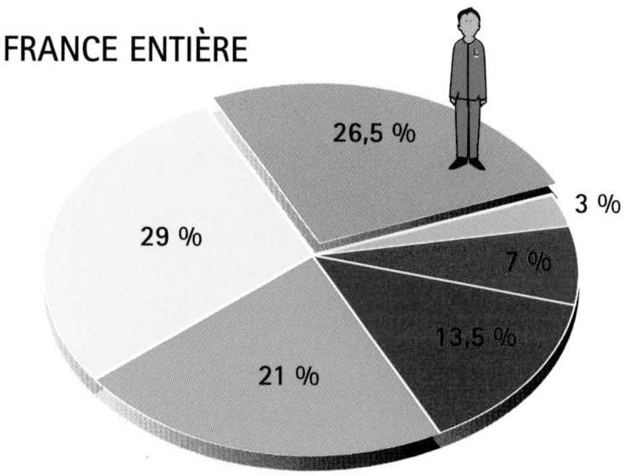
FRANCE ENTIÈRE
26,5 %
3 %
29 %
7 %
13,5 %
21 %

## LES IMMIGRÉS SONT PLUS EXPOSÉS AU CHÔMAGE MAIS, COMME LES AUTRES, ILS CONNAISSENT DEPUIS 1998 UNE REPRISE DE L'EMPLOI

Taux de chômage des immigrés par sexe en 1999
En pourcentages

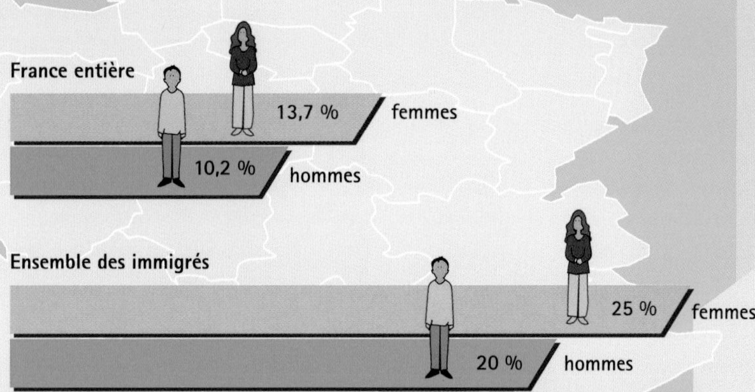
France entière
13,7 %
femmes
10,2 %
hommes
Ensemble des immigrés
25 %
femmes
20 %
hommes

## ÉCOLE, TRAVAIL, SPORT : LES CLÉS DE L'INSERTION

« Pour les jeunes d'origine maghrébine, quels sont à votre avis, les deux lieux d'intégration les plus importants ? »
Enquête auprès de 500 personnes de 18 à 30 ans nées de parents maghrébins, *1993*

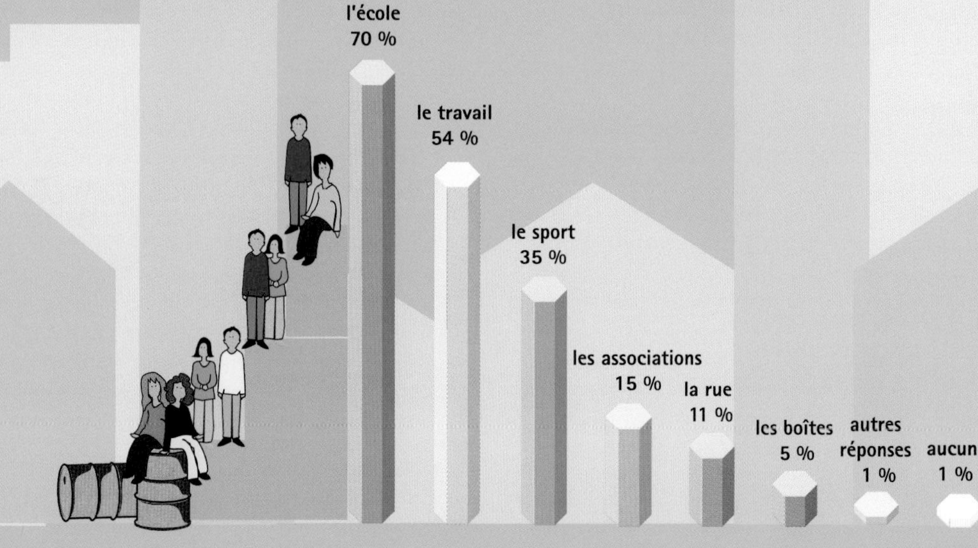
l'école
70 %
le travail
54 %
le sport
35 %
les associations
15 %
la rue
11 %
les boîtes
5 %
autres réponses
1 %
aucun
1 %

# De la violence des bandes à la révolte de l'exclu

*La violence, c'est pas toujours frappant,*
*mais ça fait toujours mal.*
Slogan publicitaire québecois

« Des "rodéos" des Minguettes en 1981 aux nuits de la Saint-Sylvestre de Strasbourg ou d'ailleurs en 1998 » aux gangs de banlieues venus s'affronter à La Défense en janvier 2001, « l'actualité est régulièrement dominée par les émeutes des jeunes des banlieues, par de graves épisodes de violences scolaires, par les débordements des supporters de football, par les manifestations qui dégénèrent en pillages de commerces et en affrontements réglés avec la police [...] on dénombre aussi une croissance des "incivilités", des violences et des incidents dans les transports en commun, sans compter les bagarres entre groupes de jeunes, les "bavures policières", les violences qui accompagnent les manifestations paysannes ou lycéennes[1]. »

Si la violence s'exprime sous des facettes multiples, depuis une vingtaine d'années en France, on observe une augmentation de celle-ci en milieu urbain et un rajeunissement des délinquants, deux faits qui renvoient à des causes économiques, sociales et culturelles.

Après les blousons noirs des années 1960, des bandes ont resurgi dans les cités s'opposant à la police ou à d'autres bandes, défendant ou leur honneur ou leur identité ethnique dans un territoire « contrôlé » par elles-mêmes. Ces groupes sont formés de jeunes chômeurs sans qualification, issus des familles les plus démunies et pour nombre d'entre eux de familles immigrées. Le désenchantement et la désillusion de pouvoir s'insérer socialement ont laissé place à la « haine » et à la « rage » et ont conduit ces jeunes à montrer ce qu'ils pensent être leurs seules ressources, la force physique et des « valeurs de virilité » aujourd'hui périmées.

Récemment, la violence est entrée à l'école : dégradation de locaux, agression (verbale et physique) des professeurs... Ces jeunes expriment ainsi leur désarroi face à l'institution scolaire et à la société.

Enfin, notons que « la société reste engagée vers une pacification progressive, que la tolérance à l'égard de la violence a fortement décliné depuis une longue période dans le domaine des violences politiques (la répression des mouvements sociaux [ou corporatistes] a décliné) et dans celui des violences privées, contre les femmes, les enfants et... les animaux. Mais au même moment, le spectacle de la violence réelle ou dans la fiction, se répand dans les médias. Il existe à la fois un refus et une fascination de la violence[2]. »

## Accès de peur

Les résultats des sondages montrent que les Français se sentent de moins en moins en sécurité ; le succès des systèmes de protection et des contrats d'assurance liés à la délinquance en témoigne. Des raisons objectives et subjectives alimentent ce sentiment : les risques d'être victime se sont effectivement accrus avec l'augmentation des zones urbaines et celle des petits délits que les victimes ne dénoncent pas (il s'agit des vols dans les lieux publics ou au travail de sacs à main, portefeuilles, téléphones portables et autres) ; en même temps « les médias [...] tendent à stigmatiser des quartiers ou des groupes comme étant "dangereux", ils accentuent souvent les traits les plus sombres des cités populaires des banlieues, ils abolissent la distance entre le fait divers et le récepteur du message, tout se passe comme si "ça s'était passé près de chez vous" et comme si chacun était potentiellement menacé. Enfin les acteurs violents utilisent les médias pour mettre en scène leur violence, pour donner davantage d'écho à leurs protestations[3] » (on pense par exemple aux nationalistes corses). L'étude des sondages montre que les populations qui se sentent le moins en sécurité ne sont pas celles qui sont les plus vulnérables aux agressions, ce serait même le contraire. Ils montrent aussi que ce sentiment décroît avec l'élévation du niveau de diplôme ; le degré de sociabilité est aussi très discriminant : moins on sort de chez soi, plus on a peur. Enfin le sentiment d'insécurité est fortement corrélé avec l'opinion favorable à la peine de mort et au rejet des immigrés.

1. F. Dubet, « Violences urbaines », dans *Cahiers français*, n° 291, 1999.

2. *Ibidem.*

3. *Ibidem.*

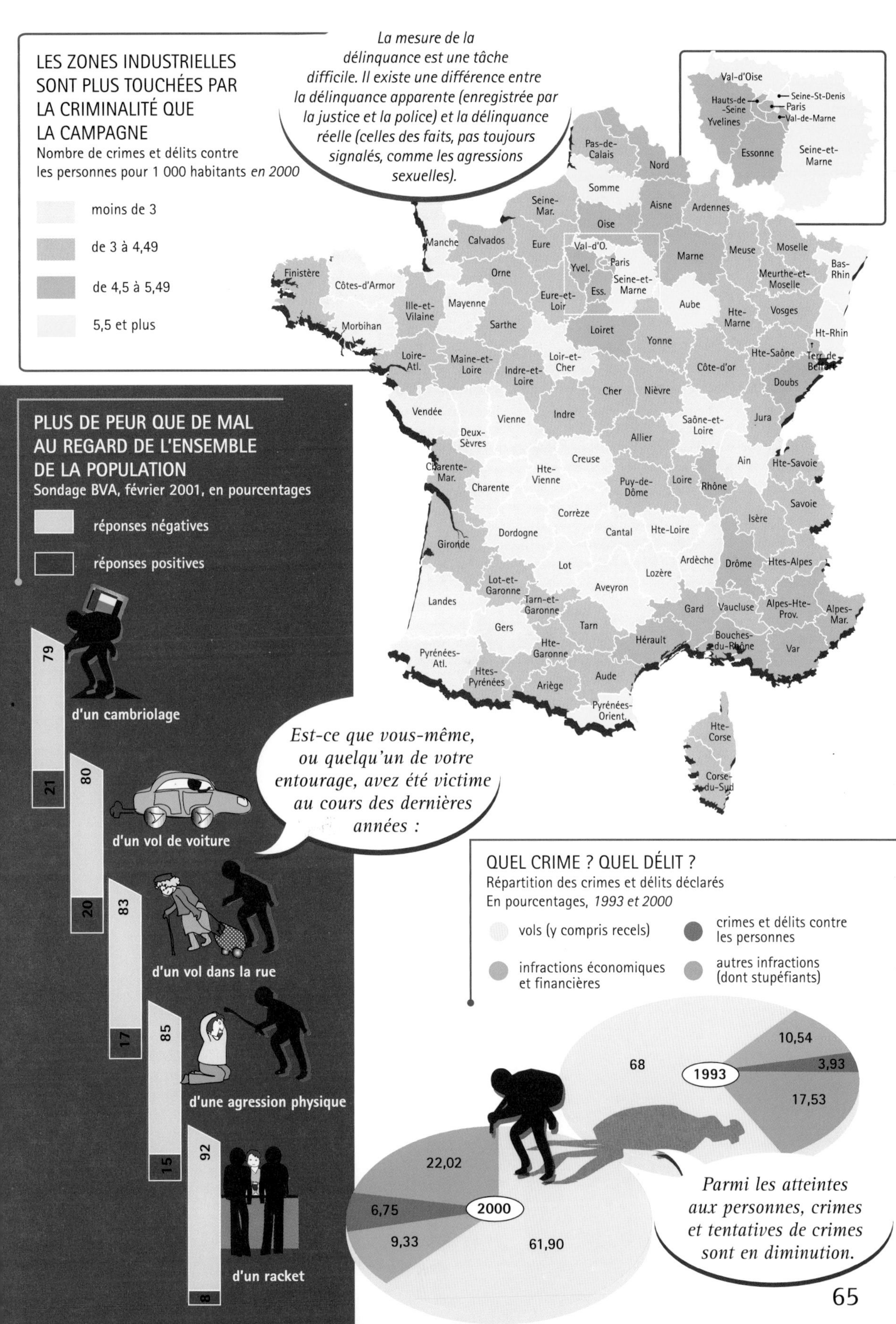
LES ZONES INDUSTRIELLES SONT PLUS TOUCHÉES PAR LA CRIMINALITÉ QUE LA CAMPAGNE
Nombre de crimes et délits contre les personnes pour 1 000 habitants *en 2000*
moins de 3
de 3 à 4,49
de 4,5 à 5,49
5,5 et plus
*La mesure de la délinquance est une tâche difficile. Il existe une différence entre la délinquance apparente (enregistrée par la justice et la police) et la délinquance réelle (celles des faits, pas toujours signalés, comme les agressions sexuelles).*
Val-d'Oise
Hauts-de-Seine
Seine-St-Denis
Paris
Val-de-Marne
Yvelines
Essonne
Seine-et-Marne
Pas-de-Calais
Nord
Somme
Seine-Mar.
Aisne
Ardennes
Oise
Manche
Calvados
Eure
Val-d'O.
Paris
Yvel.
Marne
Meuse
Moselle
Bas-Rhin
Finistère
Côtes-d'Armor
Orne
Seine-et-Marne
Ess.
Meurthe-et-Moselle
Ille-et-Vilaine
Mayenne
Eure-et-Loir
Aube
Hte-Marne
Vosges
Morbihan
Sarthe
Loiret
Yonne
Ht-Rhin
Loire-Atl.
Maine-et-Loire
Indre-et-Loire
Loir-et-Cher
Côte-d'or
Hte-Saône
Terr.-de-Belfort
Doubs
Cher
Nièvre
Vendée
Vienne
Indre
Saône-et-Loire
Jura
Deux-Sèvres
Allier
Charente-Mar.
Creuse
Hte-Vienne
Ain
Hte-Savoie
Charente
Puy-de-Dôme
Loire
Rhône
Savoie
Corrèze
Isère
Gironde
Dordogne
Cantal
Hte-Loire
Lot
Ardèche
Drôme
Htes-Alpes
Lot-et-Garonne
Lozère
Aveyron
Landes
Tarn-et-Garonne
Gard
Vaucluse
Alpes-Hte-Prov.
Alpes-Mar.
Gers
Tarn
Hérault
Bouches-du-Rhône
Var
Pyrénées-Atl.
Hte-Garonne
Htes-Pyrénées
Ariège
Aude
Pyrénées-Orient.
Hte-Corse
Corse-du-Sud
PLUS DE PEUR QUE DE MAL AU REGARD DE L'ENSEMBLE DE LA POPULATION
Sondage BVA, février 2001, en pourcentages
réponses négatives
réponses positives
Est-ce que vous-même, ou quelqu'un de votre entourage, avez été victime au cours des dernières années :
79
21
d'un cambriolage
80
20
d'un vol de voiture
83
17
d'un vol dans la rue
85
15
d'une agression physique
92
8
d'un racket
QUEL CRIME ? QUEL DÉLIT ?
Répartition des crimes et délits déclarés
En pourcentages, *1993 et 2000*
vols (y compris recels)
crimes et délits contre les personnes
infractions économiques et financières
autres infractions (dont stupéfiants)
1993
68
10,54
3,93
17,53
2000
22,02
6,75
9,33
61,90
Parmi les atteintes aux personnes, crimes et tentatives de crimes sont en diminution.

# Du mal-être au suicide

Dans les années 1960, consommer de la drogue était, pour caricaturer, le fait de quelques personnes qui se rassemblaient dans le but de vivre ensemble quelque chose d'autre, atteindre un niveau d'abstraction qu'on appelait « nirvana ». Aujourd'hui, l'usage de drogues a changé de fonction : il s'agit plus de combattre le stress et la dépression, d'améliorer ses performances, de se sentir mieux dans sa peau. Amphétamines pour les cadres en difficulté, anabolisants pour les sportifs, antidépresseurs pour les déprimés, cocaïne pour les artistes, stimulants pour les insuffisances sexuelles ; l'abus ou le simple usage de substances « psychoactives » et les décès par suicide sont les deux révélateurs du mal-être social.

## Alcool, tabac, drogues...

En France, depuis le milieu des années 1960, la consommation d'alcool décroît dans l'ensemble de la population. En revanche, les adolescents sont plus nombreux à boire, notamment des alcools forts, de façon intense et discontinue, souvent le week-end, en y associant cannabis ou haschisch. La consommation moyenne de tabac a diminué d'environ 10 % depuis 1992, mais si le pourcentage de fumeurs masculins est en baisse, les femmes se sont en revanche mises à fumer, et surtout les jeunes femmes entre 18 et 29 ans. Enfin, 11 % des adultes déclarent absorber un médicament psychotrope depuis plus de 6 mois. Cette consommation croît de façon très forte avec l'âge, après 50 ans pour les femmes et 60 ans pour les hommes ; plus d'une personne sur 6 y a recours. La France est en tête des pays utilisateurs de ces substances ; est-ce lié aux difficultés économiques qui seraient plus importantes qu'ailleurs, ou au fait

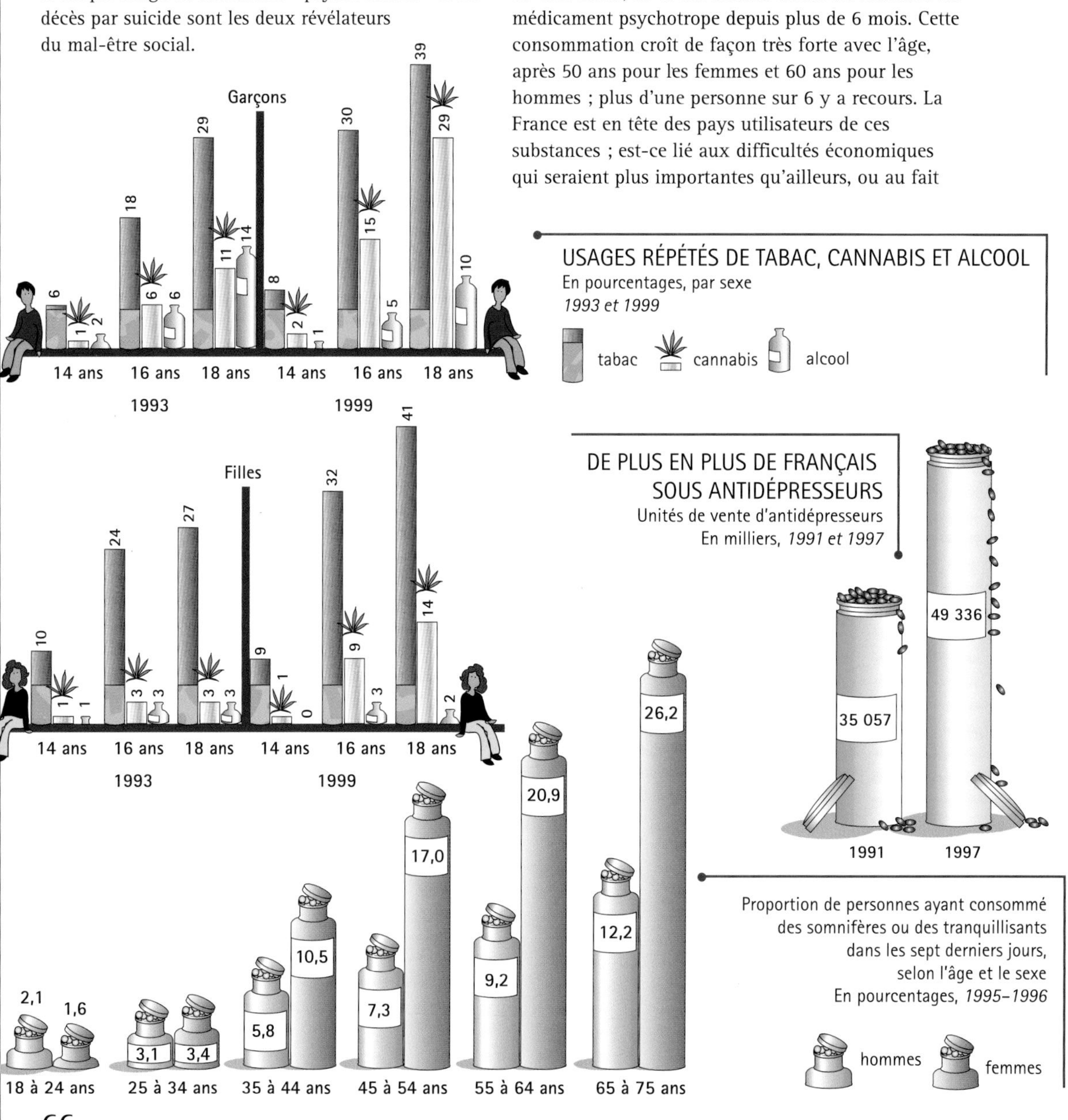
USAGES RÉPÉTÉS DE TABAC, CANNABIS ET ALCOOL
En pourcentages, par sexe
1993 et 1999
tabac
cannabis
alcool
Garçons
6
1
2
18
6
6
29
11
14
8
2
1
30
15
5
39
29
10
14 ans
16 ans
18 ans
14 ans
16 ans
18 ans
1993
1999
Filles
10
1
1
24
3
3
27
3
3
6
1
0
32
6
3
41
14
2
14 ans
16 ans
18 ans
14 ans
16 ans
18 ans
1993
1999
DE PLUS EN PLUS DE FRANÇAIS
SOUS ANTIDÉPRESSEURS
Unités de vente d'antidépresseurs
En milliers, 1991 et 1997
35 057
49 336
1991
1997
Proportion de personnes ayant consommé
des somnifères ou des tranquillisants
dans les sept derniers jours,
selon l'âge et le sexe
En pourcentages, 1995-1996
hommes
femmes
2,1
1,6
3,1
3,4
5,8
10,5
7,3
17,0
9,2
20,9
12,2
26,2
18 à 24 ans
25 à 34 ans
35 à 44 ans
45 à 54 ans
55 à 64 ans
65 à 75 ans

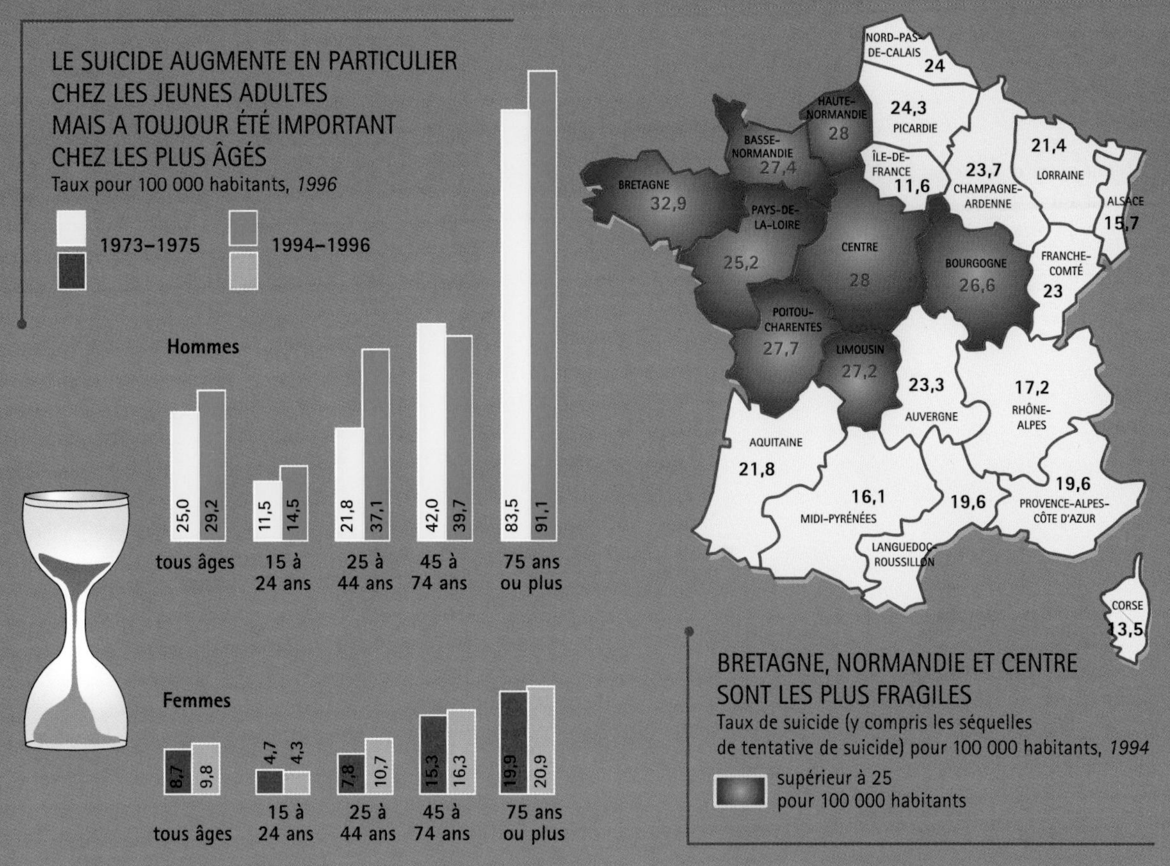
LE SUICIDE AUGMENTE EN PARTICULIER
CHEZ LES JEUNES ADULTES
MAIS A TOUJOUR ÉTÉ IMPORTANT
CHEZ LES PLUS ÂGÉS
Taux pour 100 000 habitants, 1996
1973–1975
1994–1996
Hommes
25,0
29,2
11,5
14,5
21,8
37,1
42,0
39,7
83,5
91,1
tous âges
15 à 24 ans
25 à 44 ans
45 à 74 ans
75 ans ou plus
Femmes
8,7
9,8
4,7
4,3
7,8
10,7
15,3
16,3
19,9
20,9
tous âges
15 à 24 ans
25 à 44 ans
45 à 74 ans
75 ans ou plus
NORD-PAS-DE-CALAIS 24
HAUTE-NORMANDIE 28
24,3 PICARDIE
BASSE-NORMANDIE 27,4
ÎLE-DE-FRANCE 11,6
21,4 LORRAINE
23,7 CHAMPAGNE-ARDENNE
BRETAGNE 32,9
PAYS-DE-LA-LOIRE 25,2
ALSACE 15,7
CENTRE 28
BOURGOGNE 26,6
FRANCHE-COMTÉ 23
POITOU-CHARENTES 27,7
LIMOUSIN 27,2
23,3 AUVERGNE
17,2 RHÔNE-ALPES
AQUITAINE 21,8
16,1 MIDI-PYRÉNÉES
19,6 LANGUEDOC-ROUSSILLON
19,6 PROVENCE-ALPES-CÔTE D'AZUR
CORSE 13,5
BRETAGNE, NORMANDIE ET CENTRE
SONT LES PLUS FRAGILES
Taux de suicide (y compris les séquelles de tentative de suicide) pour 100 000 habitants, 1994
supérieur à 25 pour 100 000 habitants

que ces médicaments sont prescrits et remboursés ? L'usage de drogues illicites est en hausse continue, tous les types de drogues sont concernés mais le cannabis reste de loin le plus consommé. Les hommes en fument plus que les femmes, surtout la tranche d'âge 18-24 ans. Le haschich est le produit le plus consommé chez les adolescents. La consommation de drogue est une question de ressources et d'opportunités ; ce sont les enfants de cadres, fréquentant le lycée, qui sont les plus gros « clients ». Enfin, La toxicomanie devient un véritable problème de santé publique, dont ont pris conscience les institutions : la création d'établissements spécialisés, dont la fréquentation a plus que doublé en dix ans, et la distribution de produits de substitution et de seringues neuves ont permis de diminuer le taux de mortalité des usagers de drogues dures. Le nombre de surdoses mortelles et le nombre de décès par SIDA chez ces usagers sont en diminution.

## Le désespoir des jeunes adultes

La mort par suicide représente 2 % des causes de décès, soit 12 000 personnes chaque année. Le suicide est la deuxième cause de mortalité chez les 15-24 ans. Plus généralement, les âges ont changé : auparavant, plus on avançait en âge, plus le risque était grand d'arriver à cet acte extrême ; aujourd'hui le risque est fort à 42-43 ans, puis il diminue pour remonter après 71-72 ans. Depuis toujours les hommes se suicident beaucoup plus que les femmes. En revanche, les jeunes filles sont plus nombreuses à tenter de se suicider et à le faire plusieurs fois. Dans les enquêtes, un grand nombre de jeunes expriment leur difficulté à se situer dans la société : ils se disent souvent fatigués, anxieux, tendus, irritables et souffrant d'insomnies. Tous ces symptômes sont à prendre au sérieux. Une majorité des suicides des jeunes ont pour origine un problème psychiatrique (trouble de l'humeur, comportement antisocial, dépression). Par ailleurs, plusieurs facteurs peuvent expliquer le taux de suicide non négligeable des jeunes adultes : d'une part il peut être en corrélation avec le relâchement des liens familiaux (célibat, séparations, divorces), les gens mariés étant plus protégés ; d'autre part, jusqu'en 1996, les courbes du chômage et du suicide étaient identiques pour la population en âge de travailler. Ces indicateurs montrent que le manque d'ancrage social (famille, travail) conduit à l'isolement progressif et parfois au geste fatal.

# Intimité et continuité familiales

## Désirs d'amour

L'amour est toujours notre grande affaire même si un certain nombre de tabous et de conventions sociales ont disparu. La difficulté d'établir des relations réside désormais au sein du rapport, quand garçon et fille sont à égalité. Pour les adolescentes, l'expression « sortir avec » signifie avoir un petit ami qui sera leur confident ; pour les garçons « flirter » est davantage un prélude à l'initiation sexuelle. Dans cette nouvelle carte du Tendre, les hommes se cherchent davantage quand les femmes semblent plus satisfaites.



## Nouvelles mœurs, nouveaux couples

La famille n'est vraiment plus ce qu'elle était. L'indicateur le plus significatif de sa mutation profonde est le nombre d'enfants nés hors mariage : 45 % à la première naissance. D'autre part, on se marie plus tard, voire après la première naissance. Cette évolution est notamment liée au rôle des femmes, devenu capital : elles occupent presque tous les fronts, à quelques exceptions près.



## Aïeux et descendants

Dans des structures familiales bouleversées par les ruptures ou les recompositions, les grands-parents servent de lien entre les générations. Ce sont eux qui organisent les repas familiaux rituels, accueillent les petits-enfants pendant les vacances, aident financièrement en cas de besoin, servent de « roue de secours » lorsqu'un malheur touche l'un ou l'autre des descendants.

# DÉSIRS D'AMOUR

*L'amour, l'amitié, le bonheur, voilà de si grands mots qu'ils font des maximes de toutes les phrases où ils entrent.*
Pierre Baillargeon

La théorie de Rousseau est-elle toujours vivante ? L'amour est l'œuvre des femmes, œuvre qui commence par une coquetterie précoce de celle qui, en développant ses grâces par la danse ou le chant, cultive un charme qui fera naître l'amour. Il faut d'abord qu'elle provoque le désir masculin ; dès lors, son génie consiste à le fuir ni trop vite ni trop loin, juste assez pour le tourner en quête éperdue. « Elle peut fort bien s'aviser la première qu'elle est en passe d'être aimée car, étant d'emblée tournée vers l'amour, elle a sur son poursuivant non seulement quelques pas, mais quelques lumières d'avance[1]. »
Si, depuis Adam et Ève, la fin reste la même – plaire –, les moyens ont changé de style. L'amour courtois, le libertinage, le marivaudage, l'amour romantique, enfin le flirt et la drague, ainsi sont nommés les jeux de séduction à travers les siècles. La difficulté d'établir des relations amoureuses entre garçons et filles n'a pas disparu dans notre société plus permissive ; autrefois les amoureux devaient braver la norme sociale, se cacher ou entrer en conflit avec les parents. Aujourd'hui, la difficulté s'est déplacée, elle réside au sein de la relation elle-même, quand garçon et fille sont à égalité devant les initiatives, quand la femme n'a plus intérêt au mariage, et quand on ne demande plus à l'homme d'affirmer sa masculinité au moment où il en ressent un vif besoin.
Le sociologue Hugues Lagrange, observateur de l'entrée dans la vie amoureuse et sexuelle au lycée, où le passage de l'amitié à l'amour est souvent imperceptible, a étudié le milieu scolaire des apprentis et aussi des élèves de l'enseignement professionnel, où amour et amitié sont plus souvent disjoints et complémentaires[2].
Chez les adolescents, flirter ou draguer revêt des significations différentes qui peuvent compliquer les relations : par exemple, pour les filles, l'expression « sortir avec » signifie avoir un petit ami qui sera le confident, qui saura les écouter, pour qui elles auront des attentions, à qui elles penseront souvent ; pour la jeune fille, le flirt gagne sur la drague : la frontière est ténue entre le meilleur ami et l'amant. Pour les garçons, prendre une fille par la main ou l'embrasser sont des préludes à l'initiation sexuelle. Savoir dialoguer, se raconter et comprendre l'autre n'est pas chose aisée pour tous les adolescents. Certains garçons, issus le plus souvent de milieux populaires, rencontrent des difficultés face à des jeunes filles qui dictent désormais elles-mêmes les conditions de la relation et dirigent les formes qu'elle prend. Alors ils flirtent sans en avoir l'air, ils cultivent les « vannes » ou la moquerie, révélatrices de leur malaise.

## De la boum aux soirées latino

Les adolescents ressentent le besoin d'exposer leurs conquêtes, en particulier devant les copains. Comme bien souvent les relations amoureuses ne trouvent pas d'encouragement dans la sphère familiale, les jeunes s'embrassent et se pelotent à la porte des lycées, dans la cour ou dans les couloirs, aux yeux du public.

1. C. Habib, « Y a-t-il un progrès en amour ? », *Esprit*, mars-avril 2001.
2. H. Lagrange, *Les Adolescents, le sexe, l'amour*, Paris, La Découverte-Syros, 1999.

*Qu'est-ce qui t'attire surtout chez un garçon/une fille ?*

PRÉFÉRENCES ADOLESCENTES
Sondage auprès de jeunes de 13 à 18 ans, *2001*

| Elle | | Lui | |
|---|---|---|---|
| La gentillesse | 83 % | La beauté | 89 % |
| La confiance | 74 % | La gentillesse | 72 % |
| L'humour | 69 % | La confiance | 54 % |
| La beauté | 63 % | L'intelligence | 49 % |
| Pouvoir parler ensemble | 63 % | Pouvoir parler ensemble | 48 % |
| L'intelligence | 34 % | L'humour | 44 % |
| façon de s'habiller | 33 % | façon de s'habiller | 33 % |
| L'originalité | 29 % | L'originalité | 26 % |
| Qu'il (elle) ait les mêmes idées que moi | 16 % | Qu'il (elle) ait les mêmes idées que moi | 17 % |

Lorsqu'ils sont à la recherche d'émois physiques plus forts, ils vont à des boums ou se rendent dans les boîtes, hauts lieux d'émancipation, où la danse et la musique sont toujours propices à la conquête. Mais, là aussi, les genres musicaux varient avec le temps, traduisant les tensions entre les deux sexes et le changement des mœurs amoureuses.

Le style musical se durcit avec les années de crise (années 1970-1980), la distance entre filles et garçons se creuse, le hard-rock diabolise les filles qui prennent de plus en plus leur autonomie. Au début des années 1990, les paroles du rap, musique essentiellement masculine, sont rudes et renforcent le clivage fille/garçon ; elles reflètent la vie des cités où le flirt n'existe pas – « *Quoi qu'on dise sur toi, t'es ma salope à moi* » débite Doc Gyneco. D'origine américaine, la version française de la musique rap est moins sexiste. Le rap, les acrobaties du hip-hop, la techno ne concourent pas plus au rapprochement des sentiments et des corps, « on danse ensemble, on vibre ensemble mais on ne parle pas ensemble[3] ». Ces dernières années, marquées par une légère reprise économique, la mélodie revient avec le trip-hop et un rap plus doux, et avec la redécouverte des danses latino-américaines sensuelles exécutées en couple, apprises dans des clubs de plus en plus nombreux. Seraient-ce là les signes d'une moindre tension entre garçons et filles ?

3. H. Lagrange, *Le Monde* du 18 août 2000.

## PREMIERS ÉMOIS

En pourcentages, *2001*

garçons / filles

(1) *À ton avis, quel est l'âge idéal pour les premières relations sexuelles... ...quand on est un garçon ?* *...quand on est une fille ?*

| | garçons | filles |
|---|---|---|
| ...quand on est un garçon ? entre 15 et 16 ans | 46 | 39 |
| ...quand on est une fille ? entre 15 et 16 ans | 41 | |
| ...quand on est une fille ? entre 17 et 18 ans | | 38 |

(2) *Est-ce que ça t'est déjà arrivé ? « Oui »*

| | garçons | filles |
|---|---|---|
| entre 12 et 14 ans | 15 | 10 |
| entre 15 et 16 ans | 30 | 29 |
| entre 17 et 18 ans | 46 | 48 |

(3) *Si oui, tu dirais que tu l'as fait...*

Parce que tu étais amoureux 48 %

Parce que tu avais confiance 74 %

(4) *C'est arrivé combien de temps après être sorti avec le garçon/la fille ?*

| | garçons | filles |
|---|---|---|
| Entre 1 semaine et 6 mois après | 56 | 69 |

(5) *Tu penses que ce n'est pas arrivé parce que...*

Tu n'as pas eu l'occasion 51 %

Tu ne te sens pas prête 54 %

(6) *Il ne faut pas avoir de relations sexuelles trop jeune, ça risque de décevoir.*

| | garçons | filles |
|---|---|---|
| D'accord | 37 | 63 |
| Pas d'accord | 59 | 34 |

## MOTS D'AMOUR

*2001*

*Parmi les sujets de conversation suivants, quels sont ceux dont tu parles le plus souvent avec tes copains ou tes copines ?*

**Côté fille :**

Les garçons 73 %

L'amour 59 %

La sexualité 39 %

**Côté garçon :**

Les filles 70 %

La sexualité 42 %

L'amour 36 %

## UN DRAGUEUR VAUT BIEN SON ALLUMEUSE

En pourcentages

*2001*

*Peux-tu me dire comment tu appelles un garçon qui drague beaucoup ?* *Et une fille ?*

| | Garçons | Filles |
|---|---|---|
| un dragueur | 20 | 19 |
| une allumeuse | 22 | 34 |

# HOMMES/FEMMES, NOUVEAUX RAPPORTS

Le baiser sur la bouche était peu répandu avant la Seconde Guerre mondiale, pas du tout avant la Première ou alors il intervenait après le mariage. Le seuil de la pudeur décroît de siècle en siècle, aujourd'hui les seins sont découverts sur les plages et les vêtements de ville laissent le nombril à l'air. De la pudeur à l'impudeur, le discours actuel sur les mœurs sexuelles pourrait laisser croire que les Français, de ce côté, ont une activité débridée : la presse féminine et masculine vous recommande les méthodes de séduction ou de réussite de l'acte sexuel ; de nombreux spots publicitaires montrent, pour vendre un bien d'équipement, des corps découverts dans des positions lascives prêts à passer à l'acte, de plus en plus sous une forme ironique ou ludique ; à la radio ou à la télévision, des « psy shows » sont organisés, étalant au grand public la vie intime de malheureux individus empêtrés dans des difficultés conjugales qui restent souvent très ordinaires, et plus récemment des actes sexuels accomplis devant la caméra de télévision. Ces exhibitions veulent-elles dire que nous sommes dans une société sans tabou ? Chacun ayant droit au plaisir, choisit, quand il en a envie, les partenaires et les formes d'érotisme qui lui conviennent.

Le sociologue Paul Yonnet montre ainsi que si le discours sur les mœurs sexuelles a évolué vers une très grande tolérance, en revanche, les pratiques n'ont pas évolué et peut-être même reviennent-elles à un certain puritanisme[1]. Autrefois, les liaisons extraconjugales ou le libertinage se justifiaient puisque le divorce était réprimé. Aujourd'hui où la rupture peut être possible à tout moment, où le conjoint est choisi avec une totale liberté et sans restriction, avec la volonté d'avoir une relation sincère, authentique, la vie sexuelle est censée coïncider avec l'ensemble de la vie conjugale ; la recherche d'une vie sexuelle extérieure est donc contraire à cette idéologie, ce qui peut entraîner des frustrations pour tous ceux qui considèrent qu'une mésentente sexuelle ne justifie pas à elle seule une séparation.
Le couple stable reste le meilleur moyen d'avoir des relations régulières sans poser trop de difficultés. Or, au regard des enquêtes sur les relations sexuelles des Français[2], les comportements en la matière évoluent beaucoup plus lentement qu'on ne le croit. La fréquence des rapports reste stable depuis trente ans

1. P. Yonnet, « Libérer le sexe pour se libérer du sexe », *Le Débat*, n° 112, nov.-déc. 2000.
2. M. Bozon et H. Léridon, « Sexualité et sciences sociales », *Population*, n° 5, sept.-oct. 1993.

**Lettre de George Sand à Alfred de Musset**

*Je suis très émue de vous dire que j'ai*
*bien compris l'autre soir que vous aviez*
*toujours une envie folle de me faire*
*danser. Je garde le souvenir de votre*
*baiser et je voudrais bien que ce soit*
*là une preuve que je puisse être aimée*
*par vous. Je suis prête à montrer mon*
*affection toute désintéressée et sans cal-*
*cul, et si vous voulez me voir aussi*
*vous dévoiler sans artifice mon âme*
*toute nue, venez me faire une visite.*
*Nous causerons en amis, franchement.*
*Je vous prouverai que je suis la femme*
*sincère, capable de vous offrir l'affection*
*la plus profonde comme la plus étroite*
*en amitié, en un mot la meilleure preuve*
*que vous puissiez rêver, puisque votre*
*âme est libre. Pensez que la solitude où j'ha-*
*bite est bien longue, bien dure et souvent*
*difficile. Ainsi, en y songeant j'ai l'âme*
*grosse. Accourez donc vite et venez me la*
*faire oublier par l'amour où je veux me*
*mettre.*

**Musset s'empressa de répondre :**

*Quand je mets a vos pieds un éternel hommage,*
*Voulez-vous qu'un instant je change de visage ?*
*Vous avez capturé les sentiments d'un cœur*
*Que pour vous adorer forma le Créateur.*
*Je vous chéris, amour, et ma plume en délire*
*Couche sur le papier ce que je n'ose dire.*
*Avec soin de mes vers lisez les premiers mots :*
*Vous saurez quel remède apporter à mes maux.*

*Romantique, n'est-ce pas ?*
*Maintenant relisez la lettre de Sand*
*une ligne sur deux et les premiers*
*mots de chaque ligne de celle*
*de Musset.*

UNE CORRESPONDANCE AUX ACCENTS ÉROTIQUES...
OÙ LE XXIe SIÈCLE SE RETROUVE

**85 % des Français pensent que pour la réussite d'un couple, l'homme et la femme doivent avoir eu « à peu près la même expérience ». Le temps où l'expérience sexuelle de l'homme devait compenser utilement la nécessaire virginité de la jeune mariée est passé.**

*Selon vous, avant de former un couple, combien de partenaires sexuelles un homme doit-il avoir connues pour être un bon partenaire ?*

*Et combien de partenaires sexuels une femme doit-elle avoir connus pour être une bonne partenaire ?*

| | COMBIEN DE FEMMES AVANT ? | | | COMBIEN D'HOMMES AVANT ? | | |
|---|---|---|---|---|---|---|
| | aucun | entre 1 et 5 | entre 5 et 10 | aucun | entre 1 et 5 | entre 5 et 10 |
| Total | 14 | 49 | 20 | 18 | 50 | 19 |
| Homme | 13 | 49 | 19 | 17 | 50 | 18 |
| Femme | 14 | 49 | 21 | 19 | 51 | 20 |
| 18 à 24 ans | 11 | 50 | 23 | 12 | 52 | 22 |
| 25 à 34 ans | 15 | 49 | 22 | 16 | 50 | 22 |
| 35 à 49 ans | 15 | 47 | 23 | 17 | 46 | 25 |
| 50 à 64 ans | 12 | 50 | 16 | 17 | 55 | 13 |
| 65 ans et plus | 15 | 49 | 16 | 24 | 50 | 13 |
| Gauche | 12 | 52 | 18 | 17 | 52 | 18 |
| Écologiste | 13 | 38 | 24 | 13 | 40 | 25 |
| Droite | 17 | 50 | 20 | 20 | 52 | 17 |
| Sans préférence partisane | 10 | 48 | 24 | 18 | 49 | 22 |

IL Y A UNE VIE AVANT LE COUPLE
Enquête auprès des plus de 18 ans
En pourcentages, *2000*

aucun — entre 1 et 5 — entre 5 et 10 — plus de 10

(2 par semaine). Le nombre de partenaires déclarés par les hommes sur l'ensemble de la vie reste le même (environ 12) alors qu'il a augmenté pour les femmes (de 1,8 à 3,1), ce qui laisse songeur sur la vérité des déclarations qui devraient se rejoindre : les hommes se surestimeraient et les femmes ne déclareraient pas les amants qui « n'ont pas compté » ! On observe enfin dans les sondages récents une augmentation de l'adhésion à la valeur « fidélité conjugale ». Outre le fait qu'on aborde le sujet plus aisément qu'auparavant, le changement le plus notable, à travers les enquêtes, est l'augmentation de la satisfaction chez les femmes.

Finalement, beaucoup de bruit autour d'un détail de la vie, puisque l'activité sexuelle occupe en moyenne 0,6 % du temps hebdomadaire de ceux qui la pratiquent...

NO SEX LAST NIGHT...
Proportion de personnes en couple n'ayant eu aucun rapport sexuel au cours des 4 dernières semaines ou au cours des 12 derniers mois
En pourcentages, *1993*

hommes — femmes

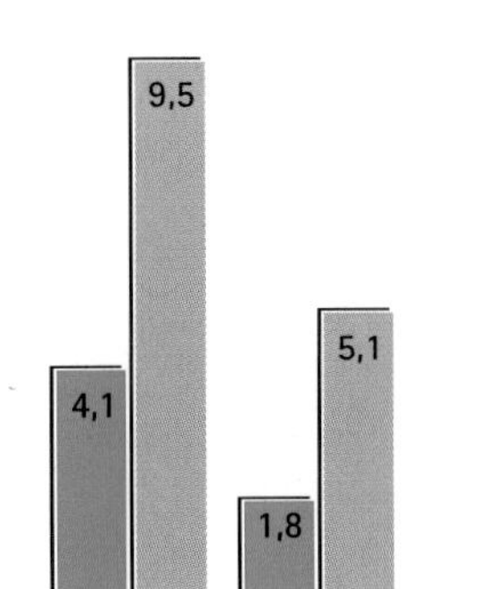
9,5
4,1
5,1
1,8
4 semaines
1 an
Pas de rapport sexuel depuis...

# NOUVELLES MŒURS, NOUVEAUX COUPLES

*Cette chose plus compliquée et plus confondante que l'harmonie des sphères : un couple.*
Julien Gracq

La transformation de la famille est sans doute le changement le plus spectaculaire et le plus lourd de conséquences des vingt dernières années. Le mariage à vie et le modèle patriarcal du droit romain ont été révoqués avec une rapidité étonnante.
L'indicateur le plus significatif est le nombre d'enfants nés hors mariage : 45 % à la première naissance. L'âge au moment du mariage s'est considérablement élevé, le refus du mariage s'est répandu et surtout le mariage (ou la reconnaissance de l'enfant) suit le plus souvent la première naissance. Dans 3 cas sur 10, les enfants assistent au mariage de leurs parents. Malgré l'augmentation du nombre de familles monoparentales (mères célibataires, divorcées ou veuves), 13 % des enfants de moins de 15 ans vivent dans ce type de famille. Le nombre des familles dites recomposées a augmenté d'environ 20 % au cours des années 1980 ; toutefois ces recompositions ne suffisent pas à freiner la hausse du célibat et des familles monoparentales ; les remariages après un divorce ne cessent de chuter. Les femmes non mariées et les couples sans enfant sont très peu nombreux : les Français veulent avoir des enfants, deux au mieux ; les enfants uniques sont devenus moins nombreux qu'avant-guerre, les familles nombreuses se raréfient.
Après avoir stagné dans les années 1980, le nombre des divorces augmente à nouveau : le taux actuel est de 39 divorces pour 100 mariages. Mais il s'agit d'un taux conjoncturel dont on ne peut déduire la loi « 39 % des mariages finissent par un divorce ». Plus probablement, il y aurait actuellement une concentration des divorces, à la fois ceux des anciennes générations qui n'avaient pas osé divorcer auparavant et qui y viennent après le départ des enfants du foyer, et ceux des nouvelles générations qui n'hésitent plus à rompre le contrat dès le début. Corrigée de ce « rattrapage », la fréquence des divorces n'aurait pas augmenté autant depuis 20 ans. Dans trois cas sur quatre, c'est la femme qui demande le divorce. À cela, deux raisons : l'indépendance professionnelle et financière croissante des femmes, l'accès à différents droits et allocations pour les femmes qui vivent seules avec leur(s) enfant(s).

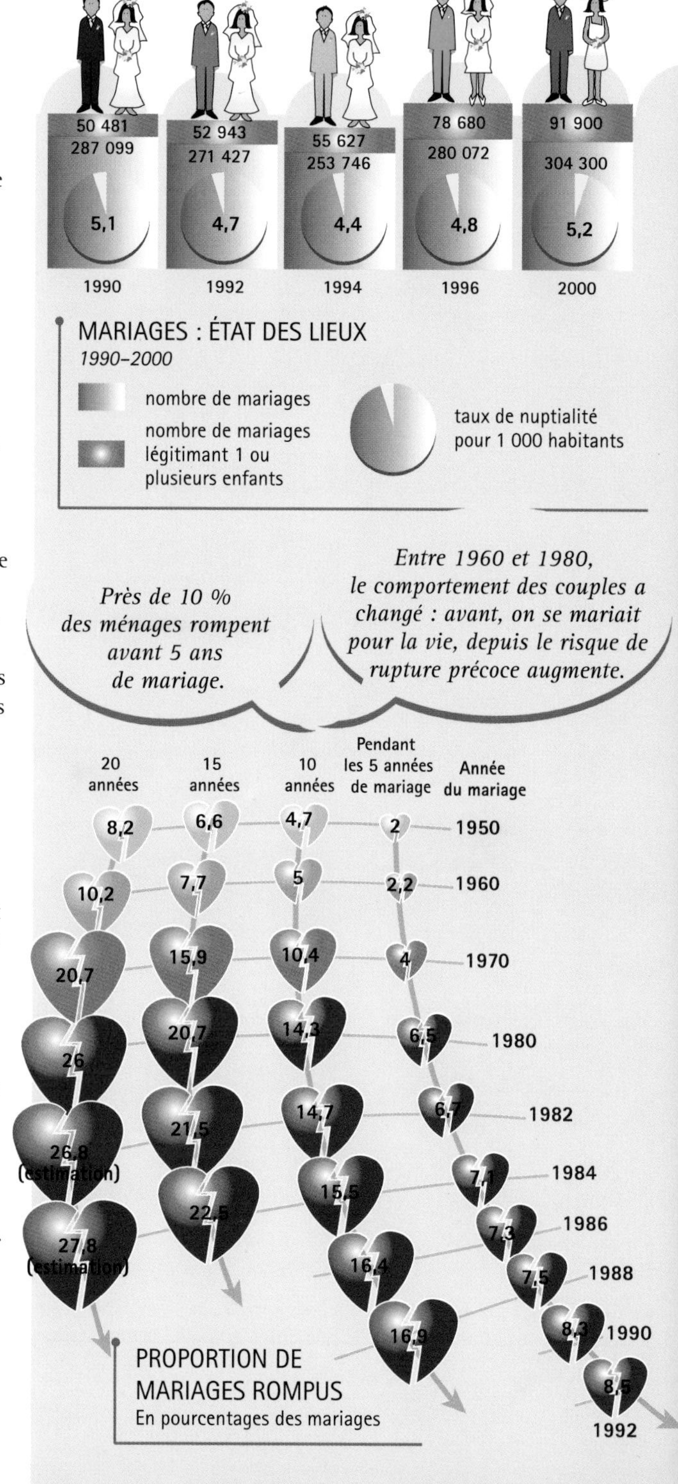

50 481
287 099
5,1
1990
52 943
271 427
4,7
1992
55 627
253 746
4,4
1994
78 680
280 072
4,8
1996
91 900
304 300
5,2
2000
MARIAGES : ÉTAT DES LIEUX
1990–2000
nombre de mariages
nombre de mariages légitimant 1 ou plusieurs enfants
taux de nuptialité pour 1 000 habitants
Près de 10 % des ménages rompent avant 5 ans de mariage.
Entre 1960 et 1980, le comportement des couples a changé : avant, on se mariait pour la vie, depuis le risque de rupture précoce augmente.
20 années
15 années
10 années
Pendant les 5 années de mariage
Année du mariage
8,2
6,6
4,7
2
1950
10,2
7,7
5
2,2
1960
20,7
15,9
10,4
4
1970
26
20,7
14,3
6,5
1980
26,8 (estimation)
21,5
14,7
6,7
1982
22,5
15,5
7,1
1984
27,8 (estimation)
16,4
7,3
1986
16,9
7,5
1988
8,3
1990
8,5
1992
PROPORTION DE MARIAGES ROMPUS
En pourcentages des mariages

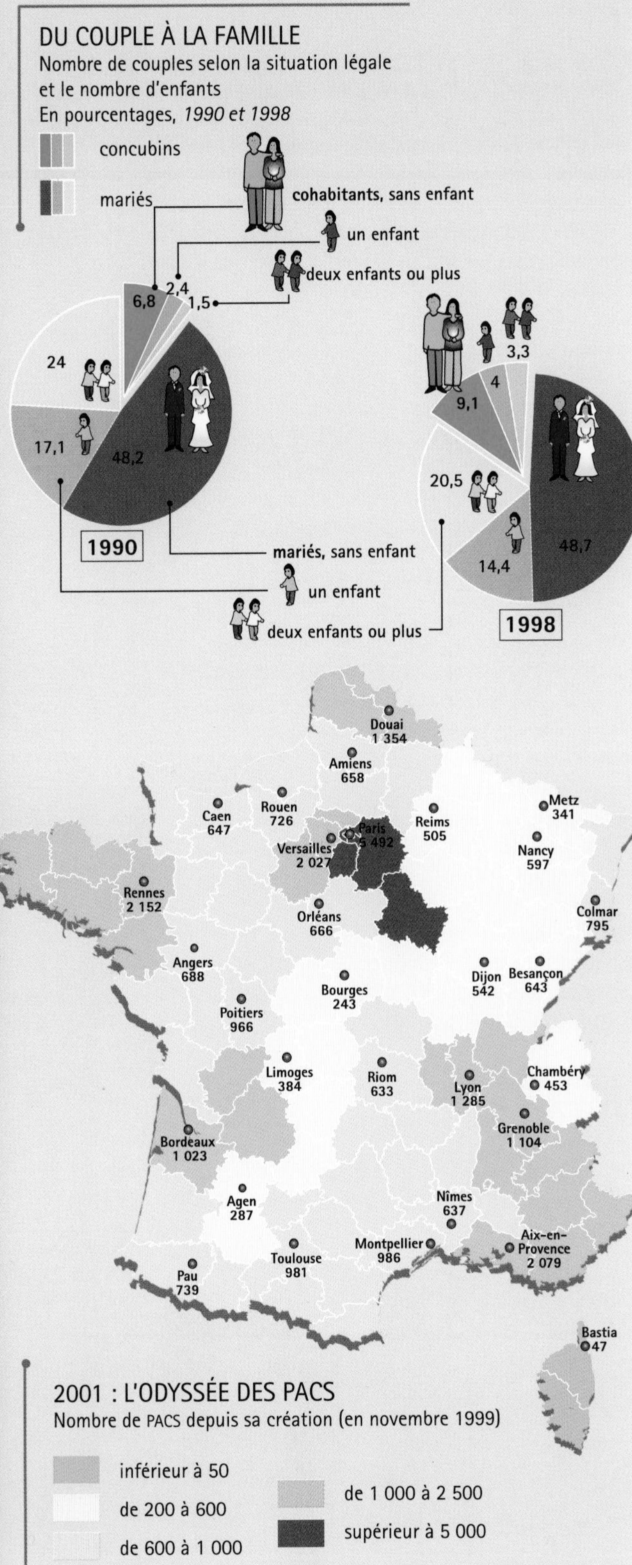
DU COUPLE À LA FAMILLE
Nombre de couples selon la situation légale
et le nombre d'enfants
En pourcentages, 1990 et 1998
concubins
mariés
cohabitants, sans enfant
un enfant
deux enfants ou plus
6,8
2,4
1,5
24
17,1
48,2
1990
mariés, sans enfant
un enfant
deux enfants ou plus
3,3
4
9,1
20,5
14,4
48,7
1998
Douai 1 354
Amiens 658
Caen 647
Rouen 726
Paris 5 492
Reims 505
Metz 341
Versailles 2 027
Nancy 597
Rennes 2 152
Orléans 666
Colmar 795
Angers 688
Dijon 542
Besançon 643
Bourges 243
Poitiers 966
Limoges 384
Riom 633
Lyon 1 285
Chambéry 453
Grenoble 1 104
Bordeaux 1 023
Agen 287
Nîmes 637
Aix-en-Provence 2 079
Montpellier 986
Toulouse 981
Pau 739
Bastia 47
2001 : L'ODYSSÉE DES PACS
Nombre de PACS depuis sa création (en novembre 1999)
inférieur à 50
de 200 à 600
de 600 à 1 000
de 1 000 à 2 500
supérieur à 5 000

Le cycle de vie matrimoniale peut donc être scandé par les étapes suivantes : célibat, concubinage, résidence indépendante, résidence commune, première naissance, mariage, seconde naissance, divorce, célibat, concubinage, remariage, veuvage.

## Le code civil en débat

« Le lien conjugal est défait, mais le lien parental subsiste. Or ces deux liens ne sont pas du même ordre. Ceux de la conjugalité associent des partenaires égaux et libres de rompre d'un commun accord leur union, tandis que les liens parents/enfants sont indissolubles. Un certain flottement dans les liens de filiation s'observe dans le cas de recompositions familiales. Quel est celui qui prime, le lien biologique ou le lien social ? Quelle place donner au nouveau conjoint ou compagnon de la mère qui élève l'enfant au quotidien, si le père biologique ne le voit que rarement ? Et comment se tissent les liens avec les grands-parents de ces multiples lignées ? Incapable d'imposer des normes, le droit est appelé de plus en plus à gérer des conflits, renvoyant les individus à leurs incertitudes[1]. »

## Allons PACSONS !

Fustigée par certains, applaudie par d'autres, l'adoption du Pacte civil de solidarité (PACS) permet d'octroyer un statut légal à des couples qui n'en avaient pas jusque-là. « Un PACS, signé en préfecture, ouvre un contrat entre deux personnes, de sexe différent ou de même sexe, instituant entre elles une solidarité mutuelle et matérielle, donnant des droits en matière fiscale, sociale et successorale. »
29 855 PACS ont été signés un an après la mise en application de la loi. Ce nombre se stabilise aujourd'hui aux alentours de 1 000 PACS par mois, ce qui est comparable au niveau des Pays-Bas par exemple. Les PACS sont contractés dans les grandes villes, surtout à Paris.
L'étude sociologique de cette population est difficile car les statistiques ne disent pas s'il s'agit de personnes de même sexe ou de sexe différent, ce qui interdit toute interprétation sérieuse. Les Pays-Bas en ont fait l'expérience plus tôt et ont pu constater que ce contrat est conclu à parts égales par les homosexuels et les hétérosexuels ; ce qui veut dire que, rapporté aux populations concernées, une bonne part des homosexuels, et très peu d'hétérosexuels, signent ce contrat.

1. M. Segalen, dans S. Cordellier et E. Poisson, *L'État de la France 1999-2000*, Paris, La Découverte, 1999.
2. *Ibidem.*

# La femme et ses conquêtes

Depuis la fin de la Seconde Guerre mondiale, les Françaises ont emporté de grandes victoires : le droit de vote (1944), le droit de disposer de leur corps (la contraception et les lois sur l'IVG) et la plus lourde de conséquences sur la société tout entière, leur entrée massive sur le marché du travail. En 1954, les femmes représentaient environ un tiers de la population active, aujourd'hui quasiment la moitié (47,9 %) et presque toutes les femmes âgées de 15 à 49 ans (80 %) ont un emploi. Elles ont acquis une autonomie peu ou prou complète, même si quelques bastions restent à conquérir.
Les femmes apprécient massivement le fait d'exercer une activité professionnelle : une grande majorité (85 %) pense que « c'est le plus souvent quelque chose de valorisant, qui vous permet de vous épanouir » et ce, même chez les peu diplômées (70 % de celles ayant au plus un CEP) ; 14 % conçoivent l'activité professionnelle comme une contrainte.

## À l'assaut de tous les métiers

Aujourd'hui, les femmes investissent des métiers traditionnellement réservés aux hommes : chauffeur d'autobus, pilote, chirurgien, pompier, officier dans l'armée ou ingénieur (le nombre d'ingénieurs et cadres techniques féminins a doublé entre 1990 et 1999). Certaines professions sont peu féminisées ; par exemple, elles accèdent difficilement aux postes de direction des entreprises. Sur les raisons de cette faible présence à de tels postes, les résultats des sondages évoquent d'abord les préjugés machistes ; ensuite on avance qu'elles sont moins disponibles compte tenu des charges familiales. Pourtant, hommes et femmes déclarent également que « les femmes sont aussi douées pour les affaires que les hommes » ; « qu'elles apporteraient une dimension plus humaine aux relations » et « qu'elles savent mieux déléguer et écouter ». Au total, les Français sont très favorables à la parité homme/femme à la direction des entreprises (75 %). Le milieu social le plus favorable est celui des ouvriers qui réclament à 84 % la parité.
Reste aux femmes à résoudre le problème de l'inégalité des salaires : parmi les salariés à temps complet, les femmes, à diplôme égal, sont moins bien payées ; elles représentent 57 % des salaires les moins bien rémunérés et à peine le quart des mieux payés.

## Les derniers bastions : politique et ménage

Avec moins de 11 % de femmes parmi l'ensemble des députés, la France se situe très en deçà de la majorité des pays européens. Il a fallu la révision constitutionnelle du 28 juin 1999 concernant les partis politiques pour faire progresser l'idée que les femmes devaient partager avec les hommes tous les pouvoirs.
S'il est un domaine où la parité ne progresse pas, c'est celui des tâches ménagères. En 1999, l'activité domestique représente en France 7 heures par couple et par jour dont 2h45 pour monsieur (un progrès d'un quart d'heure depuis la fin des années 1980 !). Les besognes les plus ingrates restent l'apanage des femmes (repassage, ménage...), les hommes préférant le bricolage. Quand on demande quelle innovation a le plus changé la vie quotidienne des femmes, ces dernières plébiscitent en premier le lave-linge et les couches jetables alors que les hommes évoquent en premier le micro-ondes et les surgelés.

## Ce qu'en pensent les hommes

Les conséquences de la libération de la femme vues par les hommes sont à la fois positives et négatives : 80 % des hommes pensent que « les hommes sont plus proches de leur femme et de leurs enfants » ; mais 41 % « ont le sentiment que les femmes ont moins besoin d'eux et se sentent un peu inutiles », 44 % que « les hommes ne savent plus très bien comment s'y prendre pour séduire les femmes » et 40 % que « les hommes ont perdu leur autorité dans le couple et la famille ».
Pour une majorité de femmes (77 %), l'homme idéal est celui « qui est prêt à ralentir sa progression professionnelle pour se consacrer plus à sa famille ou à d'autres activités ».

## Nouvelles générations : la théorie des préférences

Les femmes ont dorénavant la possibilité de faire des choix quant à leur vie familiale et professionnelle. Les préférences concernant leur vie privée et familiale

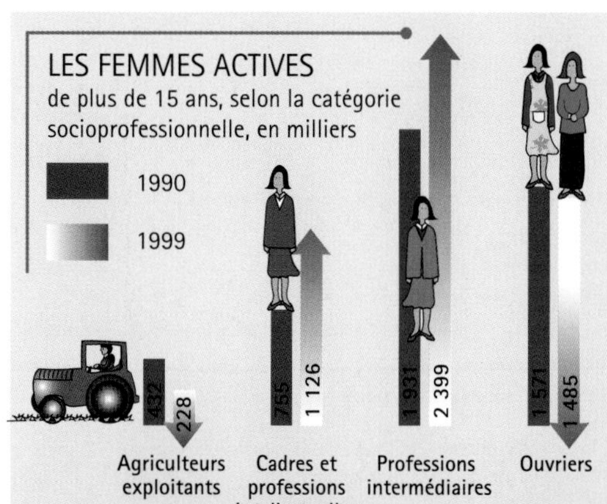
LES FEMMES ACTIVES
de plus de 15 ans, selon la catégorie socioprofessionnelle, en milliers
1990
1999
432
228
755
1 126
1 931
2 399
1 571
1 485
5 198
5 869
Agriculteurs exploitants
Cadres et professions intellectuelles supérieures
Professions intermédiaires
Ouvriers
Employés

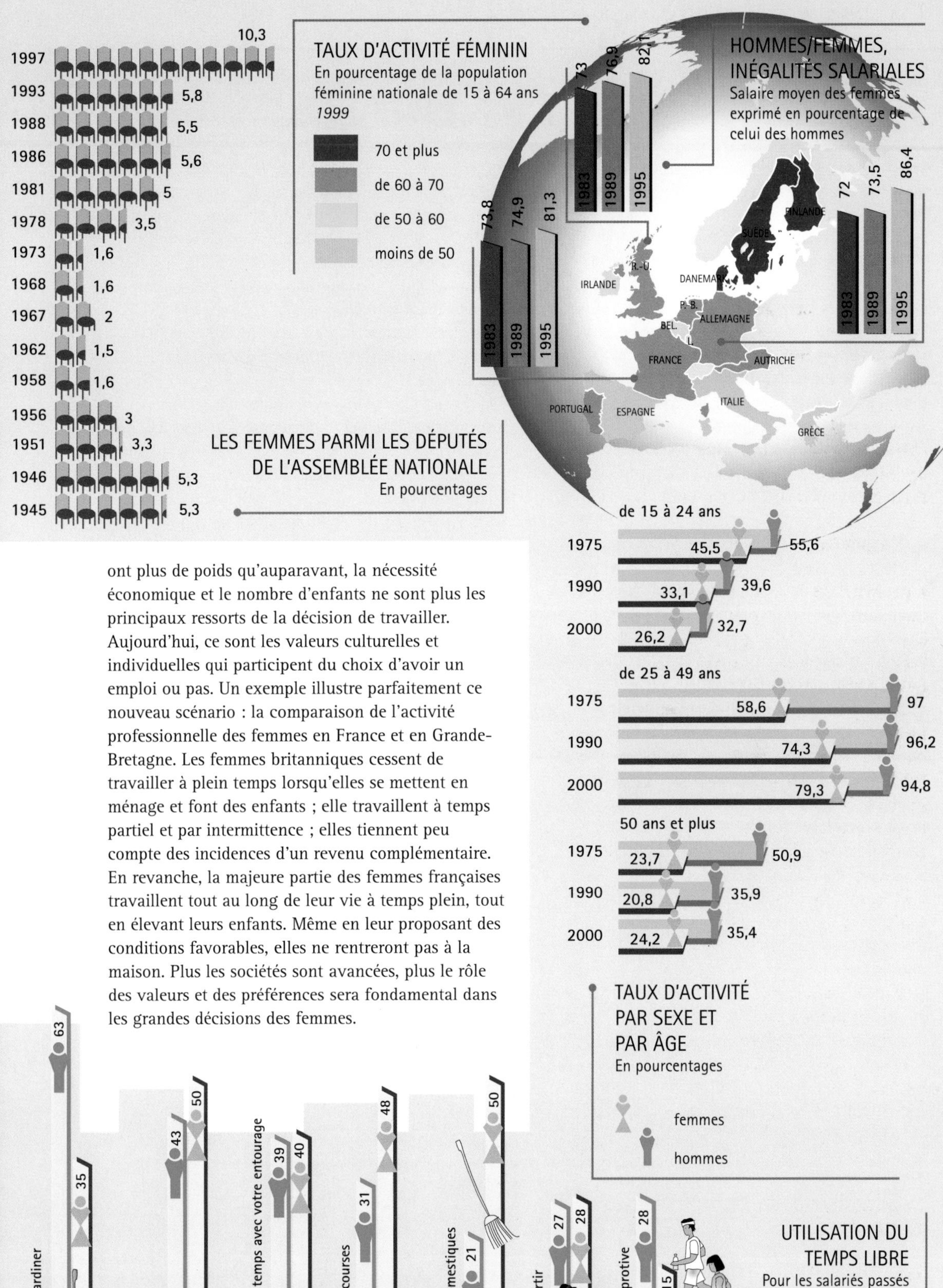

LES FEMMES PARMI LES DÉPUTÉS DE L'ASSEMBLÉE NATIONALE
En pourcentages
1997 10,3
1993 5,8
1988 5,5
1986 5,6
1981 5
1978 3,5
1973 1,6
1968 1,6
1967 2
1962 1,5
1958 1,6
1956 3
1951 3,3
1946 5,3
1945 5,3
TAUX D'ACTIVITÉ FÉMININ
En pourcentage de la population féminine nationale de 15 à 64 ans
1999
70 et plus
de 60 à 70
de 50 à 60
moins de 50
HOMMES/FEMMES, INÉGALITÉS SALARIALES
Salaire moyen des femmes exprimé en pourcentage de celui des hommes
1983 73
1989 76,9
1995 82,1
1983 73,8
1989 74,9
1995 81,3
1983 72
1989 73,5
1995 86,4
FINLANDE
SUÈDE
R.-U.
IRLANDE
DANEMARK
P.-B.
BEL.
L.
ALLEMAGNE
FRANCE
AUTRICHE
PORTUGAL
ESPAGNE
ITALIE
GRÈCE
TAUX D'ACTIVITÉ PAR SEXE ET PAR ÂGE
En pourcentages
femmes
hommes
de 15 à 24 ans
1975 45,5 55,6
1990 33,1 39,6
2000 26,2 32,7
de 25 à 49 ans
1975 58,6 97
1990 74,3 96,2
2000 79,3 94,8
50 ans et plus
1975 23,7 50,9
1990 20,8 35,9
2000 24,2 35,4
UTILISATION DU TEMPS LIBRE
Pour les salariés passés aux 35 heures
En pourcentages, 2000
Bricoler, jardiner 63 35
Repos 43 50
Passer du temps avec votre entourage 39 40
Faire vos courses 31 48
Tâches domestiques 21 50
Vous divertir 27 28
Activité sprotive 28 15


ont plus de poids qu'auparavant, la nécessité économique et le nombre d'enfants ne sont plus les principaux ressorts de la décision de travailler. Aujourd'hui, ce sont les valeurs culturelles et individuelles qui participent du choix d'avoir un emploi ou pas. Un exemple illustre parfaitement ce nouveau scénario : la comparaison de l'activité professionnelle des femmes en France et en Grande-Bretagne. Les femmes britanniques cessent de travailler à plein temps lorsqu'elles se mettent en ménage et font des enfants ; elle travaillent à temps partiel et par intermittence ; elles tiennent peu compte des incidences d'un revenu complémentaire. En revanche, la majeure partie des femmes françaises travaillent tout au long de leur vie à temps plein, tout en élevant leurs enfants. Même en leur proposant des conditions favorables, elles ne rentreront pas à la maison. Plus les sociétés sont avancées, plus le rôle des valeurs et des préférences sera fondamental dans les grandes décisions des femmes.

# Aïeux et descendants

*La famille est un archipel.*
Maurice Chapelan

Autrefois le mariage était la frontière entre la jeunesse et l'âge adulte, on se mariait à la mairie puis à l'église pour fonder ensuite une famille. Aujourd'hui, nul besoin d'un acte ou d'un sacrement, la cohabitation hors mariage se développe : « Il s'agit moins d'un rejet absolu, idéologique du mariage que d'un doute diffus sur l'apport de cette institution aux deux partenaires, en dehors du "grand jour" où chacun se sent reconnu et où le couple devient "public". La déstabilisation du mariage est telle qu'à peine plus de la moitié des personnes mariées (55 % d'après le sondage IFOP-Emap-femmes, 1999) pensent que la vie de couple exige le mariage. Le mariage conserve néanmoins une certaine importance à l'occasion de la naissance d'un enfant, il devient symbole à son tour du fondement de la famille[1]. »

## Les grands-parents, acteurs principaux de la continuité familiale

Dans des structures familiales déchirées par les ruptures ou les recompositions, les grands-parents servent de lien entre les générations. Ce sont eux qui organisent les repas familiaux rituels, accueillent les petits-enfants pendant les vacances, aident financièrement en cas de besoin, servent de « roue de secours » lorsqu'un malheur s'abat sur l'un ou l'autre des descendants ; enfin ce sont vers eux qu'on se tourne pour expliquer le succès de la visite du Pape à Paris ou ce qui s'est passé pendant la guerre d'Algérie...
En retour, ils profitent de ce nouveau rôle pour transmettre à leurs petits-enfants des valeurs morales qu'ils pensent être perdues ou que les mères absentes du foyer n'ont plus le temps d'inculquer. La continuité des générations s'exprime à travers les grands-parents par la voie de la culture et de la tradition ; mais aussi leur présence et l'ensemble des ascendants qu'ils représentent servent à nous inscrire dans une lignée dont le besoin se fait de plus en plus sentir (la recherche généalogique est devenue un phénomène de société). Ils sont la mémoire familiale : lorsqu'on interroge des personnes sur les souvenirs de leur enfance, les grands-parents sont les premières figures marquantes citées, souvent idéalisées, et les objets dont elles ont hérités prennent une valeur affective ; ces objets deviennent à l'intérieur des logis l'incarnation de la mémoire familiale et assurent chacun de son identité contemporaine.

1. F. de Singly, dans *Mouvements*, n° 8, 2000.

*On compte 12,6 millions de grands-parents (qui ont en moyenne 4 petits-enfants) et 2 millions d'arrières grands-parents.*

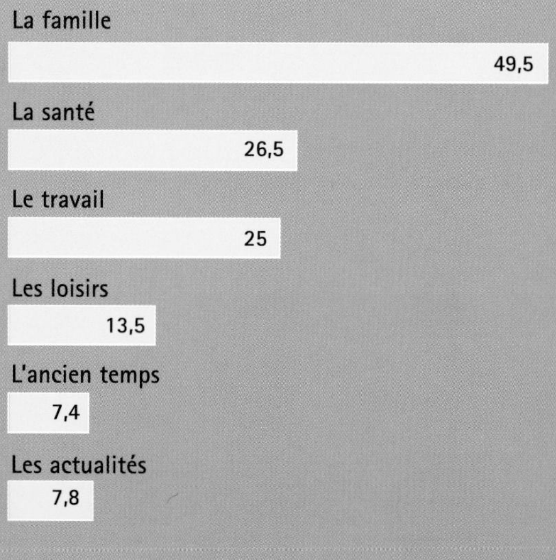

L'HISTOIRE FAMILIALE AU CŒUR DU DIALOGUE ENTRE GÉNÉRATIONS
Principaux sujets de conversation entre petits-enfants et grands-parents, selon le point de vue des jeunes
En pourcentages, *1992*

| | |
|---|---|
| La famille | 49,5 |
| La santé | 26,5 |
| Le travail | 25 |
| Les loisirs | 13,5 |
| L'ancien temps | 7,4 |
| Les actualités | 7,8 |

## Une maison pour la famille

« Quelle que soit la forme de l'habitat secondaire, rural ou touristique, individuel ou collectif, la famille reste l'élément moteur et la raison majeure de l'acquisition ou de la reprise. Le F 2 sur la plage est le lieu du regroupement familial saisonnier, tout autant que la villa bourgeoise ou la maison paysanne qui se transmet de génération en génération. On veut une résidence secondaire pour les vacances des enfants, plus tard on y accueille les petits-enfants. D'un été à l'autre, elle rassemble les membres d'une famille géographiquement dispersée. Plus n'est besoin d'une véritable maison de famille, transmise d'une génération à l'autre, pour que la résidence secondaire joue ce rôle rassembleur, pour que les rites familiaux s'y déploient – fêtes de Noël, mariages ou anniversaires : le temps d'une vie suffit pour inventer, pour créer une maison de famille à coups de souvenirs et de bonheurs partagés.

La famille peut bien éclater ou se recomposer, les solidarités entre générations n'en restent pas moins fortes.

Ces stratégies familiales ont été menées par ceux qui sont encore, dans la grande majorité des cas, les actuels propriétaires, ceux de la génération des Trente Glorieuses, qui ont bénéficié d'un contexte économique longtemps favorable. Ce n'est pas le cas de leurs enfants, qui ont aujourd'hui entre trente et quarante ans. Tous n'auront pas les moyens d'acquérir ou de conserver une résidence secondaire. En attendant, beaucoup utilisent encore celle des parents. Ceux d'entre eux que la crise économique a épargnés en profitent pour cumuler les vacances familiales avec d'autres types de séjours touristiques, des voyages à l'étranger par exemple. Pour ceux qui se trouvent en difficulté, la résidence secondaire devient un refuge où l'on peut passer des vacances à bon marché (si ce n'est aux frais des parents) et où il est plus facile qu'en ville de vivre une période de chômage. La solidarité familiale qui joue dans la résidence secondaire dépasse en effet largement les plaisirs de la réunion de famille[2]. »

2. F. Dubost, « Les métamorphoses de la résidence secondaire », *Encyclopaedia Universalis*, 1999.

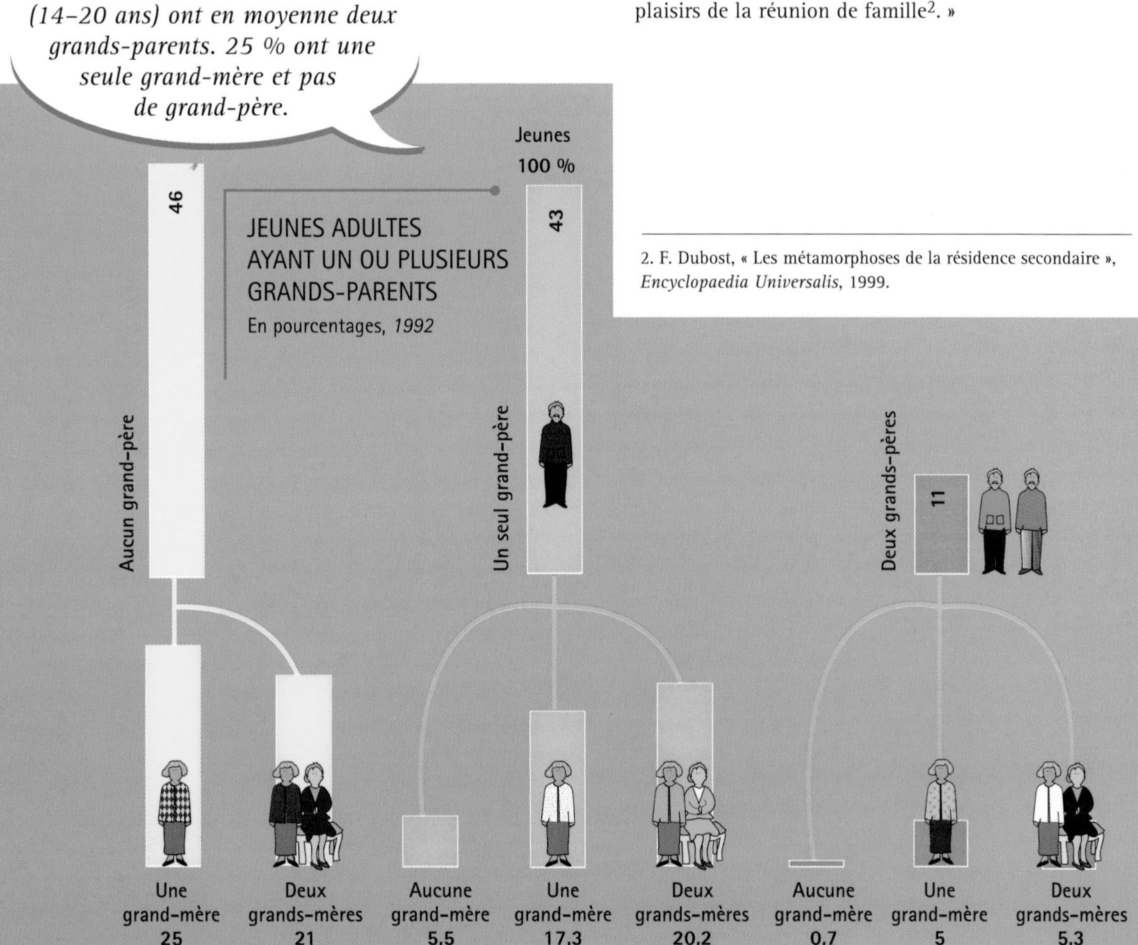
La plupart des jeunes adultes (14-20 ans) ont en moyenne deux grands-parents. 25 % ont une seule grand-mère et pas de grand-père.
JEUNES ADULTES AYANT UN OU PLUSIEURS GRANDS-PARENTS
En pourcentages, 1992
Jeunes 100 %
Aucun grand-père
46
Un seul grand-père
43
Deux grands-pères
11
Une grand-mère 25
Deux grands-mères 21
Aucune grand-mère 5,5
Une grand-mère 17,3
Deux grands-mères 20,2
Aucune grand-mère 0,7
Une grand-mère 5
Deux grands-mères 5,3

# « Famille, je vous aide »

Le développement du travail des femmes, des divorces et des familles monoparentales d'un côté, l'allongement de l'espérance de vie jusqu'à un âge très avancé de l'autre, ont eu pour conséquence d'accroître le recours au soutien familial.

## Le soutien moral, premier secours familial

L'entraide parents/enfants est la plus importante et équitable ; si l'on observe souvent que les jeunes retraités passent beaucoup de temps à aider leurs enfants, il en est de même des enfants : 63% des 30-39 ans rendent des services à leurs parents, même si cette période de vie est déjà bien remplie par les soins aux jeunes enfants.

L'allongement de la scolarité et les difficultés d'insertion ont augmenté la solidarité familiale. De plus en plus de jeunes restent chez leurs parents, soit qu'ils prolongent leurs études, soit qu'un premier emploi précaire ne leur permette pas de partir.

Il n'existe pas de grande différence entre catégories socioprofessionnelles quant à la fréquence et la diversité de l'aide fournie ; ce n'est que le niveau de vie qui explique que les catégories les plus modestes (agriculteurs, ouvriers et inactifs) aident moins leur famille. Cependant, certaines aides sont plus souvent dispensées par les cadres et les professions intellectuelles : l'aide scolaire, les démarches administratives et le soutien moral. Les employés ont plus tendance à effectuer des tâches pratiques (courses, lessive, garde d'enfants). Actives ou non, les femmes rendent plus de services à leur famille que les hommes. Les femmes de la « génération pivot », celles qui représentent le plus le « soutien familial » sont tiraillées entre leur rôle de fille et de grand-mère, parfois au détriment de leur rôle d'épouse.

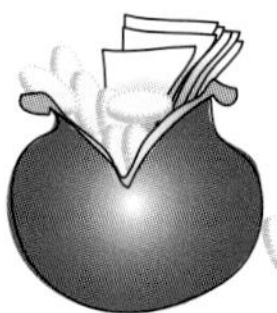

*Au cours de l'an 2000, 68 % des Français ont aidé leurs enfants, 66 % leurs parents, 44 % leurs petits-enfants et 36 % leurs grands-parents.*

*L'aide matérielle se traduit par des dons ou prêts d'argent aux enfants et petits-enfants. Enfants devenus parents, frères et sœurs, neveux et nièces ont plutôt besoin qu'on leur garde leurs enfants.*

2000

*24 personnes : c'est en moyenne la composition d'une famille. On vit dans un rayon de 20 à 30 km, dans la moitié des cas.*

## LA FAMILLE À CŒUR OUVERT

Nature de l'aide
En pourcentages
*1997*

- soutien moral
- courses
- jardinage, bricolage
- don d'argent
- démarches administratives
- ménage, cuisine, linge
- garde d'enfants
- prêt de voiture
- prêt d'argent
- aide scolaire
- autre

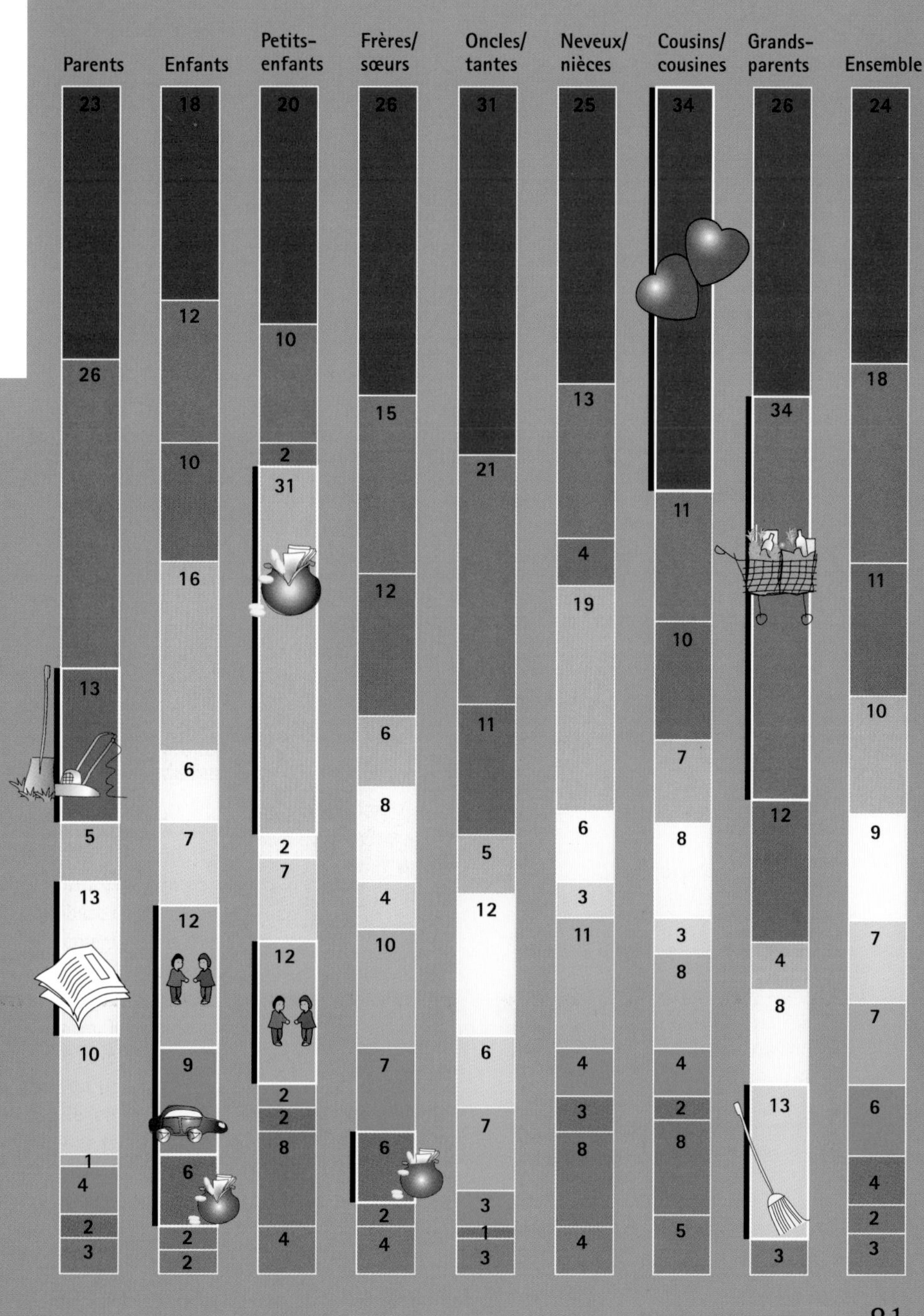

SERVICES RENDUS AUX...
Parents: 23 26 13 5 13 10 1 4 2 3
Enfants: 18 12 10 16 6 7 12 9 6 2 2
Petits-enfants: 20 10 2 31 2 7 12 2 2 8 4
Frères/sœurs: 26 15 12 6 8 4 10 7 6 2 4
Oncles/tantes: 31 21 11 5 12 6 7 3 1 3
Neveux/nièces: 25 13 4 19 6 3 11 4 3 8 4
Cousins/cousines: 34 11 10 7 8 3 8 4 2 8 5
Grands-parents: 26 34 12 4 8 13 3
Ensemble: 24 18 11 10 9 7 7 6 4 2 3

# LE CULTE DES MORTS

« C'est au XIXe siècle que la concession de sépulture est devenue une certaine forme de propriété soustraite au commerce, mais assurée de la perpétuité. C'est une très grande innovation. On va donc visiter le tombeau d'un être cher comme on va chez un parent ou dans une maison à soi, pleine de souvenirs. Le souvenir confère au mort une sorte d'immortalité, étrangère au début du christianisme. Dès la fin du XVIIIe siècle, mais encore en plein XIXe et XXe siècles français, anticléricaux et agnostiques, les incroyants seront les visiteurs les plus assidus des tombes de leurs parents. La visite au cimetière a été – et est encore – en France et en Italie le grand acte permanent de religion[1]. »

Dans les sociétés où les valeurs individualistes sont dominantes, réussir sa vie, autant sur le plan privé que professionnel, est le leitmotiv de chacun, et la mort ferait pour beaucoup l'objet d'un tabou. C'est pourquoi, aujourd'hui, besoin est de « bien finir sa vie » ou de « ne pas rater sa sortie ».

La fin de vie est de plus en plus prise en charge grâce aux soins palliatifs et à l'accompagnement. La mort devient chose intime, elle est préparée, organisée de son vivant ; enterrement ou crémation font l'objet d'un choix et la cérémonie funéraire est de plus en plus personnalisée. Si seulement 10 % des Français pratiquent leur religion, beaucoup sont attachés aux obsèques religieuses (80 % des décès). Il s'agit là à la fois du besoin de respecter un rite millénaire qui aide à accomplir le travail de deuil, de rendre la mort plus supportable, et de marquer le passage dans une autre vie : la croyance en une vie après la mort progresse (38 % des Français en 1999).

## Commémorer

La fête des trépassés est un rite qui se maintient très largement. La fréquentation des cimetières le week-end de la Toussaint n'est pas tombée en désuétude, bien au contraire, 70 % des Français vont fleurir les tombes familiales de quelques 25 millions de pots de

1. P. Ariès, *Essais sur l'histoire de la mort en Occident du Moyen Âge à nos jours*, Paris, Le Seuil, 1975.

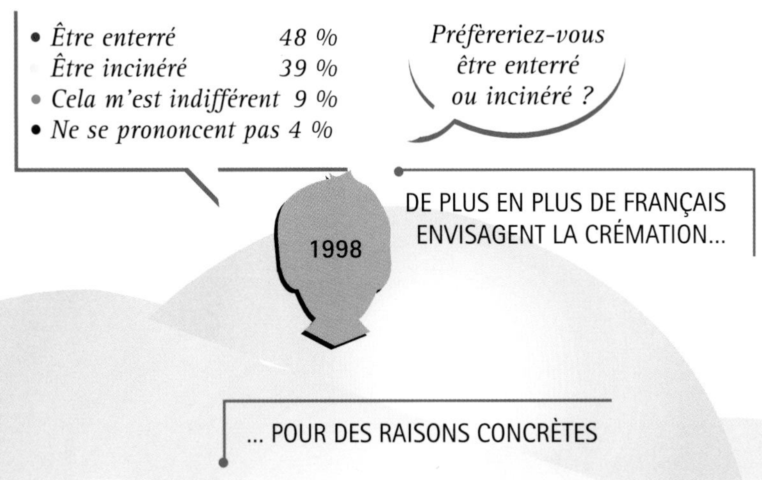

*Préfèreriez-vous être enterré ou incinéré ?*
• *Être enterré* 48 %
• *Être incinéré* 39 %
• *Cela m'est indifférent* 9 %
• *Ne se prononcent pas* 4 %
1998
DE PLUS EN PLUS DE FRANÇAIS ENVISAGENT LA CRÉMATION...
... POUR DES RAISONS CONCRÈTES


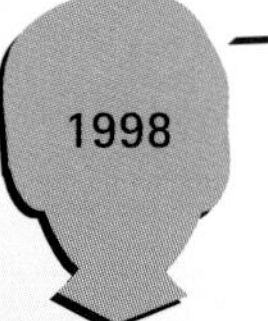

*Certaines personnes préfèrent être incinérées. Pensez-vous que c'est surtout...?*
1998


| | |
|---|---|
| • *Pour faciliter la vie de ceux qui restent* | 31 % |
| • *Pour des motifs écologiques (pollution, place dans les cimetières, etc.)* | 27 % |
| • *Parce qu'elles pensent que c'est une forme de liberté* | 22 % |
| • *Pour des raisons philosophiques* | 19 % |
| • *Par rejet du cimetière* | 17 % |
| • *Par rejet de l'inhumation traditionnelle* | 12 % |
| • *Parce qu'elles pensent que c'est moins cher* | 10 % |
| • *Pour d'autres raisons* | 8 % |
| • *Ne se prononcent pas* | 4 % |

chrysanthèmes. Si l'on observe ces cimetières, on s'aperçoit que le paysage change d'année en année. Autrefois, les tombes se ressemblaient : un petit temple pour les familles de notables, une pierre de granit ou de marbre noir pour les autres. Aujourd'hui, le modèle standard perd de son attrait, les tombes sont de plus en plus personnalisées, chargées d'un décor rappelant le défunt, de citations ou poèmes choisis, de messages parfois cryptiques, comme on en voit aussi dans les rubriques nécrologiques. Les entreprises funéraires ont bien perçu cette tendance à la « personnalisation » de la mort et offrent quantités de produits aux proches, qui dépensent en moyenne 3 811 euros pour l'inhumation de leur parent.

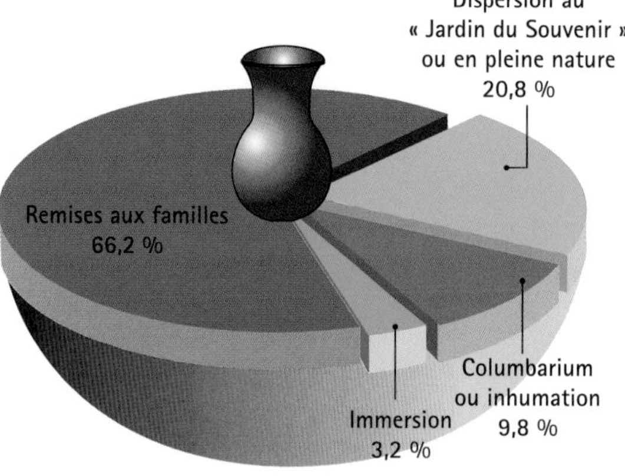
Dispersion au « Jardin du Souvenir » ou en pleine nature 20,8 %
Remises aux familles 66,2 %
Columbarium ou inhumation 9,8 %
Immersion 3,2 %

OÙ VONT LES CENDRES
En pourcentages
*1999*

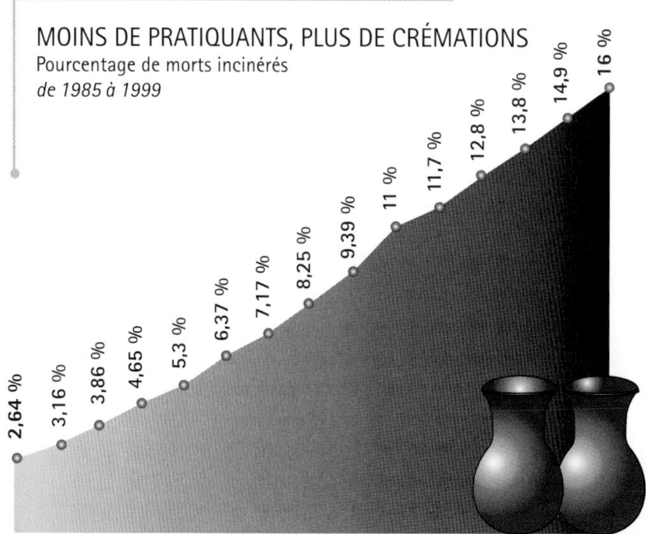
2,64 %
3,16 %
3,86 %
4,65 %
5,3 %
6,37 %
7,17 %
8,25 %
9,39 %
11 %
11,7 %
12,8 %
13,8 %
14,9 %
16 %
1985
1999

MOINS DE PRATIQUANTS, PLUS DE CRÉMATIONS
Pourcentage de morts incinérés
*de 1985 à 1999*

- 70 %, c'est le pourcentage des Français qui disent se rendre au cimetière à l'occasion de la Toussaint.

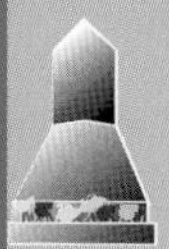

- 60 000, c'est le nombre de cimetières en France.
- 25 millions, c'est le nombre de pots de chrysanthèmes vendus chaque année (surtout à la Toussaint).
- 555 000, c'est le nombre annuel de décès (on en prévoit 640 000 en 2010).
- 70 % environ, c'est le nombre de Français qui meurent à l'hôpital, cliniques et maisons de retraite incluses, (20 % chez soi et 5 % dans un lieu public).
- 800, c'est le nombre des maisons funéraires (elles n'étaient que 150 dans les années 1980).

- 3 811 €, c'est la somme moyenne dépensée par les familles pour l'inhumation de leur proche (2 287 € pour la crémation). Le cercueil représente la plus importante part de cette somme.
- 2,6 milliards €, c'est ce que « pèse » le secteur funéraire, lequel emploie 20 000 personnes.

# Les passions françaises

## La cote des valeurs

En France, l'État est le garant de l'égalité ; grâce aux services publics, chacun peut accéder à l'éducation, la santé, la culture, la justice. On observe ces dernières décennies une inflation de revendications : on réclame des garanties juridiques pour défendre le droit au travail, au repos, au logement, à la dignité, à l'enfant, à l'intégration, à la différence... Certaines valeurs traditionnelles telles que la fidélité conjugale ou le respect de l'autorité regagnent du terrain dans notre société plus libérale.

- *Tout n'est plus permis*

## Grandes et petites passions

Les Français sont friands de cuisine, de sport, de jardinage... Le repas reste un temps privilégié : en province, 4 Français sur 5 rentrent déjeuner à la maison et le temps passé à table est stable. 75 % d'entre eux se disent sportifs, sans compter les records d'audience des grands matchs. Ils consacrent en moyenne 230 euros par an au jardinage et leurs fleurs préférées sont les roses et les œillets. Ils aiment également le bricolage, la mode, la chasse...

- *Le corps a ses raisons*
- *Le confort à la mode*
- *Au pays des Gaulois, les sportifs sont rois*
- *Une foi de jardinier*
- *Qui va à la chasse...*

## Vacances : le culte du grand air

6 Français sur 10 prennent des vacances : les enfants et adolescents sont les plus nombreux à partir (70 % des moins de 20 ans), et les seniors commencent à y prendre goût. Dans l'ensemble, au même âge, les générations les plus récentes partent plus que leurs aînés. Repos et visite aux parents sont les deux principaux motifs de départ.

# La cote des valeurs

*L'échelle des valeurs est en train de perdre ses barreaux.*
Frédéric Dard

En 1831-1832, lors de son voyage en Amérique, Tocqueville découvre les bienfaits du régime démocratique qu'il compare au système aristocratique qui gouverne alors l'Europe. Il remarque que dans un système démocratique, si les citoyens demeurent inégaux par leur intelligence ou leur fortune, en revanche la position sociale de l'un n'est jamais supérieure à celle de l'autre puisqu'elle est interchangeable (un valet peut quitter son maître et, en dehors de son travail, être son égal) ; par ailleurs, tous les citoyens peuvent prétendre à une égalité des conditions de vie. « De même qu'il n'y a plus de races de pauvres, il n'y a plus de races de riches... Entre ces deux extrémités se trouve une multitude d'hommes pareils », observe-t-il. L'égalité est portée par la classe moyenne qui, par son travail, améliore son niveau de vie. Puisque l'égalité est devenue la norme de la démocratie, toute inégalité résiduelle en devient insupportable : car plus les hommes sont égaux, moins ils supportent les différences.
En France, la majorité de la population se dit appartenir à la classe moyenne. L'État, secondé par le réseau associatif, tend à réduire les inégalités. Chaque fois qu'un projet de réforme menace cette valeur suprême, les Français descendent dans la rue et ont gain de cause : en 1986, les étudiants refusent une sélection à l'entrée de l'université, comme en 1994 ils protestent contre le projet de Contrat d'insertion professionnelle, le « SMIC jeunes ».

## Égalité chérie

En France, l'État est le garant de l'égalité ; grâce aux services publics, chacun peut accéder à l'éducation, la santé, la culture, la justice. On observe ces dernières décennies une inflation des revendications : on réclame des garanties juridiques pour défendre le droit au travail, au repos, au logement, à la dignité, à l'enfant, à l'intégration, à la différence... Dans une société de libre marché, on attend de l'État qu'il assure l'égalité des chances d'accès à ce marché. L'État-providence assure le rôle distributif de l'État ; ainsi le RMI vient répondre en 1988 au droit « d'obtenir des moyens convenables d'existence » assuré par l'alinéa 11 du Préambule de la Constitution de 1946 ; et le droit au logement peut être défendu comme le « droit à la dignité de la personne humaine » figurant dans ce même Préambule. D'autres revendications ne sont pas d'ordre juridique et ne sont que des aspirations à plus d'égalité, de liberté, de paix, de bonheur, ou à moins de travail (le droit à la paresse). Puisque le respect des droits de l'homme est un des fondements de la République, il paraît normal au citoyen de s'adresser à l'État lorsqu'il ressent une injustice ou une privation ; chacun ayant droit au droit, il attend que ses droits soient sanctionnés par le législateur.
On peut voir dans la prolifération de ces revendications une évolution de la législation vers plus d'égalité des chances, vers plus de démocratie, constamment enrichie en fonction des besoins et des aspirations des citoyens.
Si le principe d'égalité permet à un grand nombre de citoyens d'accéder à un certain bien-être, Tocqueville dénonce un effet pervers : happé par ses petites ambitions économiques, l'individu pourrait se replier sur lui. En cas de manquement à ce principe, il se reporte sans cesse sur l'État, « pouvoir immense et tutélaire, qui se charge seul d'assurer leur jouissance et de veiller sur leur sort », à défaut de « leur ôter entièrement le trouble de penser et la peine de vivre ».

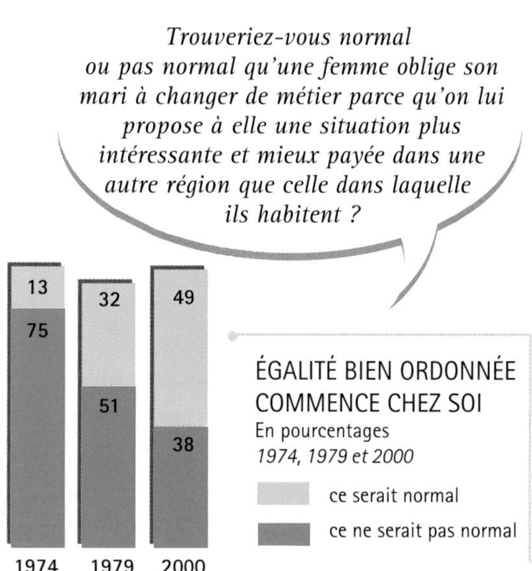

Trouveriez-vous normal ou pas normal qu'une femme oblige son mari à changer de métier parce qu'on lui propose à elle une situation plus intéressante et mieux payée dans une autre région que celle dans laquelle ils habitent ?
13
75
32
51
49
38
1974
1979
2000


ÉGALITÉ BIEN ORDONNÉE COMMENCE CHEZ SOI
En pourcentages
*1974, 1979 et 2000*

ce serait normal
ce ne serait pas normal

## LE DROIT AU DROIT

Affaires introduites en justice (cours d'appel, tribunaux d'instance, tribunaux de grande instance, conseils de prud'hommes)
En nombre de cas
*1989, 1994 et 1999*

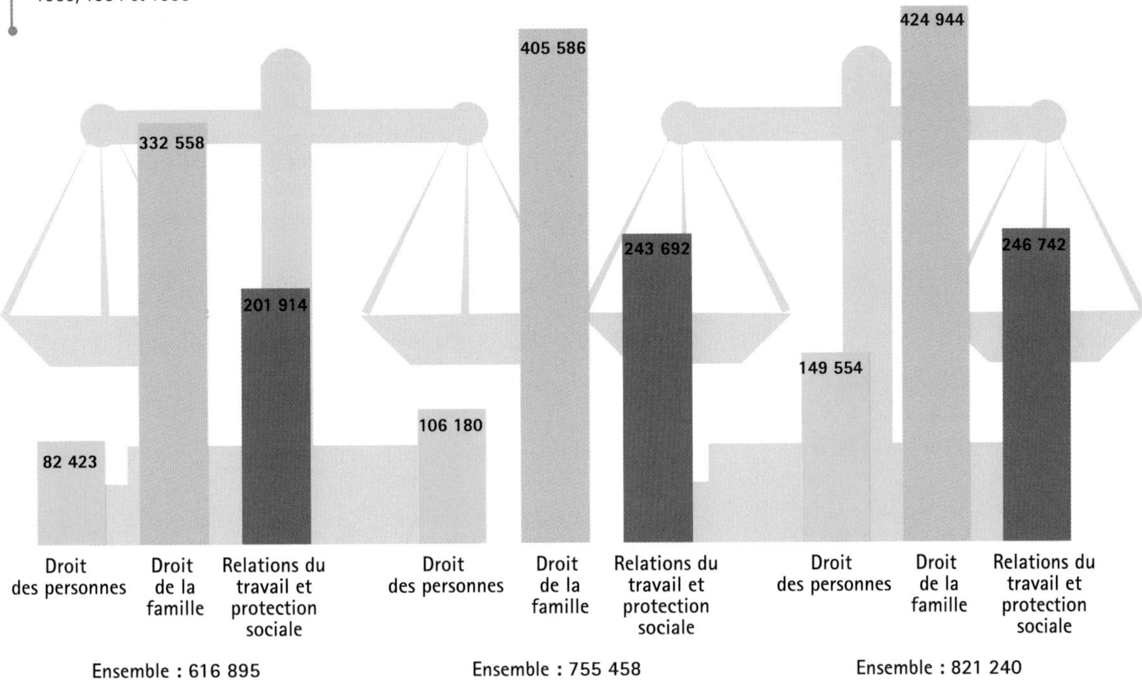

332 558
201 914
82 423
405 586
243 692
106 180
424 944
246 742
149 554
Droit des personnes
Droit de la famille
Relations du travail et protection sociale
Ensemble : 616 895
1989
Ensemble : 755 458
1994
Ensemble : 821 240
1999


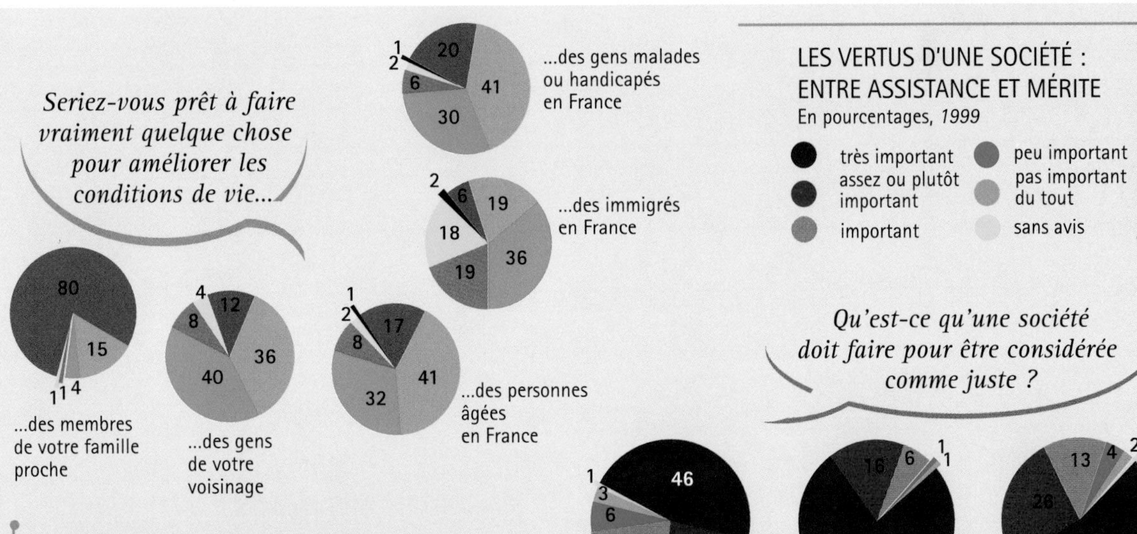

Seriez-vous prêt à faire vraiment quelque chose pour améliorer les conditions de vie...
80
15
1
1
4
...des membres de votre famille proche
4
12
8
36
40
...des gens de votre voisinage
1
2
17
8
41
32
...des personnes âgées en France
1
2
20
6
41
30
...des gens malades ou handicapés en France
2
6
19
18
36
19
...des immigrés en France


## « TOUS POUR UN, UN POUR TOUS » OU PRESQUE...

En pourcentages
*1999*

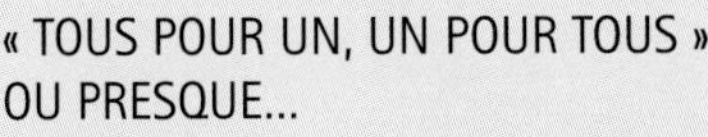

oui, certainement
oui, probablement
peut-être
probablement pas
certainement pas
sans avis


## LES VERTUS D'UNE SOCIÉTÉ : ENTRE ASSISTANCE ET MÉRITE

En pourcentages, *1999*

très important
assez ou plutôt important
important
peu important
pas important du tout
sans avis

*Qu'est-ce qu'une société doit faire pour être considérée comme juste ?*

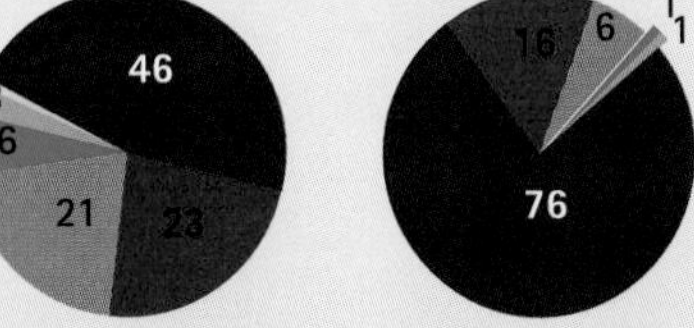

1
3
6
46
21
23


Éliminer les grandes inégalités de revenus entre citoyens

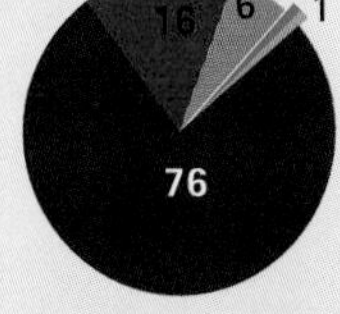

16
6
1
1
76


Garantir les besoins de base pour tous : nourriture, logement, habillement, éducation, santé

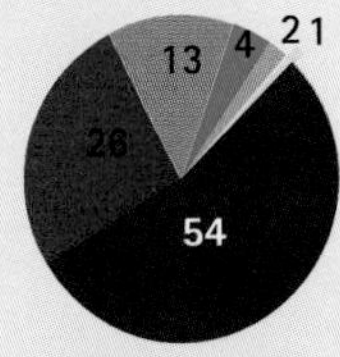

13
4
2
1
26
54


Reconnaître les gens selon leurs mérites

# TOUT N'EST PLUS PERMIS

En France, contrairement aux autres pays, il a fallu une nouvelle révolution, celle de Mai 68, pour faire entendre à la population que les valeurs et les mœurs étaient en train de changer, que dorénavant l'individu était le seul à juger de ce qui était bon pour lui et qu'il n'avait à se soumettre à aucune autorité hiérarchique.

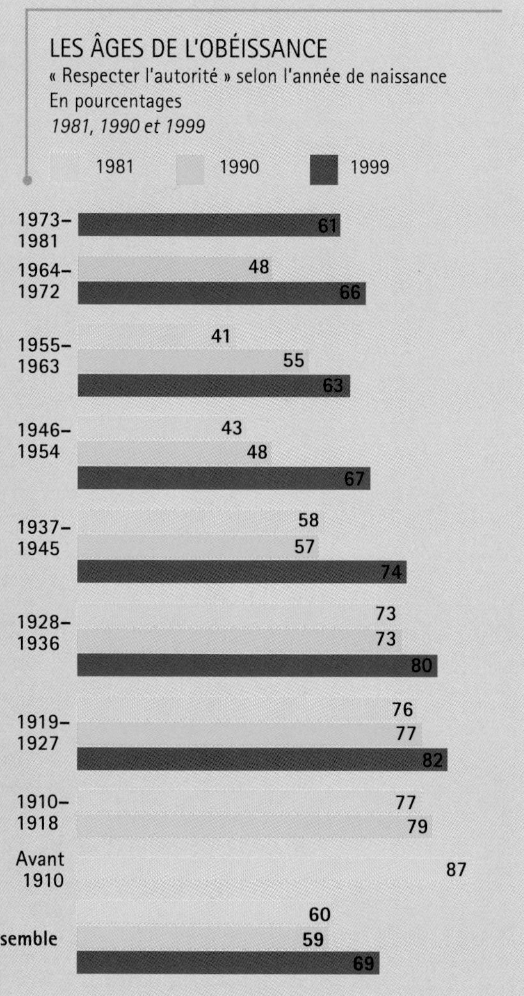
LES ÂGES DE L'OBÉISSANCE
« Respecter l'autorité » selon l'année de naissance
En pourcentages
1981, 1990 et 1999
1981
1990
1999
1973–1981
61
1964–1972
48
66
1955–1963
41
55
63
1946–1954
43
48
67
1937–1945
58
57
74
1928–1936
73
73
80
1919–1927
76
77
82
1910–1918
77
79
Avant 1910
87
Ensemble
60
59
69

Au fil des années, les valeurs traditionnelles déclinent doucement mais sûrement, dans le sens où chaque individu tend à se libérer des contraintes jugées infondées. Les jeunes bravent l'autorité des parents et des éducateurs, ils ont pris l'habitude de dire « non » ; les individus choisissent des groupes d'amis en dehors de leur milieu d'origine... Cet affaiblissement du respect de la norme sociale conduit à des comportements parfois néfastes, comme la délinquance ou le désordre public, et au développement de valeurs plus ou moins appréciées, diffusion de la pornographie, banalisation du cannabis, place des femmes dans la société, remise en cause du rôle des institutions (syndicats, armée, police, Église...).

Deux évolutions traduisent un changement récent : celle de la morale sexuelle et celle du rapport à la mort. Divorce, avortement ou homosexualité font désormais partie, dans les mentalités, d'une liberté de choix individuel, qui ne regarde que les intéressés, tout comme dans certains cas l'euthanasie, ou même le suicide ; ces comportements ne doivent plus désormais faire l'objet d'une condamnation morale. Dans les esprits, il ne s'agit pas là de s'affranchir de la norme sociale existante, mais ces actes sont considérés comme suffisamment douloureux pour ne pas les condamner. Le déclin de l'appartenance religieuse a sans doute favorisé ces nouvelles valeurs, de plus en plus centrées sur l'individu plutôt que sur la société.

La morale n'a pas disparu, bien au contraire ; mais, plutôt que prescrite, elle doit être le fruit des rapports interpersonnels. Parlerons-nous d'éthique ?

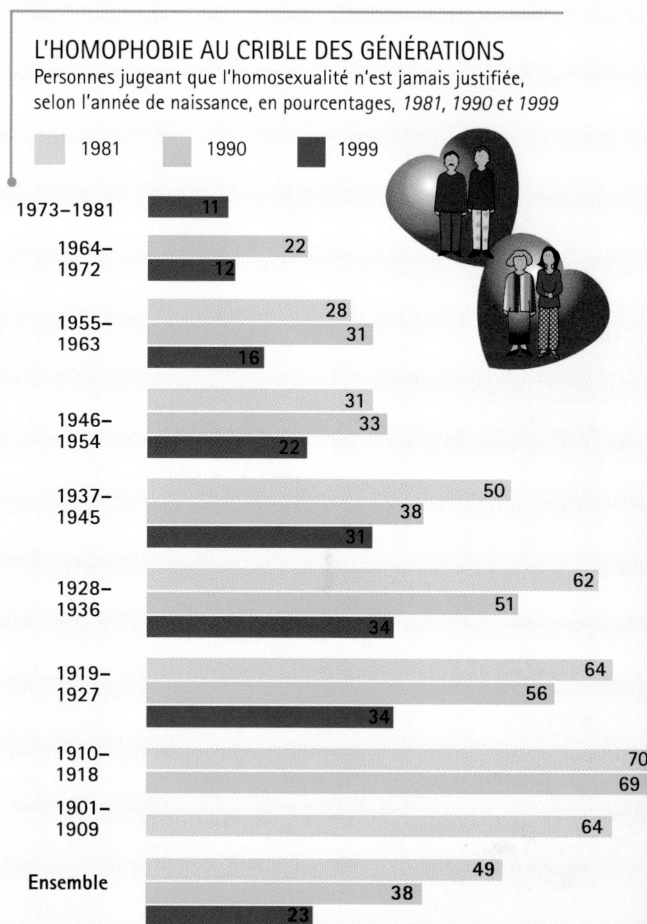
L'HOMOPHOBIE AU CRIBLE DES GÉNÉRATIONS
Personnes jugeant que l'homosexualité n'est jamais justifiée, selon l'année de naissance, en pourcentages, 1981, 1990 et 1999
1981
1990
1999
1973–1981
11
1964–1972
22
12
1955–1963
28
31
16
1946–1954
31
33
22
1937–1945
50
38
31
1928–1936
62
51
34
1919–1927
64
56
34
1910–1918
70
69
1901–1909
64
Ensemble
49
38
23

## DE LA CONDAMNATION À LA SENSIBILITÉ

Évolution des opinions de 1981 à 1999
En pourcentages

| | 1981 | 1990 | 1999 |
|---|---|---|---|
| Euthanasie « injustifiable » | 41 | 35 | 22 |
| Divorce « injustifiable » | 28 | 23 | 15 |
| Avortement « injustifiable » | 36 | 33 | 25 |
| Suicide « injustifiable » | 59 | 53 | 48 |

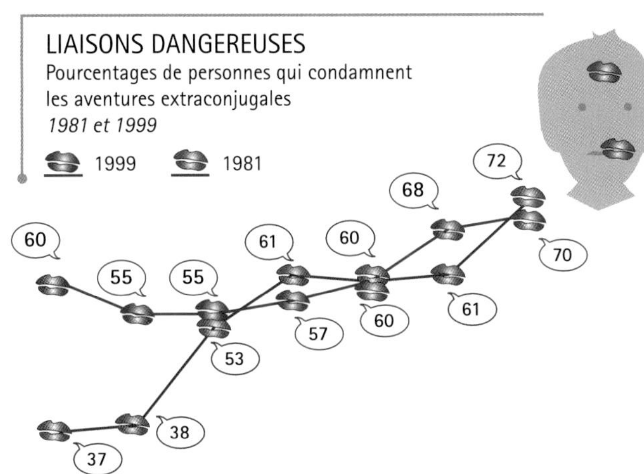
LIAISONS DANGEREUSES
Pourcentages de personnes qui condamnent
les aventures extraconjugales
*1981 et 1999*
1999
1981
60
55
55
61
60
68
72
70
61
60
57
53
38
37
18–26 ans
27–35 ans
36–44 ans
45–53 ans
54–62 ans
63–71 ans
Plus de 71 ans

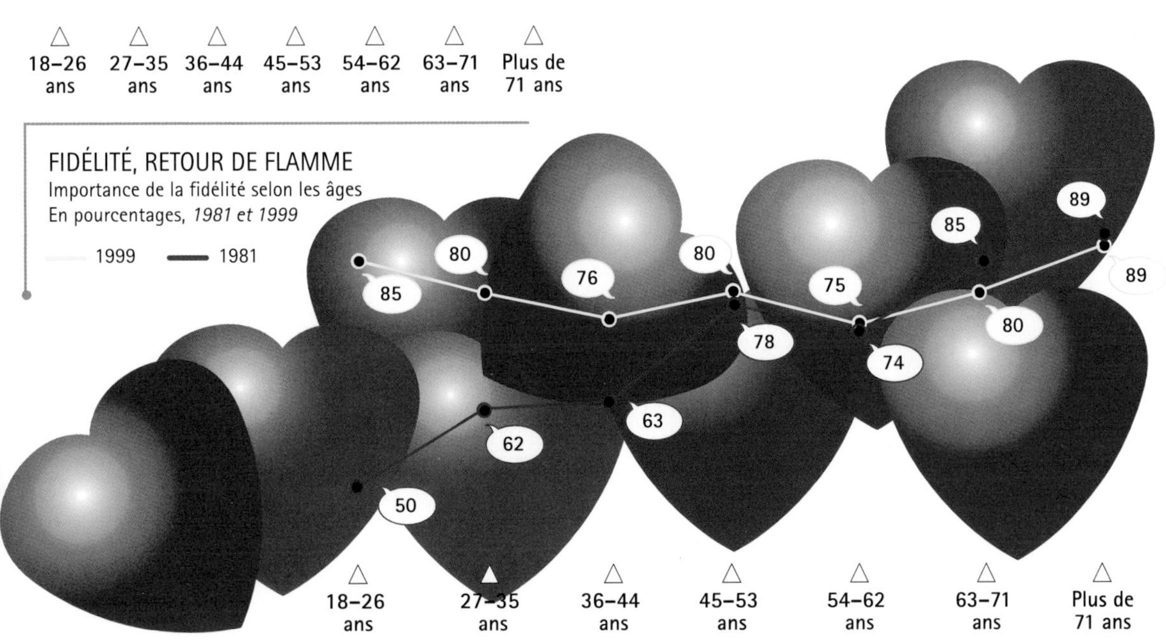
FIDÉLITÉ, RETOUR DE FLAMME
Importance de la fidélité selon les âges
En pourcentages, *1981 et 1999*
1999
1981
85
80
76
80
75
80
85
89
89
78
74
63
62
50
18–26 ans
27–35 ans
36–44 ans
45–53 ans
54–62 ans
63–71 ans
Plus de 71 ans

## Contre-révolution des mœurs

Dans les années récentes, les jeunes semblent renvoyer la balance du côté de la liberté vers le respect de l'ordre. En effet, les dernières enquêtes montrent que plus les générations sont récentes, plus elles invitent à respecter l'autorité et à faire des efforts de discipline. Dans le même sens, les jeunes ont une confiance élevée dans la police : ils réclament plus d'honnêteté dans les rapports financiers entre l'État et les citoyens et plus de sanctions pour tout manquement à ces règles.
Plus encore, en 1999, 85 % des 18-26 ans considèrent la fidélité conjugale comme importante et 60 % d'entre eux trouvent les aventures extraconjugales injustifiables.
Retour de l'autoritarisme ? Non. Pour les nouvelles générations, c'est l'image du juge et de l'éducateur qui représente l'autorité. Et le respect de l'autorité marque avant tout une acceptation de règles de vie commune et de principes pédagogiques. De même le retour de la valeur fidélité dans le couple marque le rejet de la permissivité à tout crin. Il ne s'agit donc pas d'une réaction des nouvelles générations à l'encontre du libéralisme culturel, mais plutôt une sensibilité plus grande apportée aux autres et en premier aux amis : l'art de bien se conduire avec les autres devient plus important que les compétences intellectuelles ou techniques ; les valeurs « relationnelles » deviennent primordiales.

# GRANDES ET PETITES PASSIONS

*Toutes nos passions reflètent les étoiles.*
Victor Hugo

Les chefs des grandes maisons royales ont donné à la cuisine française sa réputation internationale. Depuis Brillat-Savarin, cuisiner est un passe-temps national et la recherche de mets savants, de vins prestigieux et d'adresses gastronomiques sont des sujets de discussions souvent préférés à la politique ou aux idées philosophiques. Le guide Michelin et le Gault & Millau veillent au patrimoine culinaire français, comme le Centre national des arts culinaires.

## De la « grande bouffe » au « bio »

Le repas classique français est envié de tous les étrangers qui n'ont toujours pas compris comment une personne peut ingérer midi et soir une entrée ou un potage, une viande ou un poisson, grillés ou en sauce, accompagnés d'un légume, de la salade suivie de fromage ou d'un laitage et enfin un fruit ou un dessert sucré, le tout accompagné de pain et de vin. Ce menu-là est décliné selon les budgets dans tous les foyers, jusqu'aux années 1960. Aujourd'hui encore ce repas traditionnel est à l'honneur les jours de fêtes familiales ou amicales, il est même enrichi lors des cérémonies de mariage et autres banquets. Depuis la fin des années 1970, les mœurs alimentaires évoluent. Les industries agroalimentaires ont bien perçu la tendance : les jours ordinaires, il faut manger vite et à moindre prix ; des produits presque prêts et individualisés sont achetés une fois par semaine en grande surface ; en revanche, le week-end ou pendant les vacances, on essaye des recettes exotiques ou étrangères, on retrouve les « bons goûts du terroir » en faisant son marché.
La truffe pour les nantis, le saumon fumé accessible à tous, la valeur symbolique de l'alimentation continue aujourd'hui à distinguer des positions.
Les temps modernes ont inventé le prêt-à-consommer. Depuis 1994, les adultes, et surtout les jeunes, ont augmenté leur consommation de pizzas, viennoiseries ou sodas de 80-90 %. La restauration à l'anglo-saxonne – repas pris à l'extérieur, rapides, ou pris chez soi de façon destructurée (chacun se sert dans le réfrigérateur, à l'heure qui lui convient) – n'est pas tout à fait entrée dans les habitudes. Contrairement à ce que l'on pourrait penser, les Français ne sont pas friands du hamburger (celui-ci représente seulement 1 % de la quantité de nourriture absorbée par les 15-24 ans).
Le repas reste un temps privilégié : en province, quatre Français sur cinq rentrent déjeuner à la maison et le temps passé à table est stable. La préparation des repas est un moment fort de la vie de famille, particulièrement le week-end : tous les âges ont leur

NOCES DE TABLE
Menu du mariage de Jacques Duboys Fresney et Berthe Lemoine, le 11 avril 1904, à Saint-Servan (Ille-et-Vilaine)

*Potage Médicis*

*Truite du Lac Léman Sauce Mirabeau*

*Cimier de Renne à la Moscovite*
*Côtelettes à la Tsarine*
*Pintades à la Bragance*

*Spooms au Samos*

*Dinde de Bresse Truffée Périgourdine*
*Salade Printanière*

*Buissons d'Écrevisses de la Meuse*

*Petits Pois Nouveaux à la Sultane*

*Croustade Charvin*

*Pompadour aux Abricots*
*Bombe " Aiglon "*
*Gaufrettes*
*Corbeilles de Raisin, Fraises*
*Petits Fours*

L'ARTIMON, 11 AVRIL 1904

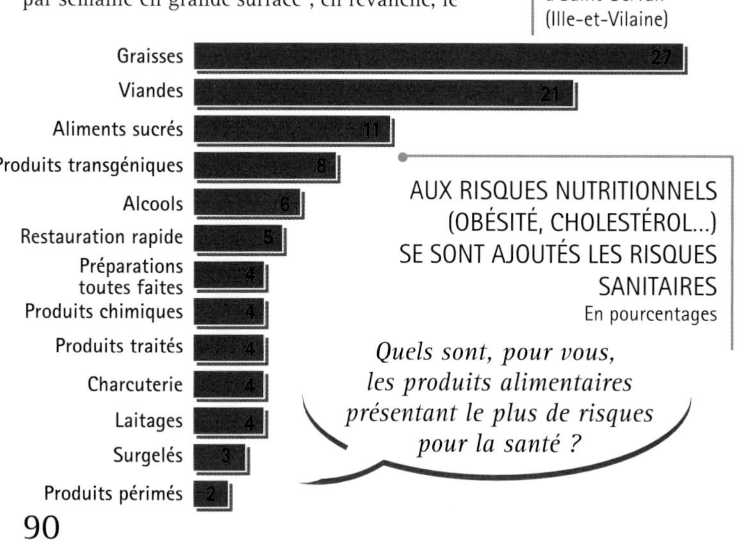

Graisses 27
Viandes 21
Aliments sucrés 11
Produits transgéniques 8
Alcools 6
Restauration rapide 5
Préparations toutes faites 4
Produits chimiques 4
Produits traités 4
Charcuterie 4
Laitages 4
Surgelés 3
Produits périmés 2
Quels sont, pour vous, les produits alimentaires présentant le plus de risques pour la santé ?


AUX RISQUES NUTRITIONNELS (OBÉSITÉ, CHOLESTÉROL...) SE SONT AJOUTÉS LES RISQUES SANITAIRES
En pourcentages

LE TOUR DE FRANCE EN 80 SPÉCIALITÉS

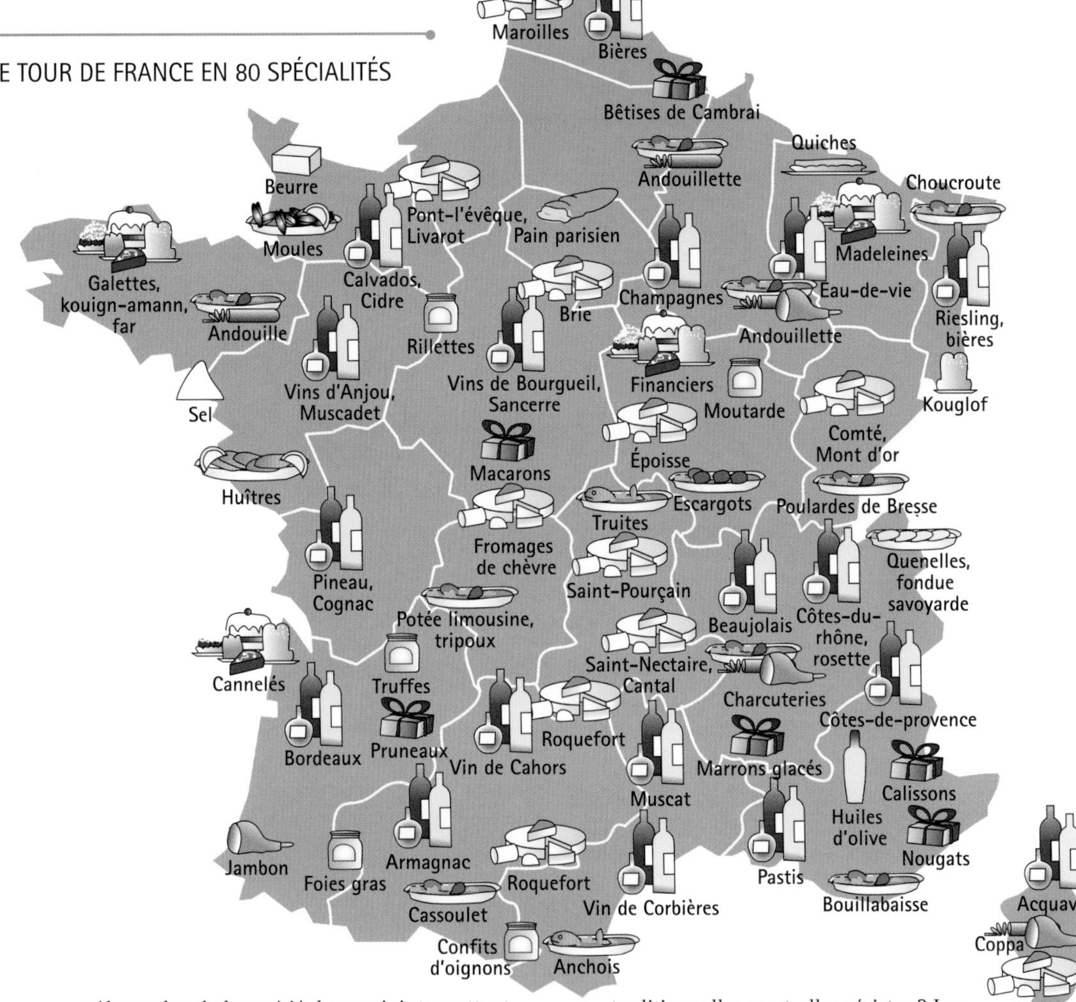

Maroilles
Bières
Bêtises de Cambrai
Quiches
Andouillette
Choucroute
Beurre
Pont-l'évêque,
Livarot
Pain parisien
Moules
Madeleines
Galettes,
kouign-amann,
far
Calvados,
Cidre
Champagnes
Eau-de-vie
Riesling,
bières
Brie
Andouille
Rillettes
Andouillette
Vins d'Anjou,
Muscadet
Vins de Bourgueil,
Sancerre
Financiers
Moutarde
Kouglof
Sel
Comté,
Mont d'or
Macarons
Époisse
Huîtres
Escargots
Poulardes de Bresse
Truites
Fromages
de chèvre
Quenelles,
fondue
savoyarde
Pineau,
Cognac
Saint-Pourçain
Beaujolais
Côtes-du-
rhône,
rosette
Potée limousine,
tripoux
Saint-Nectaire,
Cantal
Cannelés
Truffes
Charcuteries
Côtes-de-provence
Roquefort
Bordeaux
Pruneaux
Vin de Cahors
Marrons glacés
Muscat
Calissons
Huiles
d'olive
Nougats
Jambon
Foies gras
Armagnac
Roquefort
Pastis
Cassoulet
Vin de Corbières
Bouillabaisse
Acquavita
Confits
d'oignons
Anchois
Coppa
Brocciu


rôle et plus de la moitié des conjoints mettent la main à la pâte. La créativité culinaire est un moyen de s'exprimer et la cuisine est devenue une véritable pièce commune, conviviale, ne reléguant plus la mère de famille à ses casseroles.

## Entre gastronomie et diététique

Alimentation trop riche, trop abondante ou déséquilibrée, la médecine ne cesse d'alerter les Français qui sont de plus en plus enclins à surveiller leurs repas, leur forme physique et leur hygiène de vie. Il ne suffit pas d'avoir la « forme », il faut avoir la « ligne », impératif social pouvant devenir une obsession. Cette nouvelle tendance débouche sur la diffusion de modèles nutritionnels, dont certains craignent qu'ils mettent un terme à la gastronomie française. Ces modèles, conjugués aux problèmes récents de sécurité liés à certains modes d'élevage (vache folle) ou de culture (OGM), entraînent la progression des produits « bio » ou de produits diététiques, de régime, enrichis, dont les goûts restitués sont souvent critiquables.
Entre « Macdonaldisation » et écologie, les saveurs traditionnelles vont-elles résister ? Les exemples historiques d'instabilité des pratiques alimentaires sont nombreux : le foie gras du Sud-Ouest et le cassoulet doivent beaucoup aux pays d'outre-Atlantique d'où proviennent maïs, haricots et tomates, comme la pomme de terre dans le gratin dauphinois. De même, la Première guerre a fait connaître le camembert, le saucisson et la choucroute alsacienne dans toute la France, comme la guerre d'Algérie le couscous et le méchoui. Les moyens de transport et de conditionnement modernes ont permis la popularisation des produits exotiques.
Cette « mondialisation » des produits s'est traduite par une amélioration de l'état sanitaire de la population, mais certains dénoncent une uniformisation du goût. Il semble au contraire qu'à travers les salons, les magazines, la publicité, les marchés, les ventes sur Internet..., les régions et les localités s'enorgueillissent de leur spécialités culinaires et que ce sont les chefs français qui ouvrent des restaurants dans les grandes capitales mondiales. En matière de « bouffe », le patriotisme est bien vivant.

# Le corps a ses raisons

L'image d'Épinal montrant l'intellectuel, rat de bibliothèque, se prenant pour un philosophe des Lumières, ressentant le besoin de faire faire une promenade à son corps et déclarant « Je vais promener Médor », est aujourd'hui remplacée par un professeur jouant au tennis ou faisant son jogging. Les Français, toujours inquiets de leur santé, se sont emballés, ces dernières décennies, pour toutes sortes de thérapies du corps : cures, yoga, sophrologie...

Alors qu'au XIX$^{e}$ siècle, position sociale, beauté et santé sont associées à une certaine corpulence, aujourd'hui les normes sociales valorisent la minceur. Les Français essayent de se tenir à égale distance entre l'obésité et la maigreur : « Avoir une juste proportion d'embonpoint, ni trop, ni trop peu, est pour les femmes l'étude de toute une vie[1]. » Prendre trop d'embonpoint est banni pour des raisons à la fois esthétiques et médicales ; la graisse est parasitaire, seul le muscle est noble. Les lieux publics puis les foyers sont peu à peu peuplés de balances, les paquets des produits alimentaires arborent des tableaux précisant leur apport en calories... Nous sommes dans l'ère de la nutrition.

Tout être humain a besoin de « se sentir bien dans sa peau », pour cela une hygiène corporelle est nécessaire. Mais au-delà des soins primaires, une majorité de Français attache une importance considérable au corps, de façon plus ou moins discrète. Pour les plus nombreux d'entre eux, les « narcissiques », il constitue une vitrine ; les résultats de leur investissement en soins sont jugés dans le miroir/regard des autres ; une belle silhouette est l'une des clés de la réussite professionnelle, sociale, amicale et amoureuse ; la devise est donc « séduire à tout prix ». C'est un travail de longue haleine qui consiste à entretenir, nettoyer, masser, cacher les imperfections, mettre en valeur les atouts, rajeunir grâce au lifting, recourir à la liposuccion pour affiner sa silhouette, parfois même en arriver à la chirurgie plastique. À cette catégorie s'oppose celle des « ascètes » dont l'objectif est la performance physique ; ce sont de grands sportifs qui assignent à leur corps un idéal fonctionnel. Ils travaillent durement leur musculature jusqu'à devenir disgracieux, le corps subit des maltraitances qui peuvent être traumatisantes (grossir et maigrir rapidement, dopage) et le mettre en danger ; le corps est traité comme un produit de haute qualité et devient une préoccupation tyrannique.

## L'OBÉSITÉ CHEZ LES JEUNES HOMMES DE 17 À 25 ANS

Prévalence d'obésité (indice de masse corporelle supérieur ou égal à 25kg/m$^2$), en pourcentages, *1996*

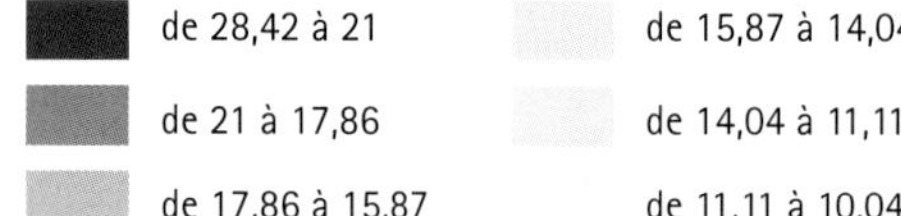
de 28,42 à 21
de 21 à 17,86
de 17,86 à 15,87
de 15,87 à 14,04
de 14,04 à 11,11
de 11,11 à 10,04

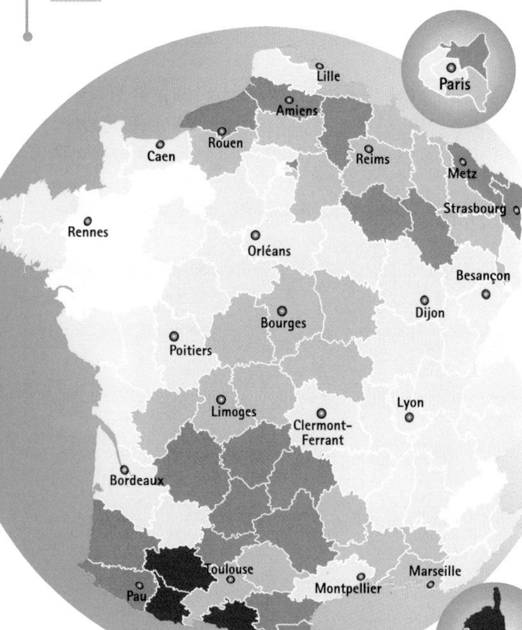
Paris
Lille
Amiens
Rouen
Caen
Reims
Metz
Strasbourg
Rennes
Orléans
Besançon
Dijon
Bourges
Poitiers
Limoges
Clermont-Ferrant
Lyon
Bordeaux
Toulouse
Montpellier
Marseille
Pau
Ajaccio

## ... les hommes aussi

Prendre soin de son corps a longtemps été l'apanage des femmes ; tandis que pour les hommes, se garder de ce genre de préoccupations était signe de virilité. Dans les années récentes, la représentation, dans la sphère privée comme dans la sphère publique, a pris une valeur quasi marchande ; les hommes, sans le dire, font attention à leur silhouette : produits de beauté et magazines spécialisés à l'intention de la gent masculine sont calqués sur ceux destinés aux femmes. Beaucoup d'hommes dissimulent leurs cheveux blancs ; les plus soucieux font appel à la chirurgie, et vieillissant, voient leur chevelure s'épaissir et leurs paupières rehaussées.

Hommes comme femmes ont en commun de vouloir rester jeune, de pouvoir séduire à tout âge, de viser les canons de la beauté, fût-ce de près ou de loin ; la tendance est à l'harmonie des sexes... !

1. C. Fischler, *L'Homnivore*, Paris, Odile Jacob, 1990.

## DES HOMMES SOUS SURVEILLANCE

Sondage SOFRES, *juillet 2000*

En pourcentages des hommes interrogés

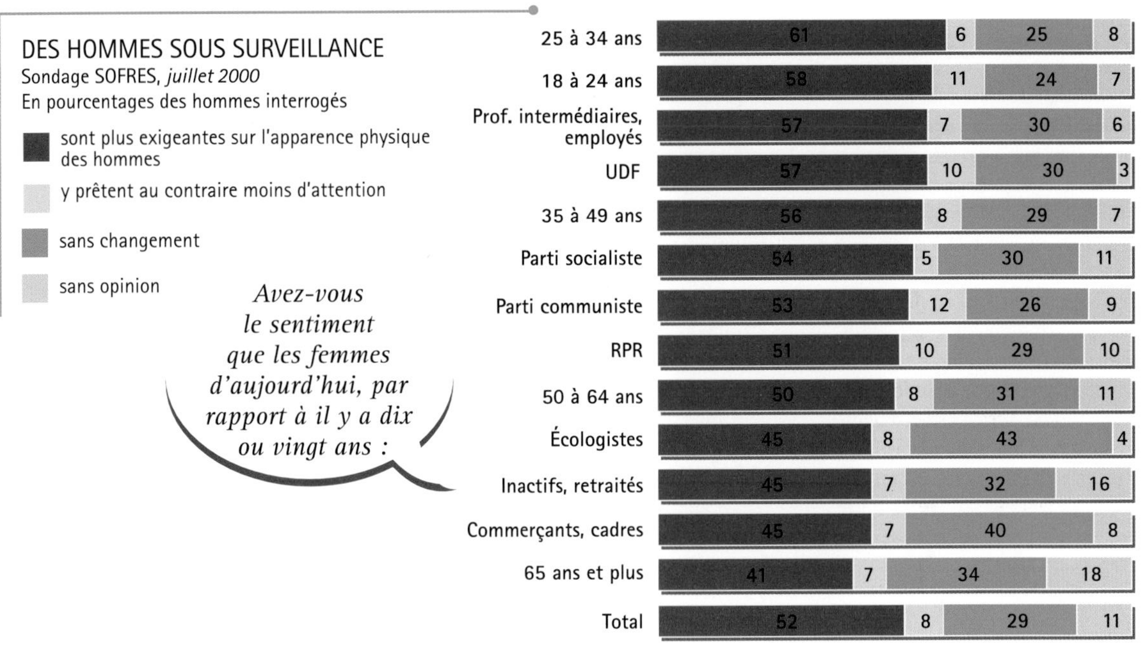

sont plus exigeantes sur l'apparence physique des hommes
y prêtent au contraire moins d'attention
sans changement
sans opinion
Avez-vous le sentiment que les femmes d'aujourd'hui, par rapport à il y a dix ou vingt ans :
25 à 34 ans 61 6 25 8
18 à 24 ans 58 11 24 7
Prof. intermédiaires, employés 57 7 30 6
UDF 57 10 30 3
35 à 49 ans 56 8 29 7
Parti socialiste 54 5 30 11
Parti communiste 53 12 26 9
RPR 51 10 29 10
50 à 64 ans 50 8 31 11
Écologistes 45 8 43 4
Inactifs, retraités 45 7 32 16
Commerçants, cadres 45 7 40 8
65 ans et plus 41 7 34 18
Total 52 8 29 11


## LA CHIRURGIE DE DEMAIN

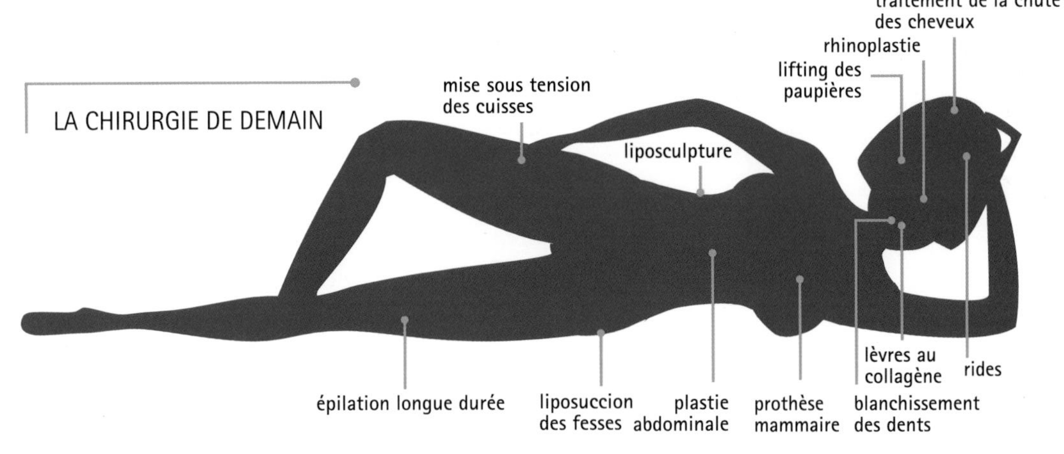

traitement de la chute des cheveux
rhinoplastie
lifting des paupières
mise sous tension des cuisses
liposculpture
lèvres au collagène
rides
épilation longue durée
liposuccion des fesses
plastie abdominale
prothèse mammaire
blanchissement des dents


## ON PREND DE PLUS EN PLUS SOIN DE SON CORPS

Évolution de la consommation effective des soins de beauté et d'entretien corporel

Indice de volume base 100 en 1995

*1991 à 1999*

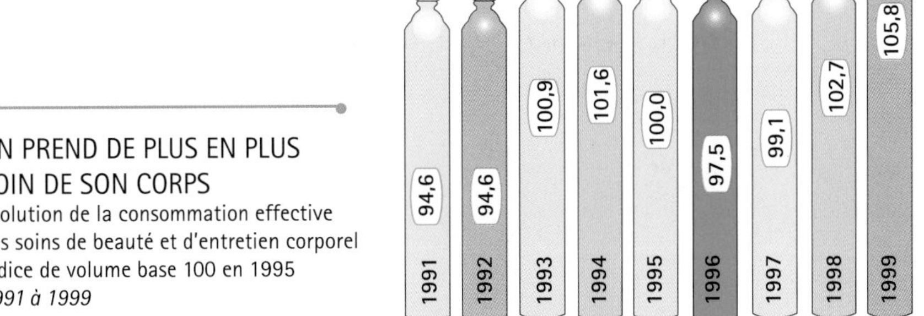

1991 94,6
1992 94,6
1993 100,9
1994 101,6
1995 100,0
1996 97,5
1997 99,1
1998 102,7
1999 105,8

# Le confort à la mode

Avant les années 1960, la façon de s'habiller traduisait le plus souvent une position sociale et la tenue vestimentaire était codifiée : ne pas « s'habiller » le dimanche, les jours de fête, pour aller à une réception ou au théâtre était faire offense à son entourage. Le vêtement d'apparat s'opposait au vêtement d'intérieur. Aujourd'hui, cette distinction a disparu, le guindé fait place au confort. Outre les conventions, les fonctions initiales des vêtements ne sont plus de mise. Le plus flagrant exemple en est le port du survêtement : initialement conçu pour les sportifs, il est aujourd'hui porté aussi bien chez soi, pour faire ses courses, aller au cinéma ou passer une après-midi chez des amis.
L'apparition du prêt-à-porter, avec des matériaux industriels moins coûteux, a mis la mode à la portée d'un plus grand nombre, faisant disparaître dans le même temps couturières et merceries. Les nouveaux créateurs tendent, à l'opposé des classiques du luxe habillant les familles bourgeoises (Dior, Balmain, Saint-Laurent...), à libérer le corps, qui ne doit plus être engoncé dans des matières rigides, des faux semblants d'apparat ou des accessoires luxueux. La « disparition du guindé[1] » atténue l'influence de la haute-couture. Dans les années 1970, une nouvelle bourgeoisie (publicistes, journalistes, métiers de la culture...) entend ainsi se distinguer de l'ancienne (professions libérales, gros commerçants...) en portant des vêtements qui ne correspondent en rien à l'esthétique classique.

Aujourd'hui, les moyens de fabrication et de distribution s'organisent autour de cette volonté de se démarquer. Le créateur n'est plus à l'origine de la commercialisation, comme c'est le cas pour la haute-couture. Les distributeurs et producteurs, très informés des attentes de leurs clients, créent leur propre enseigne et font appel à des créateurs qui exécutent. Les séries sont limitées et la publicité discrète. Les points de vente sont rassemblés dans des rues prestigieuses ou des centres commerciaux de luxe, permettant à l'acheteur de trouver à la fois

1. N. Herpin, D. Verger, *La Consommation des Français*, Paris, La Découverte, 2000.

LES JEUNES ET LES EMPLOYÉS DÉPENSENT LE PLUS POUR L'HABILLEMENT
Achats vestimentaires en pourcentages du budget des ménages, *1995*

Moins de 25 ans 6,2
de 35 à 44 ans 5,3
de 25 à 34 ans 5,2
de 45 à 54 ans 5,1
de 55 à 64 ans 4,5
de 65 à 74 ans 3,7
Plus de 75 ans 3,5
Employés 5,5
Professions intermédiaires 5,3
Cadres, professions libérales 5,2
Exploitants agricoles 5,2
Artisans, commerçants 5,0
Ouvriers 4,9
Retraités 3,9
Les femmes dépensent en moyenne 44 % de plus que les hommes.
LES FEMMES ET LES BÉBÉS D'ABORD !
Dépenses d'habillement par tête, 1999
536,5 €
374 €
324 €
526 €
Femme
Homme
Enfant
Layette

### L'ASCENSION DU PANTALON CHEZ LES FEMMES

Consommation en millions de pièces
*1996 à 1999*

pantalon — robe — jean — jupe

pantalon : 23 (1996), 27 (1997), 34 (1998), 38 (1999)
jupe : 29 (1996), 29 (1997), 28 (1998), 27 (1999)
robe : 21 (1996), 20 (1997), 22 (1998), 22 (1999)
jean : 18 (1996), 17 (1997), 17 (1998), 15 (1999)

1996 1997 1998 1999

vêtements, chaussures et accessoires qu'il assemblera au gré de son imagination, à l'image des souks du Moyen-Orient. La clientèle exigeante et dépensière rassemble les catégories très aisées (dirigeants ou professionnels du conseil ou de l'expertise...). Quant aux sportifs, ils dépensent deux fois plus que les autres pour l'habillement, et ce quel que soit leur niveau de revenus.

## L'habit ne fait plus le moine

À l'opposé, la mode « bas de gamme » se fait à grand renfort de publicité par les grandes surfaces qui doivent « liquider » leurs lots à chaque fin de saison. Les vêtements sont jugés sur leur usage à une saison donnée, les matières sont faciles d'emploi et moins chères, si bien qu'une grande majorité des ménages dépense moins qu'auparavant pour l'habillement tout en renouvelant régulièrement sa garde-robe. Les produits peuvent être confortables et attrayants et se diffuser au-delà des catégories modestes.
Tous les âges empruntent la « silhouette jeune », les tee-shirts ou polos remplacent les chemises, les baskets les chaussures de cuir, la mini-jupe la robe, le pull-over la veste, le sac à dos les sacs à main en cuir...

De plus en plus de ménages mélangent haut de gamme et bas de gamme, esquivant ainsi les repères sociaux liés à la tenue vestimentaire... sauf pour les fins connaisseurs.

### L'ASIE, NOTAMMENT LA CHINE, HABILLE L'OCCIDENT

Habillement : les grands flux commerciaux
En milliards de dollars, *1998–1999*

commerce intérieur
+ 1 %
taux de croissance
à l'intérieur des zones
commerce extérieur

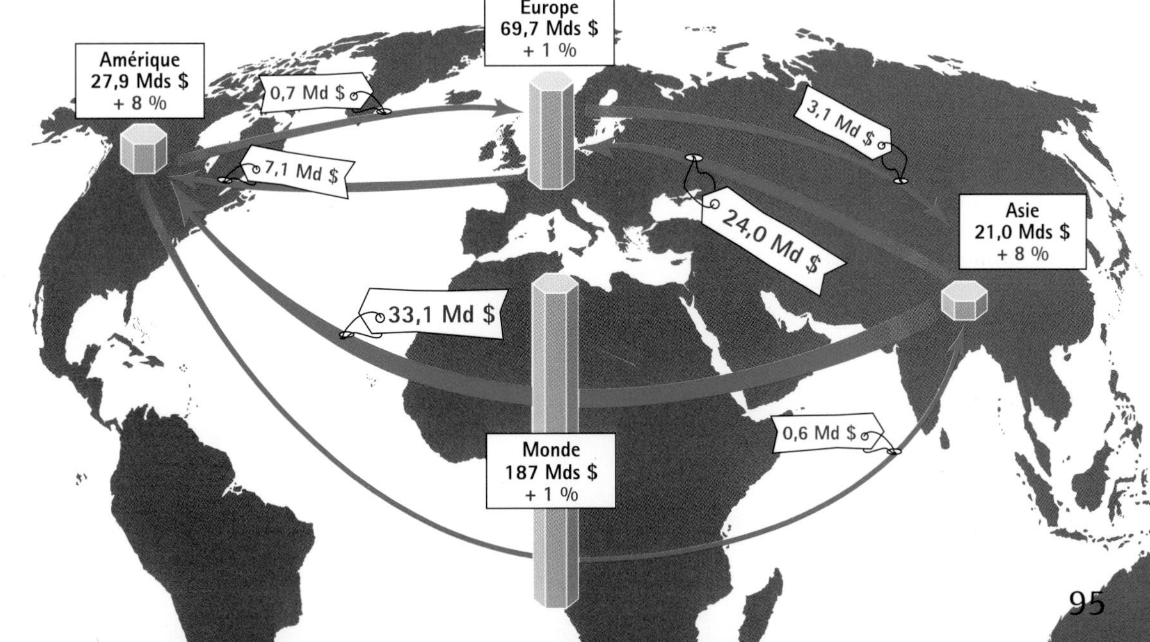
Europe
69,7 Mds $
+ 1 %
Amérique
27,9 Mds $
+ 8 %
0,7 Md $
7,1 Md $
3,1 Md $
24,0 Md $
Asie
21,0 Mds $
+ 8 %
33,1 Md $
0,6 Md $
Monde
187 Mds $
+ 1 %

# AU PAYS DES GAULOIS, LES SPORTIFS SONT ROIS

Initialement pratiqué comme une distraction ou un complément d'éducation, le sport change de nature et attire de nouveaux publics. Jusqu'au milieu du XXe siècle, le sportif adhère à une association multisports, rassemblant des membres liés par leurs affinités ou leurs convictions (cercle sélect, mouvement sportif catholique, fédération du sport ouvrier ou groupement féminin). Aujourd'hui, le sport est devenu une passion pour une très grande majorité de Français ; les médias attisent continuellement la fibre émotionnelle de ces passionnés, en incitant à soutenir une équipe contre l'autre, orchestrant les moments de trouble, d'incertitude, provoquant compassion ou enthousiasme (le journal *L'Équipe* fait partie des dix quotidiens les plus diffusés).

Les amateurs de sport, tout en étant très nombreux, ne forment pas un groupe ; ils se répartissent dans de multiples disciplines, ayant chacune sa particularité sociale. En revanche, ils ont une doctrine commune : mener une vie saine à travers l'expérience d'un sport.

Deux tendances caractérisent l'évolution du sport en France : la massification (83 % des 15-75 ans déclarent avoir pratiqué un sport dans l'année et 48 % au moins une fois par semaine) et la spécialisation des pratiques (des sports nouveaux ne cessent de naître, sports de glisse, roller ou vol libre par exemple). Toujours plus nombreuses, les femmes sont toutefois encore minoritaires par rapport aux hommes. Enfin, les pratiques commencent de plus en plus tôt grâce à l'école, et il est recommandé de continuer lorsqu'on est relativement âgé.

La distribution sociale des pratiquants est souvent le produit de l'histoire. De nombreuses associations ont initialement rassemblé un groupe d'amis goûtant la chaleur d'une petite cellule : ici de grands bourgeois jouant au tennis dans un club privé, là des ouvriers pratiquant la boxe ou le ring, là encore des instituteurs fanatiques de canoë. Si le groupe initial est « ouvert », il permet à d'autres d'accéder à la pratique : tel fut le cas du football, au début du XXe siècle, auquel jouent des écoliers de la bourgeoisie qui admettent ouvriers et employés ; il en est de même du cyclisme et de l'athlétisme. En revanche, la pratique du tennis et du ski ne se diffuse guère en deçà des classes moyennes.

On distingue trois sortes de sportifs. Les « touristes », majoritairement représentés par les ménages formés d'un couple de salariés de classe moyenne avec enfants, envisagent le sport comme un loisir, multiplient les disciplines ou associent sport, vacances et culture (descente de la Loire en canoë-kayak et visite de ses châteaux). À l'opposé, les « compétiteurs » veulent atteindre le niveau de compétition international, sacrifient tout à une pratique intense, se spécialisent à l'extrême jusqu'à changer de morphologie (le dopage y aidant, surtout depuis les années 1960). Entre ces deux catégories, les « puristes », de très bon niveau, associent l'exploit et l'aventure, sont très sélectifs dans le choix de leurs compagnons, et fuient les sites trop fréquentés. Certains préfèrent pratiquer en solitaire la traversée du Vercors, par exemple. Les plus audacieux d'entre

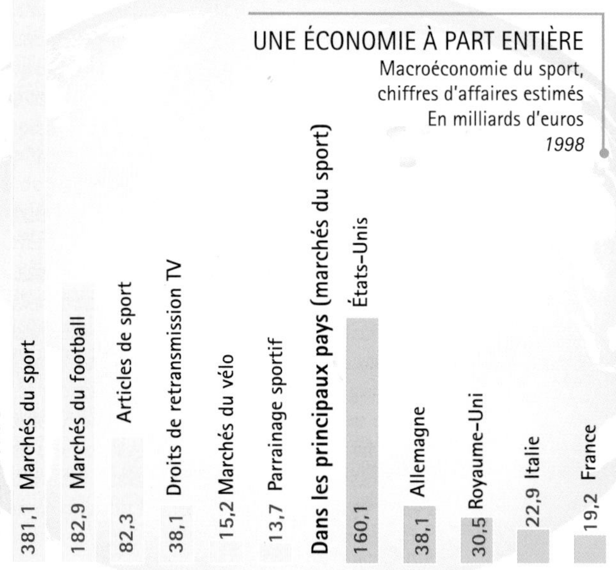

UNE ÉCONOMIE À PART ENTIÈRE
Macroéconomie du sport, chiffres d'affaires estimés
En milliards d'euros
1998
Dans le monde
381,1 Marchés du sport
182,9 Marchés du football
82,3 Articles de sport
38,1 Droits de retransmission TV
15,2 Marchés du vélo
13,7 Parrainage sportif
Dans les principaux pays (marchés du sport)
160,1 États-Unis
38,1 Allemagne
30,5 Royaume-Uni
22,9 Italie
19,2 France


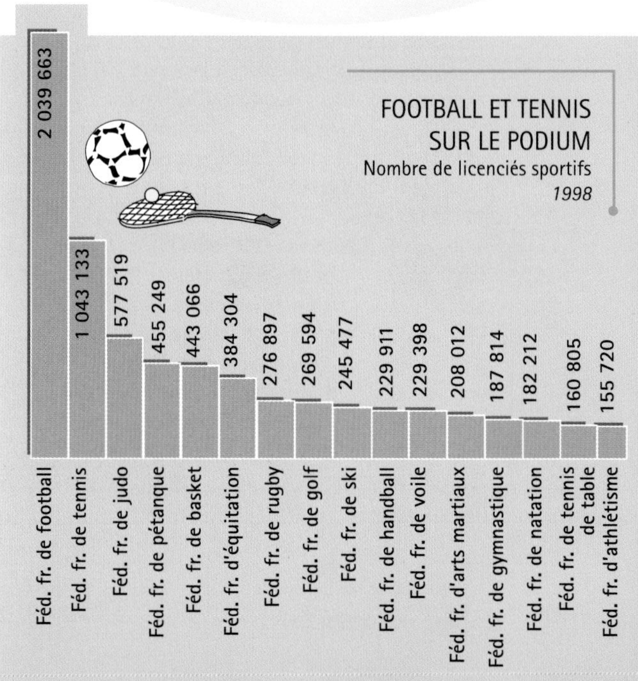

FOOTBALL ET TENNIS SUR LE PODIUM
Nombre de licenciés sportifs
1998
2 039 663 Féd. fr. de football
1 043 133 Féd. fr. de tennis
577 519 Féd. fr. de judo
455 249 Féd. fr. de pétanque
443 066 Féd. fr. de basket
384 304 Féd. fr. d'équitation
276 897 Féd. fr. de rugby
269 594 Féd. fr. de golf
245 477 Féd. fr. de ski
229 911 Féd. fr. de handball
229 398 Féd. fr. de voile
208 012 Féd. fr. d'arts martiaux
187 814 Féd. fr. de gymnastique
182 212 Féd. fr. de natation
160 805 Féd. fr. de tennis de table
155 720 Féd. fr. d'athlétisme

## SPORT AU FÉMININ, SPORT AU MASCULIN

Population âgée de 15 à 75 ans
Effectifs de pratiquants, en milliers
*juillet 2000*

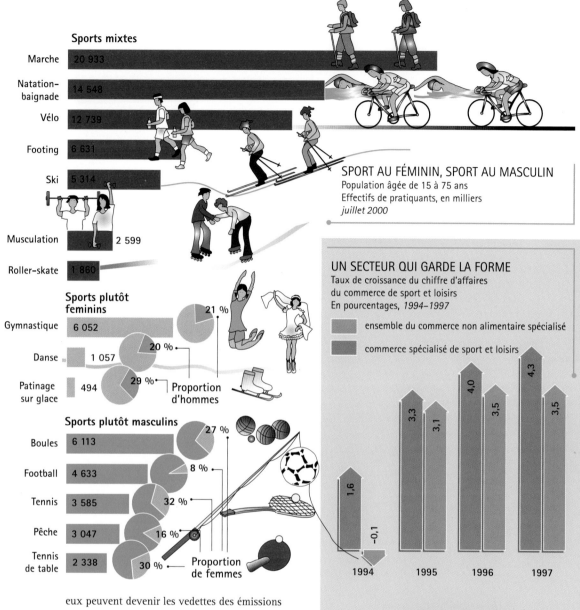

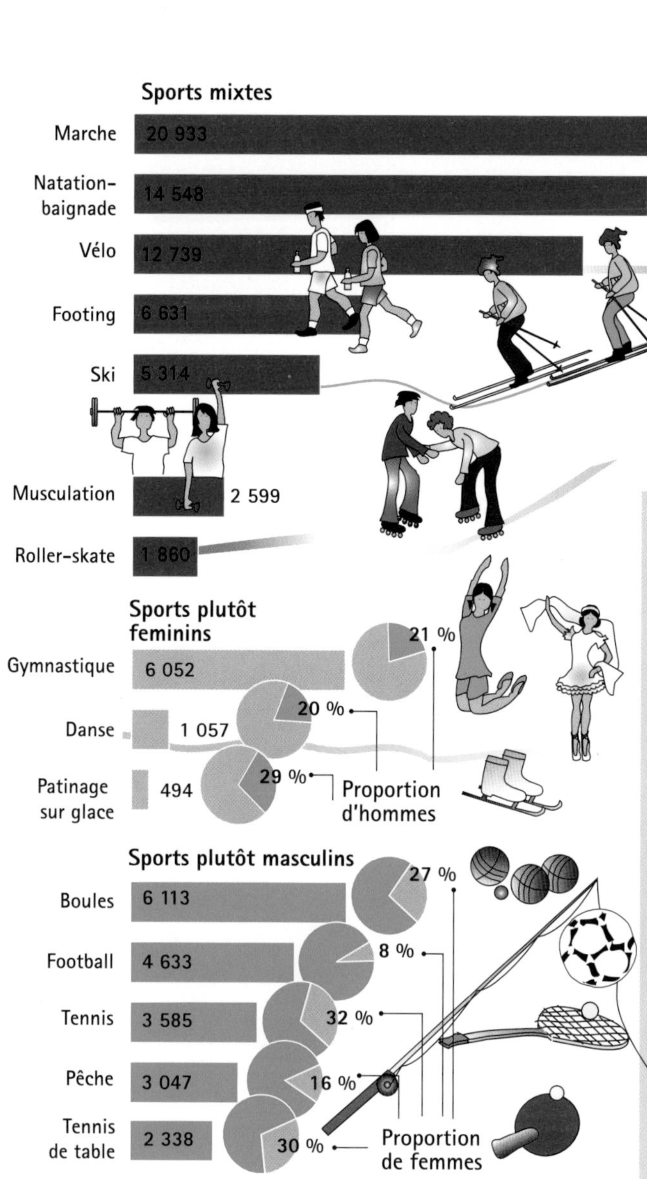

**Sports mixtes**

| Sport | Effectifs |
|---|---|
| Marche | 20 933 |
| Natation-baignade | 14 548 |
| Vélo | 12 739 |
| Footing | 6 631 |
| Ski | 5 314 |
| Musculation | 2 599 |
| Roller-skate | 1 860 |

**Sports plutôt feminins**

| Sport | Effectifs | Proportion d'hommes |
|---|---|---|
| Gymnastique | 6 052 | 21 % |
| Danse | 1 057 | 20 % |
| Patinage sur glace | 494 | 29 % |

**Sports plutôt masculins**

| Sport | Effectifs | Proportion de femmes |
|---|---|---|
| Boules | 6 113 | 27 % |
| Football | 4 633 | 8 % |
| Tennis | 3 585 | 32 % |
| Pêche | 3 047 | 16 % |
| Tennis de table | 2 338 | 30 % |

## UN SECTEUR QUI GARDE LA FORME

Taux de croissance du chiffre d'affaires
du commerce de sport et loisirs
En pourcentages, *1994–1997*

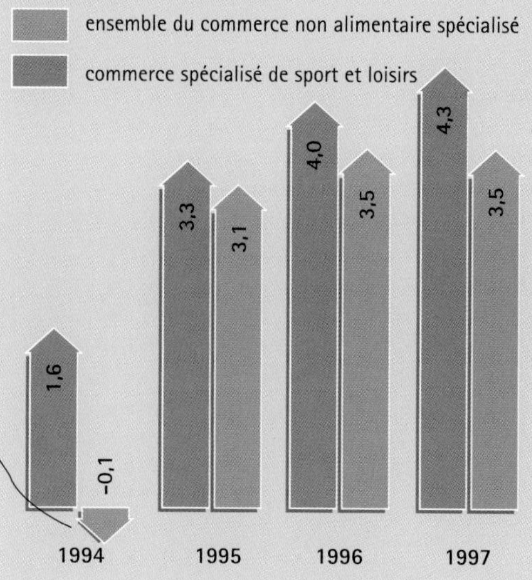

| | ensemble du commerce non alimentaire spécialisé | commerce spécialisé de sport et loisirs |
|---|---|---|
| 1994 | 1,6 | -0,1 |
| 1995 | 3,3 | 3,1 |
| 1996 | 4,0 | 3,5 |
| 1997 | 4,3 | 3,5 |

eux peuvent devenir les vedettes des émissions comme *Ushuaia* ou *Thalassa*[1].
Le champion sportif est toujours un modèle pour l'adolescent en phase de construction identitaire (le sport étant un élément parmi d'autres de ce processus) ; il est aussi un espoir pour les jeunes de milieux défavorisés, en particulier les enfants issus de l'immigration. Enfin, le monde sportif, les journalistes et les hommes politiques s'accordent à dire que le sport est un puissant moyen de redonner un sens à la vie de jeunes en difficulté. Le sport est aussi fédérateur – le temps d'une compétition le plus souvent ; sans distinction de milieux, beaucoup de jeunes garçons, parisiens, banlieusards ou provinciaux, ont revêtu le style Michael Jordan et le sweat-shirt à l'effigie du coq gaulois.

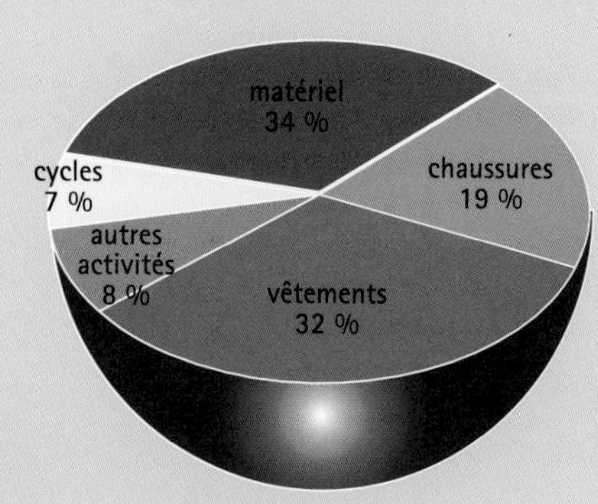
matériel
34 %
chaussures
19 %
cycles
7 %
autres
activités
8 %
vêtements
32 %

Structure du chiffre d'affaires
des magasins d'articles de sport, *1996*

1. C. Pociello, *Les Cultures sportives*, Paris, PUF, 1999.

# UNE FOI DE JARDINIER

Après avoir construit leur maison ou rénové une ruine, les Français retournent au jardin : manuels pratiques, guides, revues spécialisées, journées d'échanges de plantes, de visites, création de festivals, ouverture au public de jardins privés, associations de sauvegarde d'espèces végétales sont les symptômes de la renaissance de l'art des jardins. Le début des années 1980 marque ce tournant : le Château de Courson réunit des passionnés, qui aujourd'hui se comptent par milliers, à cette période on crée la notion de *jardin historique* (monument vivant), enfin un concours international est lancé pour créer un vaste parc public à Paris (La Villette), redonnant à cette discipline la place qu'elle avait au temps des Lumières.
Jardins privés comme jardins publics rivalisent en recherche de plantes rares ou exotiques, d'esthétique et de mise en perspective ; c'en est fini des sempiternelles plates-bandes plantées de cannas au sommet, de bégonias rouges au milieu et d'œillets d'Inde jaunes à la base, qu'arboraient toutes les sous-préfectures de France.

Pour tout jardinier, en herbe ou averti, jardiner est bien plus qu'un loisir. Tondre son gazon, toucher la terre, tailler, goûter ses fruits relèvent d'un besoin de nature plus aigu que jamais. Dans le mode de vie contemporain, urbain, motorisé, bousculé par les progrès des biotechnologies, du virtuel à l'échelle planétaire, le jardin (à l'origine associé au paradis) est l'expression privilégiée du sens du lieu, de la durée ; gardien de la mémoire, il permet de chercher ses racines, de s'évader du réel, de montrer sa puissance ou bien sa différence, enfin il répond au besoin d'intimité et de liberté.
Le *jardin de plaisir* ou jardin d'agrément est le plus répandu aujourd'hui chez les particuliers. Il a pris ses distances vis-à-vis du verger et du potager, même dans les milieux populaires où l'on distingue le « jardin de devant » (vitrine du pavillon, ouvert, cultivé selon les normes, il en va de sa réputation) et le « jardin de derrière » (souvent clos, soit alimentaire, soit lieu intime de vie où les extravagances sont permises, jardin sentimental).

*229 euros est le montant du budget annuel moyen des ménages consacré au jardinage. 5,2 milliards d'euros est le chiffre d'affaires du secteur jardinage, en augmentation de 30 % depuis 10 ans (3,31 % en 1999).*

Depuis peu, on voit fleurir des potagers qui deviennent eux-mêmes des jardins de plaisir. Les jardins ouvriers, petits lopins, alignés en bordure des cités, et les jardins des ruraux âgés, tous deux en voie de disparition, mêlent toujours poireaux et dahlias.
« Le jardinage relève encore d'un acte de gratification personnelle dans lequel, comme pour les autres formes d'art, l'artiste extériorise son imagination par des moyens qui lui sont propres et met de lui-même dans son œuvre. Il pourrait bien être une forme d'artisanat d'art, au moment où disparaissent les petits métiers manuels[1]. »

1. S. Nail, dans H. Brunon (dir.), *Le Jardin, notre double*, Paris, Autrement, 1999.

LES FLEURS PRÉFÉRÉES DES FRANÇAIS
En pourcentage du nombre d'achats

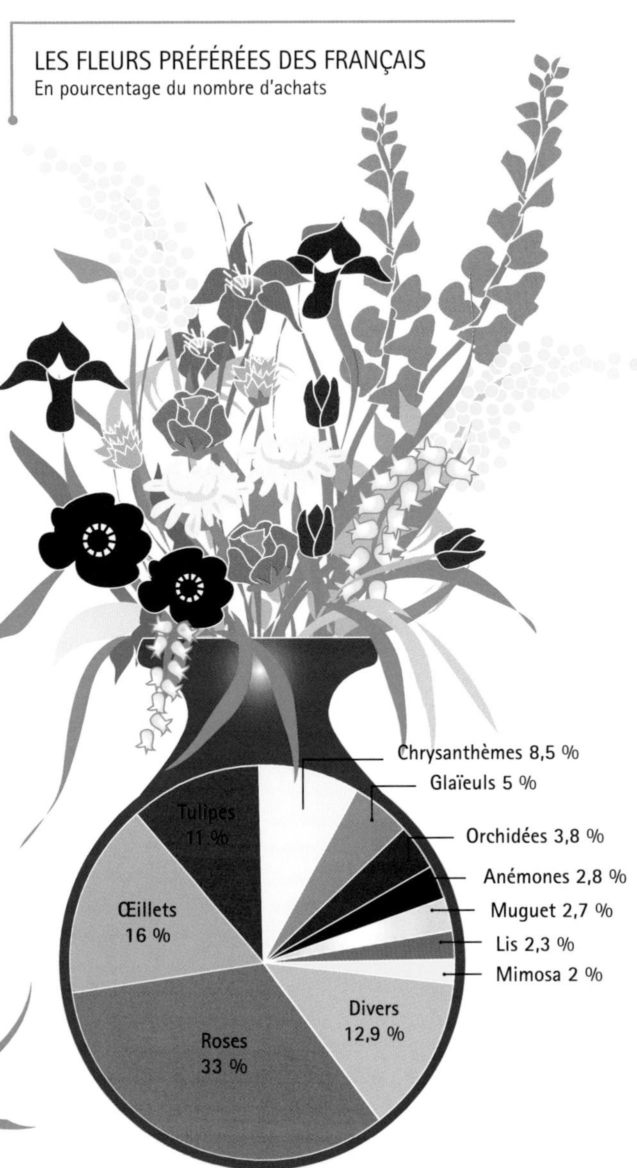
Chrysanthèmes 8,5 %
Glaïeuls 5 %
Orchidées 3,8 %
Anémones 2,8 %
Muguet 2,7 %
Lis 2,3 %
Mimosa 2 %
Tulipes 11 %
Œillets 16 %
Roses 33 %
Divers 12,9 %

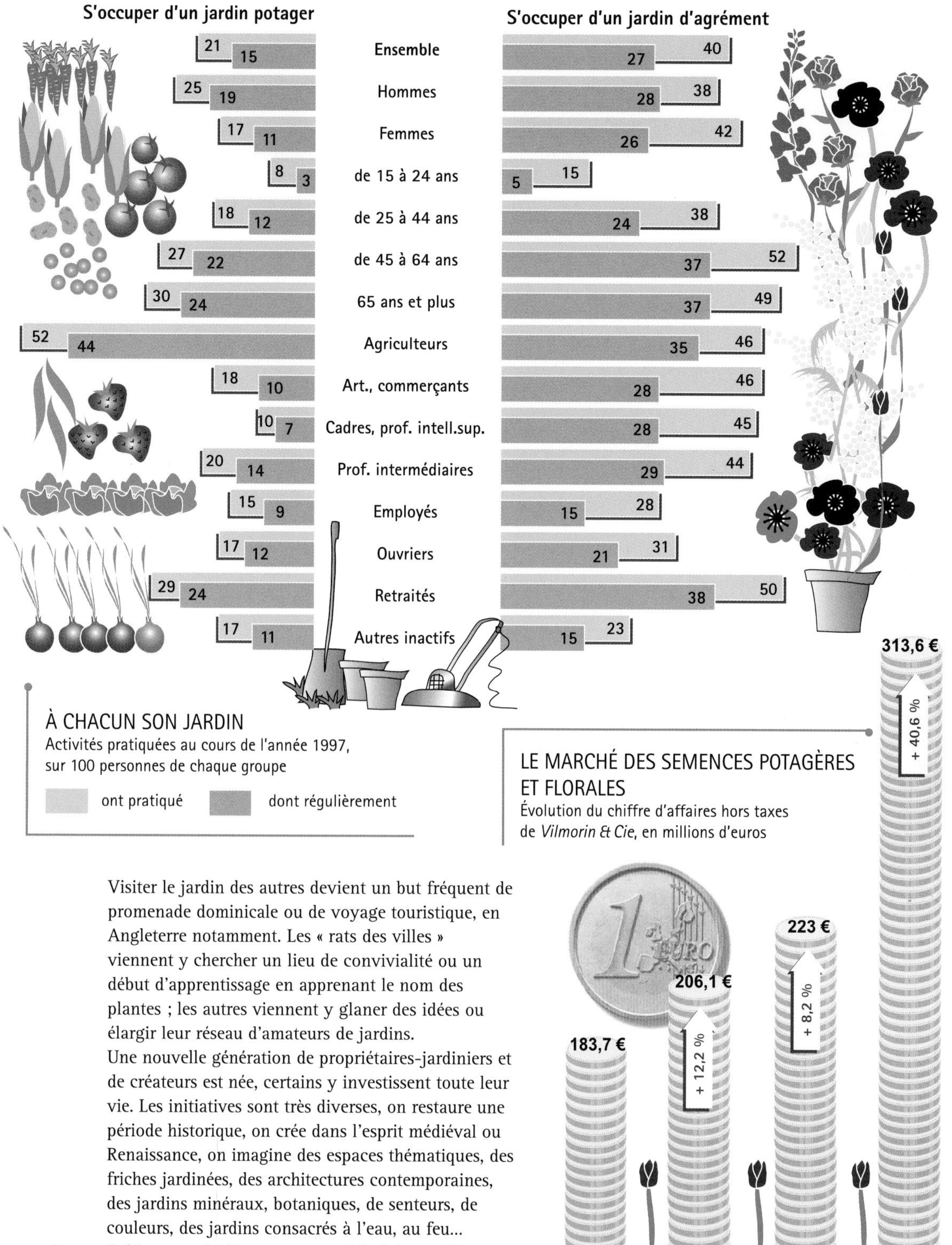
S'occuper d'un jardin potager
S'occuper d'un jardin d'agrément
Ensemble
21 15
27 40
Hommes
25 19
28 38
Femmes
17 11
26 42
de 15 à 24 ans
8 3
5 15
de 25 à 44 ans
18 12
24 38
de 45 à 64 ans
27 22
37 52
65 ans et plus
30 24
37 49
Agriculteurs
52 44
35 46
Art., commerçants
18 10
28 46
Cadres, prof. intell.sup.
10 7
28 45
Prof. intermédiaires
20 14
29 44
Employés
15 9
15 28
Ouvriers
17 12
21 31
Retraités
29 24
38 50
Autres inactifs
17 11
15 23
ont pratiqué
dont régulièrement
183,7 €
206,1 €
+ 12,2 %
223 €
+ 8,2 %
313,6 €
+ 40,6 %
1993–1994
1994–1995
1995–1996
1996–1997

À CHACUN SON JARDIN
Activités pratiquées au cours de l'année 1997, sur 100 personnes de chaque groupe

LE MARCHÉ DES SEMENCES POTAGÈRES ET FLORALES
Évolution du chiffre d'affaires hors taxes de *Vilmorin & Cie*, en millions d'euros

Visiter le jardin des autres devient un but fréquent de promenade dominicale ou de voyage touristique, en Angleterre notamment. Les « rats des villes » viennent y chercher un lieu de convivialité ou un début d'apprentissage en apprenant le nom des plantes ; les autres viennent y glaner des idées ou élargir leur réseau d'amateurs de jardins.
Une nouvelle génération de propriétaires-jardiniers et de créateurs est née, certains y investissent toute leur vie. Les initiatives sont très diverses, on restaure une période historique, on crée dans l'esprit médiéval ou Renaissance, on imagine des espaces thématiques, des friches jardinées, des architectures contemporaines, des jardins minéraux, botaniques, de senteurs, de couleurs, des jardins consacrés à l'eau, au feu...
Cultiver son jardin est un geste à la fois social et personnel où s'exercent passion, plaisir, fierté, émotion esthétique et où s'opposent à chaque saison le sauvage et le domestique, l'utile et l'agréable, le propre et le sale. Au jardinier de montrer qui des deux est le maître : lui ou la nature, qui tente sans relâche de reprendre ses droits.

# Qui va à la chasse...

Passer son dimanche à la chasse est l'activité de Français vivant aussi bien en milieu rural que de citadins aimant partager une partie de campagne. Le groupe de chasseurs réunis au coin du feu, un verre à la main, commentant le tableau du jour comme une épopée, est une image connue. Pendant longtemps l'apprentissage de la chasse a été un rite de passage de l'enfance au monde des adultes, comme l'a si bien décrit Marcel Pagnol dans *La Gloire de mon père.*
Qu'elle soit privée ou communale, la chasse est depuis toujours un élément de rassemblement et de convivialité des membres d'une commune ou d'un lieu.
Au nombre de 2,4 millions en 1977, on compte aujourd'hui en France un peu plus d'1 million de chasseurs, soit le plus gros effectif de l'Union européenne. Les chasseurs sont enclins à porter un regard bienveillant sur le cadre naturel, et sont donc particulièrement exigeants en matière d'environnement. Les fédérations de chasseurs gèrent la pratique de la chasse avec l'appui de l'administration ; elles sont notamment à l'origine du permis de chasse.
En 1979 et en 1988, la Communauté européenne ordonne des directives déterminant les espèces migratrices comme patrimoine commun, interdisant ainsi une gestion privée ou locale. Ces directives sont suivies de textes déclarant illégales certaines pratiques françaises, touchant fortement des régions comme le Nord et le grand Sud-Ouest, et provoquant immédiatement une fronde des chasseurs. En effet, ces derniers contestent l'opportunité de nouvelles règles encadrant une pratique ancestrale dont les us et coutumes sont transmis de génération en génération.
Au-delà de ces clivages, on constate, depuis les années 1970, que la pratique de la chasse est en constant décalage avec le développement de la culture urbaine, dont les valeurs n'intègrent pas la prédation ; au contraire, l'animal sauvage devient objet de protection, voire de patrimoine. Une grande majorité de Français, parfois réunis en groupes structurés, s'opposent donc à la chasse.
D'autre part, certaines pratiques renforcent cette hostilité envers les chasseurs et creusent l'écart entre les chasseurs du dimanche – traditionnels et gestionnaires, respectueux des ressources cynégétiques et de leurs milieux de reproduction – et les chasseurs urbains, achetant des parts de chasse privée, tirant sur tout ce qui bouge, « chasseurs dyonisiaques », mettant leur fierté dans la prédation du plus grand nombre de gibiers lâchés quelques heures plus tôt. À une chasse rurale, conviviale, traditionnelle s'oppose donc une chasse de loisir, inscrite dans une logique marchande.
Les écologistes réclament le monopole de la gestion de la nature, en particulier de la chasse ; il demande en outre la restriction des périodes d'ouverture de la chasse et une plus large protection des espèces.
Les chasseurs y voient une atteinte à leurs droits et à leur liberté. Constitués en une véritable corporation ou lobby, accompagnés de leur chien et fusil en bandoulière, ils se mobilisent à Paris et en province

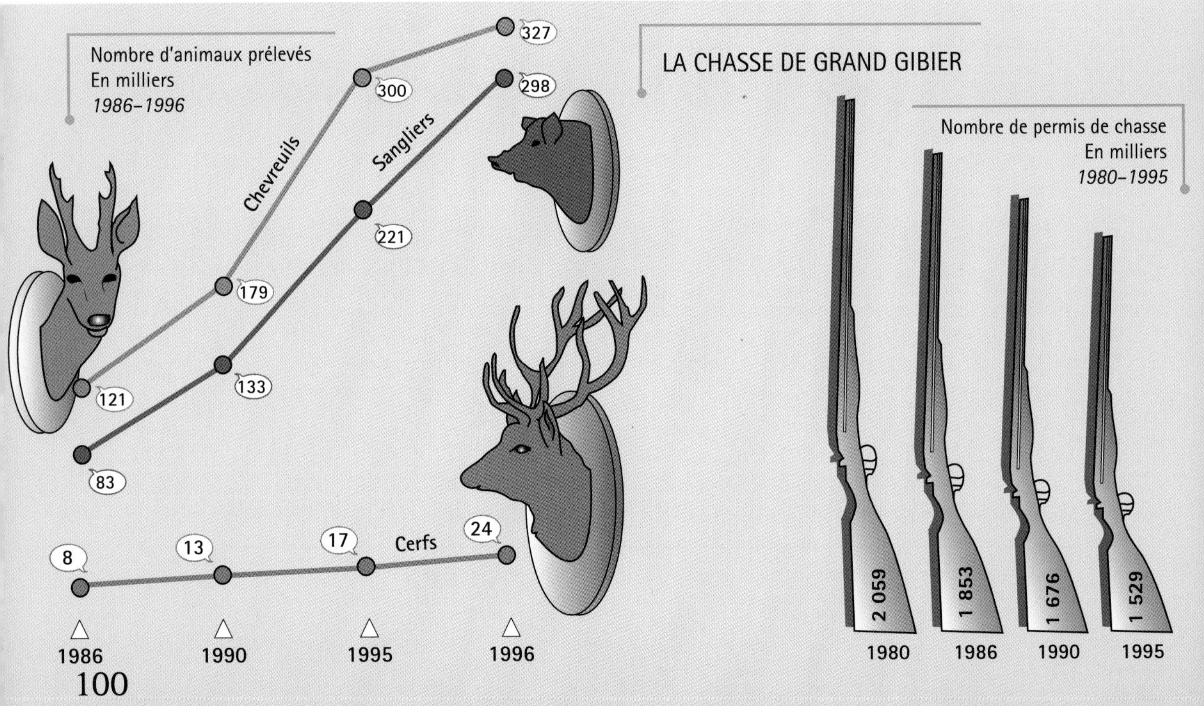
Nombre d'animaux prélevés
En milliers
1986–1996
Chevreuils
121
179
300
327
Sangliers
83
133
221
298
Cerfs
8
13
17
24
1986
1990
1995
1996
LA CHASSE DE GRAND GIBIER
Nombre de permis de chasse
En milliers
1980–1995
2 059
1 853
1 676
1 529
1980
1986
1990
1995

DES CHASSEURS EN DIMINUTION
Proportion de chasseurs dans la population masculine de 16 ans et plus
En pourcentages, *1983-1984, 1998-1999*

1998-1999 | 1983-1984

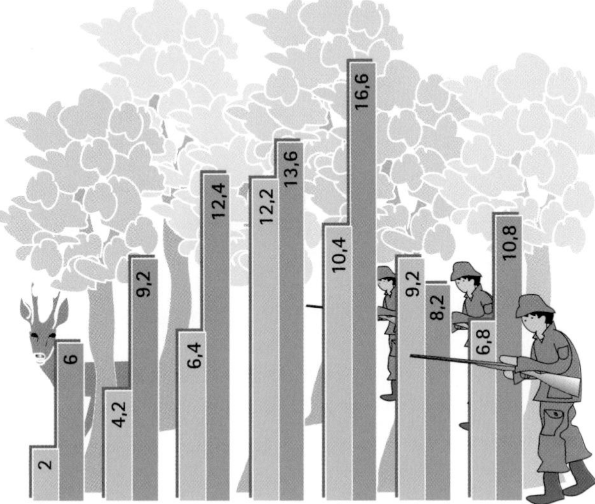

2
6
4,2
9,2
6,4
12,4
12,2
13,6
10,4
16,6
9,2
8,2
6,8
10,8
moins de 26 ans
de 26 à 35 ans
de 36 à 45 ans
de 46 à 55 ans
de 56 à 65 ans
plus de 65 ans
global


et influent sur les partis politiques traditionnels. Mais leur organisation est de plus en plus éclatée en petites structures dont les intérêts divergent, que ce soient les associations de chasse spécialisée ou, plus politiques, les associations de chasse écologique ou de défense de la chasse traditionnelle ou, plus connue, Chasse, pêche, nature et traditions. De plus, certains notables locaux de la chasse mettent à profit cette contestation rurale pour s'emparer du pouvoir ou créer une concurrence.

Toutefois, les chasseurs devront bien finir par céder aux directives de Bruxelles – qui, à défaut d'application, peuvent être suivies de sanctions envers l'État français – et faire des concessions avec les écologistes.

## Eaux tranquilles

La pêche fait moins de remous. 3 millions de pêcheurs assidus et 2 millions de pêcheurs occasionnels forment un relais important pour la préservation de l'environnement. Les pêcheurs se rassemblent en associations afin de sonner l'alerte quand les milieux aquatiques se dégradent et que les espèces nuisibles empêchent les populations convoitées de proliférer. Pratiquée en solitaire ou en famille ou entre camarades avertis, la pêche est un loisir populaire de pleine nature.

UN RITE DE PASSAGE À L'ÂGE ADULTE
Âge auquel les chasseurs ont débuté la chasse
En pourcentages, *1999*

| moins de 19 ans | de 19 à 20 ans | de 21 à 25 ans | de 26 à 30 ans | de 31 à 40 ans | 41 ans et plus |
|---|---|---|---|---|---|
| 58 | 8 | 17,2 | 8 | 6 | 2,8 |

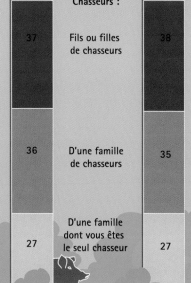

DE PÈRE EN FILS
Le poids de la tradition familiale
En pourcentages, *1983-1984, 1998-1999*

| Chasseurs : | 1983-1984 | 1998-1999 |
|---|---|---|
| Fils ou filles de chasseurs | 37 | 38 |
| D'une famille de chasseurs | 36 | 35 |
| D'une famille dont vous êtes le seul chasseur | 27 | 27 |

# VACANCES : LE CULTE DU GRAND AIR

*Les vacances datent de la plus haute antiquité. Elles se composent régulièrement de pluies fines coupées d'orages plus importants.*
Alexandre Vialatte

À observer quels Français partent en vacances (six sur dix), des évolutions sont apparues : les enfants et adolescents sont les plus nombreux à partir (70 % des moins de 20 ans), et les seniors qui quittaient peu leur domicile des générations plus tôt commencent à y prendre goût : leur niveau de vie a augmenté et leur état de santé le leur permet ; dans l'ensemble, au même âge, les générations les plus récentes partent plus que leurs aînés. En 1999, un tiers des séjours se déroulait dans la résidence principale de parents ou d'amis. Repos et visite aux parents sont les deux principaux motifs de départ.

## Grands classiques et nouveautés

Les décennies passées ont vu un essor des loisirs et du tourisme de masse qui aujourd'hui semble marquer le pas, comme le montrent la diversification des destinations et le raccourcissement des séjours. Les Français s'évadent plus souvent et moins longtemps. Ils ont tendance à fragmenter leurs vacances et à les diversifier. La montagne l'hiver, la mer l'été restent toujours le choix d'une majorité de vacanciers ; cependant il est de moins en moins rare que ces séjours soient agrémentés de quelques destinations de courte durée à l'étranger, dans des pays proches comme l'Italie ou l'Espagne qui ont un attrait culturel, historique, tout en offrant les plaisirs de la mer et de la montagne. Portugal en été, Tunisie en hiver sont des destinations qui recueillent les faveurs de plus en plus de Français.
La campagne reste avant tout une destination de week-end avec un séjour de moins de quatre jours, contrairement aux touristes étrangers, surtout européens, qui préfèrent la campagne au littoral français. Pour certains départements, comme le Gers, le Lot, l'Aveyron, la Dordogne ou l'Ariège, le tourisme est devenu l'activité principale.
Globalement, on observe plusieurs tendances : un essor du « tourisme culturel », surtout urbain, favorisé par les progrès spectaculaires accomplis par de nombreuses villes quant à l'hébergement et l'animation (festivals et espaces ludiques se sont multipliés) ; l'apparition du « tourisme de nature », attirant passionnés d'ornithologie ou randonneurs avides de parcs naturels ; enfin l'explosion du *tourisme sportif* qui, en plein été, envahit le littoral et certains massifs montagneux, jusqu'à frôler la saturation de l'espace.

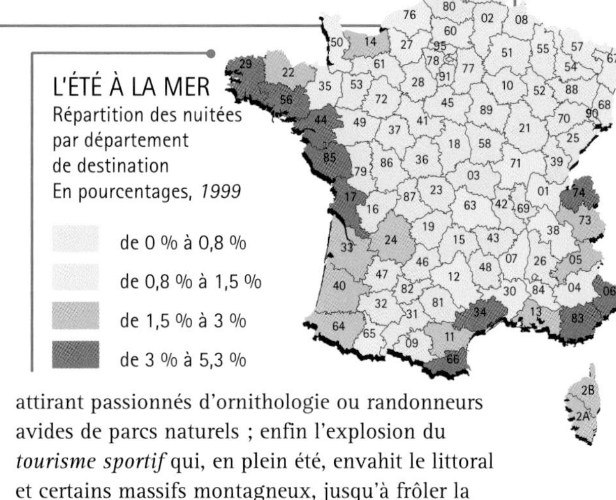
L'ÉTÉ À LA MER
Répartition des nuitées
par département
de destination
En pourcentages, *1999*
de 0 % à 0,8 %
de 0,8 % à 1,5 %
de 1,5 % à 3 %
de 3 % à 5,3 %

## L'autre chez-soi, changements de temps

« La résidence secondaire n'a plus la même forme ni le même sens qu'il y a vingt ans. [...] Ce n'est plus seulement la maison familiale conservée au pays ou le cabanon à proximité de la ville, c'est aussi le pavillon neuf à la périphérie d'un village, le F2 sur la plage ou dans une station de ski. Le terme de résidence secondaire, recouvrant des réalités aussi hétérogènes, a-t-il encore un sens ? Oui, si les gens qui habitent ces catégories disparates de logements ont quelque chose en commun, ce que nous appellerons, sous bénéfice d'inventaire, une "culture résidentielle secondaire". Le culte de la famille, l'attachement sentimental aux lieux, le besoin de nature, les liens qui se créent avec les gens du pays, en sont les éléments constitutifs et font de la résidence secondaire l'objet d'un formidable

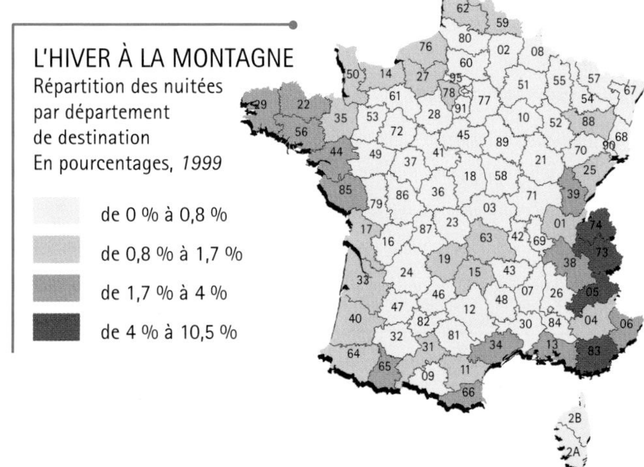
L'HIVER À LA MONTAGNE
Répartition des nuitées
par département
de destination
En pourcentages, *1999*
de 0 % à 0,8 %
de 0,8 % à 1,7 %
de 1,7 % à 4 %
de 4 % à 10,5 %

investissement affectif, qu'elle soit modeste ou cossue, bourgeoise ou populaire. [...] Le résident secondaire ne se confond pas avec le touriste ou le vacancier. Il habite, il réside, il est ancré dans un lieu.
Ce lieu-ci, mais aussi un autre. Cette double appartenance a fait de lui un précurseur. Vivre à la ville ou à la campagne, aimer la ville ou préférer la campagne, ces vieux clivages n'ont plus de sens pour lui : il vit les deux, il aime les deux. [...] elle [la résidence secondaire] devient moins secondaire qu'alternante : elle cesse d'être seulement une villégiature. S'y inventent de nouvelles façons de vivre et de nouvelles scansions du temps qui rythment le partage entre plusieurs lieux de vie, ceux du travail et ceux du loisir, ceux du repos ou du divertissement, ceux des belles ou des mauvaises saisons[1]. »

1. F. Dubost, *L'autre maison. La résidence secondaire, refuge des générations*, Paris, Autrement, 1998.

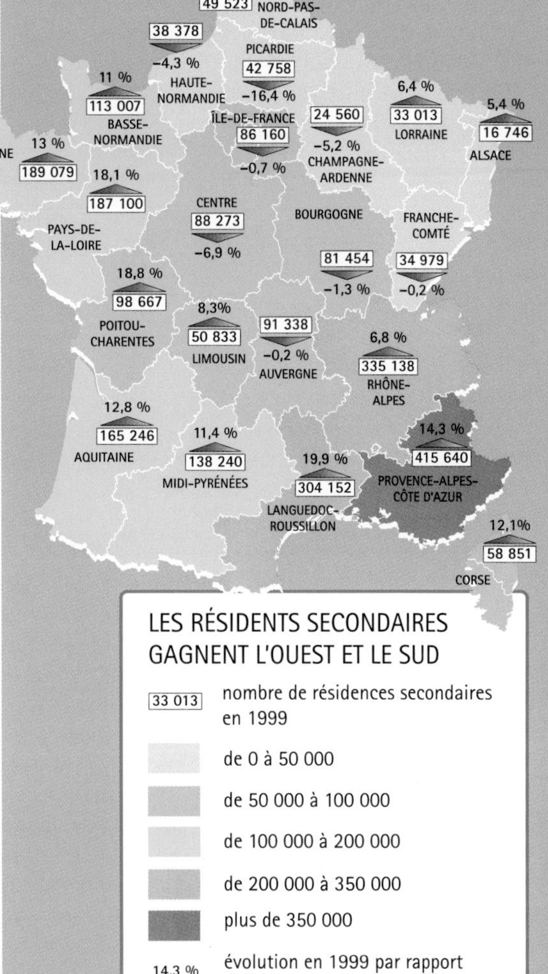

8,8 %
49 523
NORD-PAS-DE-CALAIS
38 378
-4,3 %
HAUTE-NORMANDIE
PICARDIE
42 758
-16,4 %
11 %
113 007
BASSE-NORMANDIE
ÎLE-DE-FRANCE
86 160
-0,7 %
24 560
-5,2 %
CHAMPAGNE-ARDENNE
6,4 %
33 013
LORRAINE
5,4 %
16 746
ALSACE
BRETAGNE
13 %
189 079
18,1 %
187 100
PAYS-DE-LA-LOIRE
CENTRE
88 273
-6,9 %
BOURGOGNE
81 454
-1,3 %
FRANCHE-COMTÉ
34 979
-0,2 %
18,8 %
98 667
POITOU-CHARENTES
8,3%
50 833
LIMOUSIN
91 338
-0,2 %
AUVERGNE
6,8 %
335 138
RHÔNE-ALPES
12,8 %
165 246
AQUITAINE
11,4 %
138 240
MIDI-PYRÉNÉES
19,9 %
304 152
LANGUEDOC-ROUSSILLON
14,3 %
415 640
PROVENCE-ALPES-CÔTE D'AZUR
12,1%
58 851
CORSE


## LES RÉSIDENTS SECONDAIRES GAGNENT L'OUEST ET LE SUD

33 013 nombre de résidences secondaires en 1999

de 0 à 50 000

de 50 000 à 100 000

de 100 000 à 200 000

de 200 000 à 350 000

plus de 350 000

14,3 % évolution en 1999 par rapport à 1990

## QUELLES VACANCES ?

Séjour préféré de vacances, été ou hiver

En pourcentages

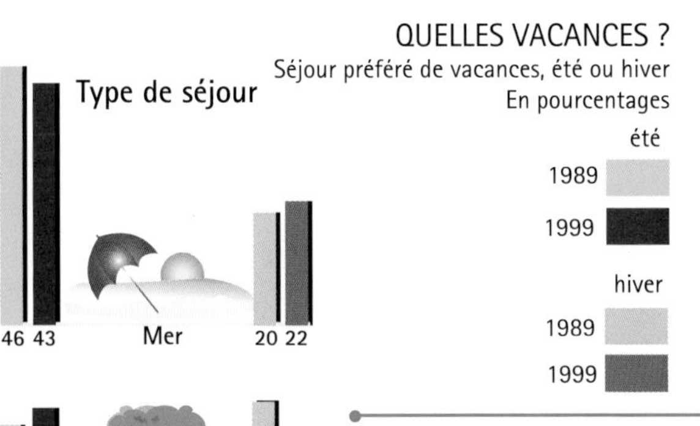

Type de séjour
été
1989
1999
hiver
1989
1999


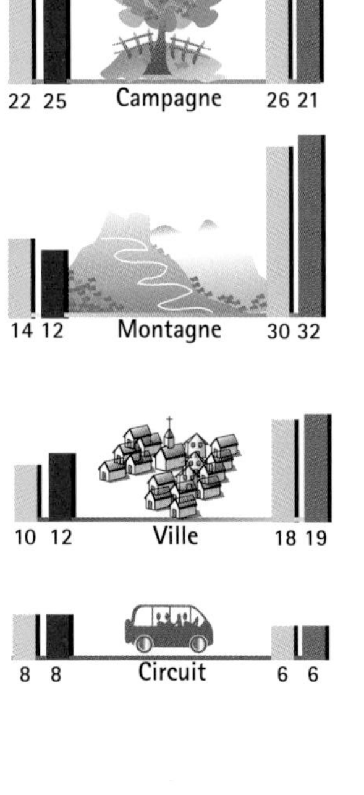

46 43
Mer
20 22
22 25
Campagne
26 21
14 12
Montagne
30 32
10 12
Ville
18 19
8 8
Circuit
6 6


## LES AGRICULTEURS PARTENT BEAUCOUP MOINS QUE LES AUTRES

En pourcentages

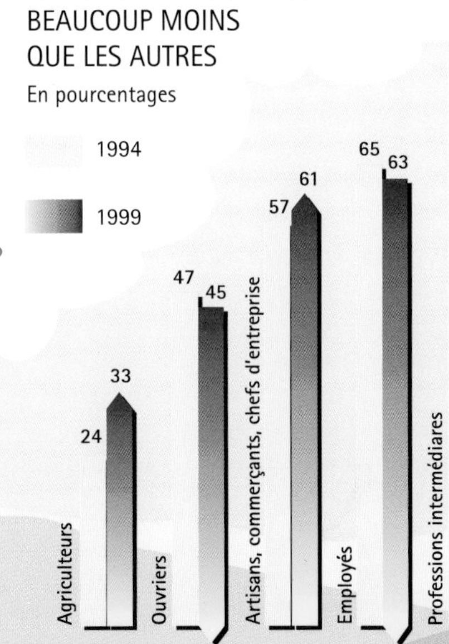

1994
1999
24
33
Agriculteurs
47
45
Ouvriers
57
61
Artisans, commerçants, chefs d'entreprise
65
63
Employés
80
79
Professions intermédiaires


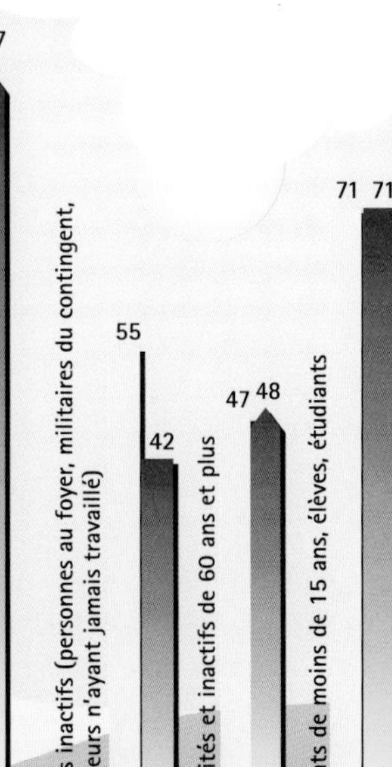

86,5
87
Cadres et professions intellectuelles supérieures
55
42
Divers inactifs (personnes au foyer, militaires du contingent, chômeurs n'ayant jamais travaillé)
47
48
Retraités et inactifs de 60 ans et plus
71
71
Enfants de moins de 15 ans, élèves, étudiants

# L'ÉTAT,
# ES GRANDES INSTITUTIONS,
# LA SOCIÉTÉ CIVILE

## Plus ou moins d'État ?

Confiance et défiance : voilà ce que nous inspire l'État. Nombreux sont ceux qui pensent qu'il lui incombe de réguler les inégalités sociales, mais une majorité de Français prône la privatisation des banques et de l'électricité. En revanche, une minorité souhaite l'intervention étatique sur les salaires et la durée de travail. Comme sur le système de protection sociale, qui est la « chasse gardée » des Français.

- *Décentralisation : le « mille-feuille français »*
- *Qui est de gauche ? Qui est de droite ?*
- *Dépolitisation ou autres engagements ?*

## Les grandes institutions... loin du cœur

Les « piliers » de la nation s'effritent. La religion catholique a décliné au profit d'autres spiritualités, mélanges d'exotisme et de « bricolage » mystique. De même, l'armée a un autre visage, comme la mobilisation sociale et politique. La justice, en manque de moyens, ne comble pas toutes les attentes. En revanche, les associations voient leurs effectifs augmenter.

- *Vers un pluralisme religieux*
- *Nouvelles missions pour nos soldats*
- *La lutte finale ?*
- *Les bataillons de Marianne*
- *Place de la justice*
- *Associations : le miroir collectif*

## Bon bilan de santé

Un diagnostic du Français « moyen » révèle son bon état général : il a grandi (en moyenne les gens âgés de 22 ans mesurent aujourd'hui cinq centimètres de plus qu'en 1960), et il vit plus longtemps (toutes causes confondues, la mortalité prématurée a diminué, le taux de décès avant 65 ans régresse). Mais c'est au prix d'investissements et d'efforts importants.

- *Une amélioration coûteuse*

## L'école en examen

En un quart de siècle, la population scolaire a plus que doublé. Aujourd'hui, l'école doit éduquer quelque 14 millions d'enfants. Cette croissance massive traduit la volonté des gouvernements successifs d'augmenter le niveau scolaire – une ambition controversée au vu des moyens employés.

- *Et à l'étranger ?*

# PLUS OU MOINS D'ÉTAT ?

*L'État est trop petit pour les grandes choses*
*et trop grand pour les petites.*
Daniel Bell

Le Français entretient avec l'État un sentiment mêlé de confiance et de défiance. En France, l'État est omnipotent ; il prélève impôts et cotisations et préside à la redistribution. De manière générale, en matière économique, les résultats des sondages montrent qu'en période de croissance et de plein emploi, l'interventionnisme étatique a la faveur des Français ; en revanche, lorsque la crise se fait sentir, ils expriment davantage leur désir de libéralisme économique. Les Français demandent à leur État plus d'autonomie et de liberté et plus de sécurité ; ils lui demandent de ne pas intervenir dans leur vie privée et de tenir compte de la diversité des situations individuelles ; mais en même temps, ils craignent les abus qui pourraient découler de cette liberté et demandent donc à l'État de servir de filet de sécurité et de contenir les risques (remédier au manque d'emplois, à l'épidémie de la maladie de la vache folle ou veiller aux manipulations génétiques...). Aujourd'hui, une majorité de Français pensent que les banques et l'électricité devraient relever du secteur privé. En revanche, nombreux sont ceux qui pensent qu'il incombe à l'État d'assurer les soins de santé et d'éducation, de contrôler les prix, de donner un niveau de vie décent aux personnes âgées, aux chômeurs et aux étudiants, de réduire les écarts entre riches et pauvres, de protéger l'environnement, de soutenir les industries qui développent les nouvelles technologies. Ils sont moins nombreux à penser que l'État doit intervenir dans la réglementation du commerce et des affaires, et encore moins qu'il doit contrôler les salaires et réduire la durée du travail. En même temps les Français pensent que l'État doit limiter les dépenses en matière de défense, de culture, d'allocations retraite et chômage. Ces opinions varient selon l'âge. En effet, les jeunes souhaitent plus de financements publics en matière de culture, d'éducation et d'environnement ; les âges intermédiaires privilégient la santé et les allocations chômage ; la police et la défense sont les priorités des plus âgés.

### LES TÂCHES RÉGALIENNES DE L'ÉTAT

Moyens alloués aux différents ministères pour 2001, en millions d'euros et en pourcentages

| Ministère | Millions d'euros | % |
|---|---|---|
| Éducation | 59 163,9 | 23,0 % |
| Collectivités locales | 51 375,3 | 20,0 % |
| Défense | 37 304,3 | 14,4 % |
| Emploi et solidarité | 32 889,4 | 12,8 % |
| Équipement, transports et logement | 21 102 | 8,2 % |
| Économie, finances et industrie | 13 845,4 | 5,4 % |
| Intérieur | 9 037,2 | 3,5 % |
| Recherche et développement | 8 517,3 | 3,3 % |
| Agriculture et pêche | 4 515,5 | 1,8 % |
| Justice | 4 425,6 | 1,7 % |
| Anciens combattants | 3 623,7 | 1,4 % |
| Affaires étrangères | 3 347,8 | 1,3 % |
| Audiovisuel public | 3 140,5 | 1,2 % |
| Culture | 2 541,3 | 1,0 % |
| Outre-mer | 1 039,7 | 0,4 % |
| Environnement | 715 | 0,3 % |
| Jeunesse et sports | 518,3 | 0,2 % |
| Aménagement du territoire | 266,8 | 0,1 % |

## L'État-providence : la référence de la société française

Malgré ses lacunes et ses pesanteurs, le système français de protection sociale, de lutte contre la pauvreté et l'exclusion, la politique de vieillesse et de santé sont très appréciés des Français qui ne sont pas prêts à faire des concessions pour résoudre les problèmes budgétaires. La France arrive en tête des pays développés en ce qui concerne le niveau des soins. Après avoir donné de plus en plus de sécurité et de bien-être à l'ensemble de la population, l'État a joué le rôle d'assureur contre les risques liés à la crise économique (indemnités de chômage, de préretraites, RMI...).

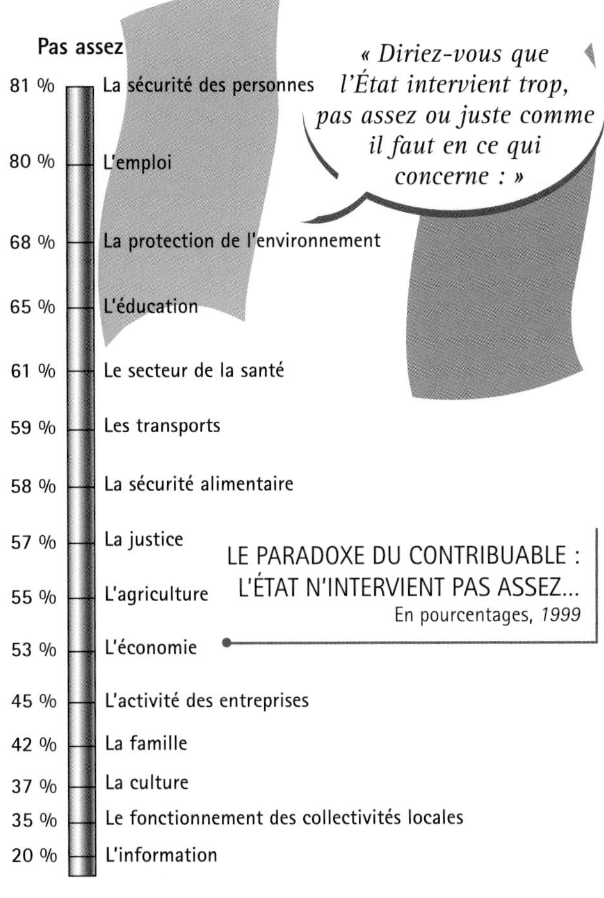
Pas assez
« Diriez-vous que l'État intervient trop, pas assez ou juste comme il faut en ce qui concerne : »
81 % La sécurité des personnes
80 % L'emploi
68 % La protection de l'environnement
65 % L'éducation
61 % Le secteur de la santé
59 % Les transports
58 % La sécurité alimentaire
57 % La justice
55 % L'agriculture
53 % L'économie
45 % L'activité des entreprises
42 % La famille
37 % La culture
35 % Le fonctionnement des collectivités locales
20 % L'information

LE PARADOXE DU CONTRIBUABLE : L'ÉTAT N'INTERVIENT PAS ASSEZ...
En pourcentages, *1999*

Pourtant, l'heure des priorités a sonné tant les déséquilibres financiers sont devenus insupportables : si le retour de la croissance doit alléger les dépenses liées au chômage, reste à maîtriser les dépenses de santé et faire face à l'augmentation inéluctable des charges liées aux retraites. Celles-ci devraient voir leur part passer de 12 à 16 % du PIB d'ici à 40 ans. Et il est fort à parier que les progrès de la médecine, l'allongement de l'espérance de vie de la population, déjà grosse consommatrice de médicaments, deviendront d'urgents défis pour l'État.

## Peut mieux faire...

Certains pays ont tenté de diminuer les services de l'État en externalisant certaines tâches par des contrats ou en sous-traitant ; d'autres ont transformé leurs directeurs d'administration ou chefs de service en véritables *chief executive officers* ou *managers* remplissant des objectifs très précis avec des contrôles d'efficacité ; enfin, d'autres ont privatisé certains secteurs (comme les chemins de fer en Angleterre). Ces expériences n'ont pas toutes été très heureuses ; elles ont réorienté le débat : en effet, il s'agit moins aujourd'hui de savoir s'il faut « plus ou moins » d'État que de réfléchir aux améliorations qualitatives à apporter. Il se peut que le développement de l'administration en ligne (par Internet) vienne améliorer les relations avec les administrés et donner au système un peu plus de lisibilité et de transparence. L'harmonisation européenne viendra peut-être faciliter la lourde tâche de rénover la gestion des personnels de la fonction publique dont les résistances au changement se perçoivent à tous les échelons de la hiérarchie.

...MAIS IL FAUT PAYER MOINS D'IMPÔTS
En pourcentages, *1999*

autant d'impôts
moins d'impôts

*« Pour l'avenir, que préférez-vous : payer le même montant d'impôts qu'aujourd'hui afin que l'État continue d'assurer les mêmes missions, ou payer moins d'impôts quitte à ce que l'État se désengage de certaines missions ? »*

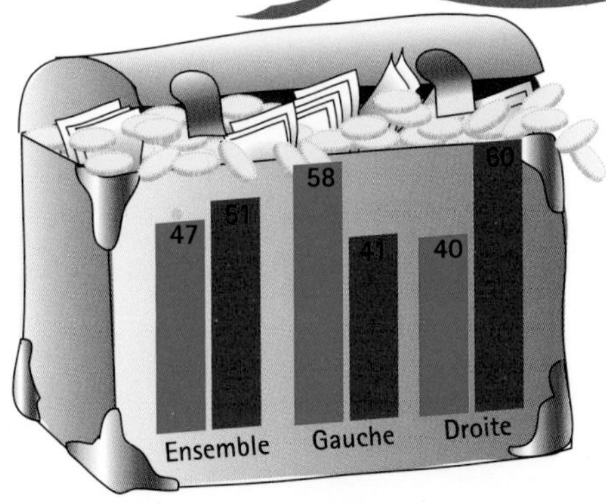
47
51
58
41
40
60
Ensemble
Gauche
Droite

LA FRANCE DANS LE PELOTON DE TÊTE DE LA PROTECTION SOCIALE
Dépenses de protection sociale dans le PIB dans les pays de l'Union européenne
En pourcentages, *1997*

| | |
|---|---|
| Suède | 33,7 |
| Danemark | 31,4 |
| France | 30,8 |
| Pays-Bas | 30,3 |
| Allemagne, Finlande | 29,9 |
| Autriche | 28,8 |
| Belgique | 28,5 |
| Royaume-Uni | 26,8 |
| Italie | 25,9 |
| Luxembourg | 24,8 |
| Grèce | 23,6 |
| Portugal | 22,5 |
| Espagne | 21,4 |
| Irlande | 17,5 |

# DÉCENTRALISATION : LE « MILLE-FEUILLE FRANÇAIS »

Avant la Révolution, le territoire français était divisé en *provinces* - Bretagne, Lorraine... - correspondant à d'anciennes puissances féodales, et en *comtés* - le Gâtinais, le Vexin, etc.- ; les *pays* quant à eux - la Beauce, la Sologne... -, sans caractère administratif, caractérisaient un site géographique. La première Assemblée constituante qui a suivi la Révolution a voulu diviser la France en petits quadrilatères réguliers dans le but de faciliter l'administration, les élections et assurer une meilleure égalité entre les citoyens. Ainsi sont nés les départements - terreur des écoliers, obligés de réciter par cœur leur nom et leur chef-lieu. Le département est encore aujourd'hui très ancré dans les consciences individuelles, on est Aveyronnais avant d'être Rouergat. Le département est autonome et dépend de Paris, représenté par le préfet.

De l'après-guerre jusqu'en 1968, le passage d'une société agraire, où le territoire était un maillage de villes moyennes, à une société industrielle a été géré par l'État central, omnipotent, rationnel et planificateur, qui a mis en place une politique d'aménagement du territoire afin de réduire les déséquilibres territoriaux : déposséder Paris pour donner au « désert français ». Après 1968, les mentalités ont changé, il faut restituer l'espace à ses acteurs ; le gouvernement vote des lois de décentralisation, qui transfèrent des compétences de l'État aux collectivités locales : les contrats de plan État-régions en 1982, la « loi montagne » en 1985, la « loi littoral » en 1986 permettent de tenir compte des différences locales, mais nous sommes encore loin de l'autonomie régionale souhaitée. Et lorsque la crise se fait sentir, l'État est, aux yeux de l'opinion, le seul à pouvoir venir au secours des régions sinistrées, au nom du principe républicain d'égalité.

Au cours de la dernière décennie, marquée par l'intégration européenne et la mondialisation, les territoires ont retrouvé du dynamisme : ils se sont structurés, organisés pour attirer les investisseurs, créer des lieux de culture, de science et de sociabilité, aménager les équipements des villes et les transports. À Château-Gontier, sous-préfecture de la Mayenne, un théâtre régional, situé dans un cadre historique sublime, accueille des derviches tourneurs venus de Damas à se produire sur scène. Les grandes villes françaises deviennent des métropoles européennes rivales de Stuttgart, Milan ou Barcelone.

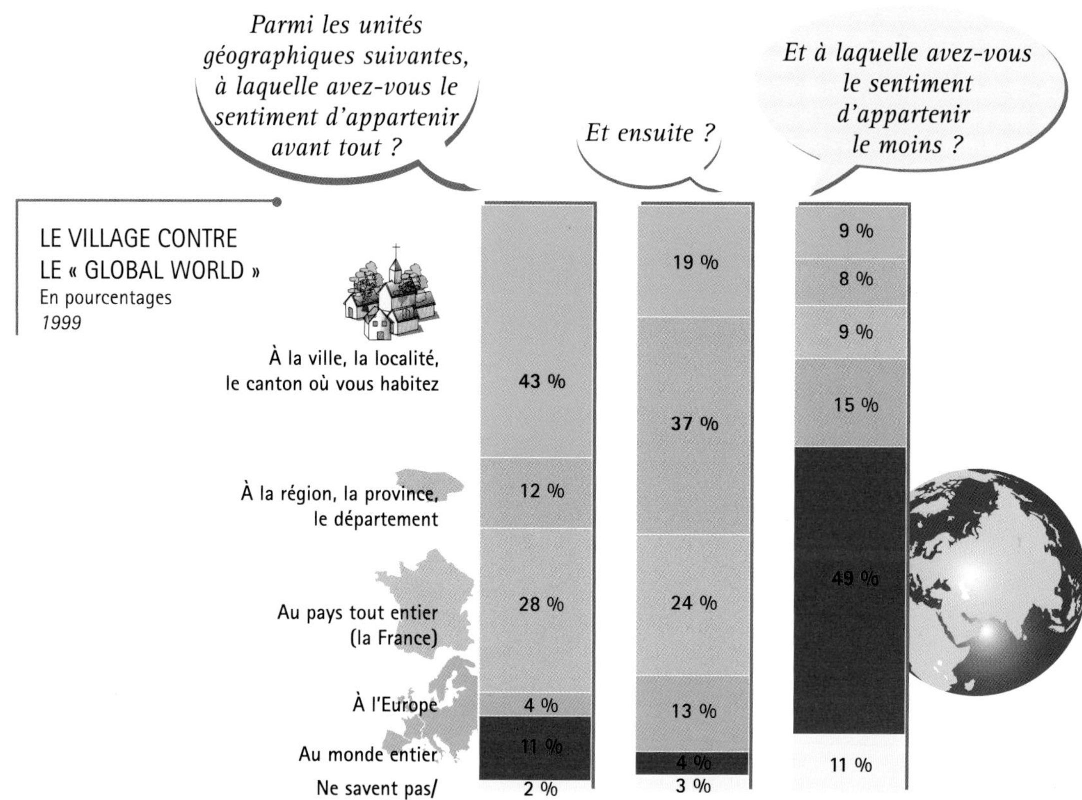
LE VILLAGE CONTRE
LE « GLOBAL WORLD »
En pourcentages
1999
Parmi les unités géographiques suivantes, à laquelle avez-vous le sentiment d'appartenir avant tout ?
Et ensuite ?
Et à laquelle avez-vous le sentiment d'appartenir le moins ?

| | Avant tout | Et ensuite | Le moins |
|---|---|---|---|
| À la ville, la localité, le canton où vous habitez | 43 % | 19 % | 9 % |
| À la région, la province, le département | 12 % | 37 % | 8 % |
| Au pays tout entier (la France) | 28 % | 24 % | 9 % |
| À l'Europe | 4 % | 13 % | 15 % |
| Au monde entier | 11 % | 4 % | 49 % |
| Ne savent pas/ sans réponse | 2 % | 3 % | 11 % |

## Un jeu de tiroirs

L'emboîtement est le suivant : la commune, la communauté urbaine, la communauté de communes et autres établissements intercommunaux, les agglomérations, le canton, l'arrondissement, le « pays », le département, la Corse et son statut particulier, les DOM-TOM, la région, les structures interrégionales, l'État, l'Union européenne. Avec tous ces échelons, les compétences de chacun sont plus ou moins floues, entraînant des conflits à la fois « horizontaux », entre notables ou barons locaux, et « verticaux », avec la haute administration.
Dans le cadre des contrats, de plus en plus de services publics relèvent de la compétence du territoire, comme certains services de l'éducation, de la justice, de la sécurité, de la santé, de l'emploi. Mais 60 % des ressources des régions viennent directement de l'État, sous l'œil vigilant de Bruxelles...
Devant cette complexité, les élus locaux risquent de réclamer une régionalisation à la carte.

## Vers une Europe fédérale ?

Excepté les États fédéraux – Allemagne, Autriche, Belgique –, tous les pays d'Europe ont fait des tentatives de décentralisation. Le Royaume-Uni a donné son autonomie à l'Écosse et au Pays de Galles. L'Italie, pays de cités divisé entre un Nord riche et un Sud pauvre, a toujours octroyé un pouvoir régional relativement fort à ses 20 principales villes ; 5 régions ont un statut spécial, les 15 autres viennent d'obtenir une gestion autonome de leurs finances. En Espagne, les communautés autonomes ont différents statuts : 7 d'entre elles ont obtenu l'autonomie par une réforme de la Constitution, les 10 autres y parviennent petit à petit. Les plus autonomes sont, pour des raisons historiques, le Pays basque et la Navarre, qui ne cessent de défendre leurs droits à Madrid et à Bruxelles. De façon générale, ces pays aspirent au fédéralisme.

QUI FAIT QUOI ?
Répartition des compétences

| | L'ÉTAT | LA RÉGION | LE DÉPARTEMENT | LA COMMUNE |
|---|---|---|---|---|
| SOCIAL | a la tutelle sur les établissements sanitaires | cofinance les maisons de retraite | finance l'insertion des RMistes. Gère l'aide sociale | instruit les dossiers d'aide sociale |
| ÉCONOMIE | a une compétence générale | aide directement et indirectement les entreprises | subventionnent l'achat de terrains et de locaux professionnels | |
| ÉDUCATION | prend en charge la pédagogie et les traitements des enseignants | construit et entretient les lycées, intervient sur l'apprentissage et la formation continue | construit et entretient les collèges | construit et entretient les écoles |
| ENVIRONNEMENT | est responsable de l'approvisionnement en eau | | engage des actions contre la pollution | a la charge de la distribution de l'eau, de la collecte et du traitement des déchets |
| INFRASTRUCTURES | planifie les infrastructures de transport, entretient les routes nationales | finance les liaisons ferroviaires locales, cofinance les routes nationales et départementales | a la charge des transports scolaires sauf en ville | a la charge du transport scolaire dans le périmètre urbain |
| URBANISME | est responsable de la politique de logement social et définit les règles pour les sites protégés | assurent les aides financières à la construction de logements sociaux | | définit les règles d'urbanisme (POS, permis de construire) sauf pour les sites protégés |
| CULTURE | a une compétence générale | gèrent le patrimoine et les équipements culturels | | |

# QUI EST DE GAUCHE ? QUI EST DE DROITE ?

Il y a encore peu de temps, les valeurs de gauche comme celles de droite étaient bien identifiées : grossièrement, les gens de gauche réclamaient une intervention de l'État et du service public dans les différentes sphères de la société, soucieux de voir tous les Français traités de façon égalitaire ; en revanche, on reconnaissait les gens de droite à leurs revendications en faveur de la libre-entreprise, l'ordre, la sécurité, et les valeurs morales comme le mariage, la famille... Aujourd'hui les différences entre grandes familles politiques se sont estompées, les frontières sont devenues poreuses ; reste que la droite privilégie les valeurs de liberté et la gauche celles d'égalité.

Les Français ont, à l'heure actuelle, un nouveau regard sur la place de leur pays dans le monde, sur l'économie, la richesse, le rapport à l'argent et à la consommation. Cette évolution est en partie liée à l'avènement des nouvelles technologies et à la multiplication des échanges de biens et de services internationaux. Les Français se convertissent au libéralisme tant économique que culturel.

Les valeurs du libéralisme économique (acceptation de l'économie de marché, de l'entreprise et du profit) gagnent du terrain à gauche, tandis que les valeurs de tolérance et de permissivité en matière de mœurs progressent à droite. Selon la formule de Jérôme Jaffré : « la gauche accepte le marché, la droite admet la différence. » L'entreprise et la notion de profit, la Bourse et la fortune ne sont plus des sujets tabous, et plus de la moitié des gens de gauche comme de droite reconnaissent l'utilité des syndicats. La majorité des Français restent également attachés au service public, mais, de gauche comme de droite, ils sont aujourd'hui favorables à un service minimum en cas de grève. Cependant, ils tiennent au rôle régulateur de l'État : ils défendent fermement le SMIC et ne sont pas hostiles à la taxation des hauts revenus, stocks-options et plus-values boursières.
L'offre partisane s'est diversifiée : à droite, l'extrême droite, la droite « souverainiste », le pragmatisme chiraquien, les libéraux et les centristes ; à gauche, le parti socialiste, les écologistes, les chevènementistes, les communistes et l'extrême gauche. De ces recompositions sont nées de nouvelles cultures politiques.
À l'intérieur des deux grandes familles, il existe des clivages entre les partis de gouvernement et les partis de protestation situés aux extrêmes, notamment en ce qui concerne l'Europe et la conception de la République.

Malgré ces évolutions, des grandes constantes demeurent. Une culture de droite et une culture de gauche s'opposent sur des sujets comme l'immigration et la place des étrangers dans la société ou le PACS. Et la transmission de ces cultures se fait encore aujourd'hui par la filiation. Les catholiques sont souvent plus orientés à droite. « Les clivages de classe n'ont pas disparu, même s'ils se sont déplacés vers une opposition public-privé structurant plus ou moins deux visions du monde[1]. »
Par ailleurs, nombre de Français craignent la mondialisation parce qu'elle est inéluctable et pourrait aggraver les inégalités, menacer l'identité nationale. La mondialisation (comme l'Europe) est vue comme une chance par les plus diplômés, les jeunes et les citadins, comme une menace par les plus âgés et les moins diplômés qui y pressentent un risque d'exclusion et de chômage. Le phénomène est identique lorsqu'il s'agit d'Internet et de la nouvelle économie. On voit bien qu'il ne s'agit plus d'un clivage droite/gauche mais plutôt jeunes/vieux, diplômés/non-diplômés, inclus/exclus du monde du travail.
D'une façon générale, la société française est devenue plus permissive et plus tolérante grâce aux jeunes générations, plus individualistes, plus soucieuses du respect de la différence. On comprend ainsi la difficulté des partis politiques à se recomposer, à recruter et à trouver un nouveau langage.

1. P. Bréchon, A. Laurent et P. Perrineau, *Les Cultures politiques des Français*, Paris, Presses de Sciences-Po, 2000.

DEPUIS 1989, LA DISTINCTION DROITE-GAUCHE PERD DE SA PERTINENCE
L'évolution de la perception du clivage droite-gauche, En pourcentages, *1981 à 1994*

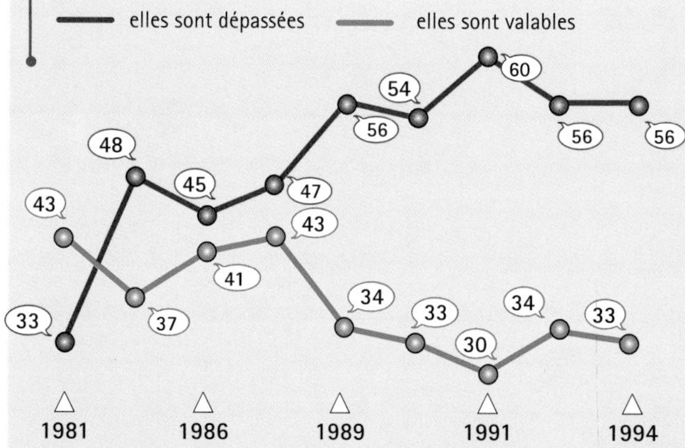
Les notions de gauche et de droite :
elles sont dépassées
elles sont valables
33
48
45
47
56
54
60
56
56
43
37
41
43
34
33
30
34
33
1981
1986
1989
1991
1994

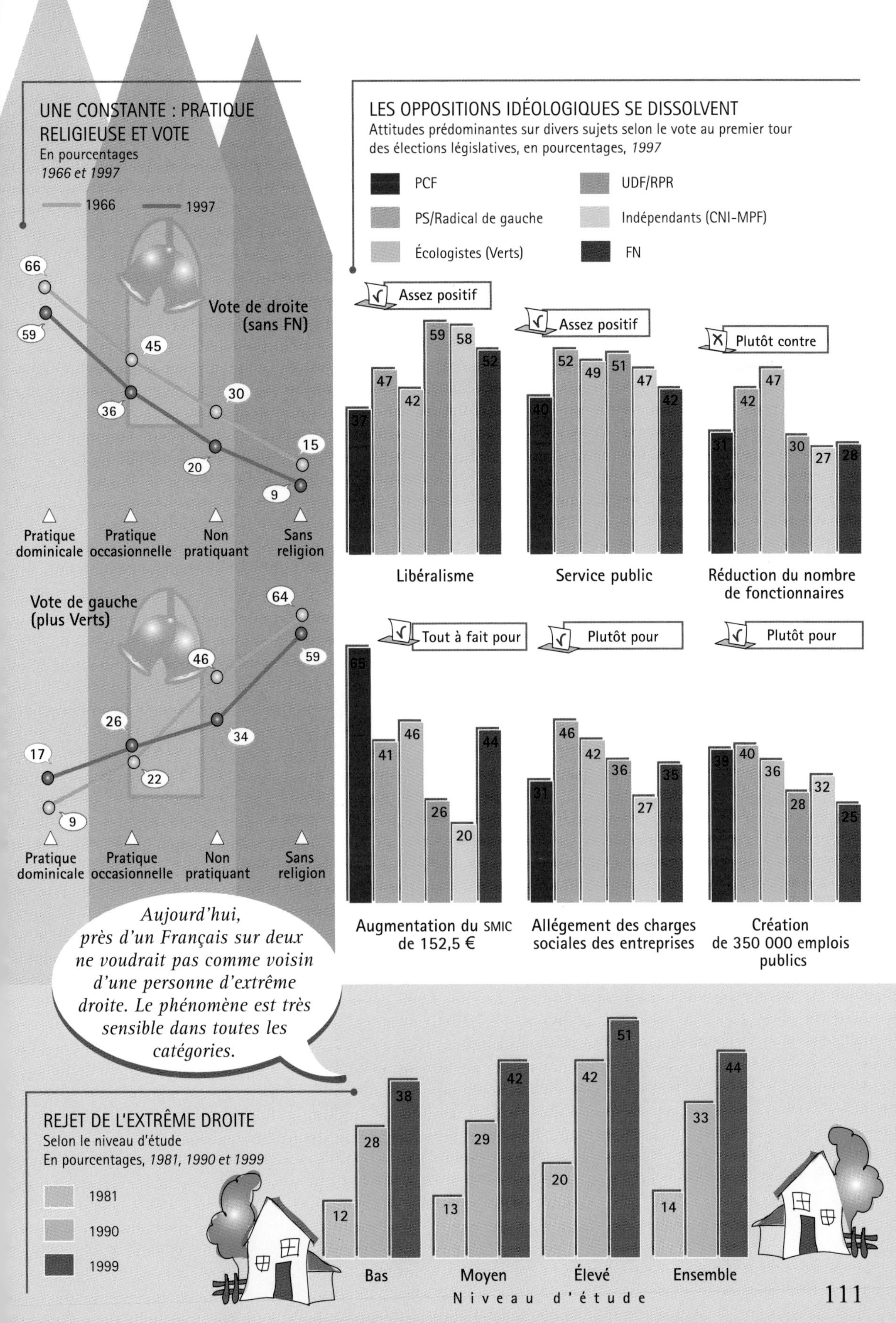
UNE CONSTANTE : PRATIQUE RELIGIEUSE ET VOTE
En pourcentages
1966 et 1997
1966
1997
Vote de droite (sans FN)
66
59
45
36
30
20
15
9
Pratique dominicale
Pratique occasionnelle
Non pratiquant
Sans religion
Vote de gauche (plus Verts)
17
9
26
22
46
34
64
59
Pratique dominicale
Pratique occasionnelle
Non pratiquant
Sans religion
LES OPPOSITIONS IDÉOLOGIQUES SE DISSOLVENT
Attitudes prédominantes sur divers sujets selon le vote au premier tour des élections législatives, en pourcentages, 1997
PCF
PS/Radical de gauche
Écologistes (Verts)
UDF/RPR
Indépendants (CNI-MPF)
FN
Assez positif
37 47 42 59 58 52
Libéralisme
Assez positif
40 52 49 51 47 42
Service public
Plutôt contre
31 42 47 30 27 28
Réduction du nombre de fonctionnaires
Tout à fait pour
65 41 46 26 20 44
Augmentation du SMIC de 152,5 €
Plutôt pour
31 46 42 36 27 35
Allégement des charges sociales des entreprises
Plutôt pour
39 40 36 28 32 25
Création de 350 000 emplois publics
Aujourd'hui, près d'un Français sur deux ne voudrait pas comme voisin d'une personne d'extrême droite. Le phénomène est très sensible dans toutes les catégories.
REJET DE L'EXTRÊME DROITE
Selon le niveau d'étude
En pourcentages, 1981, 1990 et 1999
1981
1990
1999
12 28 38
Bas
13 29 42
Moyen
20 42 51
Élevé
14 33 44
Ensemble
Niveau d'étude

# DÉPOLITISATION OU AUTRES ENGAGEMENTS ?

Les Français ne votent plus par habitude ou par devoir, ils votent s'ils perçoivent un enjeu à cet acte. Ainsi la participation électorale est en baisse dans les scrutins des années 1990. Plusieurs explications sont avancées. La première est le discrédit des représentants politiques : la malhonnêteté et l'inefficacité de quelques-uns ont dégradé l'image de la grande majorité. Par ailleurs, les gouvernements de droite et de gauche se sont succédé de façon rapide ces dernières années pour aboutir à la cohabitation, montrant ainsi les limites de leur opposition.

Néanmoins, tous les Français ne se désintéressent pas de la politique. L'abstention varie selon la nature du scrutin. Si l'impact politique est faible, le taux d'abstention est fort, c'est le cas des élections européennes et cantonales dont les individus voient mal les retombées immédiates. En revanche, l'élection présidentielle recueille plus de votants.

Si on constate que plus l'activité professionnelle des femmes progresse, plus elles ont tendance à voter, en revanche, d'autres facteurs sociaux expliquent la montée de l'abstention dans les années récentes. On remarque notamment, comme pour la pratique religieuse, une désaffection de la part des jeunes générations : il faut passer les 40 ans pour aller aux urnes, et on vote plus à la campagne que dans les grandes villes. De même, les catégories les moins favorisées s'abstiennent davantage que les catégories favorisées ; être au chômage n'incite pas à se rendre au bureau de vote. De façon générale, plus on a de convictions politiques (très à droite ou très à gauche, les centristes votant moins), plus on est catholique ou athée convaincu, plus on a un revenu élevé, plus on a de relations sociales (en habitant une petite ville par exemple où, pour un individu, les relations sont plus denses que dans une grande agglomération, en vivant au sein d'une famille plutôt qu'en vivant seul), en étant diplômé plutôt que non-diplômé, plus on adhérera à une ou à plusieurs associations militantes, plus on sera intéressé par la vie politique de son pays ou de sa localité, plus on ressentira le besoin d'y jouer un rôle, plus on aura une propension à aller voter.

Mais l'engagement politique ne se résume pas au vote. Si on observe une moindre participation aux élections, d'autres formes d'action collective gagnent du terrain. Les adhérents aux associations de défense des intérêts collectifs ou militantes, dont l'origine sociale est plus large qu'autrefois, prennent des responsabilités. En même temps, on observe de plus en plus de manifestations de soutien ou d'opposition à des décisions du gouvernement ; il s'agit bien là d'une immixtion dans la vie politique, tout comme les pétitions, les sit-in, les occupations de locaux, les boycotts... Ces manifestations sont toutes des formes d'action collective, devenues légitimes aux yeux de l'opinion.

Si, de plus en plus souvent, les Français abandonnent le vote, c'est au profit de l'intervention directe ; ils préfèrent s'exprimer question par question sur les décisions de politiques publiques et ne se contentent plus seulement d'être représentés.

LES ABSTENTIONNISTES À LA LOUPE
au premier tour des élections législatives de 1997

*L'abstention :*
*1. retranchement partiel ou total de la vie civique.*
*2. en dehors de l'acte électoral, tout en étant fondalementalement impliqué dans la vie sociale et politique.*

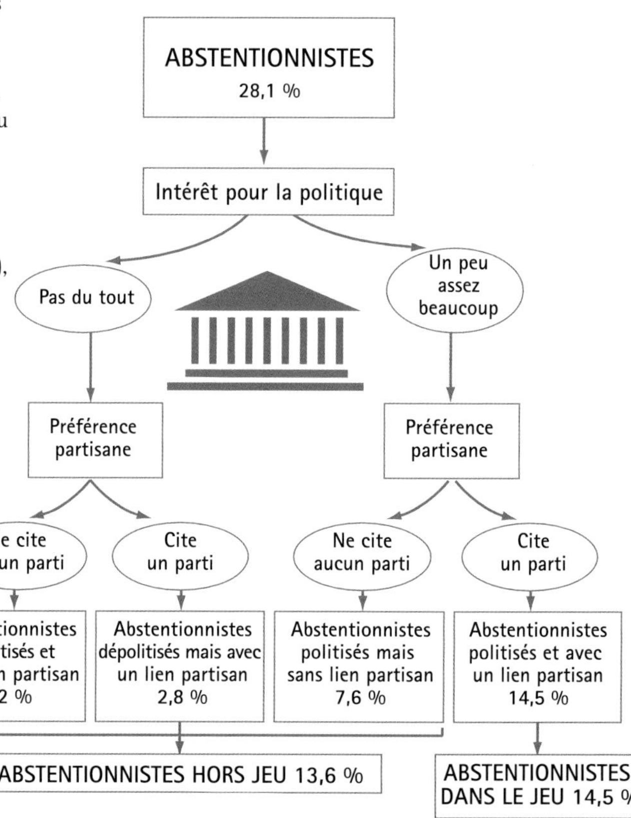

ABSTENTIONNISTES
28,1 %
Intérêt pour la politique
Pas du tout
Un peu assez beaucoup
Préférence partisane
Préférence partisane
Ne cite aucun parti
Cite un parti
Ne cite aucun parti
Cite un parti
Abstentionnistes dépolitisés et sans lien partisan 3,2 %
Abstentionnistes dépolitisés mais avec un lien partisan 2,8 %
Abstentionnistes politisés mais sans lien partisan 7,6 %
Abstentionnistes politisés et avec un lien partisan 14,5 %
ABSTENTIONNISTES HORS JEU 13,6 %
ABSTENTIONNISTES DANS LE JEU 14,5 %

## À TRAVERS LES ÉLECTIONS, LA CARTE DE L'ABSTENTION A SOUVENT LA MÊME ALLURE

Abstentions aux législatives de 1997
En pourcentage des inscrits

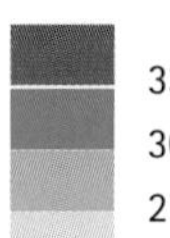

33
30
27
24

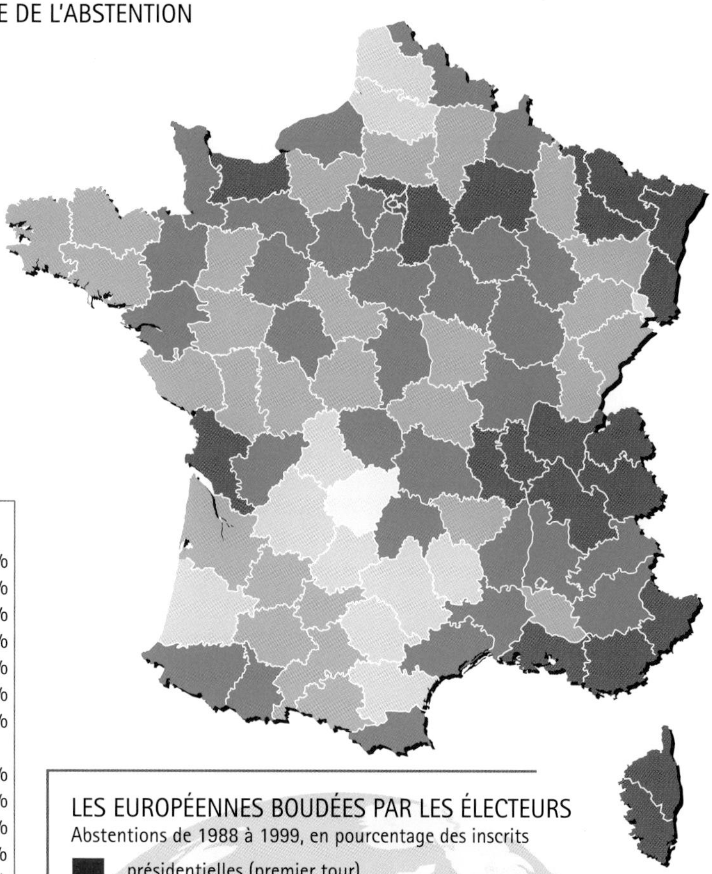

## PORTRAIT DE L'ABSTENTIONNISTE

Taux d'abstention aux élections régionales de 1998
En pourcentages

| | |
|---|---|
| **Âge** | |
| 18–24 ans | 44 % |
| 25–34 ans | 43 % |
| 35–44 ans | 30 % |
| 45–54 ans | 22 % |
| 55–64 ans | 18 % |
| 65–74 ans | 15 % |
| 75 ans et plus | 20 % |
| **Taille de l'agglomération** | |
| Moins de 2 000 habitants | 23 % |
| 2 000 à 20 000 habitants | 27 % |
| 20 000 à 100 000 habitants | 30 % |
| 100 000 et plus | 31 % |
| Agglomération parisienne | 37 % |
| **Diplôme** | |
| Enseignement primaire | 24 % |
| BEPC, BEP, CAP | 29 % |
| Bac | 31 % |
| Bac +2 | 32 % |
| Études supérieures | 29 % |
| **Catégorie socioprofessionnelle** | |
| Agriculteurs | 21 % |
| Commerçants, artisans | 28 % |
| Cadres, professions libérales | 24 % |
| Professions intermédiaires | 24 % |
| Employés | 30 % |
| Ouvriers | 32 % |
| Chômeurs | 44 % |
| **Religion** | |
| Catholiques pratiquants réguliers | 15 % |
| Sans religion | 36 % |
| **Échelle gauche/droite** | |
| Gauche | 19 % |
| Centre gauche | 22 % |
| Centre | 29 % |
| Centre droit | 25 % |
| Droite | 22 % |
| Ni droite ni gauche | 43 % |

## LES EUROPÉENNES BOUDÉES PAR LES ÉLECTEURS

Abstentions de 1988 à 1999, en pourcentage des inscrits

présidentielles (premier tour)
législatives (premier tour)
européennes
municipales
régionales

| | |
|---|---|
| 1988 | 18,6 ; 34,3 |
| 1989 | 27,2 ; 51,3 |
| 1992 | 32 |
| 1993 | 30,8 |
| 1994 | 47,3 |
| 1995 | 21,6 ; 30,6 |
| 1997 | 32 |
| 1998 | 42 |
| 1999 | 53 |
| 2001 | 32,6 |

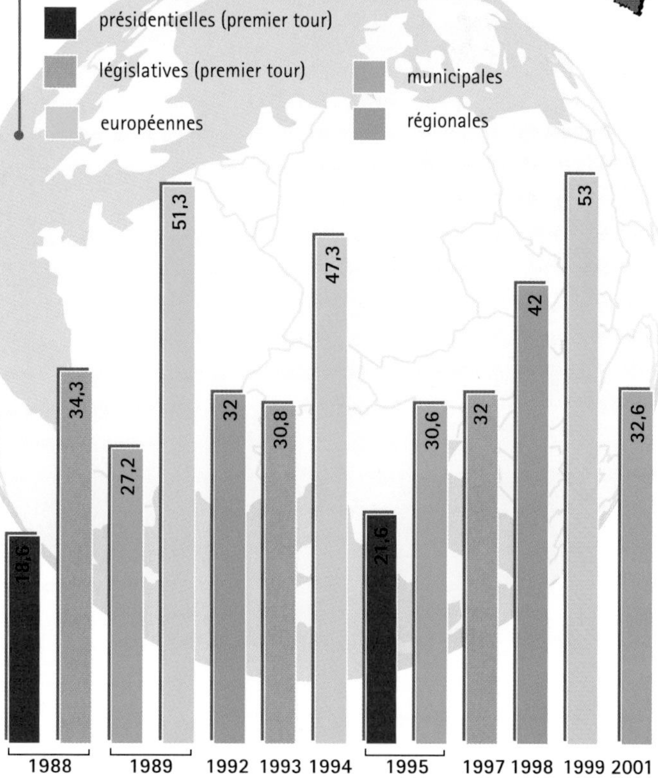

# LES GRANDES INSTITUTIONS... LOIN DU CŒUR

*Les institutions passent par trois périodes :*
*celle des services, celle des privilèges, celle des abus.*
René de Chateaubriand

Jusqu'à une date récente, l'Église catholique se prétendait en charge de tous les Français, sauf de quelques protestants et de la communauté juive. Dans chaque diocèse, l'évêque était le chef spirituel et se devait de conduire son « peuple » au royaume de Dieu. Son autorité était l'égale de celle du préfet et du général. Les Français se conformaient aux rites de passage et saisonniers : baptême, première communion, mariage, enterrement, fêtes de Noël, de Pâques, Ascension, Assomption et Toussaint. Le temps et l'espace étaient balisés par les cérémonies et les croix. Voulant étendre son magistère, l'Église organisait des mouvements d'action catholique (JOC, JAC, JEC), aidant ses fidèles à réfléchir sur la société et la politique.

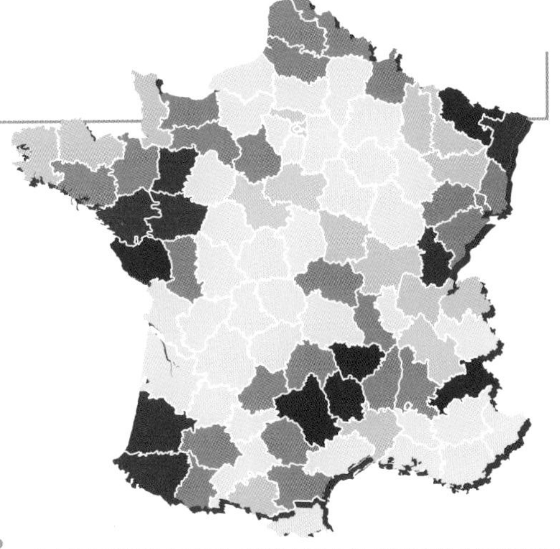

LA PRATIQUE RELIGIEUSE AU MOINS MENSUELLE
En pourcentages, *1995*

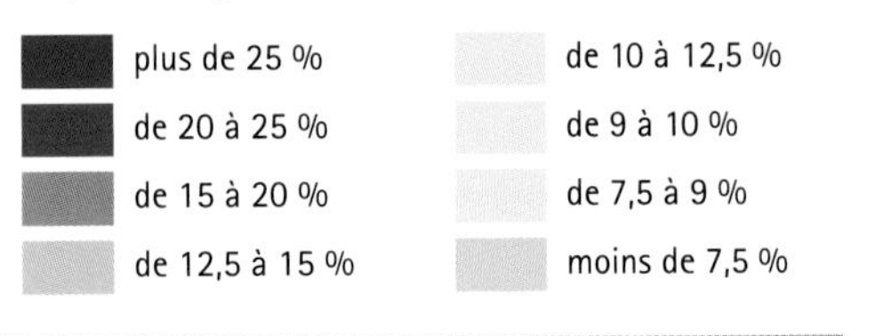
plus de 25 %
de 20 à 25 %
de 15 à 20 %
de 12,5 à 15 %
de 10 à 12,5 %
de 9 à 10 %
de 7,5 à 9 %
moins de 7,5 %

## Le glas de la religion traditionnelle

Depuis trente ans, la pratique religieuse régulière décline continuellement ; aujourd'hui elle concerne moins de 10 % des Français. Cette rupture avec l'Église, située dans les années 1965-1970, va de pair avec la vague contestataire contre les institutions, la révolte contre l'autorité, induisant le développement de l'individualisme, de la permissivité ; elle correspond aussi à la condamnation de la contraception par l'Église et, par la suite, aux nouvelles lois sur l'avortement. La baisse de la pratique religieuse est une tendance commune à tous les pays, protestants comme catholiques. Les croyances s'effritent dans une fraction de la jeunesse, si bien que les générations qui arrivent seront en partie « déchristianisées » au sens propre : beaucoup de jeunes ne sauront plus ce que représente la croix. Les Français n'éprouvent pas un désintérêt total à

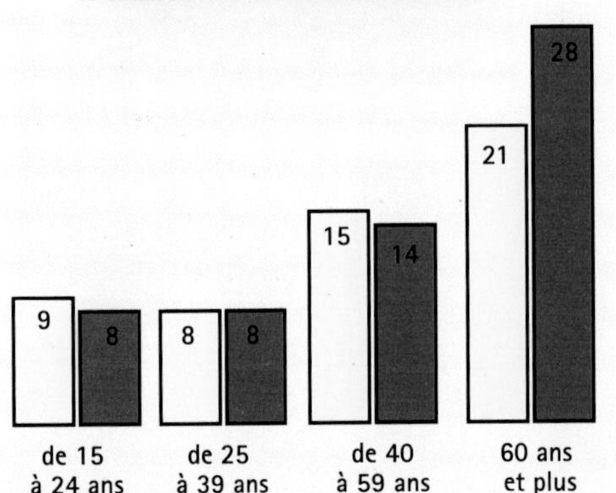
9
8
8
8
15
14
21
28
de 15 à 24 ans
de 25 à 39 ans
de 40 à 59 ans
60 ans et plus

SEULE LA PRATIQUE DES PERSONNES ÂGÉES AUGMENTE
Pratique religieuse régulière
En pourcentages, *1987 et 1996*

1987
1996

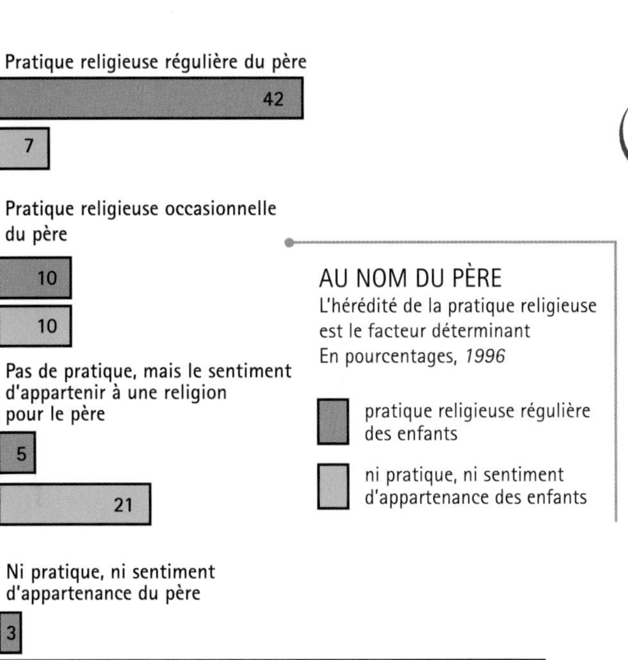
Pratique religieuse régulière du père
42
7
Pratique religieuse occasionnelle du père
10
10
Pas de pratique, mais le sentiment d'appartenir à une religion pour le père
5
21
Ni pratique, ni sentiment d'appartenance du père
3
75
pratique religieuse régulière des enfants
ni pratique, ni sentiment d'appartenance des enfants

AU NOM DU PÈRE
L'hérédité de la pratique religieuse est le facteur déterminant
En pourcentages, *1996*

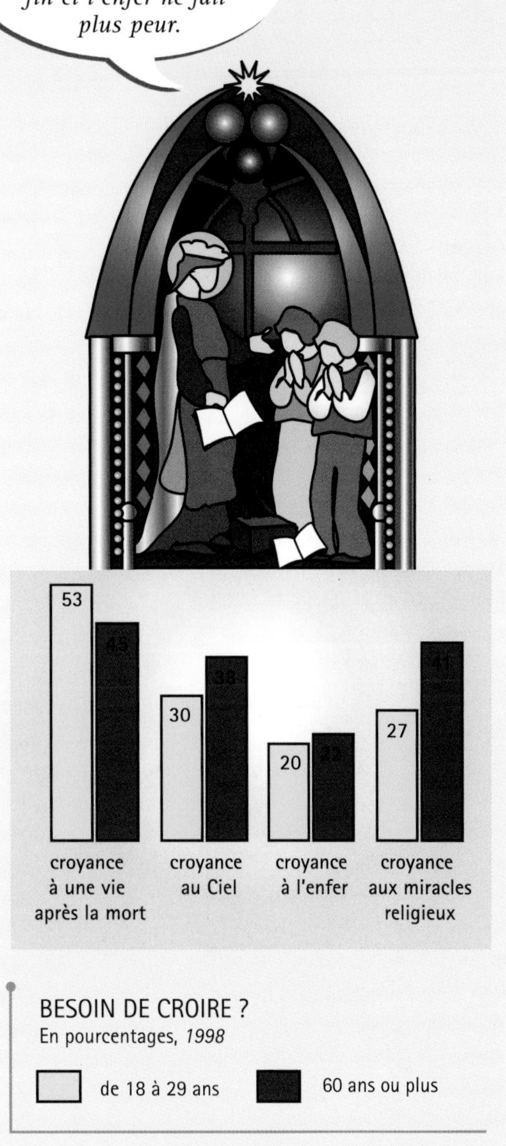
*Les jeunes ne veulent pas croire que la vie a une fin et l'enfer ne fait plus peur.*
53
45
30
38
20
22
27
41
croyance à une vie après la mort
croyance au Ciel
croyance à l'enfer
croyance aux miracles religieux
de 18 à 29 ans
60 ans ou plus

BESOIN DE CROIRE ?
En pourcentages, *1998*

l'égard de la religion, ils reconnaissent à l'Église un rôle légitime dans la sphère publique : il est normal qu'elle intervienne dans les problèmes du tiers-Monde, de la discrimination, des droits de l'homme, des questions socio-économiques... En revanche son intervention est condamnée quand elle touche la sphère privée, car la religion est devenue une affaire personnelle, au même titre que l'appartenance politique. La position de l'Église a fini de dicter les grandes décisions de la vie de chacun.

## Les vocations

La diminution des effectifs du clergé ne va pas dans le sens d'une renaissance du catholicisme en France. Alors que le nombre de prêtres s'effondre, le nombre de pasteurs augmente, grâce à l'arrivée massive de femmes. Les paroisses catholiques manquent cruellement de prêtres : ils sont aujourd'hui moins de 20 000, majoritairement âgés de plus de 60 ans, et les ordinations ne dépassent pas la centaine par an. Sur le territoire, l'Église s'est restructurée en « communautés de base » composées de laïcs, en paroisses nouvelles regroupant plusieurs communautés, en secteurs qui fédèrent plusieurs paroisses, tenant plus compte de la population que de l'espace.
Les ordres religieux sont aussi sur le déclin : si les monastères et les couvents abritent encore 50 000 religieuses et 12 000 moines, ils perdent environ 4 % d'entre eux chaque année, et la moyenne d'âge est de 74 ans pour les femmes et 70 ans pour les hommes. Ces pertes concernent principalement les institutions créées au XIXe siècle, à vocation éducative, caritative ou hospitalière. Jésuites et dominicains, de leur côté, recrutent entre 5 et 10 novices par an.
À l'inverse, les « communautés nouvelles », issues du renouveau charismatique, connaissent un succès indéniable : la congrégation Saint-Jean a recruté 310 religieux depuis sa création en 1975, âgés de 35 ans en moyenne, et les Moines et moniales de Jérusalem (150 personnes) attirent environ 15 jeunes chaque année. Ce succès est sans doute dû à leur grande faculté d'organiser des séjours et retraites spirituels.

# VERS UN PLURALISME RELIGIEUX

Protestantisme, judaïsme et islam sont de plus en plus exprimés et reconnus en France. Par le nombre, l'islam est devenu la deuxième religion de France. Les protestants, encore plus que les catholiques, sont attachés à la liberté personnelle dans leurs choix religieux et acceptent d'autant mieux le principe séculier. À l'inverse, chez les musulmans, la distinction est plus discrète entre religion, vie privée et vie publique. Pour eux, la foi concerne tous les domaines de la vie. D'ailleurs, ils ne voient pas de difficulté à vivre sur le territoire français, avec les lois de la République, et à pratiquer leur religion. La majorité des musulmans de France (63 %) se disent pratiquants ; ils sont d'accord avec l'idée d'une modernisation de leur religion, surtout les femmes qui en obtiendraient plus de droits et de liberté. Seulement 10 à 15 % d'entre eux fréquenteraient la mosquée. Comme les jeunes Français de souche, les jeunes musulmans pratiquent de moins en moins. Par ailleurs, les lieux de culte musulmans sont rares et souvent modestes : on compte seulement une dizaine de grandes mosquées. Mais les élus sont réticents à accepter l'autorisation de la construction d'une mosquée dans leur localité, mesure qui ne serait pas très populaire. Enfin, les musulmans représentent entre 6 et 9 % de la population. De ce fait, et « au nom du principe constitutionnel de liberté d'opinion et de pratique religieuse », les autorités seront de plus en plus amenées à composer avec les institutions représentatives de l'islam.

## Un « bricolage » mystique personnel

Dès les années 1960 sont apparus les renouveaux spirituels (charismatique, Taizé, etc.) et nombre de « sectes » venues des États-Unis. Dans les années 1980, l'appartenance et la pratique religieuse diminuent encore, mais une légère atténuation est observée, expliquée par la pratique plus régulière des personnes âgées. Par ailleurs, certains indices, comme l'attachement aux cérémonies religieuses ou le sentiment que l'Église apporte des réponses aux besoins spirituels, l'intérêt récent pour les religions orientales ou le mouvement charismatique pourraient faire croire que nous assistons à un « retour du religieux ». Parallèlement, on observe chez les jeunes générations et les athées une augmentation des croyances liées à l'après-mort ou au paranormal, des croyances parallèles plus ou moins « psycho-mystiques » ou ésotériques, et de celles liées à l'ouverture vers d'autres cultures et traditions religieuses.

Les progrès de l'individualisme impose à l'individu de « produire lui-même les significations de sa propre existence à travers la diversité des situations qu'il expérimente, en fonction de ses propres ressources et dispositions. Il doit, de ce fait, interpréter cette succession d'expériences disparates comme un parcours ayant un sens[1] » et se faire « son petit récit croyant ». Chacun choisit dans « le stock des ressources symboliques » que lui fournissent les diverses religions, sectes et mouvements (type New Age) de quoi se « bricoler » sa propre religion. De manière caricaturale, toutes les religions fournissent les rayons d'un supermarché où chacun remplit son panier avec des croyances, des rites et des participations.

Il n'en demeure pas moins que l'individualiste le plus forcené n'est pas seul au monde, il lui faut des modèles pour son bricolage et autrui pour le

1. D. Hervieu-Léger, *Le Pèlerin et le converti*, Paris, Flammarion, 1999.

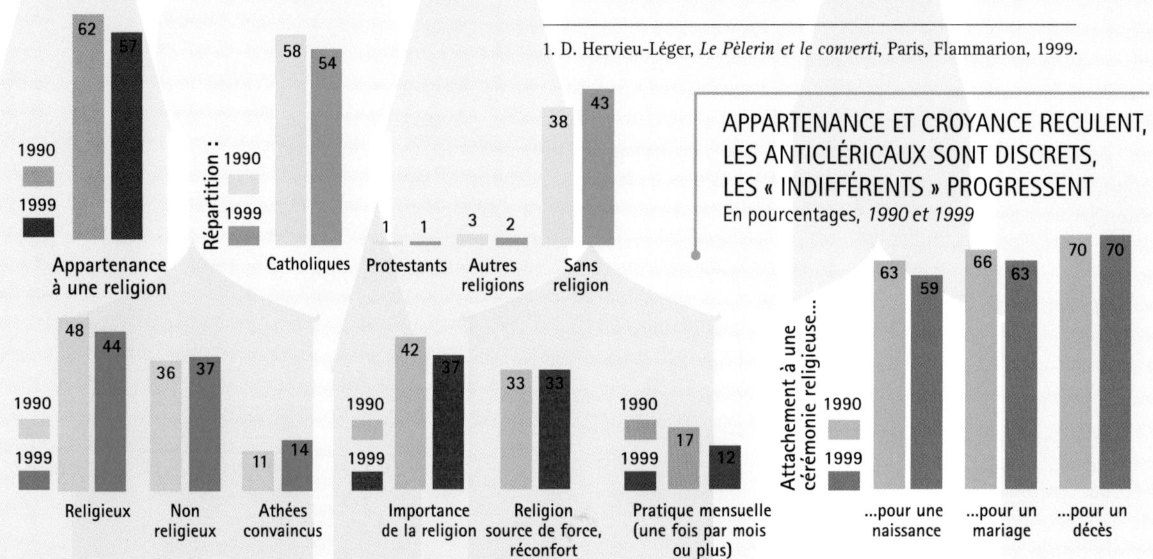

APPARTENANCE ET CROYANCE RECULENT, LES ANTICLÉRICAUX SONT DISCRETS, LES « INDIFFÉRENTS » PROGRESSENT
En pourcentages, 1990 et 1999
1990
1999
62
57
Appartenance à une religion
Répartition :
58
54
Catholiques
1
1
Protestants
3
2
Autres religions
38
43
Sans religion
48
44
Religieux
36
37
Non religieux
11
14
Athées convaincus
42
37
Importance de la religion
33
33
Religion source de force, réconfort
17
12
Pratique mensuelle (une fois par mois ou plus)
Attachement à une cérémonie religieuse...
63
59
...pour une naissance
66
63
...pour un mariage
70
70
...pour un décès

conforter. Dans cet univers, on comprend que les personnages charismatiques, « emblématiques », jouent un rôle essentiel, servant de modèle. Dans le domaine religieux, pour celui qui cherche une validation à sa croyance, le recours à une communauté est la meilleure assurance qui soit.

## Du doute à la ferveur

Le rapport des Français à l'égard des croyances a changé : il est devenu complexe et subjectif. La référence religieuse est encore très pertinente dans les identifications de chacun, même si elle n'apparaît pas clairement. Par exemple, un individu peut se définir comme « quelqu'un de religieux » sans pour cela avoir la certitude de l'existence de Dieu, celle-ci n'est ni certaine, ni improbable, ni exclue, mais probable. 67 % des Français estiment que la foi aide à supporter les épreuves de la vie, 19 % se qualifient d'incroyants et 14 % de sceptiques, les autres se jugent croyants. Au long des années, ce ne sont pas les certitudes sur la croyance ou l'athéisme qui gagnent du terrain, mais plutôt le scepticisme. Cette tendance s'accorde avec la culture moderne qui privilégie l'expérience aux dépens de l'autorité et de la tradition. Les Français vivent leurs croyances comme le résultat d'un libre choix. Ils peuvent croire en la résurrection du Christ, croire qu'il est le fils de Dieu, croire aux miracles et au pardon des péchés, mais, simultanément, ils peuvent refuser la transsubstantiation ou la résurrection des morts. Ils croient au Paradis mais non à l'enfer ou au purgatoire, signe qu'ils ne broient pas du noir ! De même, la vérité n'est plus dans l'Évangile mais confiée à la conscience individuelle, déterminée hors de toute contrainte.
Le renouveau actuel des pèlerinages et des grands rassemblements festifs, l'attrait pour les nouveaux mouvements touchent quelques centaines ou milliers de personnes, alors que ceux qui prennent leurs distances avec la religion se comptent par dizaines de millions. Cependant le succès des Journées mondiales de la Jeunesse reste extraordinaire, certains l'imputent à la personnalité marquante de Jean-Paul II. Sans doute faut-il chercher ailleurs l'explication de ce mouvement qui a rassemblé 1 million de jeunes à Paris en 1997 et 2 millions à Rome en 2000.

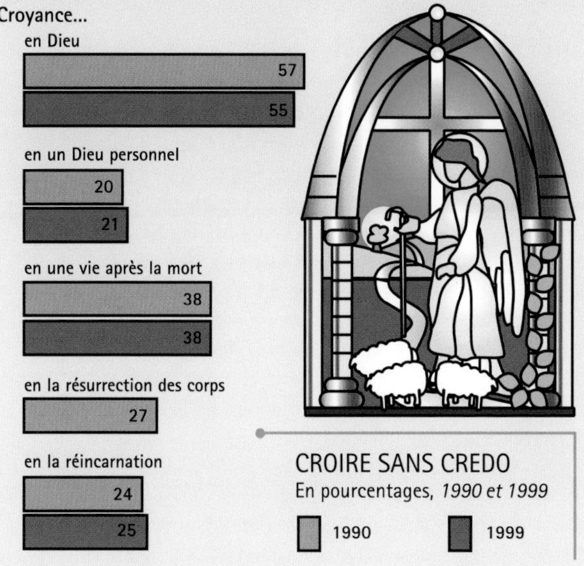
Croyance...
en Dieu
57
55
en un Dieu personnel
20
21
en une vie après la mort
38
38
en la résurrection des corps
27
en la réincarnation
24
25
1990
1999

CROIRE SANS CREDO
En pourcentages, *1990 et 1999*

LA SCIENCE FAISANT FOI
Croyances au paranormal et à l'astrologie, croyances et pratiques religieuses selon l'âge
En pourcentages, *1993*

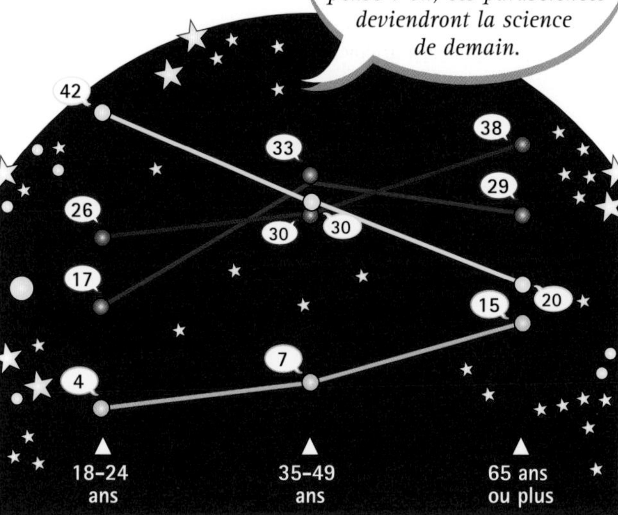
croyance au paranormal
croyance à l'astrologie
croyances religieuses
pratique dominicale
Plus on s'intéresse à la science (jeunes et jeunes adultes), plus on croit au paranormal et à l'astrologie car, pense-t-on, ces parasciences deviendront la science de demain.
42
33
38
29
26
30
30
17
20
15
7
4
18-24 ans
35-49 ans
65 ans ou plus

QU'EST-CE QU'UN CHRÉTIEN AUJOURD'HUI ?
Faire preuve d'humanité plutôt qu'obéir aux rituels
*1985*

**Réponses**

| | |
|---|---|
| • Aider ceux qui en ont besoin autour de soi | 47 % |
| • Mener une vie familiale unie | 39 % |
| • Donner une éducation religieuse à ses enfants | 27 % |
| • Prier, penser à Dieu | 24 % |
| • Respecter les recommandations morales de l'Église | 23 % |
| • S'engager dans des mouvements humanitaires pour les Droits de l'homme | 16 % |
| • Vivre l'idéal de l'Évangile | 13 % |
| • Faire connaître la foi | 11 % |
| • Aller régulièrement à la messe | 8 % |
| • S'engager dans des mouvements catholiques | 8 % |

# Nouvelles missions pour nos soldats

Depuis Valmy jusqu'à la Seconde Guerre mondiale, défendre « le sol sacré de la Patrie » est le devoir de tout Français. « Mourir pour la patrie est le sort le plus beau », la *Marseillaise* et le *Chant du Départ* sont chantés dans les écoles. Le spectacle des régiments militaires rentrant des manœuvres sous les applaudissements de la population viennent rappeler ces vérités. Durant toute cette période, l'esprit de défense se résume au sacrifice suprême.

Être officier n'est pas une fonction ou un emploi mais un état ; le grade est, comme le titre de noblesse, accolé au nom. Passés par Polytechnique pour les armes « savantes » ou par Saint-Cyr pour la cavalerie et l'infanterie, les officiers ont un esprit de caste et bénéficient de la haute considération de l'ensemble de la population. Les recrues, souvent issues du monde paysan, doivent à l'armée leur apprentissage des armes, mais aussi de la citoyenneté, de la discipline et de l'autorité.

Cette armée traditionnelle disparaît et avec elle l'antimilitarisme et l'insoumission. Depuis la fin de la guerre d'Algérie, le soldat vit *Le Désert des Tartares*, dans l'attente d'un combat qui ne vient pas. Pour un jeune Français, défendre sa patrie n'a plus le sens réaliste qu'il avait pour son grand-père qui avait fait son service militaire et avait appris le maniement de la baïonnette et du fusil mitrailleur. N'ayant pas fait son service, il a peine à imaginer sa contribution à la défense du territoire. L'armée perd de son prestige, les Français sont unanimes sur l'utilité d'une force de frappe, la dissuasion nucléaire n'est pas remise en question, le mouvement pacifiste et Greenpeace n'ont pas l'adhésion qu'ils rencontrent en Allemagne, par exemple. L'armée est reconnue par les Français comme une sorte d'assurance qu'on ne peut pas supprimer. Et le soldat vit une insupportable contradiction entre sa condition de fonctionnaire et son idéal de baroudeur. À ce stade, les militaires eux-mêmes sont favorables à l'armée de métier.

Les nouvelles missions attribuées aux militaires, soit dans le cadre de l'ONU, pour des interventions de maintien de la paix et du respect du droit international, soit à caractère humanitaire, en prenant la relève des ONG ou en intervenant aux côtés de la Croix Rouge et autres secours dans les catastrophes naturelles, permettent aux militaires d'exercer leurs qualités et de valoriser leur image auprès des civils. Les armes se sont perfectionnées, informatisées, et exigent des formations plus poussées, attractives pour les jeunes qui pourraient de plus en plus considérer un passage par l'armée comme une expérience professionnelle parmi d'autres.

De l'extérieur, l'armée apparaît toujours comme un univers clos, où les contraintes sont fortes. Le recrutement se fait parmi les familles de militaires ; les femmes, pour suivre leur mari, exercent moins souvent une activité professionnelle, les militaires entretiennent des relations principalement entre eux et s'organisent dans des associations et institutions qui partagent la même idéologie.

## Femmes en armes

Aujourd'hui, 28 000 femmes sont engagées, sous-officiers et officiers. Après l'Amérique du Nord, l'armée française est la plus féminisée. Impliquées dans la Résistance, il faut attendre 1981 pour voir une femme porter les étoiles d'officier général (médecin) et 1983 pour les voir admises à Saint-Cyr. Toutes restrictions maintenant levées, les femmes accèdent à tous types d'emploi, même ceux impliquant un contact direct avec les forces hostiles (elles étaient 170 au Kosovo). Elles privilégient les postes administratifs (services de santé) où elles ont des horaires réguliers leur permettant de concilier vie privée et vie professionnelle. Elles préfèrent l'armée de l'air et sont peu enclines à entrer dans la gendarmerie, elles choisissent surtout les armes de soutien (transmissions, renseignement, logistique) et les armes d'appui (artillerie, génie, aéromobilité). Dans la marine, elles pourront bientôt choisir les fusiliers marins et les commandos de forces spéciales, reste l'exception des sous-marins où l'exiguïté est un handicap.

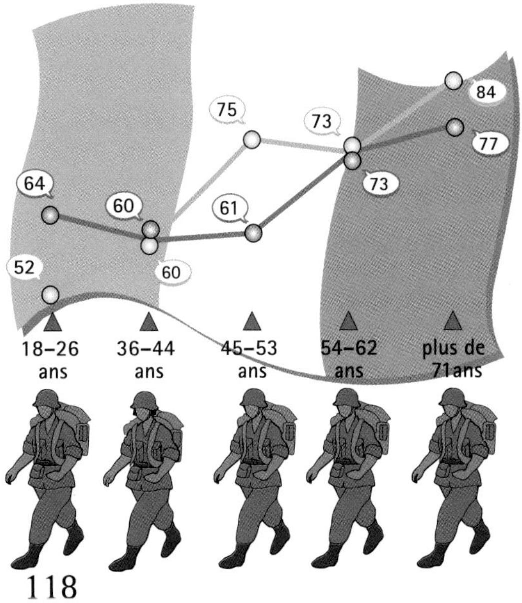

18–26 ans | 36–44 ans | 45–53 ans | 54–62 ans | plus de 71 ans

1981 : 52, 60, 75, 73, 84

1999 : 64, 60, 61, 73, 77

L'ARMÉE GAGNE DU TERRAIN CHEZ LES JEUNES

Personnes faisant confiance à l'armée

En pourcentages, *1981 et 1999*

1981 — 1999

Bien qu'elles soient dans l'ensemble aussi diplômées que les hommes, peu de femmes ont le grade d'officier supérieur parce qu'elles optent souvent pour des carrières courtes ; il faudra attendre que les jeunes générations sortent de Navale, de Saint-Cyr ou de l'École de l'air pour voir des femmes à la tête des régiments ou des escadrilles.

PATRIOTES ?

L'esprit de défense a changé

En pourcentages, *1989–1997*

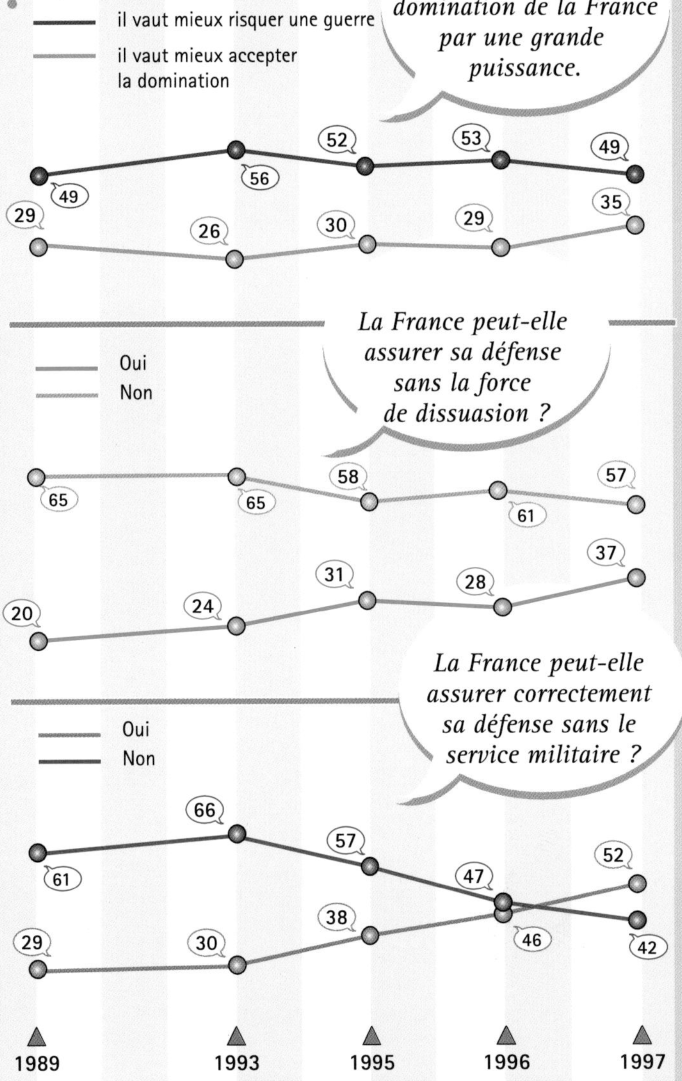

*Opinion en cas d'une domination de la France par une grande puissance.*

il vaut mieux risquer une guerre: 1989: 49; 1993: 56; 1995: 52; 1996: 53; 1997: 49

il vaut mieux accepter la domination: 1989: 29; 1993: 26; 1995: 30; 1996: 29; 1997: 35

*La France peut-elle assurer sa défense sans la force de dissuasion ?*

Oui / Non

65 – 65 – 58 – 61 – 57

20 – 24 – 31 – 28 – 37

*La France peut-elle assurer correctement sa défense sans le service militaire ?*

Oui / Non

61 – 66 – 57 – 47 – 42

29 – 30 – 38 – 46 – 52

1989 1993 1995 1996 1997

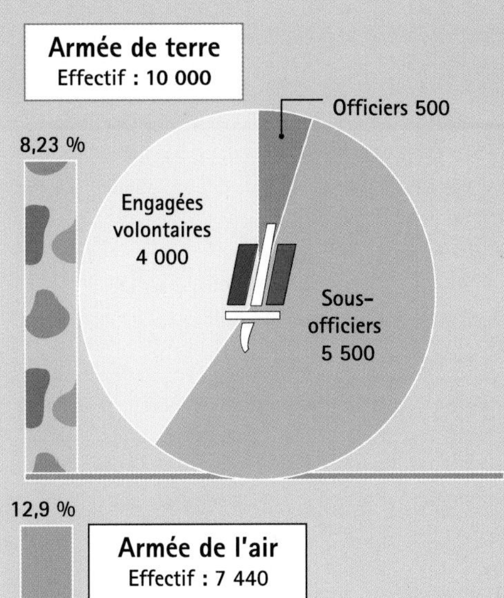

Armée de terre
Effectif : 10 000
8,23 %
Officiers 500
Engagées volontaires 4 000
Sous-officiers 5 500


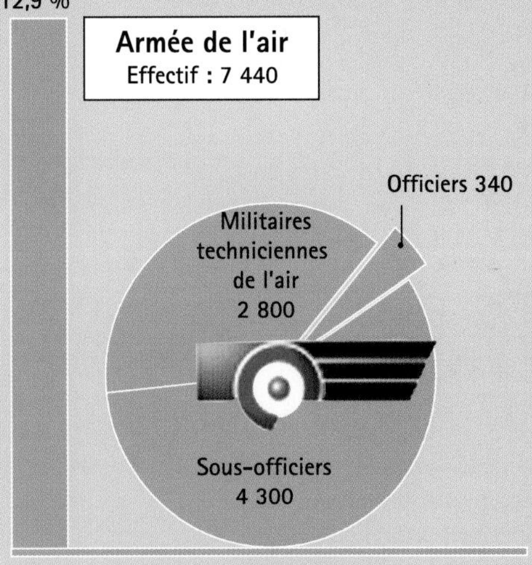

12,9 %
Armée de l'air
Effectif : 7 440
Officiers 340
Militaires techniciennes de l'air 2 800
Sous-officiers 4 300


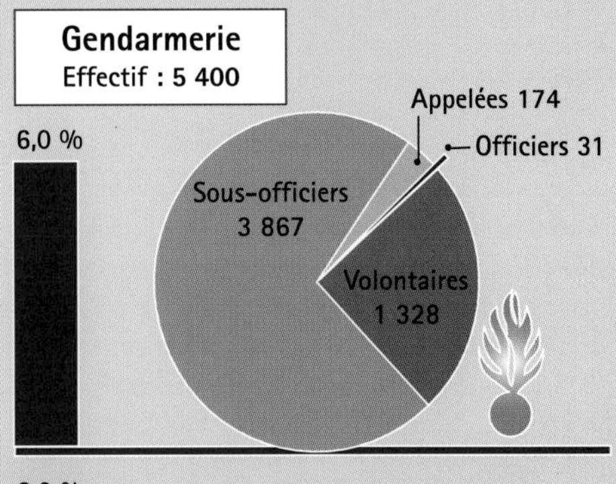

Gendarmerie
Effectif : 5 400
6,0 %
Appelées 174
Officiers 31
Sous-officiers 3 867
Volontaires 1 328


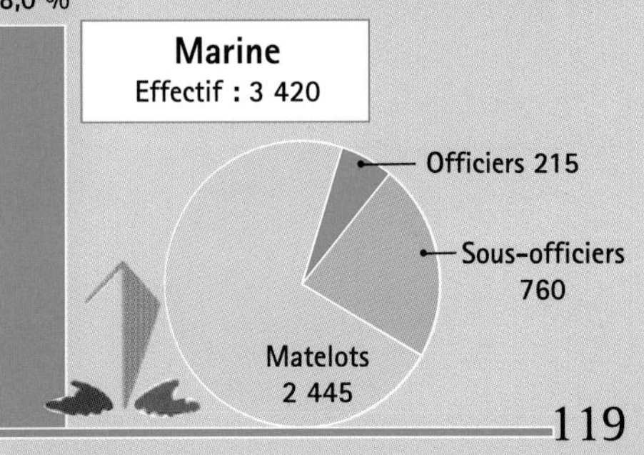

8,0 %
Marine
Effectif : 3 420
Officiers 215
Sous-officiers 760
Matelots 2 445


LES FEMMES AU FRONT

Effectifs féminins des armées

En pourcentages et en nombres, *premier semestre 2000*

# La lutte finale ?

Les mutations du monde de l'entreprise caractérisées par la chute des effectifs ouvriers, la décentralisation des foyers de production publics ou privés, la multiplication des statuts et des qualifications et l'individualisation des carrières, l'augmentation massive du chômage... ont mis les syndicats à rude épreuve ces 25 dernières années. Par ailleurs, la plupart des confédérations syndicales sont devenues de véritables bureaucraties politisées qui ne cessent de se diviser et, ainsi, d'affaiblir leur crédibilité. Tous ces changements ont abouti à la défection des adhérents. Dans l'après-guerre, un Français salarié sur deux était syndiqué, surtout adhérent de la CGT ; depuis les années 1970, 10 % des salariés sont syndiqués. Ce déclin affecte le public et le privé. De même, le nombre d'entreprises pourvues de sections syndicales est en chute. Ces dernières années, les non-syndiqués deviennent les premières forces de représentation dans les élections professionnelles. En revanche, si l'action des syndicats est devenue moins visible, elle n'en est pas moins efficace : les représentants syndicaux sont associés à de nombreux réseaux et instances officiels, où la négociation est organisée, et où ils ont un réel pouvoir. Dans les entreprises publiques ou para-publiques ou les administrations, ils défendent les intérêts des salariés en matière de formation permanente, de sécurité, d'intéressement, de protection sociale, etc. Dans les grands groupes, ils interviennent dans la gestion, les marchés... Au sein des institutions, leur rôle consultatif et gestionnaire prend de l'ampleur. Ils sont présents dans les organisations professionnelles, nationales ou internationales, dans les caisses de sécurité sociale ou de retraite, les mutuelles, dans les institutions médicales, éducatives, prud'homales, la consommation, l'environnement... De façon générale, ils veillent au pouvoir d'achat des Français, à l'avenir de leurs retraites, à leur protection sociale... Paradoxalement, alors que le nombre d'adhérents diminue, le poids du syndicat dans la gestion du cadre de vie des Français augmente ; à tel point que les délégués syndicaux, ayant chacun nombre de mandats, passent tout leur temps à remplir des tâches de gestion, de négociation ou de concertation, se disputant même entre confédérations les places de choix dans les instances paritaires. Ils deviennent ainsi de plus en plus sensibles aux arguments des directions, mais, effet pervers, ils s'éloignent des attentes des salariés.

## De la grève à la mobilisation spontanée

Au niveau national, le nombre de jours de grève connaît un déclin très net, mais cela ne veut pas dire qu'il n'y ait plus de mobilisation. On assiste de plus en plus à des conflits localisés, c'est-à-dire par exemple un débrayage ponctuel, une grève bouchon émanant d'un ou de deux ateliers d'un établissement. Ces mobilisations sont souvent moins encadrées (le syndicat n'est pas toujours présent) et plus spontanées. Au sein des grandes entreprises, la

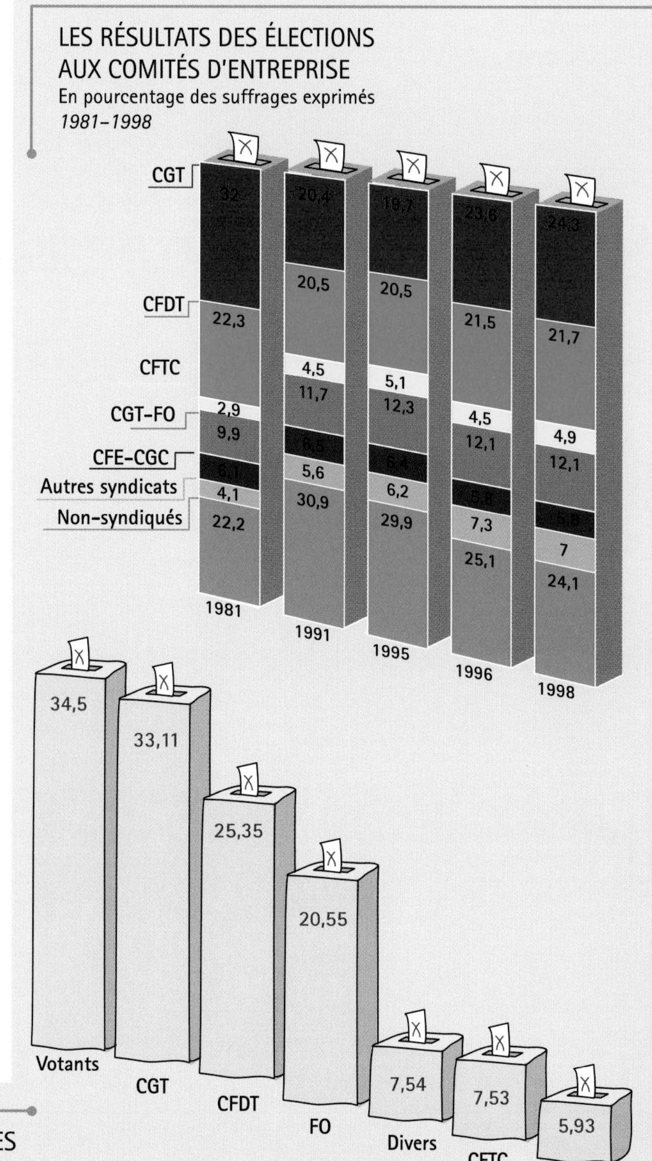

LES RÉSULTATS DES ÉLECTIONS
AUX COMITÉS D'ENTREPRISE
En pourcentage des suffrages exprimés
1981-1998
CGT
CFDT
CFTC
CGT-FO
CFE-CGC
Autres syndicats
Non-syndiqués
1981: 32; 22,3; 2,9; 9,9; 4,1; 22,2
1991: 20,4; 20,5; 4,5; 11,7; 5,6; 30,9
1995: 19,7; 20,5; 5,1; 12,3; 6,2; 29,9
1996: 23,6; 21,5; 4,5; 12,1; 7,3; 25,1
1998: 24,3; 21,7; 4,9; 12,1; 7; 24,1
Votants 34,5
CGT 33,11
CFDT 25,35
FO 20,55
Divers 7,54
CFTC 7,53
CGC 5,93


LES RÉSULTATS DES ÉLECTIONS PRUD'HOMALES
DU 10 DÉCEMBRE 1997
Résultats nationaux, en pourcentages

négociation sur les salaires et les conditions de travail a été décentralisée au niveau des branches. De ce fait le nombre d'accords signés au niveau local a été multiplié, évitant ainsi des mobilisations générales. Autre nouveauté, dans les années 1990, on a vu employeurs et salariés se mobiliser contre les réglementations étatiques ou, à l'inverse, contre une politique trop libérale : les fonctionnaires contre les délocalisations, les paysans contre le GATT, les camionneurs contre le prix du carburant, etc.
Les sondages de cette dernière décennie révèlent un fait marquant : la grande solidarité des Français, toutes catégories confondues, envers les conflits sociaux, publics ou privés. Même ceux qui bénéficient d'une situation stable ou privilégiée sont sympathisants des grévistes qui défendent retraites, santé ou emploi. Mondialisation et 35 heures ont eu pour effet de rassembler les travailleurs dans une combativité sociale, effective ou par procuration, contre « une évolution économique jugée trop dure et trop contraignante pour beaucoup d'entre eux[1] ».

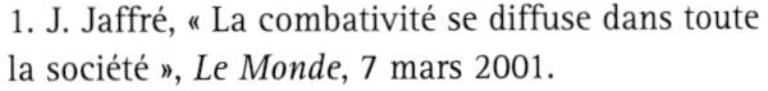

1. J. Jaffré, « La combativité se diffuse dans toute la société », *Le Monde*, 7 mars 2001.

## LES CONFLITS LOCAUX TIENNENT UNE PLACE CROISSANTE

Nombre de JINT (journées individuelles non travaillées)
*1998–1999*

| | 1998 | 1999 |
|---|---|---|
| **Conflits localisés** | | |
| Nombre de JINT | 345 576 | 568 135 |
| *Taux de participation* | *28 %* | *32 %* |
| **Conflits généralisés** | | |
| Nombre de JINT | 7 600 | 5 426 |

## LA SYNDICALISATION EN PENTE DOUCE

Effectifs syndicaux
En milliers, *1950–1993*

salariés
membres syndiqués

| | 1950 | 1960 | 1970 | 1980 | 1993 |
|---|---|---|---|---|---|
| salariés | 11 882 | 13 289 | 16 225 | 18 057 | 19 410 |
| membres syndiqués | 3 691 | 2 728 | 3 708 | 3 481 | 2 121 |

5 000 000
4 000 000
3 000 000
2 000 000
1 000 000
1975 1976 1977 1978 1979 1980 1981 1982 1983 1984 1985 1986 1987 1988 1989 1990 1991 1992 1993 1994 1995 1996 1997 1998 1999

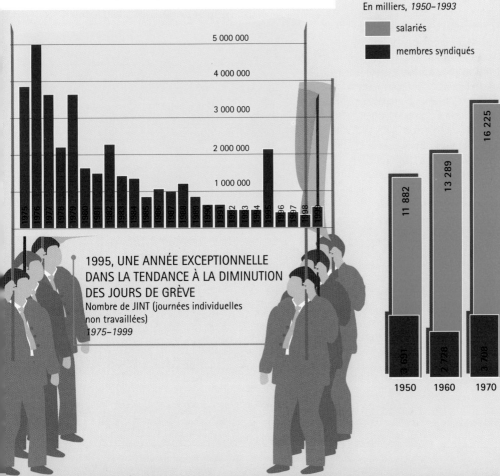

## 1995, UNE ANNÉE EXCEPTIONNELLE DANS LA TENDANCE À LA DIMINUTION DES JOURS DE GRÈVE

Nombre de JINT (journées individuelles non travaillées)
*1975–1999*

Nombre de revendications des années 1960-1970 ont été intégrées officiellement : par exemple, les revendications féministes ont conduit à la création d'un ministère ; les mouvements écologiste et régionaliste ont connu le même sort. Au cours des années 1980, la mobilisation était caractérisée par des mouvements de groupes professionnels spécifiques contestant au sein de « coordinations », revendiquant une reconnaissance sociale, des valeurs peu soutenues par les organisations syndicales traditionnelles (on se souvient des coordinations d'étudiants, d'assistantes sociales, d'infirmières, d'instituteurs...). Dans les années 1990, on voit apparaître un syndicalisme « alternatif » ; des syndicats autonomes se mobilisent, en dehors du monde de l'entreprise, aux côtés d'associations militantes, pour des motifs plus culturels, tels que la défense des « sans » (sans-papiers, sans-emploi, sans-abri...). Mais ces mobilisations n'ont pas de projet global de société défini dans un cadre institutionnel ; elles défendent, de façon plus ou moins spontanée, liberté, égalité, droit à la différence et justice, des valeurs « citoyennes ». Déjà, les grandes manifestations de 1984 pour la liberté de l'enseignement et celles de 1995 pour la protection sociale ont fait descendre dans la rue des milliers de Français, venus défendre avant tout une liberté de choix entre privé et public et un droit acquis. D'autres formes militantes apparaissent, plus locales ou utilisant le lobbying. Le tissu associatif local est de plus en plus actif à défendre des groupes restreints ou des intérêts particuliers (près d'un Français sur deux de plus de 14 ans adhère à une association) ; par ailleurs, le lobbying s'étend au-delà des frontières, se modernise et utilise largement les médias ; les agriculteurs forment un bon exemple d'assiduité à fréquenter les couloirs ministériels et les bureaux de Bruxelles, tout en provoquant de temps en temps de violentes manifestations.

## Portrait du manifestant

Durant l'après-guerre, les grèves, souvent organisées par les communistes et la CGT, rassemblaient d'abord des ouvriers. Les luttes sociales concernaient la production et l'économie, les conflits du travail et la lutte des classes. Les années 1960 et surtout Mai 68 marquent une césure. L'élévation du niveau de vie général et du niveau d'éducation ont fait que l'amélioration des moyens de subsistance et de sécurité sont moins souvent les objectifs des revendications. Les conflits liés au travail et à la défense des droits acquis sont encore nombreux, mais de nouvelles formes d'action ont émergé ces trente dernières années. Les Français se mobilisent

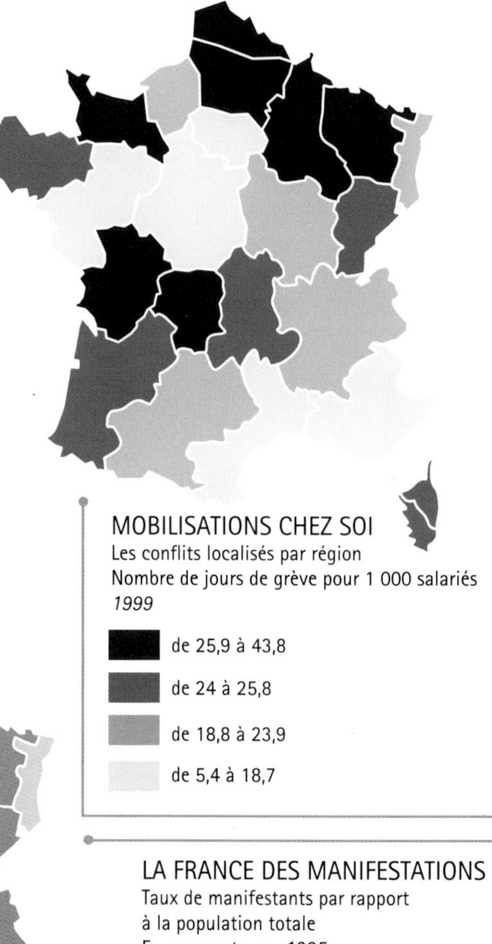
MOBILISATIONS CHEZ SOI
Les conflits localisés par région
Nombre de jours de grève pour 1 000 salariés
1999
de 25,9 à 43,8
de 24 à 25,8
de 18,8 à 23,9
de 5,4 à 18,7

*Les manifestations nationales de 1995 ont bien représenté les traditions historiques de refus du pouvoir central au Sud et de soutien au Nord et à l'Est.*

LA FRANCE DES MANIFESTATIONS
Taux de manifestants par rapport à la population totale
En pourcentages, *1995*

- plus de 10 %
- entre 4 et 10 %
- moins de 3 %

Moyenne nationale : 6,5 %

pour des valeurs ; leurs revendications sont d'ordre qualitatif et touchent davantage au fonctionnement de la démocratie. Ce qui explique qu'ils sont plus souvent issus des couches salariées moyennes et supérieures et des milieux diplômés ; ils sont plutôt jeunes, et se situent politiquement à gauche. Plus de la moitié des manifestants de Mai 68 exercent, vingt ans plus tard, une profession libérale, intermédiaire ou sont devenus cadres.

Manifester est un comportement de plus en plus accepté par l'opinion car il ne s'agit plus de perturber l'ordre social établi ou d'affaiblir l'État républicain. La mobilisation a pour objectif l'intégration sociale (chômeurs ou exclus) ou la reconnaissance de minorités (homosexuels, sans-papiers), le refus d'interventions publiques sans concertation (c'était l'objet de la grève de 1995 pour la Sécurité sociale). On voit bien que les Français veulent s'impliquer dans les processus de décision des politiques publiques ; ils ne se désengagent pas mais, au contraire, expriment par l'intervention directe leur désir de participer à la vie publique.

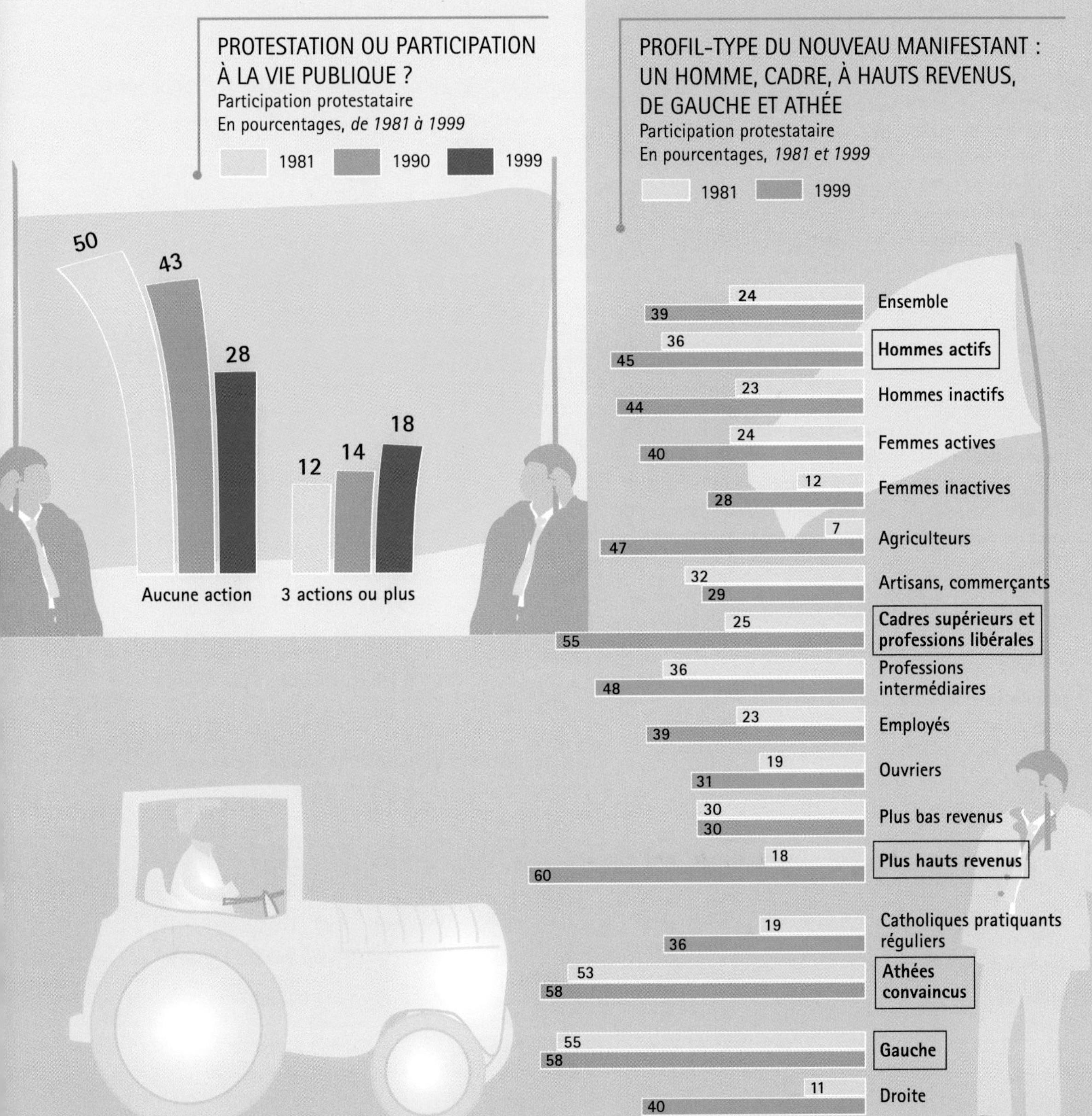

PROTESTATION OU PARTICIPATION À LA VIE PUBLIQUE ?
Participation protestataire
En pourcentages, de 1981 à 1999
1981
1990
1999
50
43
28
12
14
18
Aucune action
3 actions ou plus
PROFIL-TYPE DU NOUVEAU MANIFESTANT : UN HOMME, CADRE, À HAUTS REVENUS, DE GAUCHE ET ATHÉE
Participation protestataire
En pourcentages, 1981 et 1999
1981
1999
Ensemble 24 39
Hommes actifs 36 45
Hommes inactifs 23 44
Femmes actives 24 40
Femmes inactives 12 28
Agriculteurs 7 47
Artisans, commerçants 32 29
Cadres supérieurs et professions libérales 25 55
Professions intermédiaires 36 48
Employés 23 39
Ouvriers 19 31
Plus bas revenus 30 30
Plus hauts revenus 18 60
Catholiques pratiquants réguliers 19 36
Athées convaincus 53 58
Gauche 55 58
Droite 11 40

Les Français jugent mal la justice de leur pays, plus des deux tiers d'entre eux ne lui font pas confiance ; 75 % lui reprochent son mauvais fonctionnement, sa lenteur et son coût et 80 % la jugent « vieillotte » et « soumise au pouvoir politique[1] ». Et pourtant, si les Français gardent en tête une image de la justice intemporelle, celle des audiences solennelles, des robes rouges et des épitoges d'hermine, le travail des officiers et des professionnels de la justice a considérablement évolué pour s'adapter à la vie quotidienne des individus. Greffiers, avocats, huissiers, éducateurs, policiers, surveillants de prison, agents du Trésor public doivent mettre en œuvre chaque année plus de onze millions de décisions pénales et deux millions de décisions civiles et commerciales rendues par les juges concernant chaque fois une situation personnelle : infractions, vols, pensions alimentaires, loyers...

La création du Syndicat de la magistrature en 1968 et de l'École nationale de la magistrature en 1972 ont permis d'ouvrir des débats publics sur la justice et sur les grandes questions de société, de recruter des promotions nombreuses de jeunes magistrats, dont une proportion importante de femmes, ainsi de désacraliser l'institution et de la moderniser.

Le nombre de réformes législatives témoigne d'une chose : la volonté de l'institution de répondre aux multiples missions imposées par une société dont les mœurs et les valeurs évoluent de plus en plus rapidement. Ainsi, depuis les années 1970, le code civil a été rénové en matière de droit de la nationalité, droit de la famille – divorce, filiation, pension alimentaire –, protection des individus face à l'informatique ; puis en matière de droit pénal – abolition de la peine de mort, recours devant la Commission européenne des droits de l'homme, instauration de la peine de travail d'intérêt collectif... Enfin, des réformes importantes sur les liquidations et redressements judiciaires des entreprises. Deux domaines font souvent l'objet de modifications législatives : la détention provisoire et les mesures affectant le séjour irrégulier des étrangers.

« Par la masse des affaires qu'elle traite, la justice a pris une place réelle dans la vie des Français, elle hérite de toutes les questions que la famille, l'école, le quartier, les institutions ne savent plus traiter [...] Le juge doit trancher de tout au nom du droit, qu'on lui demande d'être un lieu de mémoire (procès Papon, Touvier, Barbie), d'établir la vérité historique (procès Aubrac), d'apprécier les politiques de santé (sang contaminé, amiante), le contenu d'un plan social (Renault-Villevorde) ou de définir une religion (Église de Scientologie) et de juger la loi nationale face à la Convention européenne des droits de l'homme[2]. »

Si les affaires politico-financières mettent à mal les rapports entre l'institution et quelques hommes politiques ou ternissent l'image de la justice, celle-ci continue discrètement sa modernisation par nombre de réformes qui sont autant de réponses aux préoccupations de la vie quotidienne.

## De quelques caractéristiques des systèmes judiciaires étrangers

Dans les pays de *Common Law,* les systèmes judiciaires peuvent varier d'un État ou d'une région à l'autre, c'est le cas aux États-Unis et au Royaume-Uni. Un des principaux avantages de la *Common Law,* que le monde lui envie, est l'indépendance des juges : ils bénéficient d'un pouvoir autonome du politique. Ils sont soucieux de leur indépendance par rapport à l'exécutif et se considèrent comme le recours du citoyen contre les excès du pouvoir législatif. Mais ce système judiciaire n'échappe pas non plus à la critique dont la plus importante concerne le montant des frais de justice : ils dépassent souvent le montant du litige et expliquent le recours à la conciliation (80 % des cas) ; une grande partie de la population, pas assez riche ou pas assez pauvre (ne pouvant bénéficier de l'aide juridictionnelle) n'a donc pas accès à la justice.

En Allemagne, celle-ci fait partie de la compétence de chaque *Länder.* Le ministère fédéral assure, lui, la coordination entre justice des *Länders* et justice internationale. Le système allemand est caractérisé par son nombre élevé de magistrats : 1 pour 3 900 habitants contre 1 pour 6 300 en Italie, 1 pour 8 000 en Espagne et aux Pays-Bas et 1 pour 9 200 en France.

La justice italienne, confrontée à la lutte anti-mafia, comme la justice espagnole, confrontée, elle, aux actions terroristes basques, montrent leur volonté d'établir l'État de droit dans leur pays et s'emploient avec efforts à faciliter les enquêtes en renforçant le pouvoir de la police, et à développer un arsenal de mesures répressives[3].

L'harmonisation des systèmes (et des valeurs) judiciaires est, à coup sûr, l'un des grands défis de l'Europe à venir.

---

1. Sofres, *L'État de l'opinion*, Paris, Seuil, 1998.
2. J.-P. Jean, « Les réformes de la justice », *Regards sur l'actualité*, n° 248, février 1999.
3. *Cf.* P. Truche (dir.), *Justice et institutions judiciaires*, Paris, La Documentation française, 2001.

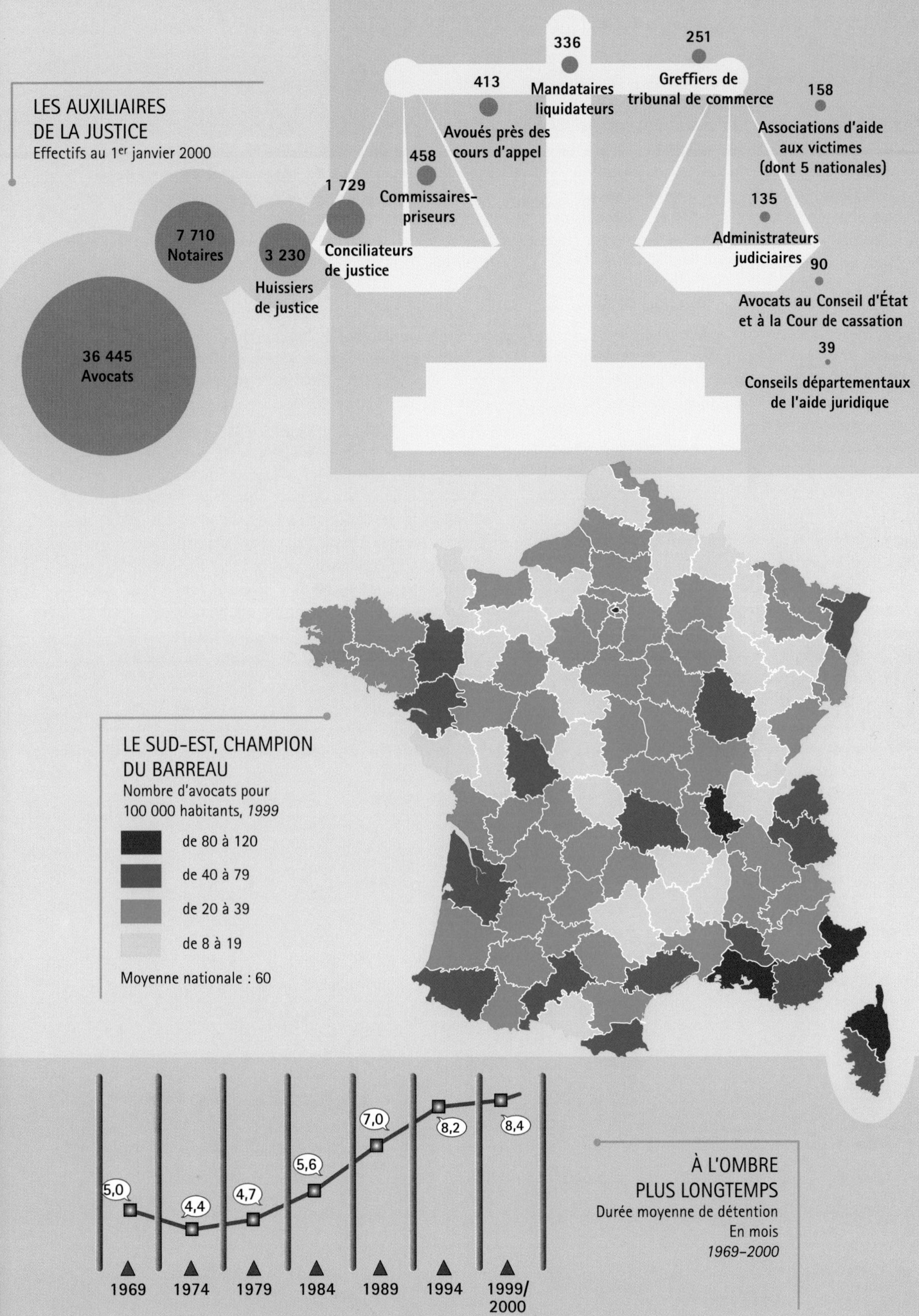
LES AUXILIAIRES
DE LA JUSTICE
Effectifs au 1er janvier 2000
36 445
Avocats
7 710
Notaires
3 230
Huissiers
de justice
1 729
Conciliateurs
de justice
458
Commissaires-
priseurs
413
Avoués près des
cours d'appel
336
Mandataires
liquidateurs
251
Greffiers de
tribunal de commerce
158
Associations d'aide
aux victimes
(dont 5 nationales)
135
Administrateurs
judiciaires
90
Avocats au Conseil d'État
et à la Cour de cassation
39
Conseils départementaux
de l'aide juridique
LE SUD-EST, CHAMPION
DU BARREAU
Nombre d'avocats pour
100 000 habitants, 1999
de 80 à 120
de 40 à 79
de 20 à 39
de 8 à 19
Moyenne nationale : 60
5,0
4,4
4,7
5,6
7,0
8,2
8,4
1969
1974
1979
1984
1989
1994
1999/
2000
À L'OMBRE
PLUS LONGTEMPS
Durée moyenne de détention
En mois
1969–2000

# Associations : le miroir collectif

Autrefois, les Français étaient réputés individualistes, tandis que les Anglais et les Américains l'étaient pour leurs « clubs » – des clubs aristocratiques anglais aux clubs féminins des petites villes américaines.
Depuis le milieu des années 1970 en France, le phénomène associatif a connu une croissance accélérée : de 20 000 en 1975, le nombre de créations d'associations est passé à plus de 60 000 par an ces dernières années.

Une enquête du CREDOC de décembre 1998 montre que les Français ont une bonne image des associations qu'ils jugent efficaces et utiles à la vie démocratique. Ils estiment que la complémentarité entre l'action de l'État et celle des associations devrait se clarifier et se renforcer.
Huit Français sur dix sont concernés par la vie associative : près d'un Français sur deux de plus de 14 ans adhère à une association.

Les adhésions les plus fréquentes concernent toujours les associations sportives, culturelles ou de loisirs ; et ce sont ces associations qui connaissent encore aujourd'hui les plus fortes progressions.
En revanche, les associations militantes ou de défense d'intérêts communs s'ouvrent à un public plus large. Les adhérents ne se contentent pas de payer leur cotisation mais participent plus activement.

Les 15-24 ans prennent de plus en plus de responsabilités au sein des associations, au point que l'idée d'en créer certaines au statut particulier pour les moins de 18 ans a émergé.

D'autre part, la pratique associative reste très sensible au statut social, au diplôme, à l'âge et au sexe. Bien que ces caractéristiques se soient atténuées en 20 ans, les hommes adhèrent aujourd'hui encore plus souvent à une association que les femmes (50 % contre 39 %) ; les très diplômés adhèrent plus que les autres (en 1997, 60 % des personnes titulaires d'un diplôme de l'enseignement supérieur sont membres d'une association contre seulement 32 % de ceux qui n'ont aucun diplôme) ; les cadres supérieurs plus souvent que les autres (le taux d'adhésion des cadres supérieurs et des professions intermédiaires est ainsi de 65 %, bien au-dessus de la moyenne nationale). Les cadres supérieurs sont plus souvent adhérents de plusieurs associations où ils y jouent le rôle d'animateurs. La sur-représentation des actifs de 40-50 ans s'est aujourd'hui bien atténuée, du fait d'un activisme de plus en plus fort des jeunes et des retraités.

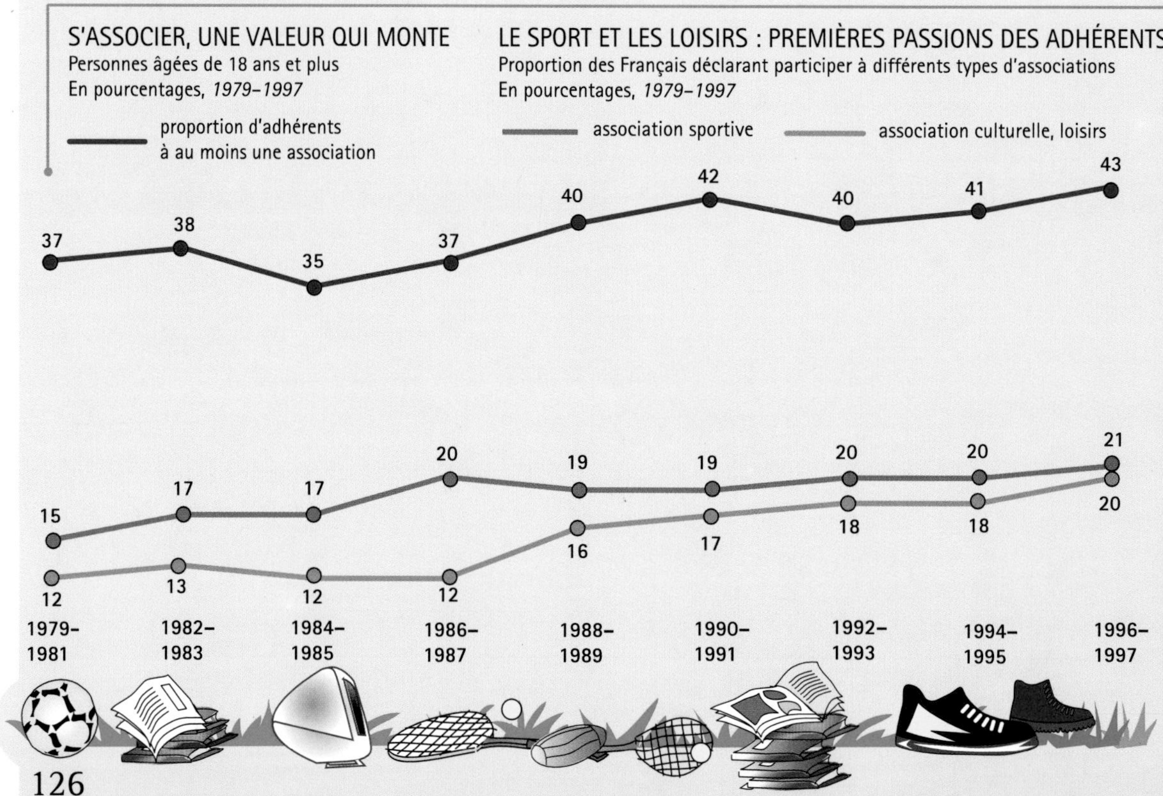
S'ASSOCIER, UNE VALEUR QUI MONTE
Personnes âgées de 18 ans et plus
En pourcentages, 1979–1997
proportion d'adhérents à au moins une association
LE SPORT ET LES LOISIRS : PREMIÈRES PASSIONS DES ADHÉRENTS
Proportion des Français déclarant participer à différents types d'associations
En pourcentages, 1979–1997
association sportive
association culturelle, loisirs
37
38
35
37
40
42
40
41
43
15
17
17
20
19
19
20
20
21
12
13
12
12
16
17
18
18
20
1979–1981
1982–1983
1984–1985
1986–1987
1988–1989
1990–1991
1992–1993
1994–1995
1996–1997

## ON SE MET AU VERT DANS LES RÉGIONS FRONTALIÈRES ET DANS LES VILLES

Répartition par région de la part de la population de plus de 18 ans déclarant adhérer à une association de défense de l'environnement
En pourcentage d'adhérents
*1990–1992*

- moins de 3 %
- de 3 % à 3,5 %
- plus de 3,5 %

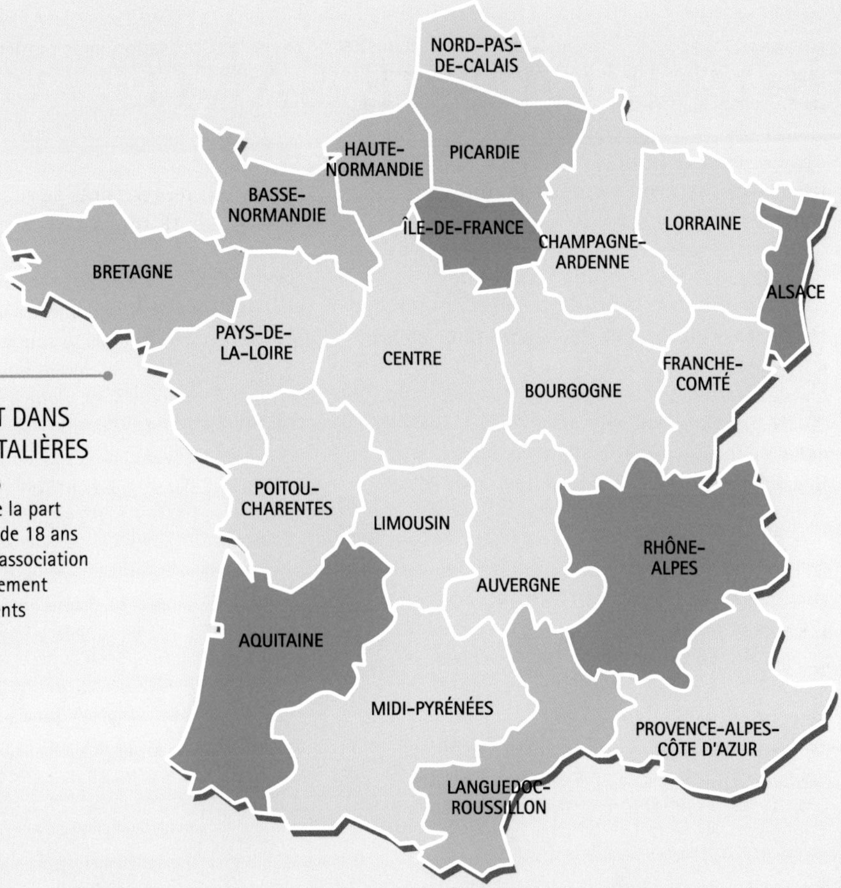

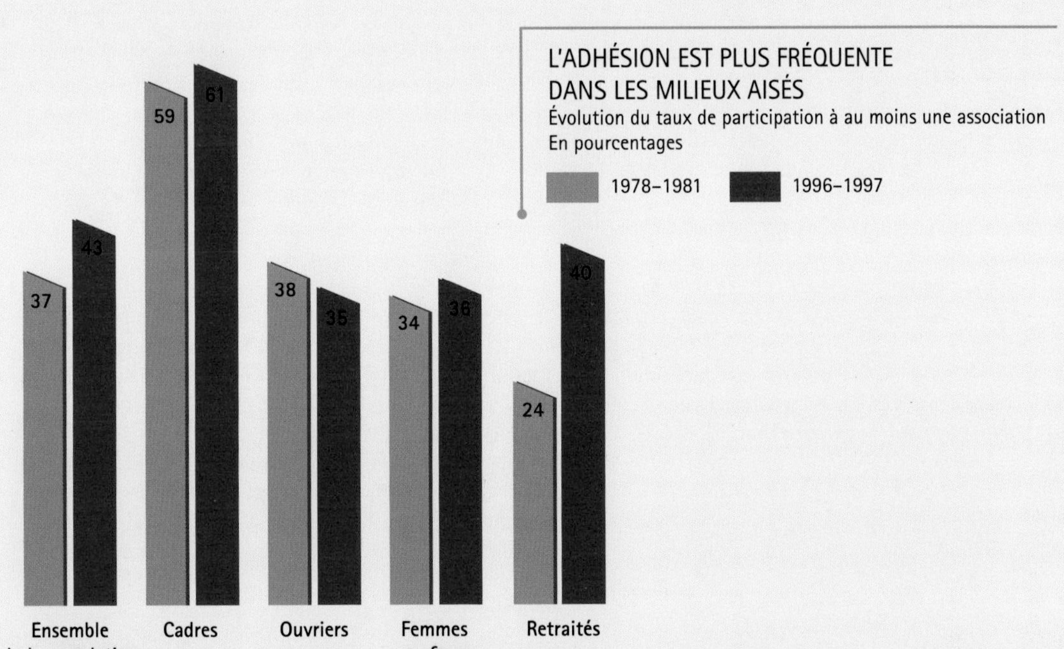
1978–1981
1996–1997
37
43
59
61
38
35
34
36
24
40
Ensemble de la population
Cadres
Ouvriers
Femmes au foyer
Retraités

## L'ADHÉSION EST PLUS FRÉQUENTE DANS LES MILIEUX AISÉS

Évolution du taux de participation à au moins une association
En pourcentages

# BON BILAN DE SANTÉ

*L'ail est à la santé ce que le parfum est à la rose.*
Proverbe provençal

Un diagnostic du Français « moyen » révèle son bon état de santé : il a grandi (en moyenne, les gens âgés de 22 ans mesurent aujourd'hui cinq centimètres de plus qu'en 1960), et il vit plus longtemps (toutes causes confondues, la mortalité prématurée a diminué, le taux de décès avant 65 ans régresse). Depuis les années 1950 et les antibiotiques, la médecine a connu de grandes transformations. Les maladies autrefois rapidement mortelles, comme le diabète et l'hémophilie, sont devenues chroniques : on n'en meurt plus, mais on n'en guérit pas encore. D'autres maladies voient leur fréquence augmenter comme les tumeurs ou les maladies cardio-vasculaires, mais elles affectent souvent les gens âgés, octogénaires, laissant entendre qu'elles sont dues au vieillissement ; or en matière de longévité, et de longévité sans incapacité, la France atteint des records qui attestent le bon état de santé général de sa population.

Les progrès thérapeutiques ont entraîné un rapport différent entre le médecin et le malade. Le malade chronique acquiert des compétences et peut participer à son propre traitement ; la relation avec le médecin a changé, elle peut parfois être de l'ordre de la négociation. Dans la lutte contre le cancer et le Sida, des centres s'ouvrent dont la vocation est d'aider les patients à supporter leur maladie, de porter à leur connaissance les méthodes thérapeutiques ; la relation entre le malade et le corps médical est prise en compte dans le traitement de la maladie.

L'hôpital, lui aussi, n'a plus la même image. Depuis la création des Centres hospitaliers universitaires (CHU) en 1958, l'hôpital est devenu attrayant pour les médecins qui peuvent y exercer une activité libérale et y suivre une carrière de chercheur.

## Un portrait des différences

En France, la politique de santé publique a multiplié les efforts en matière de solutions médicales (les progrès techniques ont été fulgurants : plus de spécialistes, plus de plateaux techniques, etc.). En revanche, elle pèche par l'absence d'une véritable culture de la prévention. La mort prématurée, plus importante en France que dans le reste de l'Europe, est souvent le résultat de comportements à risques : alcoolisme, tabagisme, suicide, accidents de la route, contre lesquels la lutte est plus timide en France qu'ailleurs. Cette surmortalité est présente dans les régions où l'exode rural a sévi : la zone nommée « diagonale du vide », qui va des Ardennes au Cantal, connaît le sous-peuplement ; et c'est là que le problème de l'accès aux soins se pose. Au contraire, plus les zones sont urbanisées, plus la mortalité décroît. La surmortalité des très jeunes adultes (15-25 ans), liée aux suicides et aux accidents de la route, touche principalement les zones rurales où l'on circule le plus ; l'alcoolisme tue en Bretagne et en Normandie ; dans la région du Nord et en Alsace, c'est l'alcoolisme associé au tabac chez les hommes d'âge mûr qui décime le plus. Ces disparités régionales sont liées aux habitudes de vie. Les causes en sont essentiellement sociales et culturelles et dépendent moins des progrès de la médecine que d'une politique de prévention.

Les études ont montré que la situation socio-professionnelle avait, elle aussi, un impact sur l'état de santé. Les personnes bénéficiant du RMI sont deux fois plus nombreuses que les autres à souffrir de handicaps ou de problèmes de santé ; l'espérance de vie d'un cadre est supérieure à celle d'un ouvrier ; un chômeur risque plus une mort précoce qu'un actif occupé. Si le lien entre revenus et état de santé a été prouvé, il reste difficile de savoir quelle est la cause et quelle est la conséquence : est-ce parce qu'on n'a pas de travail qu'on est plus souvent malade ou l'inverse ?

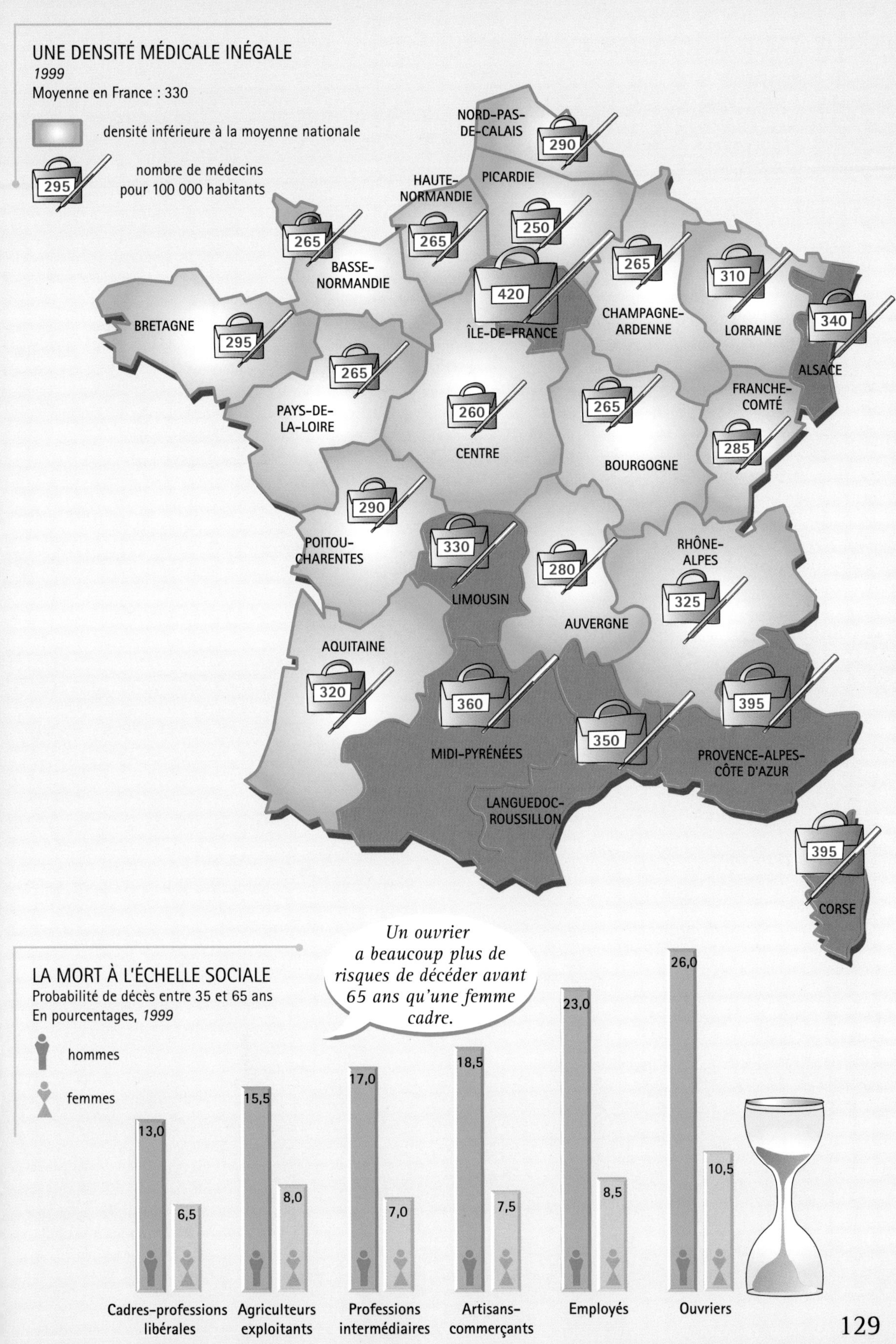
UNE DENSITÉ MÉDICALE INÉGALE
1999
Moyenne en France : 330
densité inférieure à la moyenne nationale
295
nombre de médecins pour 100 000 habitants
NORD-PAS-DE-CALAIS 290
PICARDIE 250
HAUTE-NORMANDIE 265
BASSE-NORMANDIE 265
ÎLE-DE-FRANCE 420
CHAMPAGNE-ARDENNE 265
LORRAINE 310
ALSACE 340
BRETAGNE 295
PAYS-DE-LA-LOIRE 265
CENTRE 260
BOURGOGNE 265
FRANCHE-COMTÉ 285
POITOU-CHARENTES 290
LIMOUSIN 330
AUVERGNE 280
RHÔNE-ALPES 325
AQUITAINE 320
MIDI-PYRÉNÉES 360
LANGUEDOC-ROUSSILLON 350
PROVENCE-ALPES-CÔTE D'AZUR 395
CORSE 395
LA MORT À L'ÉCHELLE SOCIALE
Probabilité de décès entre 35 et 65 ans
En pourcentages, 1999
hommes
femmes
Un ouvrier a beaucoup plus de risques de décéder avant 65 ans qu'une femme cadre.
Cadres-professions libérales 13,0 6,5
Agriculteurs exploitants 15,5 8,0
Professions intermédiaires 17,0 7,0
Artisans-commerçants 18,5 7,5
Employés 23,0 8,5
Ouvriers 26,0 10,5

# Une amélioration coûteuse

La Sécurité sociale a été créée en 1945 pour protéger les travailleurs et leur famille. Au fil du temps, le système s'est élargi à l'ensemble de la société pour « couvrir » la quasi-totalité de la population. Parallèlement, les Français ont dépensé de plus en plus pour leur santé ; ces dépenses ont augmenté plus vite que le PIB, de sorte que le budget de l'État consacré à la protection sociale s'est trouvé déficitaire, principalement à cause des dépenses maladie. C'est le fameux « trou de la sécu ». Des mesures ont été prises pour tenter d'enrayer ce déficit (augmentation du ticket modérateur, baisse du niveau de remboursement, création du forfait journalier en hôpital, médicaments non remboursés), et une partie de la population ne peut financièrement recourir aux soins. C'est pourquoi a été créée récemment la Couverture maladie universelle qui, en janvier 2001, est appliquée à 1,2 million de personnes pour la couverture de base, et à 5,2 millions pour la couverture complémentaire.

Le problème du déficit sera d'autant plus difficile à résoudre que les dépenses devraient encore augmenter. D'une part, entre les personnes de 30 ans et celles de 60 ans, les dépenses s'élèvent à plus du double pour les plus âgées ; or la part de ces dernières va croître dans les années à venir. D'autre part, à chaque âge, on va beaucoup plus chez le médecin qu'il y a vingt ou trente ans ; ces habitudes prises, il sera difficile de se restreindre, surtout quand les exigences à l'égard du corps et de la santé vont croissant. Les gens d'âge mûr aujourd'hui font de la gymnastique et utilisent des produits pour garder la forme physique et « rester jeune » ; on peut penser que la demande de soins et de médecine au moment de leur vieillesse sera d'autant plus forte.

La croissance du nombre des professionnels de la santé a été vertigineuse entre 1970 et 1983 : les professions médicales ont augmenté de 68 % et paramédicales de 90 %. Surtout, en ville, les médecins généralistes ont dû céder de leur terrain aux spécialistes (gynécologie, dermatologie, etc.). Parmi les professionnels de la santé en général, un clivage s'est établi entre les médecins hyperspécialisés, exerçant leur activité au rythme de l'avancement de la recherche scientifique, et tous les professionnels chargés des problèmes sociaux, comme la gériatrie. Suite aux différents scandales du sang contaminé ou de la maladie de Creutzfeld-Jakob, une crise de confiance est née, remettant en cause l'efficacité du monde médical et les bénéfices du progrès linéaire de la science.

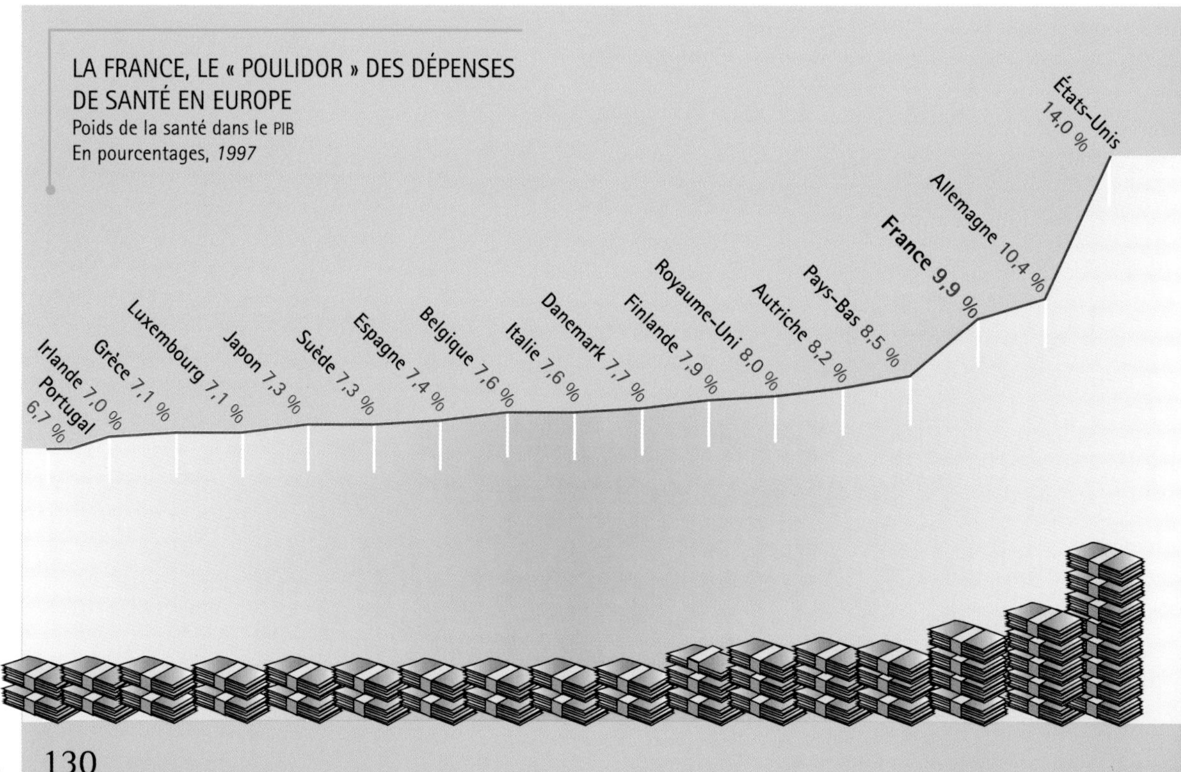

LA FRANCE, LE « POULIDOR » DES DÉPENSES DE SANTÉ EN EUROPE
Poids de la santé dans le PIB
En pourcentages, 1997
Portugal 6,7 %
Irlande 7,0 %
Grèce 7,1 %
Luxembourg 7,1 %
Japon 7,3 %
Suède 7,3 %
Espagne 7,4 %
Belgique 7,6 %
Italie 7,6 %
Danemark 7,7 %
Finlande 7,9 %
Royaume-Uni 8,0 %
Autriche 8,2 %
Pays-Bas 8,5 %
France 9,9 %
Allemagne 10,4 %
États-Unis 14,0 %

## PRINCIPALES CAUSES DE DÉCÈS

En milliers

*1970–1997*

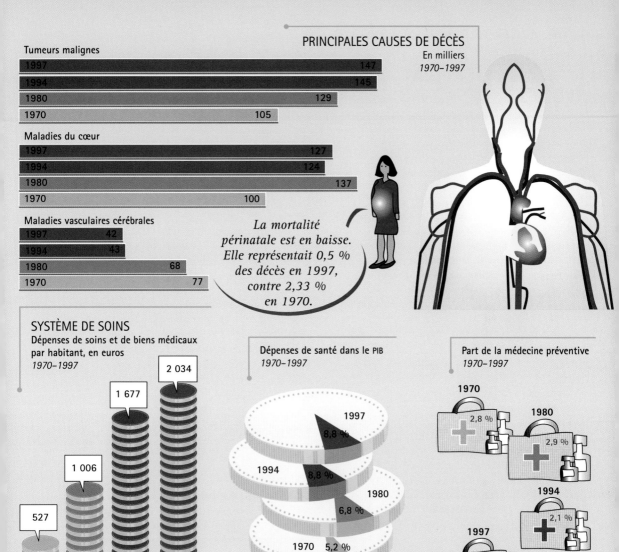

**Tumeurs malignes**

| Année | Décès |
|---|---|
| 1997 | 147 |
| 1994 | 145 |
| 1980 | 129 |
| 1970 | 105 |

**Maladies du cœur**

| Année | Décès |
|---|---|
| 1997 | 127 |
| 1994 | 124 |
| 1980 | 137 |
| 1970 | 100 |

**Maladies vasculaires cérébrales**

| Année | Décès |
|---|---|
| 1997 | 42 |
| 1994 | 43 |
| 1980 | 68 |
| 1970 | 77 |

*La mortalité périnatale est en baisse. Elle représentait 0,5 % des décès en 1997, contre 2,33 % en 1970.*

## SYSTÈME DE SOINS

**Dépenses de soins et de biens médicaux par habitant, en euros**

*1970–1997*

| 1970 | 1980 | 1994 | 1997 |
|---|---|---|---|
| 527 | 1 006 | 1 677 | 2 034 |

**Dépenses de santé dans le PIB**

*1970–1997*

| 1970 | 1980 | 1994 | 1997 |
|---|---|---|---|
| 5,2 % | 6,8 % | 8,8 % | 8,8 % |

**Part de la médecine préventive**

*1970–1997*

| 1970 | 1980 | 1994 | 1997 |
|---|---|---|---|
| 2,8 % | 2,9 % | 2,1 % | 2,2 % |

**Remboursement des dépenses médicales par la Sécurité sociale**

*1970–1997*

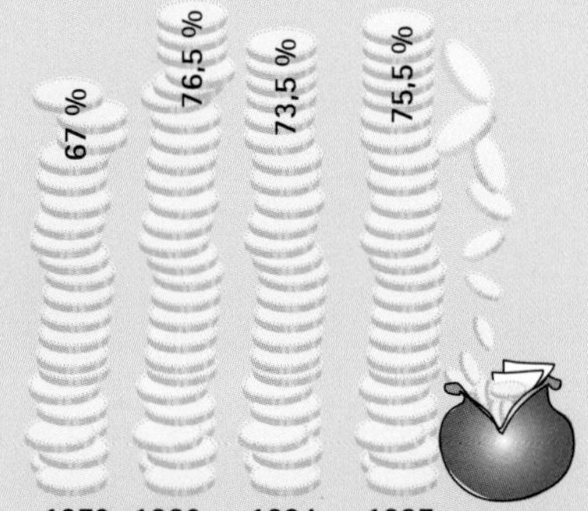

67 %
76,5 %
73,5 %
75,5 %
1970
1980
1994
1997


**Part de personnes ayant une couverture complémentaire**

*1970–1997*

| 1970 | 1980 | 1994 | 1997 |
|---|---|---|---|
| 49 % | 69 % | 83 % | 83 % |

# L'ÉCOLE EN EXAMEN

*Les maîtres d'école sont des jardiniers*
*en intelligences humaines.*
Victor Hugo

En un quart de siècle, la population scolaire a plus que doublé. Aujourd'hui, l'école doit éduquer quelque 14 millions d'enfants. Cette croissance massive traduit la volonté des gouvernements successifs d'augmenter le niveau scolaire des Français.
Trois facteurs expliquent cette croissance :

- Les plus jeunes sont fortement scolarisés avant l'âge obligatoire (6 ans) : le taux de scolarisation est de 35 % à 2 ans et de 100 % à 3 ans. L'effort accompli en faveur des classes maternelles n'a pas de comparaison en Europe.
- La création du collège unique a amené 90 % des enfants d'ouvriers en classe de troisième contre 58 % il y a dix ans ; les effectifs du second cycle général et technologique sont passés de 420 000 en 1960 à 1,5 million ces dernières années. Le taux de réussite au baccalauréat a presque atteint 80 %. Celui des filles est supérieur de 5 points à celui des garçons.
- Les effectifs de l'enseignement supérieur, après avoir triplé au cours des années 1960, continue de croître pour atteindre aujourd'hui 2 millions d'étudiants. Ainsi les taux de scolarisation à 19 ans ont progressé de plus de 40 points en 13 ans.

Dans les dernières années, les effectifs se sont réduits du fait de la démographie. Le taux de scolarisation reste stable.
On observe, depuis quatre ans, une baisse des entrées à l'université (excepté les IUT qui maintiennent leur progression). La croissance des effectifs dans les écoles d'ingénieur est continue. Mais depuis 1997, ce sont les écoles de gestion, de commerce, de vente et de comptabilité qui connaissent un franc succès.

## Des inégalités toujours...

Après avoir répondu au défi quantitatif, l'institution scolaire doit répondre au défi qualitatif. Aujourd'hui l'école, malgré tous ses efforts, ne fait pas disparaître les différences sociales. L'élévation du niveau de formation n'a fait que déplacer les inégalités. Le diplôme est de plus en plus nécessaire pour trouver un emploi et de plus en plus insuffisant pour accéder au même statut que les générations précédentes. Une partie importante des élèves connaît toujours des difficultés : à l'entrée en sixième, 20 % d'entre eux ne maîtrisent pas les compétences de base en lecture et 38 % les compétences de base en mathématiques. 7,8 % des jeunes sortent du système sans aucune qualification professionnelle. Parmi ceux-là, partis de l'école depuis 1 à 4 ans, 50 % sont au chômage, ce qui représente 3,5 fois plus que les diplômés de l'enseignement supérieur.

## Le pouvoir du diplôme

Le pouvoir exorbitant du diplôme conduit à accorder aux grandes écoles un rôle très particulier en France. Celui-ci confère à une élite très réduite les positions sociales les plus prestigieuses, les distinguant très nettement du reste de la population, et créant une

JEUNES SORTANTS DU SYSTÈME ÉDUCATIF
PAR NIVEAU DE FORMATION
En milliers, *1990–1998*

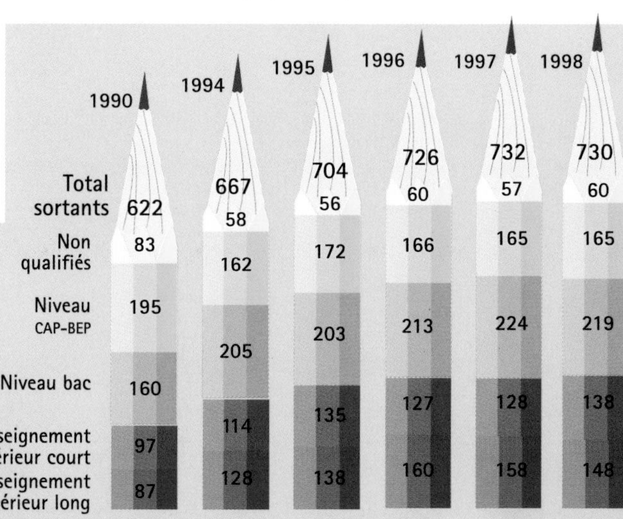

1990
1994
1995
1996
1997
1998
Total sortants
622
667
704
726
732
730
Non qualifiés
83
58
162
56
172
60
166
57
165
60
165
Niveau CAP-BEP
195
205
203
213
224
219
Niveau bac
160
114
135
127
128
138
Diplômés de l'enseignement supérieur court
97
Diplômés de l'enseignement supérieur long
87
128
138
160
158
148


*Les jeunes terminent leur formation en plus grand nombre au niveau baccalauréat. En 1990, c'était le niveau CAP-BEP.*

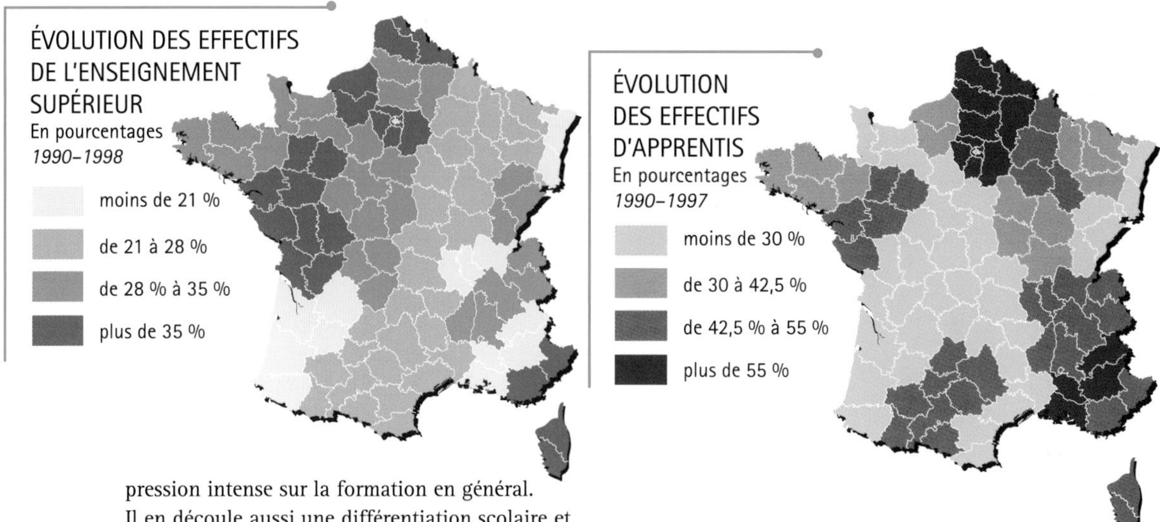
ÉVOLUTION DES EFFECTIFS DE L'ENSEIGNEMENT SUPÉRIEUR
En pourcentages
1990–1998
moins de 21 %
de 21 à 28 %
de 28 % à 35 %
plus de 35 %
ÉVOLUTION DES EFFECTIFS D'APPRENTIS
En pourcentages
1990–1997
moins de 30 %
de 30 à 42,5 %
de 42,5 % à 55 %
plus de 55 %

pression intense sur la formation en général.
Il en découle aussi une différentiation scolaire et sociale des établissements. On pourrait croire que les lycées publics sont les moins discriminants ; c'est de moins en moins vrai, les grands lycées parisiens ont une population homogène, ils scolarisent les élèves qui n'ont jamais redoublé et qui appartiennent à des catégories favorisées. Les lycées privés présentent une plus grande diversité de population. Aujourd'hui, près d'un élève sur deux passe une partie au moins de sa scolarité dans un établissement privé.
De un à quatre ans après la fin des études, plus le diplôme est élevé, moins les jeunes risquent d'être chômeurs.

## Financer l'éducation

La dépense d'éducation est passée de 6,3 % du PIB en 1974 à 7,4 % en 1993 et se maintient à 7,2 % en 1999. Les collectivités territoriales assurent ce financement à hauteur de 22 %. Cette évolution est due à l'augmentation du coût de chaque élève plus qu'à l'augmentation de leur nombre : en monnaie constante, en 1975, un élève coûtait 4 400 euros, il atteint 7 100 euros en 1998. Cette hausse est due à la volonté d'améliorer les conditions d'enseignement : moins d'élèves par classe et revalorisation des carrières des enseignants, sans compter l'enseignement technologique et professionnel dont le coût est de plus en plus élevé.
Les trois quarts des agents du système scolaire sont des enseignants, leur effectif continue à progresser. L'ensemble du personnel de l'enseignement public représente 1 million de personnes dont 63 % sont des femmes.

### TAUX DE SCOLARISATION : LA BRETAGNE EN TÊTE POUR LES TOUT-PETITS, ET LE MIDI-PYRÉNÉES POUR LES PLUS GRANDS

Taux de scolarisation régionaux
En pourcentages, *1996–1997 et 1998–1999*

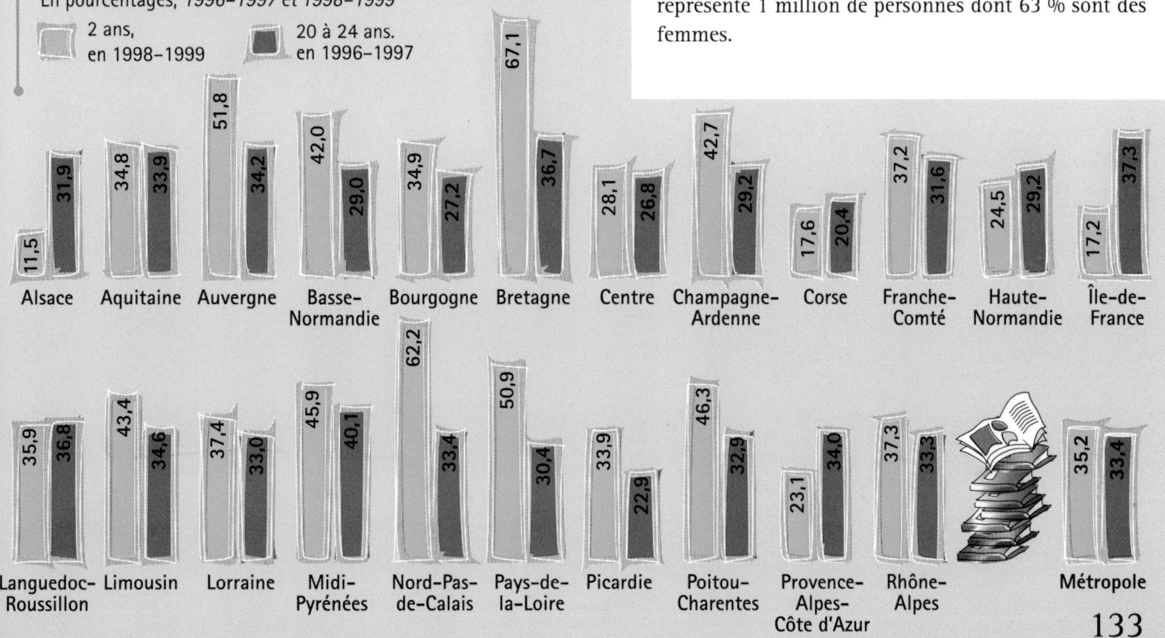

| Région | 2 ans, en 1998–1999 | 20 à 24 ans, en 1996–1997 |
| --- | --- | --- |
| Alsace | 11,5 | 31,9 |
| Aquitaine | 34,8 | 33,9 |
| Auvergne | 51,8 | 34,2 |
| Basse-Normandie | 42,0 | 29,0 |
| Bourgogne | 34,9 | 27,2 |
| Bretagne | 67,1 | 36,7 |
| Centre | 28,1 | 26,8 |
| Champagne-Ardenne | 42,7 | 29,2 |
| Corse | 17,6 | 20,4 |
| Franche-Comté | 37,2 | 31,6 |
| Haute-Normandie | 24,5 | 29,2 |
| Île-de-France | 17,2 | 37,3 |
| Languedoc-Roussillon | 35,9 | 36,8 |
| Limousin | 43,4 | 34,6 |
| Lorraine | 37,4 | 33,0 |
| Midi-Pyrénées | 45,9 | 40,1 |
| Nord-Pas-de-Calais | 62,2 | 33,4 |
| Pays-de-la-Loire | 50,9 | 30,4 |
| Picardie | 33,9 | 22,9 |
| Poitou-Charentes | 46,3 | 32,9 |
| Provence-Alpes-Côte d'Azur | 23,1 | 34,0 |
| Rhône-Alpes | 37,3 | 33,3 |
| Métropole | 35,2 | 33,4 |

# ET À L'ÉTRANGER ?

Dans tous les pays, le temps consacré à l'instruction s'est allongé. Les enfants des pays d'Europe du Nord prolongent leurs études très tard, jusqu'à 24,4 ans en moyenne pour la Suède, 22,9 ans pour la Finlande et 22,7 ans pour la Norvège. Allemagne et France sont juste au-dessus de la moyenne tandis que les enfants italiens, irlandais et grecs quittent l'école très tôt. Dans les années 1960, en Allemagne, 80 % des élèves poursuivaient le deuxième cycle du secondaire, 60 % en France et aux Pays-Bas, moins de 30 % en Europe du Sud. Aujourd'hui, ce retard a été rattrapé dans presque tous les pays. En revanche, les différences sont plus nettes en ce qui concerne l'enseignement supérieur : États-Unis, Pays-Bas et Canada sont largement en tête, et connaissent une croissance régulière de la fréquentation de l'enseignement supérieur, tandis que la France, la Grèce et l'Espagne progressent aussi, mais à partir de taux de fréquentation assez faibles.

À la fin de l'enseignement obligatoire, en Grèce, en Espagne, au Portugal, la majorité des élèves continuent de suivre un enseignement général. À l'inverse, en Allemagne, en Autriche et au Benelux, les deux tiers des élèves du secondaire supérieur fréquentent une école professionnelle, où, de façon générale, les garçons sont plus nombreux que les filles (excepté au Royaume-Uni). En revanche, la participation des filles à l'enseignement supérieur est plus élevée que celle des garçons, et ce dans tous les pays, surtout dans les filières Lettres, Arts, Sciences de l'éducation et Sciences médicales. Les garçons s'orientent davantage vers l'ingénierie, l'architecture, l'informatique... La langue anglaise est la langue étrangère la plus enseignée aux élèves européens, l'allemand est répandu dans les pays voisins de l'Allemagne, le français en Belgique, au Luxembourg, en Irlande et aussi en Roumanie.

D'après une étude comparative réalisée dans 50 pays, en classes de cinquième et quatrième, il ressort que les jeunes Français sont meilleurs en mathématiques qu'en sciences (de la vie et de la terre, physiques, etc.), en comparaison avec les autres pays européens ; la France est à la treizième place pour les mathématiques en classe de quatrième. Les garçons sont légèrement meilleurs que les filles dans cette matière, et nettement meilleurs qu'elles en sciences, notamment en physique. Ils sont aussi bons en gestion et analyse de données et en géométrie. Les jeunes Français sont les plus nombreux à penser que réussir en mathématiques est très important, et ceux qui réussissent le mieux travaillent de 1 à 3 heures de plus chez eux. De cette étude, il ressort aussi que les professeurs français sont peu nombreux à juger important que les élèves soient capables de penser de façon créative, alors qu'ils sont nombreux à prôner le

LA PROFESSION DES PARENTS CONDITIONNE ENCORE BEAUCOUP LE PARCOURS UNIVERSITAIRE DE LEURS ENFANTS

Proportion de jeunes de 19 à 24 ans poursuivant des études supérieures, en 1995 selon la catégorie socioprofessionnelle de leurs parents
En pourcentages

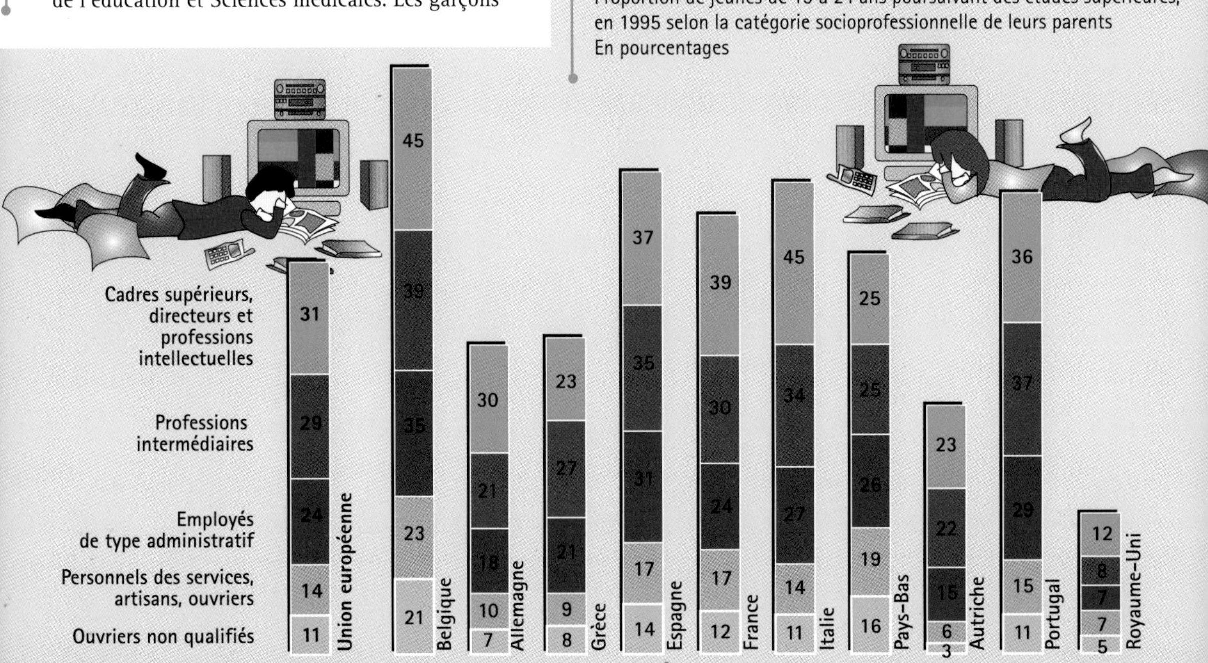

Cadres supérieurs, directeurs et professions intellectuelles
Professions intermédiaires
Employés de type administratif
Personnels des services, artisans, ouvriers
Ouvriers non qualifiés
Union européenne 31 29 24 14 11
Belgique 45 39 35 23 21
Allemagne 30 21 18 10 7
Grèce 23 27 21 9 8
Espagne 37 35 31 17 14
France 39 30 24 17 12
Italie 45 34 27 14 11
Pays-Bas 25 25 26 19 16
Autriche 23 22 15 6 3
Portugal 36 37 29 15 11
Royaume-Uni 12 8 7 7 5

contraire dans les pays où les élèves réussissent le mieux, où l'évaluation se fait plus à partir de projets ou d'exercices que sous forme de contrôles conduisant à un classement, comme c'est souvent le cas en France.

## L'ALLEMAGNE ET LA FRANCE EN TÊTE POUR LA SCOLARISATION DES 15-19 ANS

Taux de scolarisation par groupe d'âge
En pourcentages, *1998*

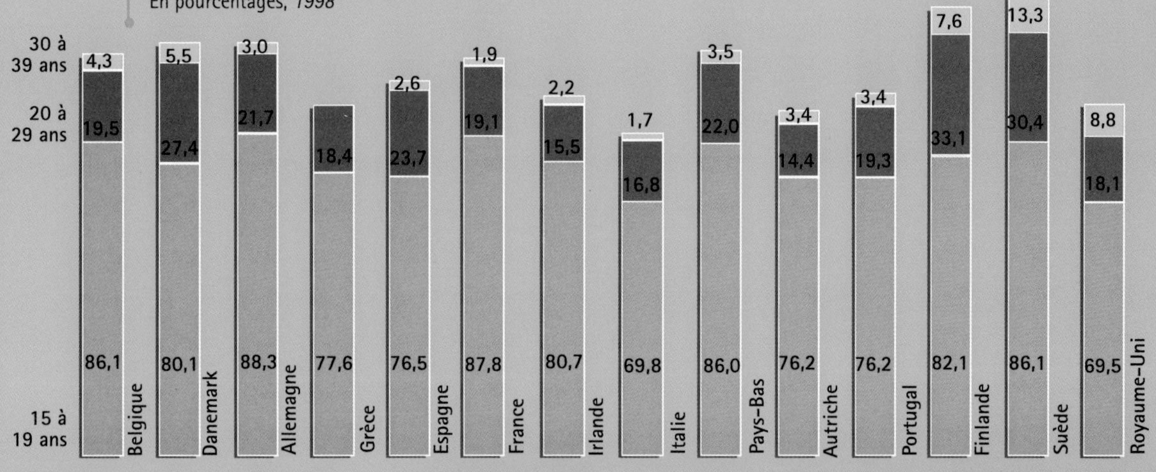
30 à 39 ans
20 à 29 ans
15 à 19 ans
Belgique 86,1 19,5 4,3
Danemark 80,1 27,4 5,5
Allemagne 88,3 21,7 3,0
Grèce 77,6 18,4
Espagne 76,5 23,7 2,6
France 87,8 19,1 1,9
Irlande 80,7 15,5 2,2
Italie 69,8 16,8 1,7
Pays-Bas 86,0 22,0 3,5
Autriche 76,2 14,4 3,4
Portugal 76,2 19,3 3,4
Finlande 82,1 33,1 7,6
Suède 86,1 30,4 13,3
Royaume-Uni 69,5 18,1 8,8

## DÉPENSES D'ÉDUCATION EN BAISSE, SAUF EN FRANCE

Part des dépenses d'éducation dans le PIB
En pourcentages, *1992 et 1997*

1992 1997

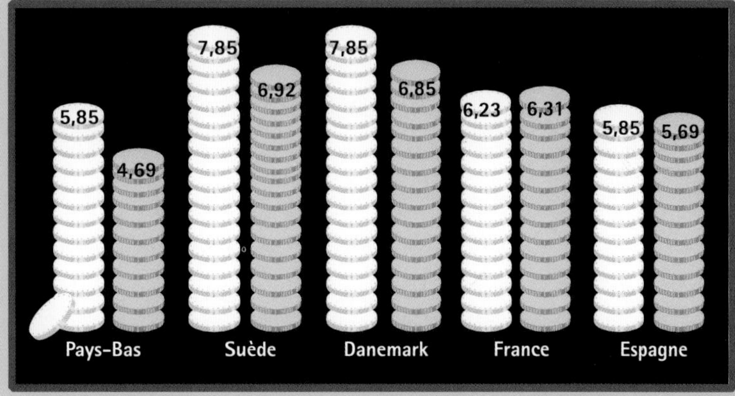
5,85
4,69
Pays-Bas
7,85
6,92
Suède
7,85
6,85
Danemark
6,23
6,31
France
5,85
5,69
Espagne

## L'UNIVERSITÉ D'UNE GÉNÉRATION À L'AUTRE

Part de la population ayant atteint au moins le niveau universitaire
En pourcentages, *1998*

25-34 ans 45-54 ans

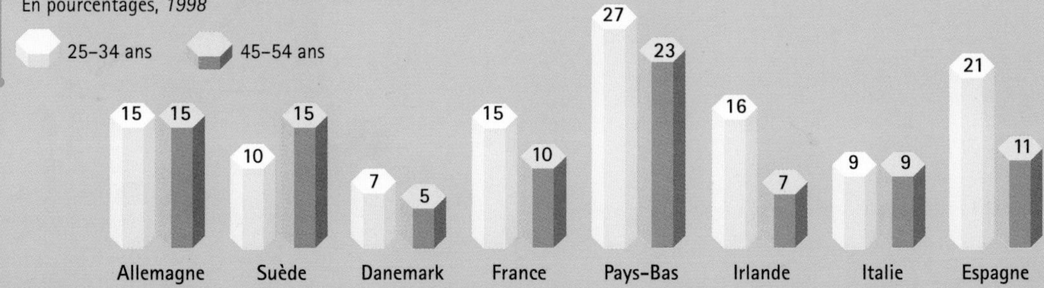
15 15
Allemagne
10 15
Suède
7 5
Danemark
15 10
France
27 23
Pays-Bas
16 7
Irlande
9 9
Italie
21 11
Espagne

# Culture et réseaux

## Culture : l'appel du large

Si le théâtre, la danse, la musique classique, les expositions et la littérature sont des pratiques culturelles courantes dans les milieux aisés, elles sont devenues nettement minoritaires. La culture de l'écran liée à la télévision puis l'informatique les a supplantées. Le cinéma, en particulier, a fait une belle remontée. Les citadins, et notamment les banlieusards, cultivent le hip-hop et les artistes amateurs sont nombreux : un quart des Français pratiquent régulièrement l'écriture, le théâtre, le chant, etc. Quant aux intellectuels, incarnations d'une « culture française », ils nous fascinent autant qu'ils nous agacent.

- *Le cinéma : première sortie culturelle*
- *L'art en amateur*
- *Cultures urbaines*
- *Nos maîtres à penser*

## Amis et affinités

Qui a dit que nous ne communiquions plus ? Nous communiquons, et de plus en plus. Mais nos relations sont moins « mondaines », puisqu'elles ne sont plus imposées par le contexte familial et local. En effet, nous les choisissons davantage. Nous ne vivons plus à l'heure de la communauté de voisinage mais du réseau affinitaire. Que ce soit à l'occasion d'un repas, d'une compétition sportive, d'un festival, d'une éclipse de soleil... nous avons toujours ce besoin d'être ensemble.

- *Qui s'assemble ?*
- *Communication persistante*
- *Du barbecue au plateau-repas, nouvelles cènes*
- *Les gradins, arènes conviviales*

# CULTURE : L'APPEL DU LARGE

*Il se forme une piètre opinion sur la culture celui qui croit qu'elle repose sur la mémoire des formules.*
Antoine de Saint-Exupéry

L'évolution de la culture et des loisirs est en rupture avec les périodes précédentes, quand une culture élitiste, composée d'une avant-garde intellectuelle prônant des mouvements d'art ésotériques, se distinguait d'une culture populaire où les travailleurs manuels venaient en masse se fondre dans la foule des fêtes populaires pour oublier les rigueurs de l'existence.

Les pratiques culturelles traditionnelles - aller au théâtre ou assister à un spectacle de danse, écouter de la musique classique, fréquenter les expositions de peinture ou de sculpture, lire de la littérature... - caractérisent une population plutôt jeune, diplômée, urbaine et appartenant aux catégories sociales supérieures. Les enquêtes sur ces pratiques, répétées depuis 1973, montrent que les consommations culturelles de ce type demeurent « à l'échelle de la population française, minoritaires, élitaires et cumulatives[1] ». Si la fréquentation des équipements culturels (salles de spectacle, lieux d'exposition et de patrimoine) augmente, c'est parce que cette catégorie de population consomme de plus en plus et cumule les différents arts. Les cadres et les professions intermédiaires assurent à eux seuls 40 % de la consommation culturelle.

Le public des musées, des collections permanentes et des théâtres nationaux a atteint un seuil. Il faut désormais créer l'événement pour connaître le succès. Les grandes villes s'évertuent à faire appel à des vedettes de renommée internationale, artistes, chorégraphes ou metteurs en scène, qui sont « lancés » à travers les médias longtemps avant le spectacle afin de persuader le public qu'il s'agit d'un événement collectif et unique auquel il doit participer.

## Vers une culture de l'écran

En revanche, les pratiques culturelles, moins liées à la culture « cultivée », apparues avec la télévision, puis avec les magnétoscopes et les lecteurs de cédéroms, les lecteurs de cassettes et enfin le micro-ordinateur et les loisirs informatiques, se sont fortement généralisées ; la présence d'équipements audiovisuels dans les foyers s'est amplifiée rapidement dans les années récentes et laisse

1. O. Donnat, « La stratification sociale des pratiques culturelles », *Revue française de sociologie*, XL-1, 1999.

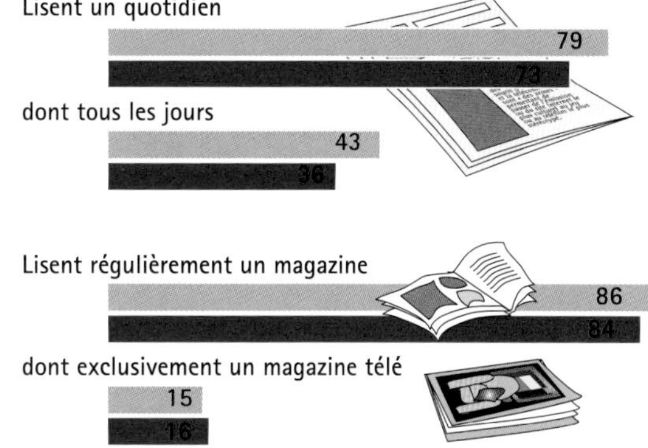
Lisent un quotidien
79
73
dont tous les jours
43
36
Lisent régulièrement un magazine
86
84
dont exclusivement un magazine télé
15
16

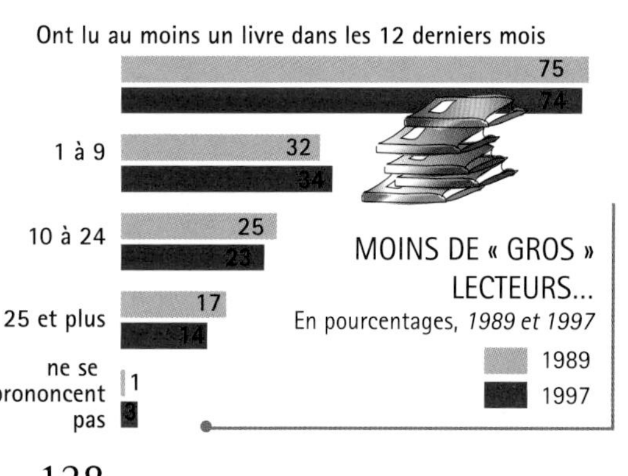
Ont lu au moins un livre dans les 12 derniers mois
75
74
1 à 9
32
34
10 à 24
25
23
25 et plus
17
14
ne se prononcent pas
1
3
1989
1997

MOINS DE « GROS » LECTEURS...
En pourcentages, *1989 et 1997*

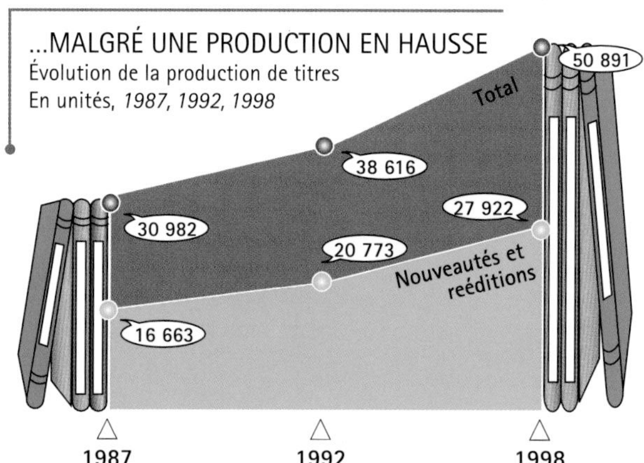
Total
50 891
38 616
30 982
27 922
20 773
16 663
Nouveautés et rééditions
1987
1992
1998

...MALGRÉ UNE PRODUCTION EN HAUSSE
Évolution de la production de titres
En unités, *1987, 1992, 1998*

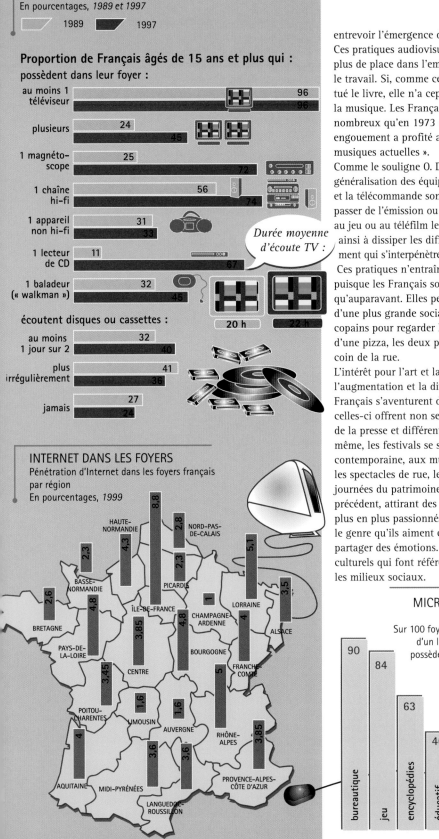

## L'IMAGE ET LE SON À LA MAISON

En pourcentages, *1989 et 1997*

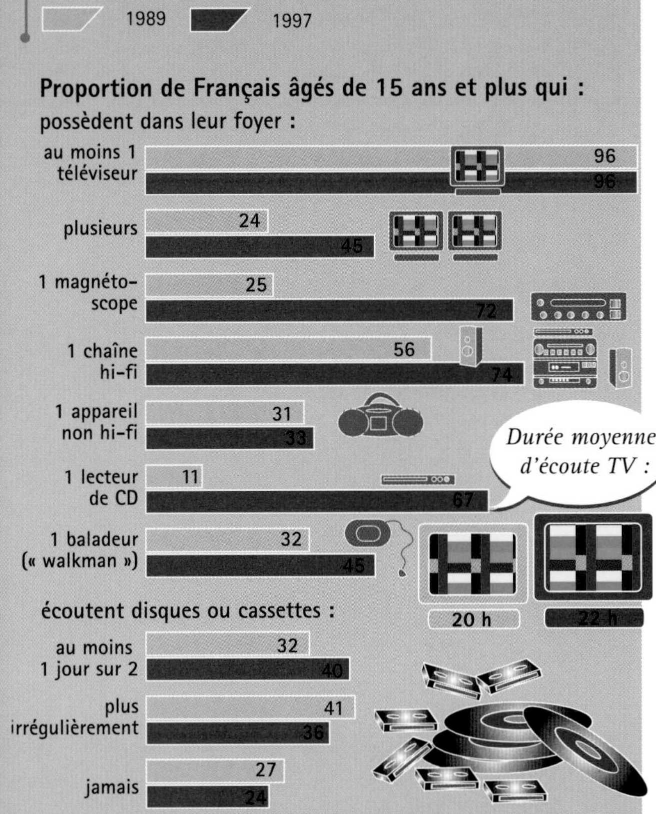

**Proportion de Français âgés de 15 ans et plus qui :**

**possèdent dans leur foyer :**

| | 1989 | 1997 |
|---|---|---|
| au moins 1 téléviseur | 96 | 96 |
| plusieurs | 24 | 45 |
| 1 magnétoscope | 25 | 72 |
| 1 chaîne hi-fi | 56 | 74 |
| 1 appareil non hi-fi | 31 | 33 |
| 1 lecteur de CD | 11 | 67 |
| 1 baladeur (« walkman ») | 32 | 45 |

**écoutent disques ou cassettes :**

| | 1989 | 1997 |
|---|---|---|
| au moins 1 jour sur 2 | 32 | 40 |
| plus irrégulièrement | 41 | 36 |
| jamais | 27 | 24 |

*Durée moyenne d'écoute TV :* 20 h (1989) ; 22 h (1997)

## INTERNET DANS LES FOYERS

Pénétration d'Internet dans les foyers français par région

En pourcentages, *1999*

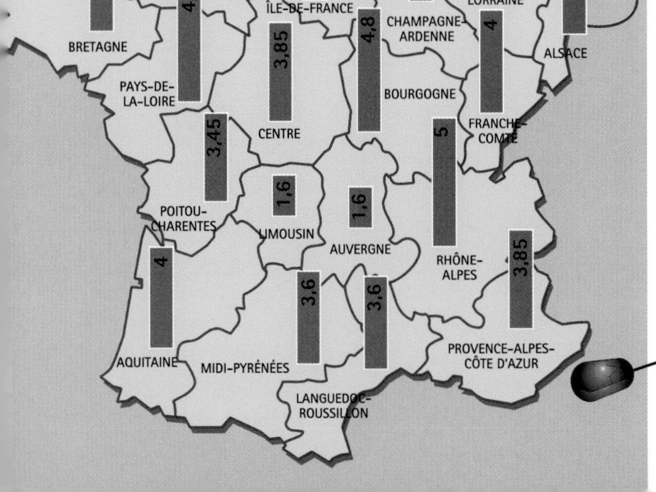

| | |
|---|---|
| Haute-Normandie | 4,3 |
| Île-de-France | 8,8 |
| Nord-Pas-de-Calais | 2,8 |
| Picardie | 2,3 |
| Basse-Normandie | 2,3 |
| Bretagne | 2,6 |
| Pays-de-la-Loire | 4,8 |
| Centre | 3,85 |
| Champagne-Ardenne | 1 |
| Lorraine | 5,1 |
| Alsace | 3,5 |
| Bourgogne | 4,8 |
| Franche-Comté | 4 |
| Poitou-Charentes | 3,45 |
| Limousin | 1,6 |
| Auvergne | 1,6 |
| Rhône-Alpes | 5 |
| Provence-Alpes-Côte d'Azur | 3,85 |
| Aquitaine | 4 |
| Midi-Pyrénées | 3,6 |
| Languedoc-Roussillon | 3,6 |

entrevoir l'émergence d'une culture de l'écran.

Ces pratiques audiovisuelles domestiques occupent plus de place dans l'emploi du temps des Français que le travail. Si, comme certains le disent, la télévision a tué le livre, elle n'a cependant pas enrayé l'écoute de la musique. Les Français sont trois fois plus nombreux qu'en 1973 à écouter de la musique et cet engouement a profité aux genres pop, rock et « musiques actuelles ».

Comme le souligne O. Donnat à propos de la généralisation des équipements, la souris d'ordinateur et la télécommande sont « des armes » permettant de passer de l'émission ou du site Internet le plus culturel au jeu ou au téléfilm le plus stéréotypé, contribuant ainsi à dissiper les différences entre art et divertissement qui s'interpénètrent dans la « culture de l'écran ». Ces pratiques n'entraînent pas le repli sur soi, puisque les Français sortent davantage qu'auparavant. Elles peuvent même être des occasions d'une plus grande sociabilité : on réunit chez soi des copains pour regarder la dernière vidéo sortie, autour d'une pizza, les deux produits étant commandés au coin de la rue.

L'intérêt pour l'art et la culture a changé. Il a suivi l'augmentation et la diversité de l'offre. Si plus de Français s'aventurent dans les bibliothèques, c'est que celles-ci offrent non seulement des livres mais aussi de la presse et différents supports audiovisuels. De même, les festivals se sont ouverts au jazz, à la danse contemporaine, aux musiques folkloriques, etc. Enfin, les spectacles de rue, les concerts en plein air, les journées du patrimoine... ont connu un essor sans précédent, attirant des gens de toutes origines, de plus en plus passionnés, de plus en plus experts dans le genre qu'ils aiment et qui viennent simplement partager des émotions. Globalement, les événements culturels qui font référence sont recherchés par tous les milieux sociaux.

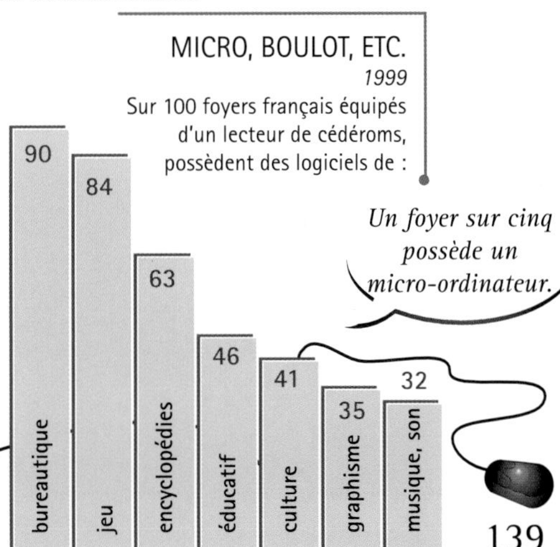
MICRO, BOULOT, ETC.
1999
Sur 100 foyers français équipés d'un lecteur de cédéroms, possèdent des logiciels de :
Un foyer sur cinq possède un micro-ordinateur.
bureautique 90
jeu 84
encyclopédies 63
éducatif 46
culture 41
graphisme 35
musique, son 32

# Le cinéma : première sortie culturelle

Avant 1940, on va au cinéma cinq à six fois par an, puis cette fréquence augmente jusqu'en 1955 quand la télévision se répand massivement.
Les Français ont désormais une culture cinématographique bien identifiable. À raison de 250 films par an en moyenne, à la télévision ou en vidéo, et trois dans les salles de cinéma, un Français de quarante ans a visionné quelques milliers de films. Certains acteurs ou auteurs sont « emblématiques » des générations : Fabrice Lucchini et Steven Spielberg pour les 18-24 ans, Gérard Lanvin pour les 25-34, Jane Fonda pour les 25-49 et Martine Carol pour les plus de 50 ans.
La jeunesse est le temps du cinéma et la culture cinématographique d'une personne reste très liée aux films de ses 20 ans. Ainsi les jeunes se montrent connaisseurs des films récents et les Français qui avaient 35 et 49 ans en 1995 sont imprégnés des films des années 1960 et 1970.
Plus difficile est l'exercice de mémoire des noms des réalisateurs. La plupart des Français les connaissent, mais beaucoup n'associent pas leurs noms aux titres des œuvres. Ainsi le nom de François Truffaut est connu de huit Français sur dix, mais plus d'une personne sur trois ne se souvient pas avoir vu l'un de ses films. Plus on aura un niveau d'études élevé, plus les noms des réalisateurs seront connus.

## Des affinités sélectives

Il existe deux sortes de cinéphiles, les « gros consommateurs » qui voient énormément de films sans trop donner d'importance à leur réalisateur et les « sélectifs » qui voient moins de films mais qui ont une connaissance plus spécialisée. Entre deux, des profils variés se côtoient : en termes de connaissances, un jeune non diplômé grand amateur peut rivaliser avec un adulte bachelier.
En matière de cinéma, il existe un fonds commun de culture assez étendu : un certain nombre de films sont des références partagées par les amateurs appartenant aux couches populaires et ceux appartenant aux couches supérieures ; reste que l'appréciation de ces films est discriminante : par exemple, les films *Sissi impératrice* ou *La Boum* ont été plus regardés par les catégories supérieures qui ne les ont « pas beaucoup aimés », tandis que les moins « cultivés » qui les ont vus ont beaucoup apprécié. *Le père Noël est une ordure* a, en revanche, été plus apprécié par les premières.
« La culture cinématographique apparaît en définitive un bien commun et non le privilège de quelques uns, même s'il existe une minorité active, d'environ 2 millions de cinéphiles, que l'on peut qualifier d'érudits[1]. »

1. « La culture cinématographique des Français », *Développement culturel*, n° 135, septembre 2000.

LE PETIT ÉCRAN FAIT DE L'OMBRE AU GRAND
Nombre moyen de sorties au cinéma en France par personne et par an

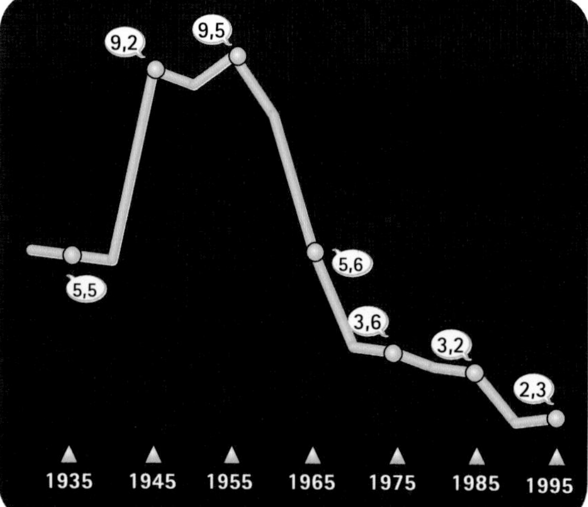

9,2
9,5
5,5
5,6
3,6
3,2
2,3
1935
1945
1955
1965
1975
1985
1995


PLUS DE CINÉMA, PLUS DE VIDÉO
Usage du magnétoscope selon la fréquentation du cinéma
*1997*

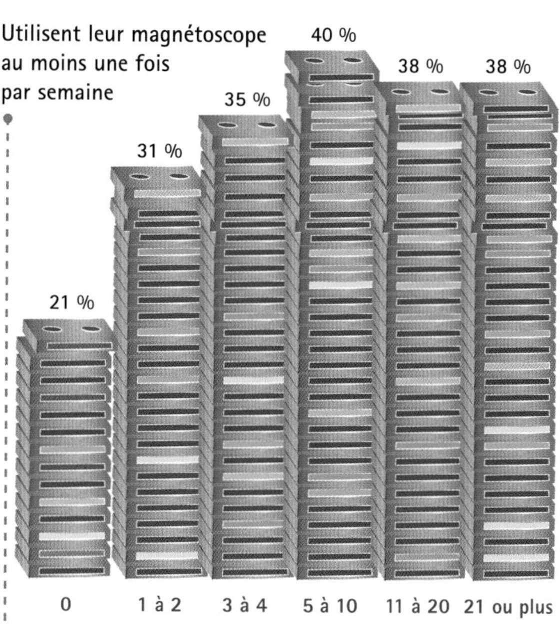

Utilisent leur magnétoscope au moins une fois par semaine
21 %
31 %
35 %
40 %
38 %
38 %
0
1 à 2
3 à 4
5 à 10
11 à 20
21 ou plus
Nombre de sorties au cinéma au cours des douze derniers mois

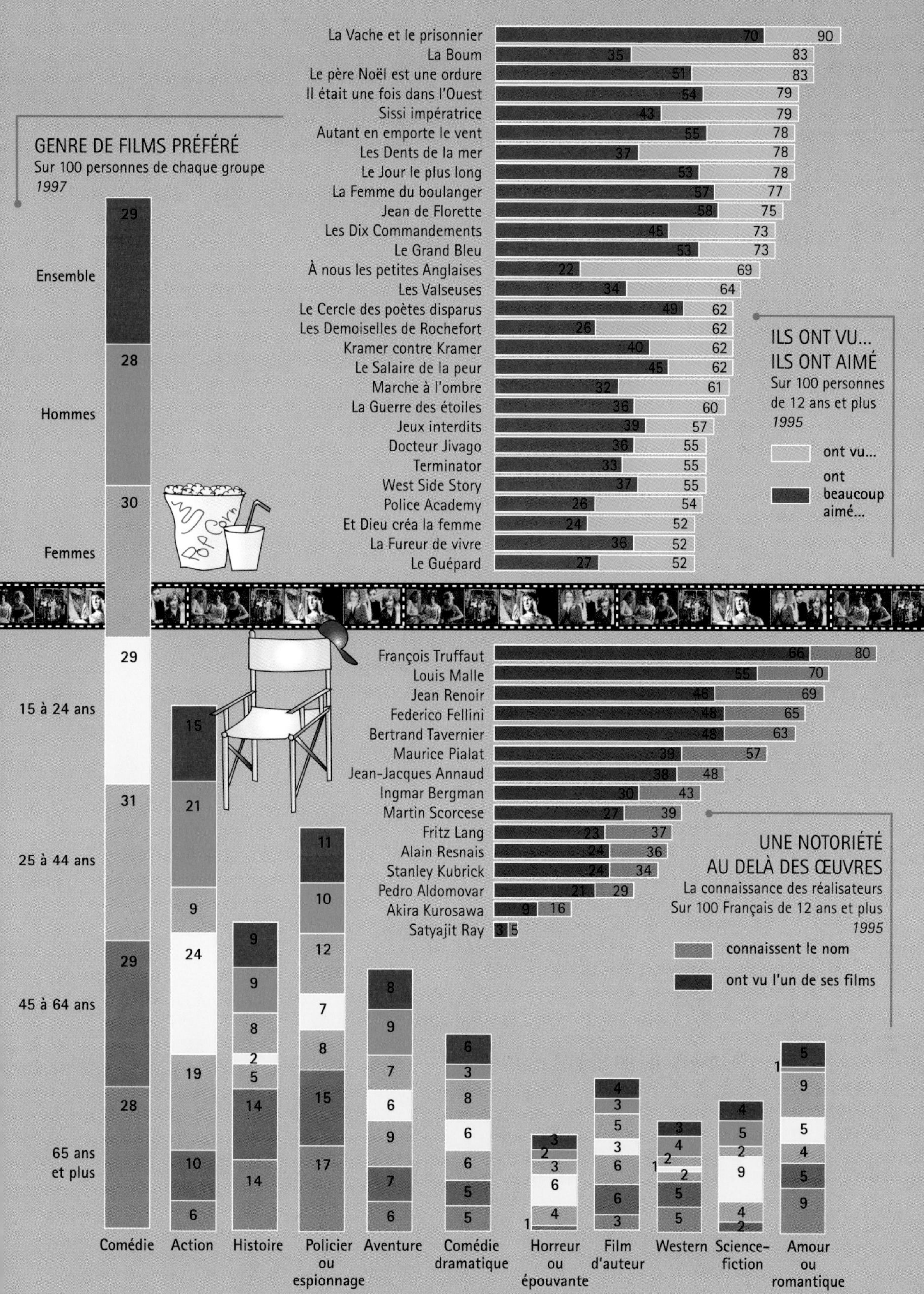

GENRE DE FILMS PRÉFÉRÉ
Sur 100 personnes de chaque groupe
1997
Ensemble
Hommes
Femmes
15 à 24 ans
25 à 44 ans
45 à 64 ans
65 ans et plus
Comédie 29 28 30 29 31 29 28
Action 15 21 9 24 19 10 6
Histoire 9 9 8 2 5 14 14
Policier ou espionnage 11 10 12 7 8 15 17
Aventure 8 9 7 6 9 7 6
Comédie dramatique 6 3 8 6 6 5 5
Horreur ou épouvante 3 2 3 6 4 1
Film d'auteur 4 3 5 3 6 6 3
Western 3 4 2 1 2 5 5
Science-fiction 4 5 2 9 4 2
Amour ou romantique 5 1 9 5 4 5 9
My Pop Corn
La Vache et le prisonnier 70 90
La Boum 35 83
Le père Noël est une ordure 51 83
Il était une fois dans l'Ouest 54 79
Sissi impératrice 43 79
Autant en emporte le vent 55 78
Les Dents de la mer 37 78
Le Jour le plus long 53 78
La Femme du boulanger 57 77
Jean de Florette 58 75
Les Dix Commandements 45 73
Le Grand Bleu 53 73
À nous les petites Anglaises 22 69
Les Valseuses 34 64
Le Cercle des poètes disparus 49 62
Les Demoiselles de Rochefort 26 62
Kramer contre Kramer 40 62
Le Salaire de la peur 45 62
Marche à l'ombre 32 61
La Guerre des étoiles 36 60
Jeux interdits 39 57
Docteur Jivago 36 55
Terminator 33 55
West Side Story 37 55
Police Academy 26 54
Et Dieu créa la femme 24 52
La Fureur de vivre 36 52
Le Guépard 27 52
ILS ONT VU...
ILS ONT AIMÉ
Sur 100 personnes
de 12 ans et plus
1995
ont vu...
ont beaucoup aimé...
François Truffaut 66 80
Louis Malle 55 70
Jean Renoir 46 69
Federico Fellini 48 65
Bertrand Tavernier 48 63
Maurice Pialat 39 57
Jean-Jacques Annaud 38 48
Ingmar Bergman 30 43
Martin Scorcese 27 39
Fritz Lang 23 37
Alain Resnais 24 36
Stanley Kubrick 24 34
Pedro Aldomovar 21 29
Akira Kurosawa 9 16
Satyajit Ray 3 5
UNE NOTORIÉTÉ
AU DELÀ DES ŒUVRES
La connaissance des réalisateurs
Sur 100 Français de 12 ans et plus
1995
connaissent le nom
ont vu l'un de ses films

# L'ART EN AMATEUR

De plus en plus de parents encouragent, de façon plus ou moins pressante, leurs enfants à pratiquer une activité artistique, principalement à jouer d'un instrument ou à faire de la danse. Ces pratiques sont souvent abandonnées au moment de l'adolescence ou du passage à l'âge adulte. Cependant le nombre d'amateurs continue de progresser au rythme des générations et, phénomène nouveau, les jeunes d'aujourd'hui sont plus nombreux à entreprendre plusieurs activités. 50 % des Français de plus de 15 ans ont pratiqué une activité artistique dans leur vie et un quart y consacre aujourd'hui du temps. Ce nombre devrait augmenter encore puisque les trois quarts des anciens amateurs regrettent d'avoir abandonné et la moitié envisagent de reprendre cette activité. En général, les femmes sont plus nombreuses que les hommes à s'investir, notamment dans la danse et l'écriture.

Les amateurs n'ont pas tous eu de formation précoce. Entreprendre une activité est une démarche personnelle décidée à un moment précis de leur existence ; c'est le cas du théâtre ou de la guitare (qui a connu son apogée au cours des années 1970). La peinture et l'écriture sont souvent découvertes tardivement et relèvent plus d'une quête identitaire individuelle. Le chant choral est la seule activité qui rassemble à la fois des jeunes et des générations aînées.

Nombre d'amateurs considèrent cette activité comme une détente (5 % seulement s'autorisent le terme de semi-professionnels). Ils la vivent souvent dans l'intimité, ne la soumettant au jugement de personne. Beaucoup de plasticiens n'exposent pas leurs œuvres et manifestent une grande résistance avant de les céder à des proches ; une minorité d'entre eux font preuve d'un engagement personnel et d'une proximité avec le monde de l'art. Les amateurs de danse forment un ensemble hétérogène ; qu'il s'agisse de danse contemporaine, folklorique, de salon ou classique, ils sont imperméables aux autres genres que le leur. Enfin, l'écriture est la plus secrète des activités, particulièrement chez les femmes ; elle commence avec le journal intime, écriture éphémère, accompagnant le passage vers l'adolescence et la maturité. Parmi ceux qui prolongent l'écriture au-delà de cet âge, nombreux sont ceux qui la considèrent comme un engagement, un moment important de leur vie, sans se rendre compte qu'ils exercent une activité littéraire. En général, ils n'écrivent pas pour être lus. Mais parmi ceux qui

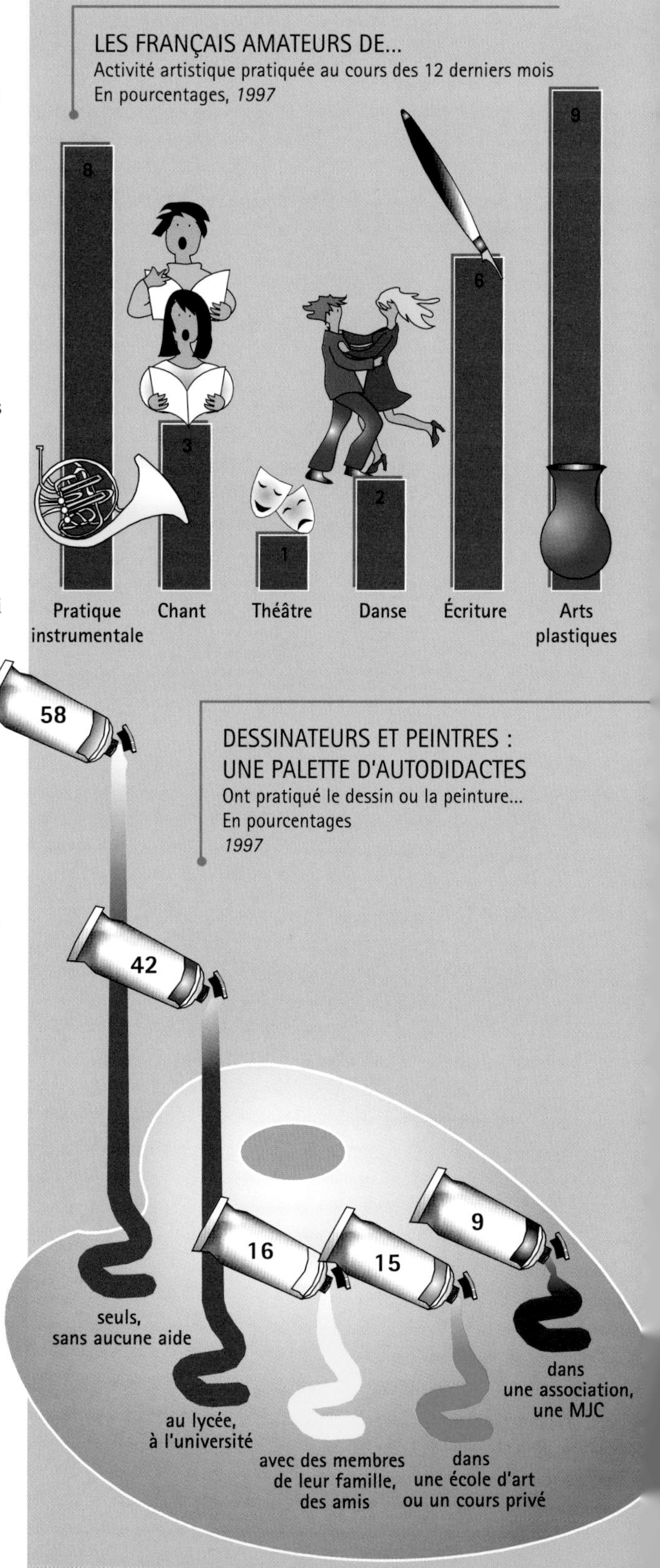
LES FRANÇAIS AMATEURS DE...
Activité artistique pratiquée au cours des 12 derniers mois
En pourcentages, 1997
8
3
1
2
6
9
Pratique instrumentale
Chant
Théâtre
Danse
Écriture
Arts plastiques
DESSINATEURS ET PEINTRES : UNE PALETTE D'AUTODIDACTES
Ont pratiqué le dessin ou la peinture...
En pourcentages
1997
58
seuls, sans aucune aide
42
au lycée, à l'université
16
avec des membres de leur famille, des amis
15
dans une école d'art ou un cours privé
9
dans une association, une MJC

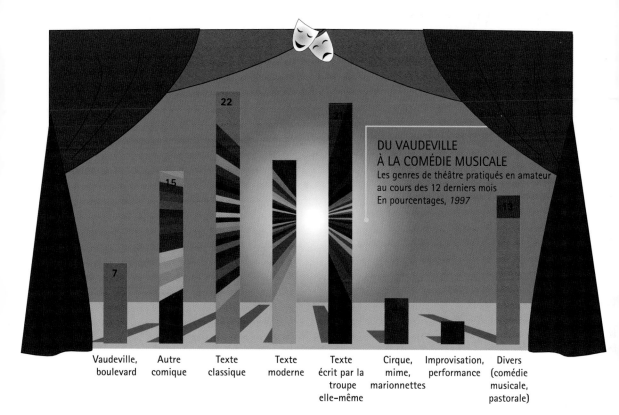

DU VAUDEVILLE
À LA COMÉDIE MUSICALE
Les genres de théâtre pratiqués en amateur au cours des 12 derniers mois
En pourcentages, *1997*

7
15
22
21
13

Vaudeville, boulevard
Autre comique
Texte classique
Texte moderne
Texte écrit par la troupe elle-même
Cirque, mime, marionnettes
Improvisation, performance
Divers (comédie musicale, pastorale)

s'exercent à écrire des poèmes, des nouvelles, des romans ou des essais, beaucoup avouent que l'idée d'être publiés les a effleurés un moment sans pour autant envisager de vivre de leur plume ; nombre d'auteurs publiés ne comptent pas sur leurs œuvres pour vivre.

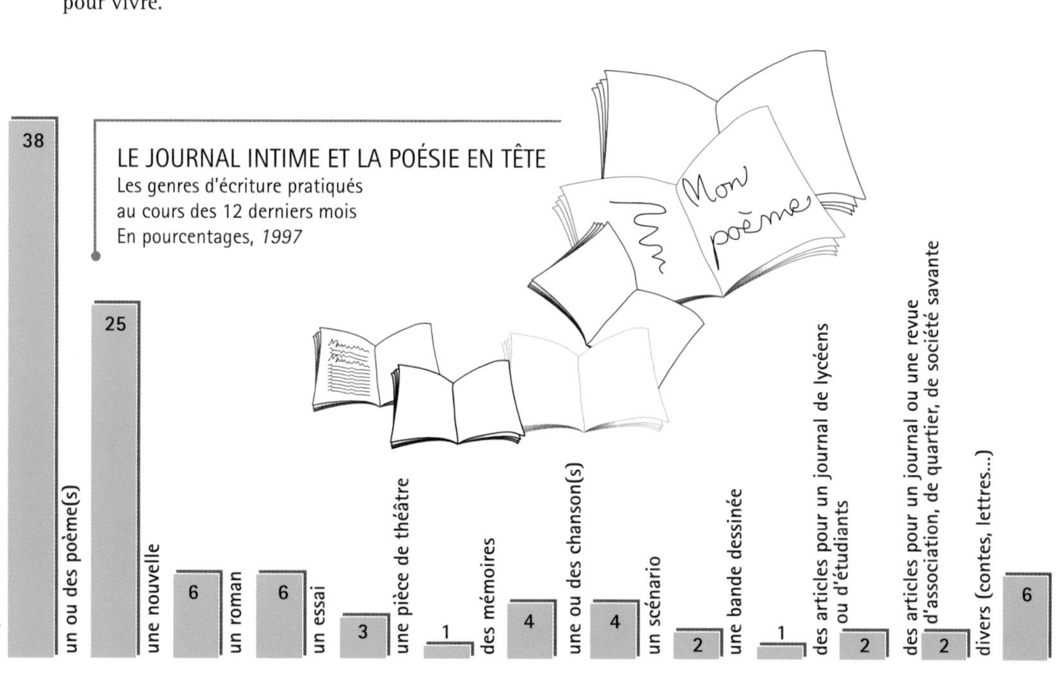
LE JOURNAL INTIME ET LA POÉSIE EN TÊTE
Les genres d'écriture pratiqués
au cours des 12 derniers mois
En pourcentages, 1997
Mon poème
un journal intime 38
un ou des poème(s) 25
une nouvelle 6
un roman 6
un essai 3
une pièce de théâtre 1
des mémoires 4
une ou des chanson(s) 4
un scénario 2
une bande dessinée 1
des articles pour un journal de lycéens ou d'étudiants 2
des articles pour un journal ou une revue d'association, de quartier, de société savante 2
divers (contes, lettres...) 6

Depuis longtemps, les villes ont apporté un soutien à l'art afin d'asseoir leur image. À grands coups de festivals, de foires, de fêtes, sans plus aucune orientation politique, elles sont devenues de véritables entrepreneurs culturels en compétition entre elles au niveau national ou international. En revanche, pour les villes de banlieues où se dressent les grands ensembles construits dans les années 1950, les opérations culturelles ont une motivation politique et sont conçues pour réhabiliter les quartiers en difficulté. Les animations ont pour but la lutte contre la précarité et l'exclusion. En période de chômage de masse, la culture a une fonction de réinsertion. Depuis le milieu des années 1990, ces politiques visent à valoriser les formes artistiques métissées issues des quartiers multiculturels. Cette culture n'est donc pas apportée par le système comme dans les centres-villes, elle est produite par les habitants eux-mêmes, les enfants dont les parents sont issus de l'immigration. Le mouvement hip-hop français a été reconnu de cette façon ; il s'est imposé sur tout le territoire et au-delà. À l'origine, il provient des ghettos noirs américains ; il a fait partie de la culture *underground* pendant une dizaine d'années avant d'être diffusé par les radios privées, puis produit et vendu en masse par les maisons de disques. Le hip-hop recouvre plusieurs formes d'expression : les graffitis (tags et grafs), la *break dance*, le rap, formes fondées sur le sens de l'honneur et de la compétition. Au lieu de singer le style américain, le rap français se l'est réapproprié pour donner naissance à une sorte d'hybride, et c'est un phénomène qui gagne l'Allemagne, l'Espagne et le Portugal. Le hip-hop s'est institutionnalisé, il fait désormais partie de la culture jeune à laquelle s'identifient les adolescents de tous milieux sociaux. Les danseurs quittent la rue pour les studios à la première opportunité, les tagueurs travaillent sur des surfaces officielles, les rappeurs se constituent en groupes professionnels. « C'est la forme la plus achevée de culture cultivée issue de la rue et des grands ensembles[1]. » Comme le rock, le hip-hop devient tradition, on assiste à la multiplication de ses formes ; le rap devient soit plus ethnique soit plus *easy rap* ou *hardcore* ; la *break dance* est reprise et travaillée par les chorégraphes contemporains. Enfin, le trip-hop se développe, empruntant aux autres genres, à la fois au rock, au hip-hop, et autres musiques.

## Américanisation ?

L'exemple du hip-hop, comme le grand succès des séries et des films américains ou d'un langage truffé d'anglicismes, etc., pourraient laisser penser que la culture française traditionnelle est menacée. Rien n'est moins sûr. Des résultats de sondages montrent que les Français sont très attachés à leur culture ; bien que les responsables de programmation sur différentes chaînes n'en tiennent pas compte, la grande opinion manifeste une préférence pour la chanson française, et pour les paroles avant la

1. D. Lepoutre, *Cœurs de banlieues, codes, rites et langages*, Paris, Odile Jacob, 1997.

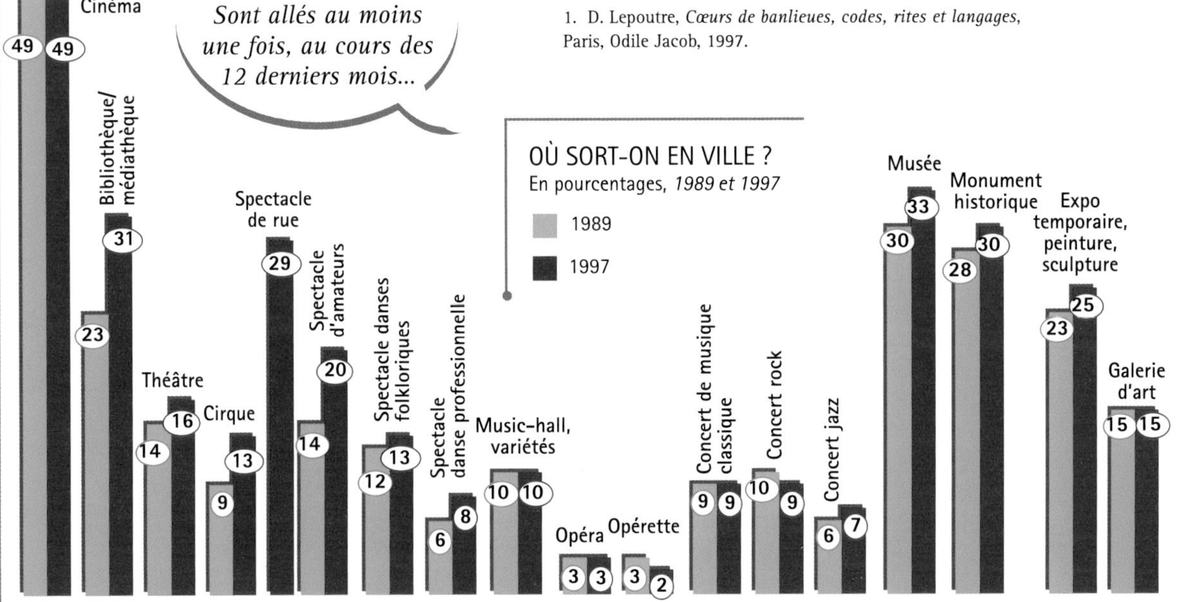
OÙ SORT-ON EN VILLE ?
En pourcentages, 1989 et 1997
1989
1997
Sont allés au moins une fois, au cours des 12 derniers mois...
Cinéma 49 49
Bibliothèque/médiathèque 23 31
Théâtre 14 16
Cirque 9 13
Spectacle de rue 29
Spectacle d'amateurs 14 20
Spectacle danses folkloriques 12 13
Spectacle danse professionnelle 6 8
Music-hall, variétés 10 10
Opéra 3 3
Opérette 3 2
Concert de musique classique 9 9
Concert rock 10 9
Concert jazz 6 7
Musée 30 33
Monument historique 28 30
Expo temporaire, peinture, sculpture 23 25
Galerie d'art 15 15

mélodie et la composition. 80 % des Français sont favorables à la loi de 1994 qui impose 40 % de chansons françaises sur les ondes.

Les jeunes sont les moins hostiles à l'influence de la culture américaine, mais ils ne la voient pas comme un effet de substitution. Beaucoup redécouvrent leurs racines régionales – basque, bretonne, corse... –, et vivent la culture américaine comme une seconde culture.

Si les cultures régionales françaises reviennent en force – la musique bretonne en est un bon exemple –, on peut imaginer qu'une culture européenne renaisse (elle a déjà existé au Moyen Âge), qui ferait contrepoids à la culture américaine.

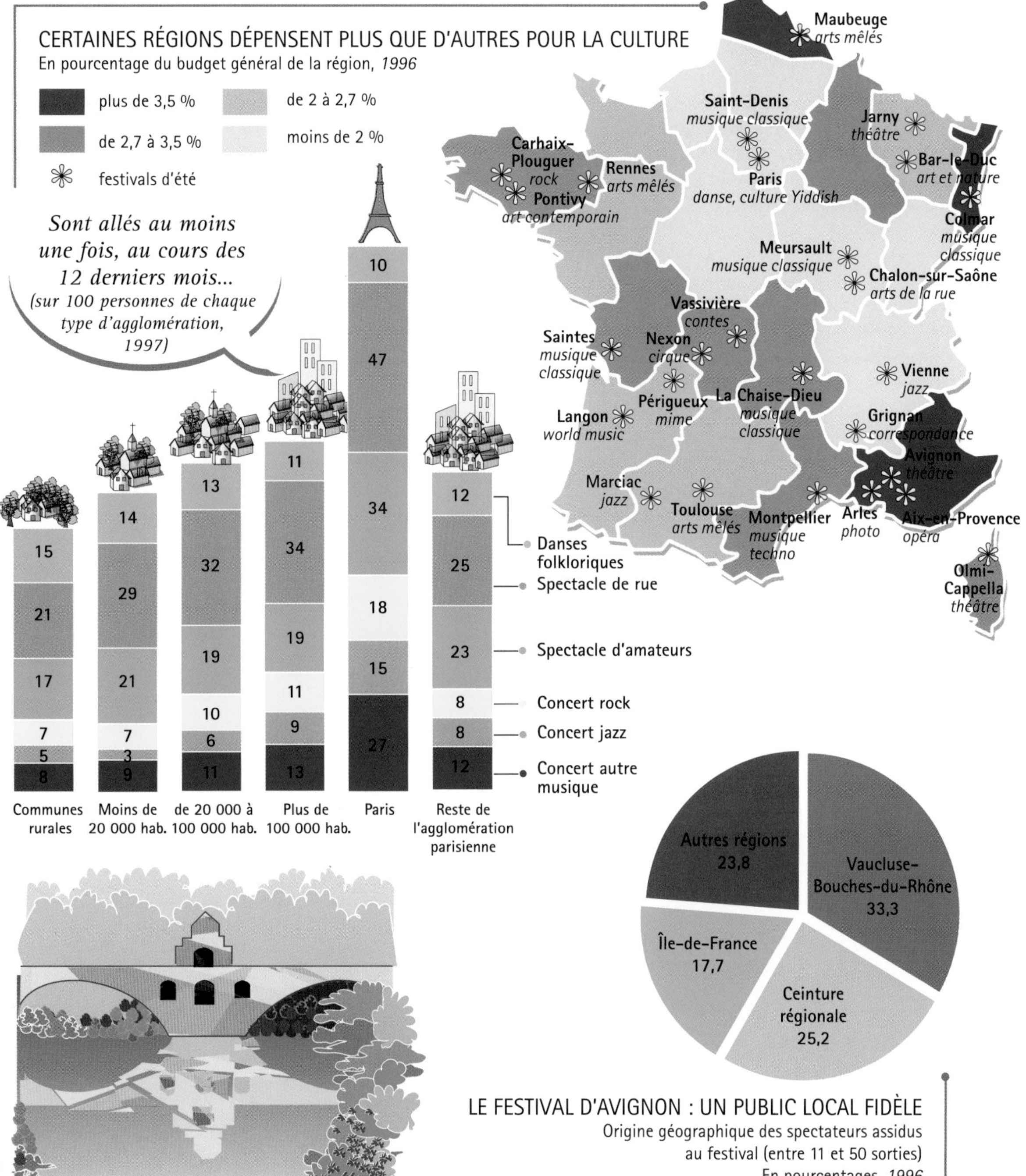

CERTAINES RÉGIONS DÉPENSENT PLUS QUE D'AUTRES POUR LA CULTURE
En pourcentage du budget général de la région, 1996
plus de 3,5 %
de 2,7 à 3,5 %
de 2 à 2,7 %
moins de 2 %
festivals d'été
Maubeuge arts mêlés
Saint-Denis musique classique
Jarny théâtre
Carhaix-Plouguer rock
Rennes arts mêlés
Pontivy art contemporain
Paris danse, culture Yiddish
Bar-le-Duc art et nature
Colmar musique classique
Meursault musique classique
Chalon-sur-Saône arts de la rue
Vassivière contes
Saintes musique classique
Nexon cirque
Vienne jazz
Périgueux mime
La Chaise-Dieu musique classique
Langon world music
Grignan correspondance
Avignon théâtre
Marciac jazz
Toulouse arts mêlés
Montpellier musique techno
Arles photo
Aix-en-Provence opéra
Olmi-Cappella théâtre
Sont allés au moins une fois, au cours des 12 derniers mois...
(sur 100 personnes de chaque type d'agglomération, 1997)


| | Communes rurales | Moins de 20 000 hab. | de 20 000 à 100 000 hab. | Plus de 100 000 hab. | Paris | Reste de l'agglomération parisienne |
|---|---|---|---|---|---|---|
| Danses folkloriques | 15 | 14 | 13 | 11 | 10 | 12 |
| Spectacle de rue | 21 | 29 | 32 | 34 | 47 | 25 |
| Spectacle d'amateurs | 17 | 21 | 19 | 19 | 34 | 23 |
| Concert rock | 7 | 7 | 10 | 11 | 18 | 8 |
| Concert jazz | 5 | 3 | 6 | 9 | 15 | 8 |
| Concert autre musique | 8 | 9 | 11 | 13 | 27 | 12 |

LE FESTIVAL D'AVIGNON : UN PUBLIC LOCAL FIDÈLE

Origine géographique des spectateurs assidus au festival (entre 11 et 50 sorties)

En pourcentages, 1996


Autres régions 23,8
Vaucluse-Bouches-du-Rhône 33,3
Île-de-France 17,7
Ceinture régionale 25,2

Les intellectuels sont une des passions typiquement françaises : ils sont à la fois objets d'admiration et de mépris, ils intriguent et/ou agacent les Français. En tout cas, ils sont devenus de véritables sujets d'étude. Les intellectuels racontent eux-mêmes leur histoire : depuis les années 1950, une série d'ouvrages critiques paraissent qui font de l'histoire des intellectuels une discipline universitaire.

Raymond Aron, en critiquant les intellectuels marxistes dans *L'Opium des intellectuels* et le livre de Jacques Le Goff, *Les Intellectuels au Moyen Âge*, entament les premières études historiques sur ce sujet. Dans les années qui suivent, les débats portent principalement sur les thèses à l'origine des totalitarismes, à droite comme à gauche, qui aboutissent parfois à une *Autocritique*, comme celle d'Edgar Morin qui signe le divorce entre la gauche intellectuelle et le communisme stalinien. Dans les années 1970, avec Soljenitsyne et les « nouveaux philosophes », la dissidence soviétique enflamme tous les débats. Après la mort de Jean-Paul Sartre, en 1980, la pensée libérale antitotalitaire prend le dessus, et les travaux de Tocqueville et d'Aron occupent le devant de la scène.
À des postes clés dans les instances universitaires et médiatiques, depuis le début des années 1980, les intellectuels s'expriment dans la presse et à la télévision sur tous les sujets d'actualité, nouant ainsi sinon des liens du moins des relations avec le pouvoir politique ; ce que certains d'entre eux, comme Régis Debray (*Le Pouvoir intellectuel en France*), dénoncent, fustigeant la disparition d'une véritable création intellectuelle. Cette crise d'identité s'exprime à l'encontre de contemporains comme Bernard-Henri Levy ou Pierre Bourdieu qui utilisent des formes d'engagement spectaculaires comme la sur-médiatisation et/ou la pétition. La création intellectuelle passe au rang de l'histoire, comme en témoigne le nombre d'études et les disciplines qui lui sont consacrées : sociologie, histoire politique, histoire comparée ; « les frontières entre histoire culturelle, histoire des idées et histoire intellectuelle deviennent floues[1]. » Parallèlement les intellectuels des belles années font l'objet de biographies grand public : Barthes, Lacan, Lévi-Strauss, Sartre, Althusser, Foucault...

1. B. Delorme-Montini, « Intellectuels, un nouvel objet d'histoire », *Le Débat*, n° 111, nov-déc. 2000.

## « Philomanie »

Les grandes idéologies (marxisme ou ultralibéralisme) discréditées, l'Église en partie désertée, la philosophie remise en question dans les programmes scolaires... où trouver désormais les réponses aux grandes questions de la vie ? Le succès des cafés-philo, où la parole de chacun, quelle que soit sa condition, se vaut, comme celui des émissions de philosophie à la télévision où un « expert » dissocie les bons des mauvais sentiments, ou encore la pléthore de séminaires d'entreprise invitant les cadres à débattre sur l'éthique et le profit, témoignent d'une avidité ou du moins d'une curiosité des Français vis-à-vis des questionnements éternels. Sans compter les succès de librairie de certains ouvrages d'initiation « philosophique » tels que *Le Monde de Sophie* de Jostein Gaarder ou *Petit traité des grandes vertus* d'André Comte-Sponville.
D'une part, cette recherche du bien et du juste semble de plus en plus nécessaire de nos jours, d'autre part, dans une société où « le Mal ne cesse d'être dénoncé, seule la tolérance (degré zéro de la morale), religion des Temps modernes, semble tenir lieu de Bien[2] ». Banalisée, la philosophie aide tout simplement à y voir plus clair et, peut être, à être plus lucide.

2. J. Winock, « Philo, de la sagesse pour tous », *Le Débat*, n° 112, nov-déc. 2000.

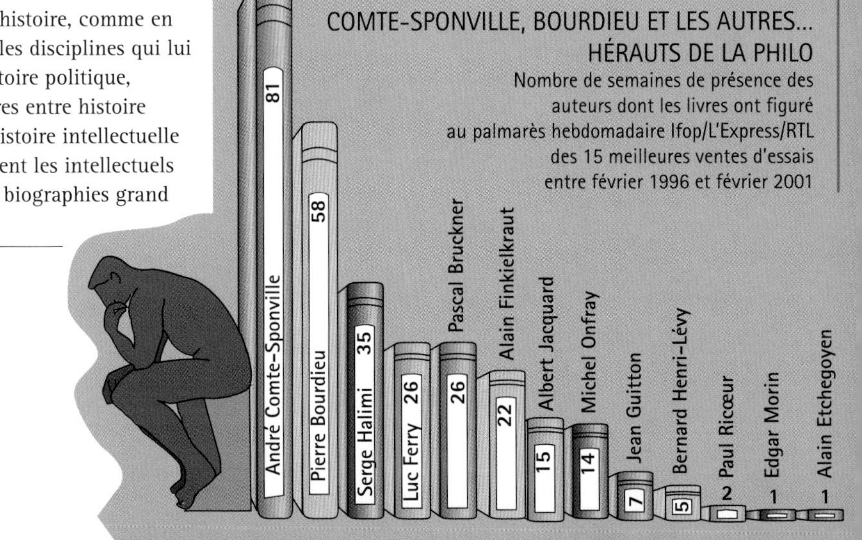
COMTE-SPONVILLE, BOURDIEU ET LES AUTRES...
HÉRAUTS DE LA PHILO
Nombre de semaines de présence des auteurs dont les livres ont figuré au palmarès hebdomadaire Ifop/L'Express/RTL des 15 meilleures ventes d'essais entre février 1996 et février 2001
André Comte-Sponville 81
Pierre Bourdieu 58
Serge Halimi 35
Luc Ferry 26
Pascal Bruckner 26
Alain Finkielkraut 22
Albert Jacquard 15
Michel Onfray 14
Jean Guitton 7
Bernard Henri-Lévy 5
Paul Ricœur 2
Edgar Morin 1
Alain Etchegoyen 1

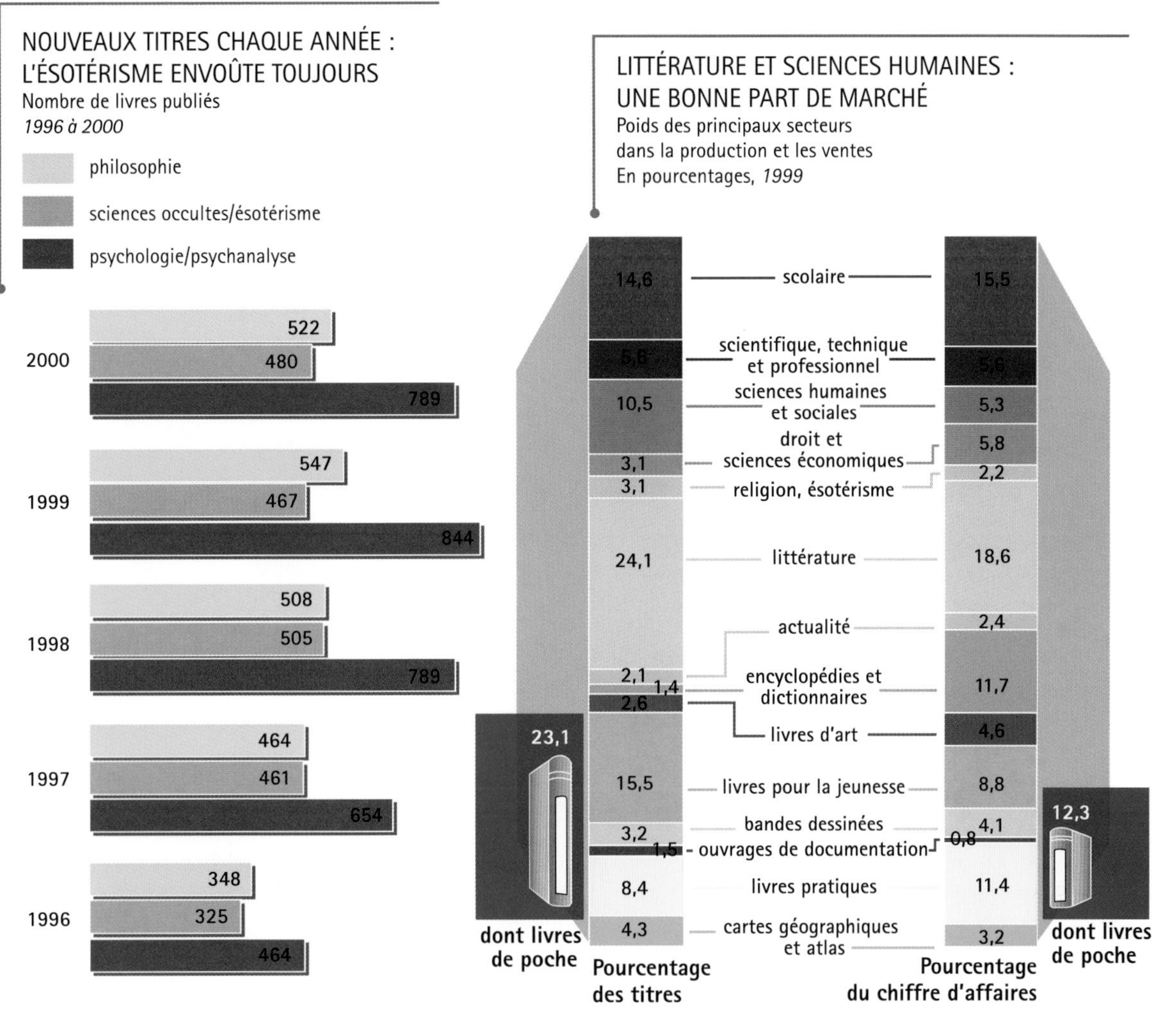
NOUVEAUX TITRES CHAQUE ANNÉE :
L'ÉSOTÉRISME ENVOÛTE TOUJOURS
Nombre de livres publiés
*1996 à 2000*
philosophie
sciences occultes/ésotérisme
psychologie/psychanalyse
2000
522
480
789
1999
547
467
844
1998
508
505
789
1997
464
461
654
1996
348
325
464
LITTÉRATURE ET SCIENCES HUMAINES :
UNE BONNE PART DE MARCHÉ
Poids des principaux secteurs
dans la production et les ventes
En pourcentages, *1999*
14,6 scolaire 15,5
5,6 scientifique, technique et professionnel 5,6
10,5 sciences humaines et sociales 5,3
3,1 droit et sciences économiques 5,8
3,1 religion, ésotérisme 2,2
24,1 littérature 18,6
2,1 actualité 2,4
1,4 encyclopédies et dictionnaires 11,7
2,6 livres d'art 4,6
15,5 livres pour la jeunesse 8,8
3,2 bandes dessinées 4,1
1,5 ouvrages de documentation 0,8
8,4 livres pratiques 11,4
4,3 cartes géographiques et atlas 3,2
23,1
dont livres de poche
12,3
dont livres de poche
Pourcentage des titres
Pourcentage du chiffre d'affaires

## UNE DÉCENNIE DE NOUVEAUX MOTS ENTRÉS DANS LE DICTIONNAIRE

1989 : Perestroïka, Glasnost, audimat, téléachat, buller, zoner, narcodollar, joujouthèque...

1990 : Profitabilité, délocalisation, cédérom, surimi, R.M.I., titrisation, transfrontalier...

1991 : Bifidus, cliquer, déchetterie, fax, lobbying, mal-être, multiracial, narcotrafiquant, ripou, V.I.H., dynamisant...

1992 : CAC40, écologue, libanisation, multiconfessionnel, postcommuniste, rap, tag, vrai-faux, imprédictible...

1993 : transversalité, suicidant, maximalisme, minimalisme, négationnisme, accréditation, pin's, péritel, hypertexte...

1995 : Biper, ecstasy, érémiste, hard, soft, intégriste, zapper, délocaliser, réinscriptible, télépaiement...

1996 : Beurette, compil, recapitaliser, refonder, vidéosurveillance, micro-trottoir, karaoké, canyoning...

1997 : Internaute, cybernaute, eurosceptique, multiculturalisme, communautarisme, basmati, fun, morphing, écorecharge, manga...

1998 : antiprotéase, D.V.D, incivilité, instrumentaliser, OGM, rapper, taliban, routeur...

1999 : email, non-droit, diplômant, autrice (auteur), P.M.A. (procréation médicalement assistée)...

# AMIS ET AFFINITÉS

*Mais l'amitié demande un peu plus de mystère*
*Et c'est assurément en profaner le nom*
*Que de vouloir le mettre à toute occasion.*
Molière

Les inquiétudes bien connues quant à la perte du lien social sont lancinantes depuis au moins l'entrée en scène de l'Individu. Il est devenu commun de dénoncer le repli sur soi de nos contemporains ; les rapports entre les hommes auraient changé de fondement, passant de la *communauté* où chacun partage la même origine et le même destin, un même sentiment d'appartenance, à la *société* fondée, elle, sur la stricte individualité des intérêts, c'est-à-dire l'égoïsme. Loin d'être aussi « chaleureux » que le disent ceux qui n'y sont plus, le village peut être le lieu où l'on « étouffe », où la peur du « mauvais œil » est un asservissement. Sur ce fond romantique d'une communauté pastorale chaleureuse engloutie par les « eaux glacées du calcul égoïste[1] », nombre de phénomènes sociaux nés avec la modernité sont dans le box des accusés : le capitalisme, l'industrialisme, la bureaucratisation, l'urbanisation et, enfin, les nouvelles technologies, qu'il s'agisse de la voiture, du téléphone, de la télévision ou, plus récemment, d'Internet.

## Des liens prescrits aux liens choisis

Il est aujourd'hui établi que la communauté n'est pas « perdue » en ce sens que les individus conservent encore des liens forts avec d'autres, se soutiennent affectivement, se rendent divers services, etc. Seulement ceux-ci n'habitent plus forcément dans le voisinage et les voisins ne sont plus aussi naturellement membres de cette communauté. Les relations sont, de fait, moins imposées par le contexte familial et local – ce qui ne veut pas dire qu'il y ait disparition du lien social mais bien plutôt que ce lien est davantage *choisi.* C'est pourquoi l'on peut dire que nous sommes passés de la communauté de voisinage au réseau affinitaire. Et ces réseaux ont bénéficié et ont encouragé le développement de technologies permettant d'entretenir des liens sociaux à distance : la voiture, le téléphone, etc.

L'ÉCOLE ET LE TRAVAIL SONT LES SOURCES DE L'AMITIÉ
Répartition des meilleurs amis selon leur origine, et caractéristiques des personnes interrogées
En pourcentage des amis, *1997*

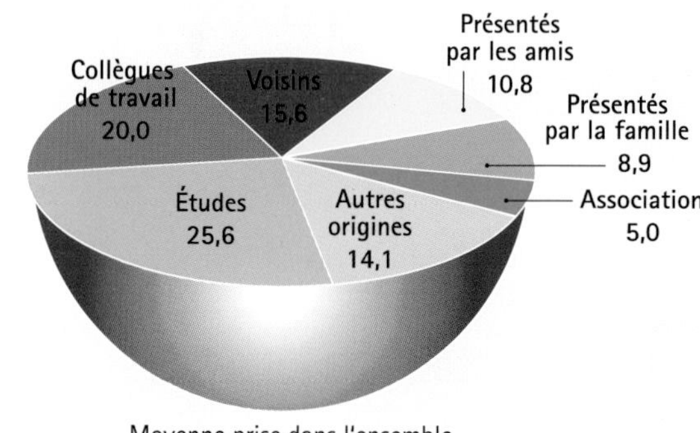

Collègues de travail 20,0
Voisins 15,6
Présentés par les amis 10,8
Présentés par la famille 8,9
Association 5,0
Études 25,6
Autres origines 14,1

Moyenne prise dans l'ensemble de la population interrogée

Choisir ne revient pas, néanmoins, à refuser systématiquement les liens anciennement prescrits. Peut-être les liens familiaux sont-ils même plus riches qu'auparavant, puisqu'ils se construisent davantage entre égaux : la discussion lors du repas familial a ainsi, vraisemblablement, bénéficié de la perte d'autorité du père. L'affinitaire se développe, de fait, même au sein de la famille, la modifiant sans détruire le sentiment d'appartenance.
« La logique du proverbial “qui se ressemble s'assemble” est moins axée sur la convention que sur la sélection personnelle[2]. » Les liens sociaux ont vocation à se spécialiser : avec un tel on discutera politique et uniquement cela, avec tel autre on échangera des soutiens affectifs, avec un dernier l'on explorera une facette de sa personnalité que les autres personnes fréquentées ignorent, etc. Se lier à des individus d'horizons différents, à plusieurs cercles sociaux, est ainsi le moyen d'appliquer sa « polyvalence » ; c'est ce qui fait toute la différence avec l'ancienne obligation de se socialiser dans un seul groupe.

1. K. Marx et F. Engels, *Manifeste du parti communiste,* 1848.

2. M. Parodi, « La lente évolution de la sociabilité », *Revue de l'OFCE*, n° 73, avril 2000.

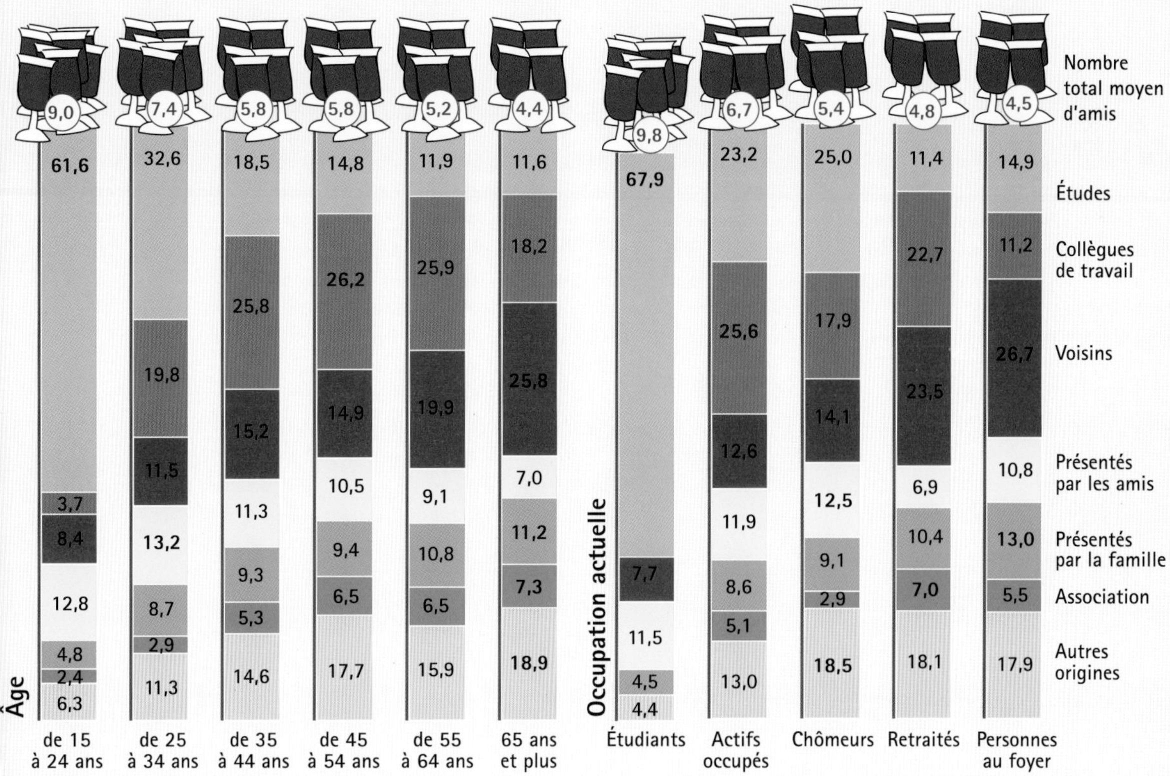

| Âge | de 15 à 24 ans | de 25 à 34 ans | de 35 à 44 ans | de 45 à 54 ans | de 55 à 64 ans | 65 ans et plus |
|---|---|---|---|---|---|---|
| Nombre total moyen d'amis | 9,0 | 7,4 | 5,8 | 5,8 | 5,2 | 4,4 |
| Études | 61,6 | 32,6 | 18,5 | 14,8 | 11,9 | 11,6 |
| Collègues de travail | 3,7 | 19,8 | 25,8 | 26,2 | 25,9 | 18,2 |
| Voisins | 8,4 | 11,5 | 15,2 | 14,9 | 19,9 | 25,8 |
| Présentés par les amis | 12,8 | 13,2 | 11,3 | 10,5 | 9,1 | 7,0 |
| Présentés par la famille | 4,8 | 8,7 | 9,3 | 9,4 | 10,8 | 11,2 |
| Association | 2,4 | 2,9 | 5,3 | 6,5 | 6,5 | 7,3 |
| Autres origines | 6,3 | 11,3 | 14,6 | 17,7 | 15,9 | 18,9 |

| Occupation actuelle | Étudiants | Actifs occupés | Chômeurs | Retraités | Personnes au foyer |
|---|---|---|---|---|---|
| Nombre total moyen d'amis | 9,8 | 6,7 | 5,4 | 4,8 | 4,5 |
| Études | 67,9 | 23,2 | 25,0 | 11,4 | 14,9 |
| Collègues de travail | | 25,6 | 17,9 | 22,7 | 11,2 |
| Voisins | 7,7 | 12,6 | 14,1 | 23,5 | 26,7 |
| Présentés par les amis | 11,5 | 11,9 | 12,5 | 6,9 | 10,8 |
| Présentés par la famille | 4,5 | 8,6 | 9,1 | 10,4 | 13,0 |
| Association | | 5,1 | 2,9 | 7,0 | 5,5 |
| Autres origines | 4,4 | 13,0 | 18,5 | 18,1 | 17,9 |

## LE DIPLÔME NE FAIT PAS LES AMIS, NI L'ARGENT, MAIS ILS Y CONTRIBUENT...

Répartition des amis selon leur origine et caractéristiques de la personne interrogée
En pourcentages, *1997*

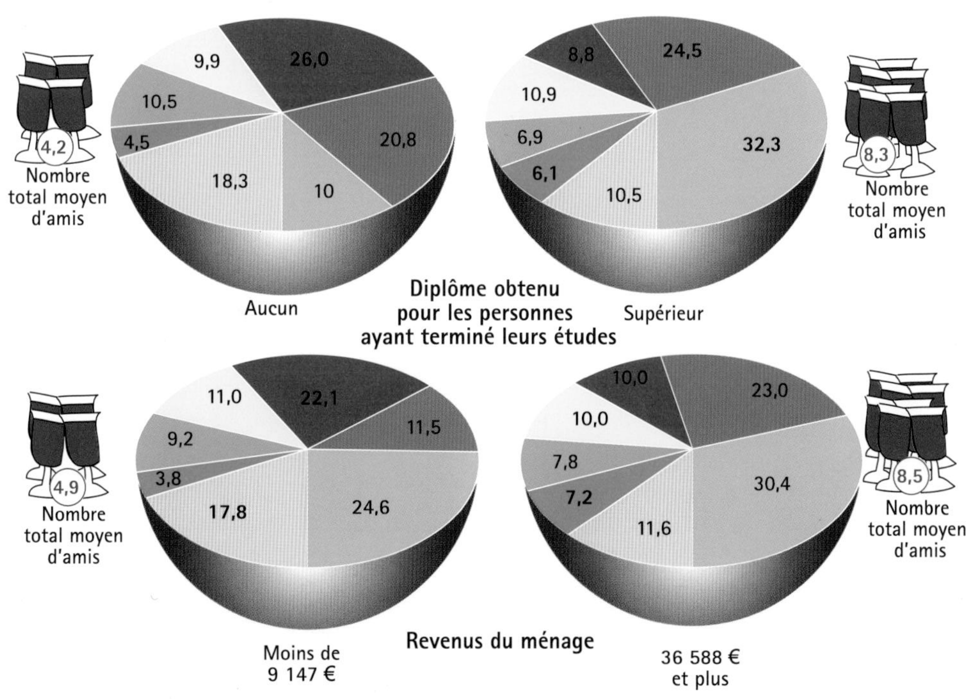
4,2
Nombre total moyen d'amis
9,9
26,0
10,5
4,5
20,8
18,3
10
Aucun
8,8
24,5
10,9
6,9
6,1
32,3
10,5
8,3
Nombre total moyen d'amis
Supérieur
Diplôme obtenu pour les personnes ayant terminé leurs études
4,9
Nombre total moyen d'amis
11,0
22,1
9,2
11,5
3,8
17,8
24,6
Moins de 9 147 €
10,0
23,0
10,0
7,8
30,4
7,2
11,6
8,5
Nombre total moyen d'amis
36 588 € et plus
Revenus du ménage

# QUI S'ASSEMBLE ?

Les relations sociales sont plus denses en haut de la pyramide sociale. Les cadres supérieurs et les membres de professions libérales ont ainsi plus de relations professionnelles ou amicales et discutent plus souvent avec elles. En revanche, les ouvriers ont plus de relations familiales ; leur sociabilité est moins ouverte sur l'extérieur, moins « choisie » que celle des cadres supérieurs.

Les relations sont aussi fortement dépendantes du cycle de vie. Elles sont stables – ou, du fait des relations de travail, augmentent un peu – jusqu'à 35 ans puis décroissent ensuite. En particulier, les relations professionnelles s'étiolent au moment de la retraite et ont quasiment disparu au passage des 70 ans. Les relations amicales diminuent aussi au troisième âge, en raison principalement des décès, et ce sont les relations de voisinage, les relations de services (commerçants, médecins, etc.) et la parentèle qui résistent le mieux et même renouvellent l'entourage des personnes âgées. Les pertes de contacts sont compensées par le développement des relations avec ses descendants et l'investissement dans des clubs de troisième âge.

Mais au-delà de l'effet d'âge, ce sont les grandes étapes de la vie qui modifient nos relations. Le temps des études est associé aux sorties et aux discussions entre amis. D'une part, l'emploi du temps est assez flexible pour constituer un réseau amical, d'autre part beaucoup d'occasions festives favorisent les rencontres, en fait la recherche d'un ou d'une partenaire. La vie à deux resserre l'entourage : le nombre de contacts extérieurs diminue au profit d'un réinvestissement dans les relations avec les parents et les beaux-parents. Et l'arrivée d'un enfant réduit encore le nombre de contacts extra-familiaux au profit toujours des parents et des voisins. En revanche, l'entrée dans le monde du travail permet logiquement d'élargir son réseau.

Enfin, dernière caractéristique, les femmes ont quantitativement une sociabilité légèrement plus importante que les hommes. Le fait qu'elles soient l'interface entre la cellule familiale et l'extérieur y est probablement pour quelque chose ; mais c'est aussi lié au fait que les filles ont, plus tôt que les garçons, une sociabilité élective, c'est-à-dire faite de rencontres avec des personnes en provenance de différents cercles sociaux plutôt que de réunions entre membres de sa « tribu ». Cette différence s'estompe cependant avec l'âge et peut être vue comme une différence de maturité : après 25 ans, les hommes comme les femmes ont des affinités plus électives...

## Seul au monde

En 1999, 12,6 % de la population vivent seuls, soit 7,4 millions de personnes : ce sont pêle-mêle des personnes âgées, des célibataires, divorcé(e)s, veuf(ve)s. Si ces personnes se sentent plus que les autres esseulées, toutes n'en souffrent pas avec la même intensité, les femmes exprimant leurs maux plus facilement que les hommes. Les célibataires, plus jeunes, plus diplômés et souvent masculins, développent plus de relations à l'extérieur que les couples, sans souffrir de solitude. Veufs et divorcés font preuve d'une sensibilité particulière à la solitude : habitués à vivre à deux, ils ne sont pas préparés à un mode de vie solitaire. Pour les personnes âgées, la solitude, bien que pesante, est moins aiguë, et les contacts s'intensifient avec les descendants et les voisins même s'ils sont plus espacés dans le temps. Si l'isolement touche particulièrement les classes défavorisées (chômeurs, ouvriers, sans diplôme), à l'inverse l'appréhension de la solitude peut également toucher la femme célibataire sur-diplômée (une femme cadre sur cinq vit seule), le divorcé au revenu élevé, la mère élevant seule ses enfants sans grands moyens ou le RMIste. Certaines personnes en proie à la solitude se réfugient dans l'isolement, quelquefois cause du désengagement de l'entourage, quelquefois conséquence de la disparition de celui-ci.

DES AMITIÉS ÉTANCHES

Fréquentation des amis selon la catégorie professionnelle

En pourcentages, *1997*

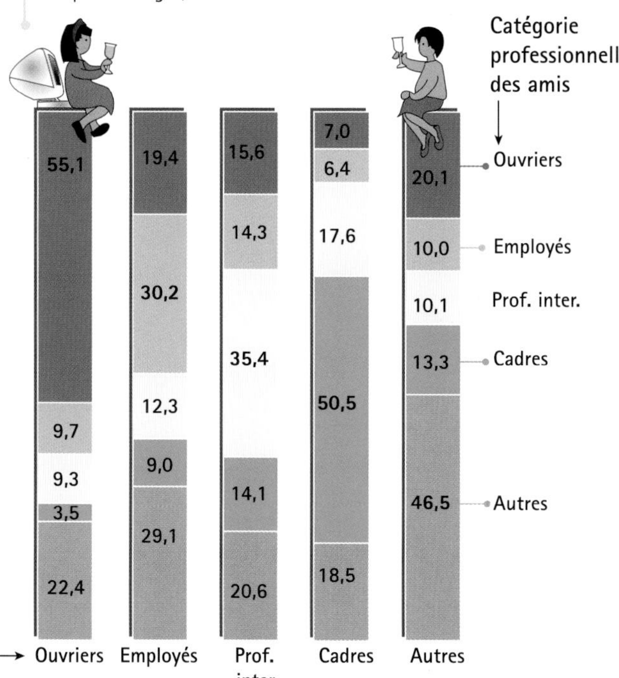

Catégorie professionnelle des amis
Ouvriers
Employés
Prof. inter.
Cadres
Autres
55,1
9,7
9,3
3,5
22,4
19,4
30,2
12,3
9,0
29,1
15,6
14,3
35,4
14,1
20,6
7,0
6,4
17,6
50,5
18,5
20,1
10,0
10,1
13,3
46,5
Catégorie professionnelle des interviewés
Ouvriers
Employés
Prof. inter.
Cadres
Autres

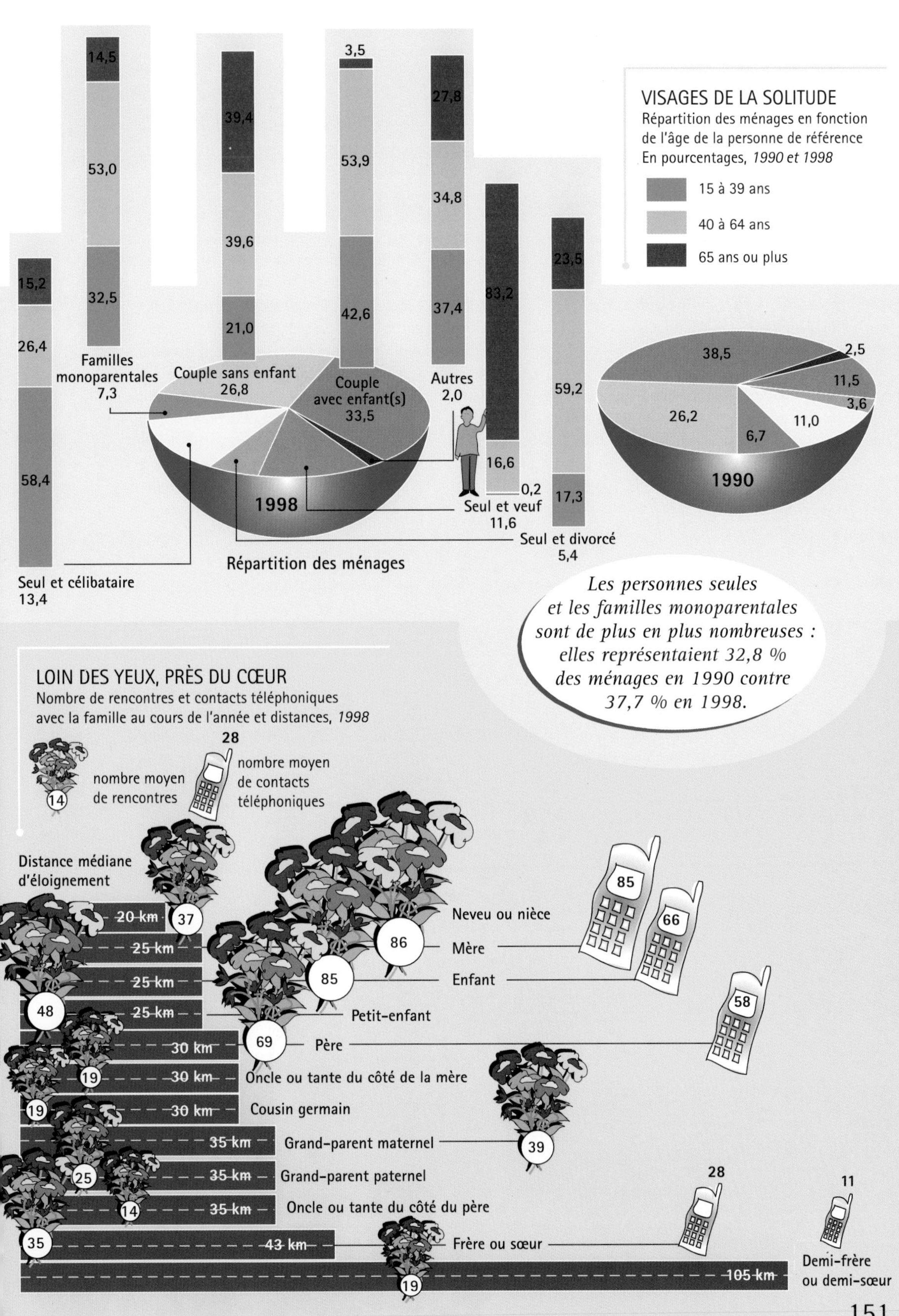
VISAGES DE LA SOLITUDE
Répartition des ménages en fonction de l'âge de la personne de référence
En pourcentages, 1990 et 1998
15 à 39 ans
40 à 64 ans
65 ans ou plus
15,2
26,4
58,4
Seul et célibataire
13,4
14,5
53,0
32,5
Familles monoparentales
7,3
39,4
39,6
21,0
Couple sans enfant
26,8
3,5
53,9
42,6
Couple avec enfant(s)
33,5
27,8
34,8
37,4
Autres
2,0
83,2
16,6
0,2
Seul et veuf
11,6
23,5
59,2
17,3
Seul et divorcé
5,4
1998
Répartition des ménages
38,5
2,5
11,5
3,6
26,2
11,0
6,7
1990
Les personnes seules et les familles monoparentales sont de plus en plus nombreuses : elles représentaient 32,8 % des ménages en 1990 contre 37,7 % en 1998.
LOIN DES YEUX, PRÈS DU CŒUR
Nombre de rencontres et contacts téléphoniques avec la famille au cours de l'année et distances, 1998
14
nombre moyen de rencontres
28
nombre moyen de contacts téléphoniques
Distance médiane d'éloignement
20 km
37
Neveu ou nièce
25 km
86
Mère
85
25 km
85
Enfant
66
48
25 km
Petit-enfant
30 km
69
Père
58
19
30 km
Oncle ou tante du côté de la mère
19
30 km
Cousin germain
35 km
Grand-parent maternel
39
25
35 km
Grand-parent paternel
14
35 km
Oncle ou tante du côté du père
35
43 km
Frère ou sœur
28
105 km
19
11
Demi-frère ou demi-sœur

# Communication persistante

Aujourd'hui, beaucoup de Français « habitent » plusieurs lieux : un Breton peut conserver des attaches avec sa région natale, avoir des amis à Toulouse rencontrés lors de ses études, et habiter dans la banlieue parisienne tout en travaillant dans le centre de la capitale. Au cours de sa vie, il déménagera encore probablement quelques fois, au gré des promotions, des changements professionnels, voire au moment de la retraite. Toutefois, ces pérégrinations ne conduisent pas à un « zapping » social incessant : des liens sont entretenus, en particulier familiaux, par des appels téléphoniques réguliers et des visites.

La rencontre effective reste un moment privilégié, tout au moins pour entretenir ou pour construire un lien fort. L'usage du téléphone est avant tout ponctué par les rencontres : se mettre d'accord sur le prochain rendez-vous, prendre des nouvelles lorsqu'on ne se voit pas pendant une longue période, etc. Cela ne veut pas dire pour autant qu'il n'y a pas de sociabilité téléphonique ni de plaisir dans la relation téléphonique en elle-même. Cette dernière est d'ailleurs devenue presque aussi naturelle que le face-à-face : plus je connais de gens, plus j'en appelle ; plus je vois de gens, plus souvent je les appelle. C'est ainsi que s'organisent à peu près les sociabilités téléphoniques et effectives. Le téléphone mobile (acquis par 30 millions de Français fin 2000) prolonge la spécificité téléphonique en restreignant encore le nombre de contacts et en permettant d'arranger les rendez-vous « sur le pouce ». Enfin, il commence à apparaître une sociabilité spécifique à la téléphonie mobile.

## Si loin, si proche

Bien que récent, l'accès à Internet se diffuse rapidement : 20 % des Français sont internautes en 2000. Cette communication peut être privée ou publique ; l'interlocuteur peut aussi être anonyme mais la nécessité d'avoir des garanties sur l'identité du destinateur se fait parfois sentir, comme dans le cas du commerce électronique ou de l'échange d'informations confidentielles. Aussi le public en est encore à l'exploration de la gamme des services proposés sur le web et seule une minorité participe actuellement à des communautés d'intérêts : c'est cependant là un des principaux attraits d'Internet. S'affranchissant encore plus de la distance et de bien des marqueurs socialement connotés (ni le sexe, ni la couleur de peau, ni le statut social n'apparaissent directement), la logique du regroupement en fonction de l'intérêt semble pouvoir ici s'épanouir pleinement. Si l'ampleur du phénomène est encore difficile à circonscrire – par exemple, ceux qui n'ont pas accès à l'informatique dans leur métier resteront-ils exclus de la société de l'information ? –, Internet apparaît cependant clairement comme une technologie approfondissant la lente évolution de la sociabilité vers les communautés d'intérêts. Les forums de discussions illustrent cette idée que l'individu participe à de plus en plus de cercles sociaux, de plus en plus spécialisés. Le courrier électronique s'ajoute, lui, aux autres moyens de communication comme le téléphone ou le face-à-face sans s'y substituer : il favorise l'entretien de liens. Hormis au moment de la découverte de toute la panoplie Internet, il ne semble pas, en fait, que cette technologie coupe l'utilisateur du monde « vivant » et nuise à son implication dans la communauté réelle – mais cela est encore l'objet de débats.

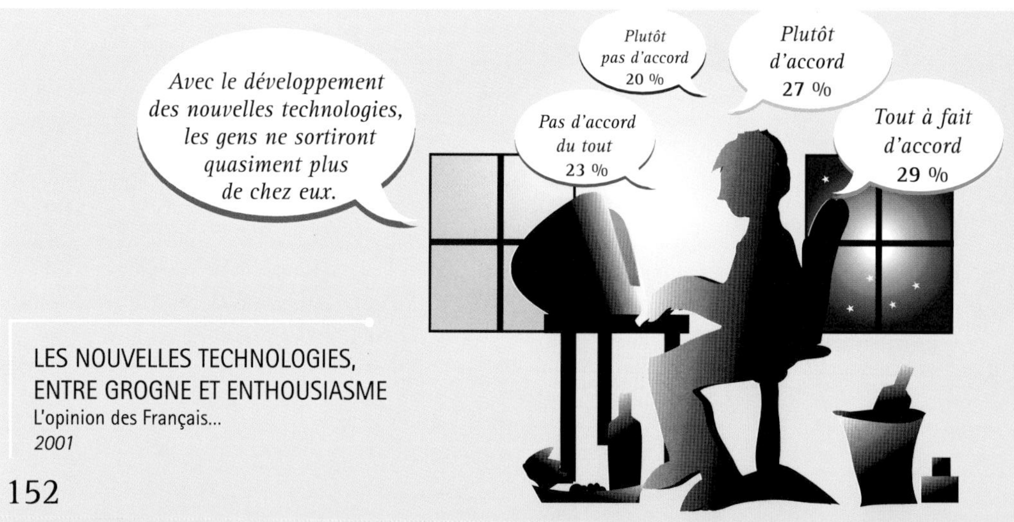
*Avec le développement des nouvelles technologies, les gens ne sortiront quasiment plus de chez eux.*
*Pas d'accord du tout* 23 %
*Plutôt pas d'accord* 20 %
*Plutôt d'accord* 27 %
*Tout à fait d'accord* 29 %

LES NOUVELLES TECHNOLOGIES, ENTRE GROGNE ET ENTHOUSIASME
L'opinion des Français...
*2001*

## LE RAZ-DE-MARÉE DU TÉLÉPHONE PORTABLE

En pourcentages, *1999*

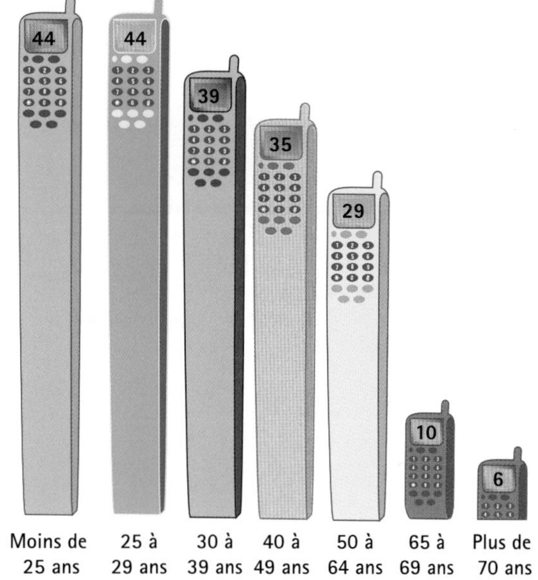

44
44
39
35
29
10
6
Moins de 25 ans
25 à 29 ans
30 à 39 ans
40 à 49 ans
50 à 64 ans
65 à 69 ans
Plus de 70 ans


## LES HABITUDES DES INTERNAUTES

En ligne : où et combien de fois

*2001*

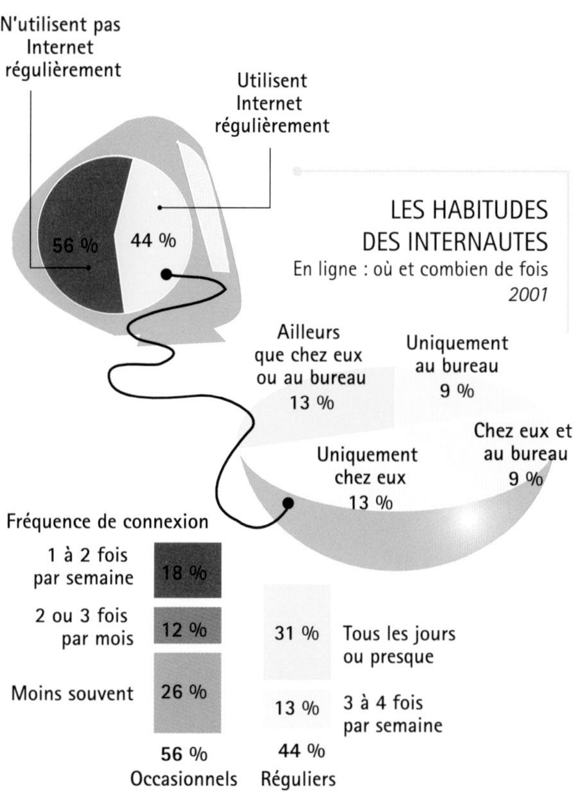

N'utilisent pas Internet régulièrement
Utilisent Internet régulièrement
56 %
44 %
Ailleurs que chez eux ou au bureau 13 %
Uniquement au bureau 9 %
Uniquement chez eux 13 %
Chez eux et au bureau 9 %
Fréquence de connexion
1 à 2 fois par semaine 18 %
2 ou 3 fois par mois 12 %
Moins souvent 26 %
31 % Tous les jours ou presque
13 % 3 à 4 fois par semaine
56 % Occasionnels
44 % Réguliers


## L'EUROPE DE LA CONNEXION RATTRAPE L'INITIATEUR : LES ÉTATS-UNIS

*2001*

| | États-Unis | Royaume-Uni | France | Espagne | Allemagne | Suède |
|---|---|---|---|---|---|---|
| Proportion des ménages ayant un ordinateur<br>En pourcentage de la population | 57,8 | 34,3 | 25,3 | 14,2 | 33,1 | 51,5 |
| Taux de connexion à Internet<br>En pourcentage de la population | 58,6 | 35,6 | 18,4 | 17,3 | 29,2 | 56,4 |
| Taux de connexion à usage domestique<br>En pourcentage des internautes | 46,1 | 39,1 | 32,4 | 23,3 | 40,0 | 41,5 |
| Taux de connexion à usage professionnel<br>En pourcentage des internautes | 17,1 | 26,5 | 38,5 | 58,5 | 27,0 | 42,4 |
| Proportion hommes / femmes<br>En pourcentage des internautes | 48,9 / 51,1 | 59,5 / 40,5 | 63,5 / 36,5 | 60,4 / 39,6 | 63,3 / 36,7 | 54 / 46 |
| Proportion des ménages ayant un mobile<br>En pourcentage de la population | 40.0 | 69,6 | 50,2 | 63,1 | 60,7 | 74,5 |
| Accès à Internet par téléphone mobile<br>En pourcentage des internautes | 8 | 2,7 | 0,1 | 0,6 | 2,8 | 1,5 |
| Accès à la télévision numérique<br>En pourcentage des foyers connectés | 27 | 30 | 17 | 16 | 7 | 8 |
| Internautes pratiquant l'e-commerce<br>En pourcentage des internautes | 39,1 | 27,2 | 23,4 | 9,4 | 28,4 | 39,1 |
| Usagers des services bancaires en ligne<br>En pourcentage de la population | 18,3 | 6,1 | 2,4 | 3,7 | 6,8 | 28,9 |

## CYBERÉCHANGES OU CYBERMARIVAUDAGE ?

En pourcentage des internautes

*2001*

*Pourquoi surfent-ils ?*

- Se documenter sur un sujet précis : 81
- Suivre l'actualité : 39
- Télécharger un logiciel : 28
- Consulter ou réserver des programmes de spectacle : 27
- Écouter ou télécharger de la musique : 24
- Regarder ou charger des vidéos, des images : 24
- Consulter des sites pour adultes : 22
- Consulter des offres d'emploi : 20
- Organiser un voyage : 20
- Participer aux forums, aux *chats*, « causettes » : 18
- Acheter des produits ou services : 15
- Effectuer des opérations bancaires : 11
- Télécharger des jeux : 10
- Jouer en réseau : 10

# DU BARBECUE AU PLATEAU-REPAS, NOUVELLES CÈNES

La « bouffe » autour du barbecue est représentative des formes de sociabilité actuelles. Innovée par la classe moyenne, cette pratique s'est répandue dans toutes les catégories sociales. Au bord de la piscine, derrière le pavillon de banlieue ou dans la cour de ferme, la cérémonie semble en apparence improvisée. L'objet central, le barbecue, peut être élégant, sophistiqué ou fabriqué dans une jante de camion. Le contraste est total avec le cadre figé de la salle à manger, pièce qui tend à disparaître des habitats. Hommes et femmes, jeunes et vieux, invités, hôtes, enfants, tous en tenue savamment débraillée ou « campagnarde », vont et viennent à leur guise, se font cuire leurs brochettes, vont chercher à boire ou s'isolent à deux ou trois pour une conversation privée. Mais dans ce désordre apparent, des règles subsistent : l'homme préside, c'est lui qui allume le feu et distribue les brochettes, il se glorifie de ce rôle qui rappelle d'une certaine manière le temps des *cowboys* où la masculinité était une valeur forte ; le rôle de la femme est moins valorisé, elle qui est cantonnée aux salades et aux préparations à l'intérieur. Rôles masculins et féminins traditionnels persistent.
En revanche, autorité et règles de maintien ne sont plus exigées, chacun s'installe où il en a envie, déplaçant s'il le faut le mobilier de jardin, cherchant ce qui lui manque ; il peut disparaître, réapparaître ; les conversations sont débridées et peu de sujets sont censurés. Liberté de mouvement, liberté de langage, une sociabilité informelle s'est généralisée, qui n'a pas effacé les différences entre catégories sociales ; mais celles-ci sont plus subtiles et plus ténues.

Dans le quotidien, le « nouveau » mangeur, plutôt jeune et urbain, vivant seul ou en couple, s'alimente tout au long de la journée, il mange « sur le pouce » et se nourrit de sandwiches et hamburgers hors du foyer ou devant sa télévision. Toutefois, ce comportement alimentaire ainsi que celui du « chacun pour soi » (chacun, au sein du foyer, mange en fonction de son heure de retour, piochant dans le réfrigérateur un menu individuel) concernent un nombre limité de personnes.

## Plaisirs de tables

L'idéal du mangeur est, comme les riches au XIX^e siècle, d'être servi ; s'il est aisé, il va au restaurant (c'est le cas de ces hommes célibataires incapables de cuisiner) ; s'il ne l'est pas, il achète du « prêt-à-manger » sous forme de plateau-repas ou se fait livrer à domicile. Après avoir été prisée dans les années 1980, la restauration rapide, venue des États-Unis, a tendance à reculer ; elle n'a jamais connu de véritable succès en Europe, encore moins en France (où le jambon-beurre résiste au hamburger), malgré une publicité omniprésente.
La préparation du repas (hors vacances et week-end) est une activité dévalorisée, ce qui a conduit à une offre très variée de produits alimentaires prêts à consommer ou requérant très peu de temps de préparation. Les ménages les plus aisés privilégient le repas du soir, plus riche et plus long, alors que chez les ménages les plus pauvres le repas principal a lieu à midi.
Les valeurs traditionnelles reprennent le dessus : non seulement les Français veulent plus de saveur dans leur assiette, mais le repas autour de la table est une institution où se noue l'essentiel de la vie familiale et amicale. Le repas est l'occasion pour parents et enfants de dialoguer ou de commenter une émission de télévision (allumée pendant le repas dans 71% des foyers d'ouvriers et employés).

LA CONVIVIALITÉ EN PREMIER
En pourcentages, *1997*

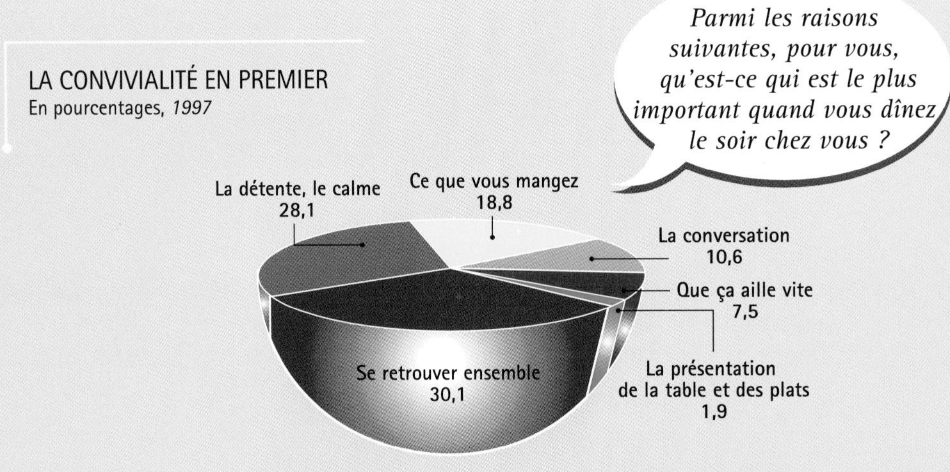
Parmi les raisons suivantes, pour vous, qu'est-ce qui est le plus important quand vous dînez le soir chez vous ?
La détente, le calme 28,1
Ce que vous mangez 18,8
La conversation 10,6
Que ça aille vite 7,5
Se retrouver ensemble 30,1
La présentation de la table et des plats 1,9

## DANS LE SUD-OUEST, ON RESTE À TABLE

Part des dîners en semaine de plus d'une demi-heure
En pourcentages, *1997*

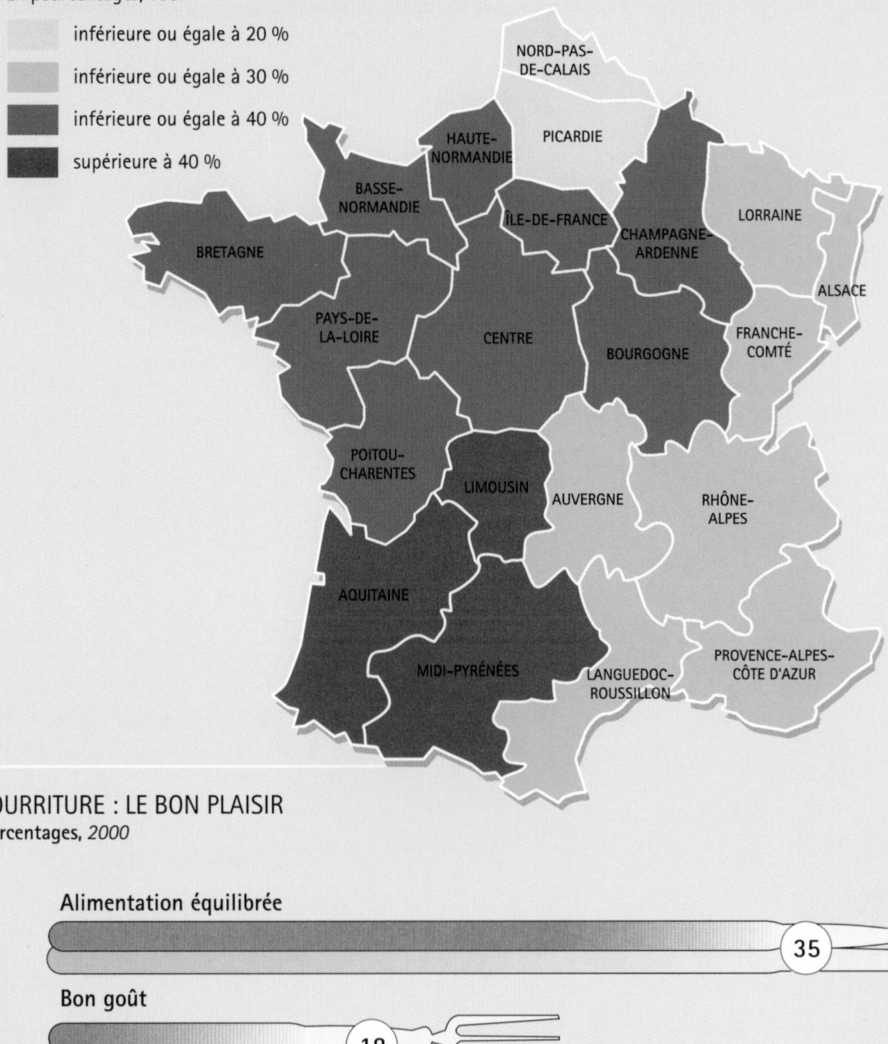

- inférieure ou égale à 20 %
- inférieure ou égale à 30 %
- inférieure ou égale à 40 %
- supérieure à 40 %

NORD-PAS-DE-CALAIS
PICARDIE
HAUTE-NORMANDIE
BASSE-NORMANDIE
BRETAGNE
ÎLE-DE-FRANCE
CHAMPAGNE-ARDENNE
LORRAINE
ALSACE
PAYS-DE-LA-LOIRE
CENTRE
BOURGOGNE
FRANCHE-COMTÉ
POITOU-CHARENTES
LIMOUSIN
AUVERGNE
RHÔNE-ALPES
AQUITAINE
MIDI-PYRÉNÉES
LANGUEDOC-ROUSSILLON
PROVENCE-ALPES-CÔTE D'AZUR

## LA NOURRITURE : LE BON PLAISIR

En pourcentages, *2000*

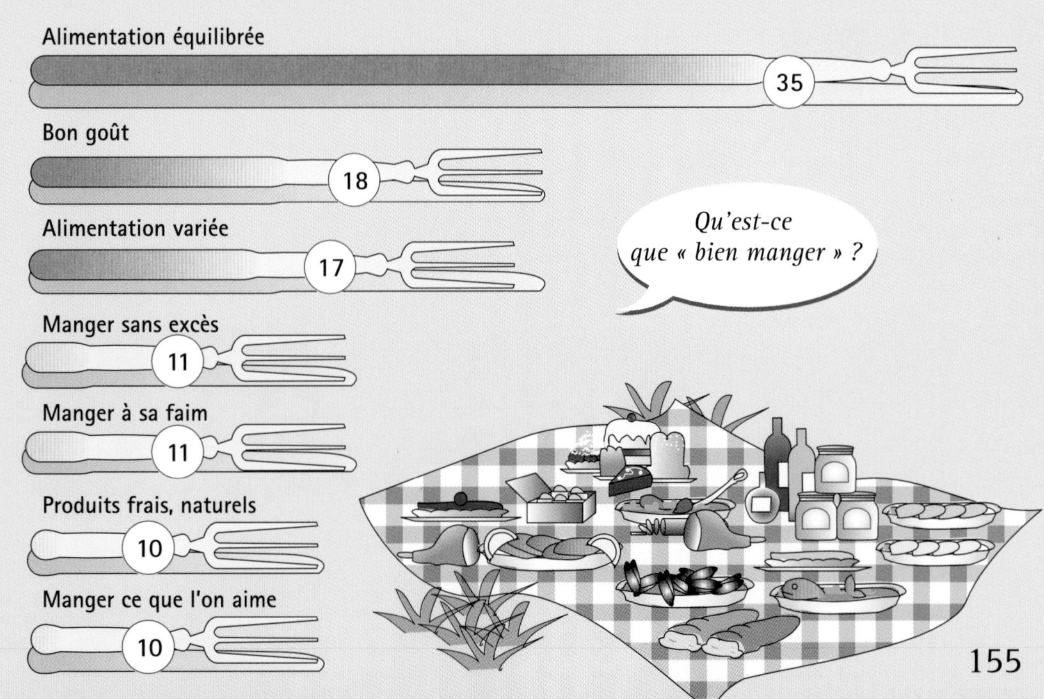
Alimentation équilibrée
35
Bon goût
18
Alimentation variée
17
Manger sans excès
11
Manger à sa faim
11
Produits frais, naturels
10
Manger ce que l'on aime
10
Qu'est-ce que « bien manger » ?

# Les gradins, arènes conviviales

Une équipe sportive représente non seulement des joueurs mais aussi des spectateurs, des supporters, des familles, des quartiers, des identités locales ou nationales. Par tradition, ces communautés s'affrontent dans les gradins, c'est une guerre de clochers souvent folklorique. Dans les grands stades, une hiérarchie spatiale reflète grossièrement la société : riches et puissants dans les tribunes centrales, jeunes et modestes dans les virages ou derrière les panneaux. Si la majorité des supporters viennent entre amis, ceux qui viennent seuls engagent plus facilement qu'au café la conversation avec leurs voisins.

Certains sociologues vont jusqu'à penser que le principe de l'affrontement loyal, la frénésie de la victoire, l'admiration vouée aux vainqueurs sortis ainsi de l'anonymat sont l'expression de la passion moderne pour l'égalité[1].

1. A. Ehrenberg, « Le hooliganisme, sous-produit de la passion pour l'égalité », *Esprit*, n° 104-105, août-septembre 1985.

Quand la délinquance dans les tribunes atteint des extrêmes, elle est souvent le reflet des peurs et des haines qui traversent la société. Le hooliganisme est ainsi, en partie, l'aspiration, amère et violente, de certains jeunes à trouver leur place dans la société. Provocation et violence sont l'expression d'une force physique qui n'est pas valorisée dans le travail.

Le sport « casanier », devant la télévision, ne reflète pas le taux de pratique ; la finale de la Coupe du monde de football en 1998 fut suivie par 75,6 % des Français. Dans la compétition sportive se nouent les émotions propres à la tragédie antique qui « font passer les personnages du bonheur au malheur et du malheur au bonheur » selon les termes d'Aristote[2]. Selon que le spectateur s'est identifié à « eux » ou à « nous », il peut passer de la joie à la souffrance, à la haine, à l'angoisse, à l'ennui, à l'admiration, au sentiment d'injustice. En outre, les valeurs cardinales de nos sociétés sont incarnées dans le sport : exaltation du mérite individuel et collectif, de la performance, du dépassement de soi à une époque où l'évaluation des compétences est la règle d'or.

## Patriotisme et masculinité

Par biens des aspects, la société est devenue multiculturelle, la modernité a balayé beaucoup de symboles nationaux ; les différences de culture, de croyances ou de styles de vie ont été abolies au nom de l'internationalisme. En revanche, le sport est un

2. Cité dans C. Bromberger, dans P. Arnaud (dir.), *Le Sport en France*, Paris, La Documentation française, 2000.

LES VISAGES RÉGIONAUX DU SPORT
Nombre de licences ouvrant droit à la compétition
*1998*

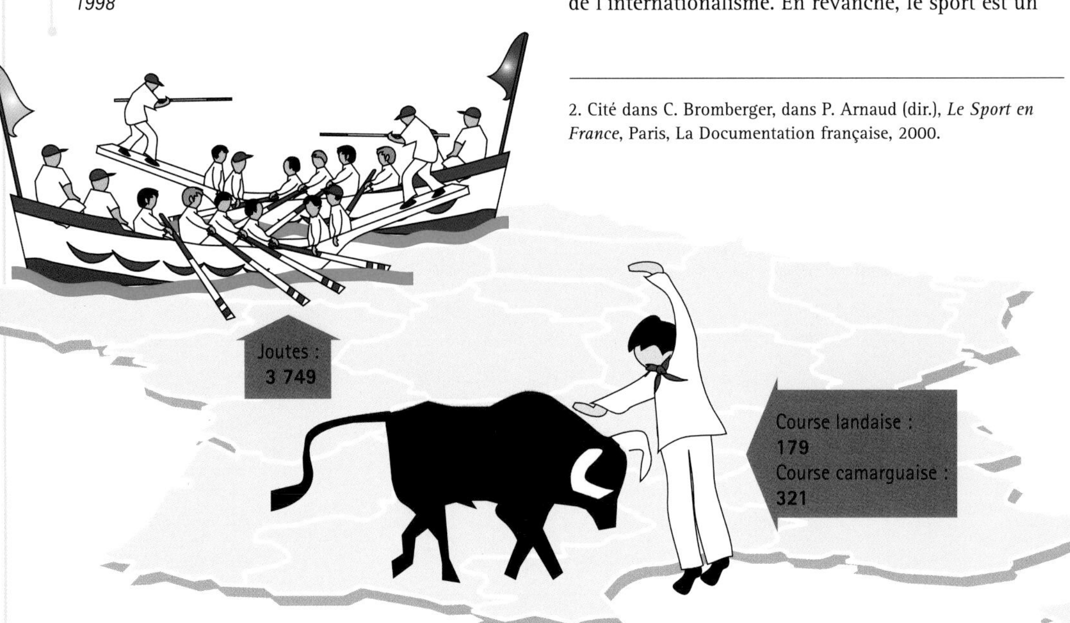
Joutes :
3 749
Course landaise :
179
Course camarguaise :
321

des derniers bastions où les sentiments nationaux s'expriment. Depuis la Libération, on n'a jamais vu autant de monde dans les rues qu'au moment de la victoire française de la Coupe du monde de football en 1998, victoire « black-blanc-beur ». Les Français expriment par là à la fois leur patriotisme et leur ouverture à d'autres cultures.
De même, les nouveaux styles de vie et de valeurs tendent à établir une égalité entre hommes et femmes, depuis l'école jusqu'au foyer en passant par le travail. Or, au nom du principe d'égalité des sexes, on occulte les exigences émotionnelles des jeunes hommes qui, naturellement, doivent exprimer des pulsions adolescentes et assouvir leur besoin d'aventure. Les célébrités du sport deviennent alors des modèles masculins et des héros et, d'une certaine façon, la violence de certains sports ou la violence maîtrisée des supporters sont des forces positives qui réhabilitent la nature de l'homme, tout comme la solidarité masculine qui caractérise les amoureux du football, du rugby, etc.
Hors du stade, il n'est aucun autre lieu où l'on peut hurler, siffler, chanter, pleurer, se défouler, crier sa passion partisane sans risquer d'être rappelé à l'ordre.

## Le besoin d'être ensemble

Avec plus de temps libre grâce aux 35 heures, les Français manifestent l'envie de « bouger ». Le *cocooning* des années 1980 laisse la place à une participation plus active en dehors du foyer. Ils visitent les foires à la brocante (54 % des Français sont amateurs) qui connaissent un franc succès chaque week-end et dans toute la France.
Outre les compétitions sportives, dont la retransmission télévisée ne satisfait pas complètement les passionnés, pour qui être présent au championnat ou à l'arrivée du Tour de France est indispensable, l'attirance grandit pour les festivals folkloriques comme le festival de Lorient, premier d'Europe, qui s'étale sur plusieurs jours, les manifestations à thème comme la fête des Vieux Gréements à Brest, les animations locales pour sauvegarder un monument historique, une spécialité culinaire ou un repas pris en commun...
Au plaisir d'avoir vécu l'événement et de pouvoir le raconter, s'ajoute le plaisir de se mêler aux autres.

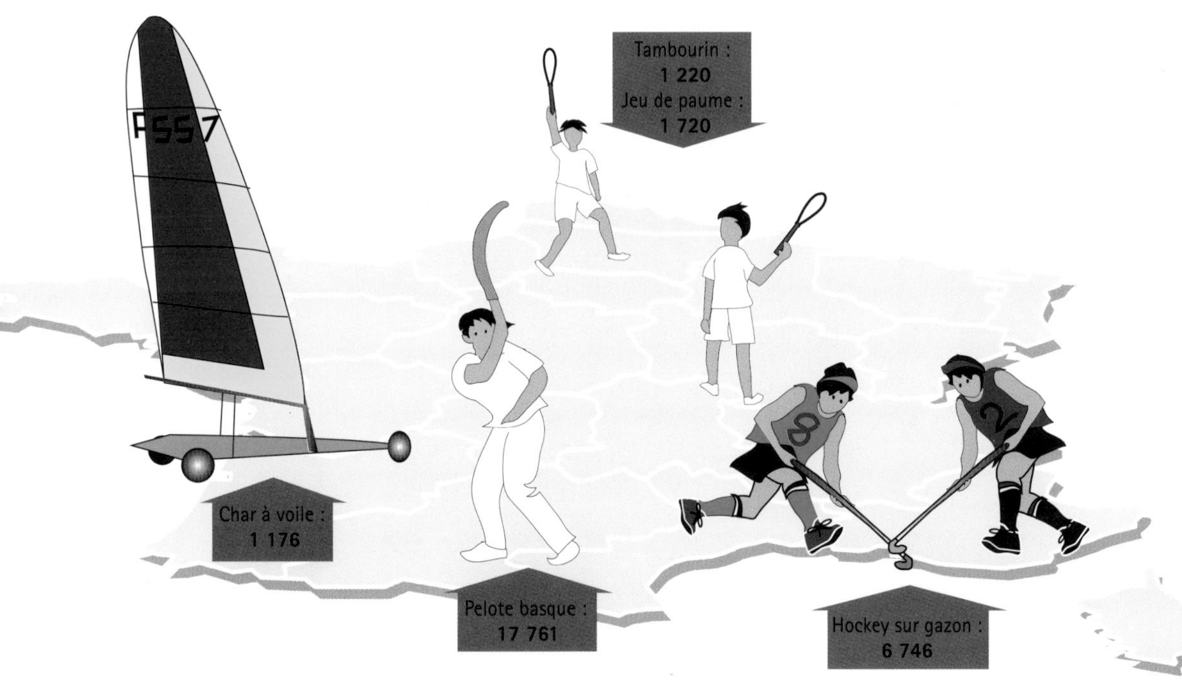
F557
Tambourin :
1 220
Jeu de paume :
1 720
Char à voile :
1 176
Pelote basque :
17 761
Hockey sur gazon :
6 746

# AUTRES LIEUX, AUTRES VUES

## France – Europe – Monde

Malgré un déclin certain dans des pays qui ont eu des liens historiques avec la France, le français a gardé le prestige d'une langue d'excellence ou d'élite et tente de résister aux « assauts » américains. L'économie de l'hexagone se taille une belle part au niveau international : la France est depuis longtemps au 4e rang des exportations. Des entreprises comme TotalFinaElf ou PSA Peugeot-Citroën en sont les locomotives.

• *Prêts pour l'Europe ?*

## Alors, heureux ?

« Toujours inquiet » est une constante de notre caractère, pour ne pas dire « toujours grincheux ». Toutefois, quand on demande aux Français s'ils connaissent le bonheur, ils répondent en grande majorité de façon positive et, au fil du temps, ils sont de plus en plus nombreux à se dire « très heureux ». Au sein d'une société qu'ils jugent pourtant sévèrement.

• *De beaux lendemains*

# FRANCE – EUROPE – MONDE

*En France on n'a ni hiver, ni été, ni principes ;*
*mais exception faite de ces trois inconvénients,*
*c'est un beau pays.*
Mark Twain

Le rayonnement d'un pays commence avec la propagation de sa langue dans le monde. Le français en l'occurrence a longtemps été la langue de la diplomatie. Aujourd'hui, malgré la prééminence de l'anglais, il est parlé dans les cinq continents. Son apprentissage se répand, d'une part grâce aux progrès considérables de la scolarité dans les pays d'Afrique francophone – notamment au Maghreb –, d'autre part en raison du développement du français comme première langue étrangère dans les pays anglophones, en particulier au Royaume-Uni – à l'exception de l'espagnol aux États-Unis. Malgré un déclin certain dans des pays qui ont eu des liens historiques avec la France, le français a gardé le prestige d'une langue d'excellence ou d'élite.
Le raz-de-marée des modes culturelles américaines, associées à des valeurs de modernité et de jeunesse, connaît quelques bastions de résistance : dans nombre de pays, surtout ceux où la culture américaine est omniprésente (en Asie ou en Australie par exemple), des minorités intellectuelles se tournent vers la vieille Europe, et notamment vers la France. Si la déferlante américaine a envahi les écrans de cinéma et de télévision, en revanche, en matière de livre et de patrimoine, la diffusion française tend à se développer. La fascination pour la pensée et l'art de vivre français est générale. Les sciences humaines sont très appréciées dans les pays du Golfe persique et en Slovénie, par exemple. Depuis des décennies, la politique culturelle de la France à l'étranger est intense : Alliances françaises, *French Studies departments* dans les universités étrangères, centres culturels français ou Maisons françaises attirent de plus en plus de jeunes passionnés de notre culture.

LE SENS DES AFFAIRES
Évolution de 1995 à 1999, en milliards d'euros
investissements directs français à l'étranger
exportations françaises

| | 1995 | 1996 | 1997 | 1998 | 1999 |
|---|---|---|---|---|---|
| exportations françaises | 215 | 224 | 258 | 275 | 282 |
| investissements directs français à l'étranger | 12 | 23,7 | 31,7 | 40,9 | 101,4 |

## L'économie n'est pas en reste

La France est depuis longtemps quatrième exportateur mondial. Avec les ventes d'Airbus, la région Midi-Pyrénées est en tête. L'Union européenne rassemble la majorité des exportations. L'aéronautique, l'énergie, les services aux entreprises, les télécommunications, le transport et le tourisme placent la France dans une bonne position : TotalFinaElf et PSA Peugeot-Citroën suivis de Renault sont les locomotives de l'export. Dans le mouvement de la mondialisation, de plus en plus d'entreprises installent des filiales à l'étranger qui leur permettent de s'adapter plus rapidement au pays concerné – comme le secteur de l'alimentation par exemple (Danone), très sensible aux différences de modes de vie – et de minimiser les risques liés aux fluctuations des monnaies locales. La France est très active en matière d'acquisition étrangère. Les fusions-acquisitions avec les groupes étrangers sont

L'ALLEMAGNE, PREMIER PARTENAIRE
Répartition géographique des exportations françaises
En pourcentages, *1999*

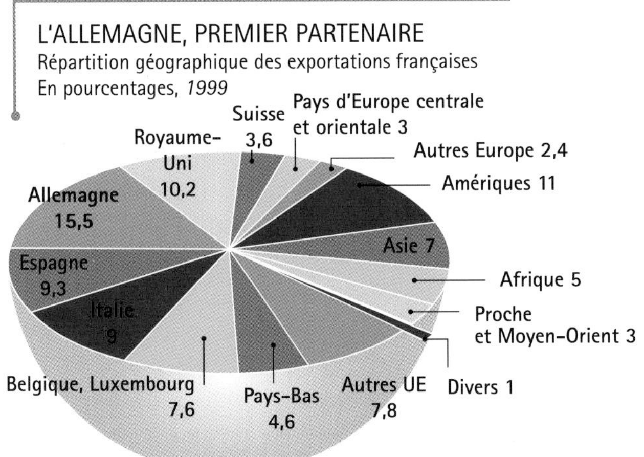
Royaume-Uni 10,2
Suisse 3,6
Pays d'Europe centrale et orientale 3
Autres Europe 2,4
Amériques 11
Asie 7
Afrique 5
Proche et Moyen-Orient 3
Divers 1
Autres UE 7,8
Pays-Bas 4,6
Belgique, Luxembourg 7,6
Italie 9
Espagne 9,3
Allemagne 15,5

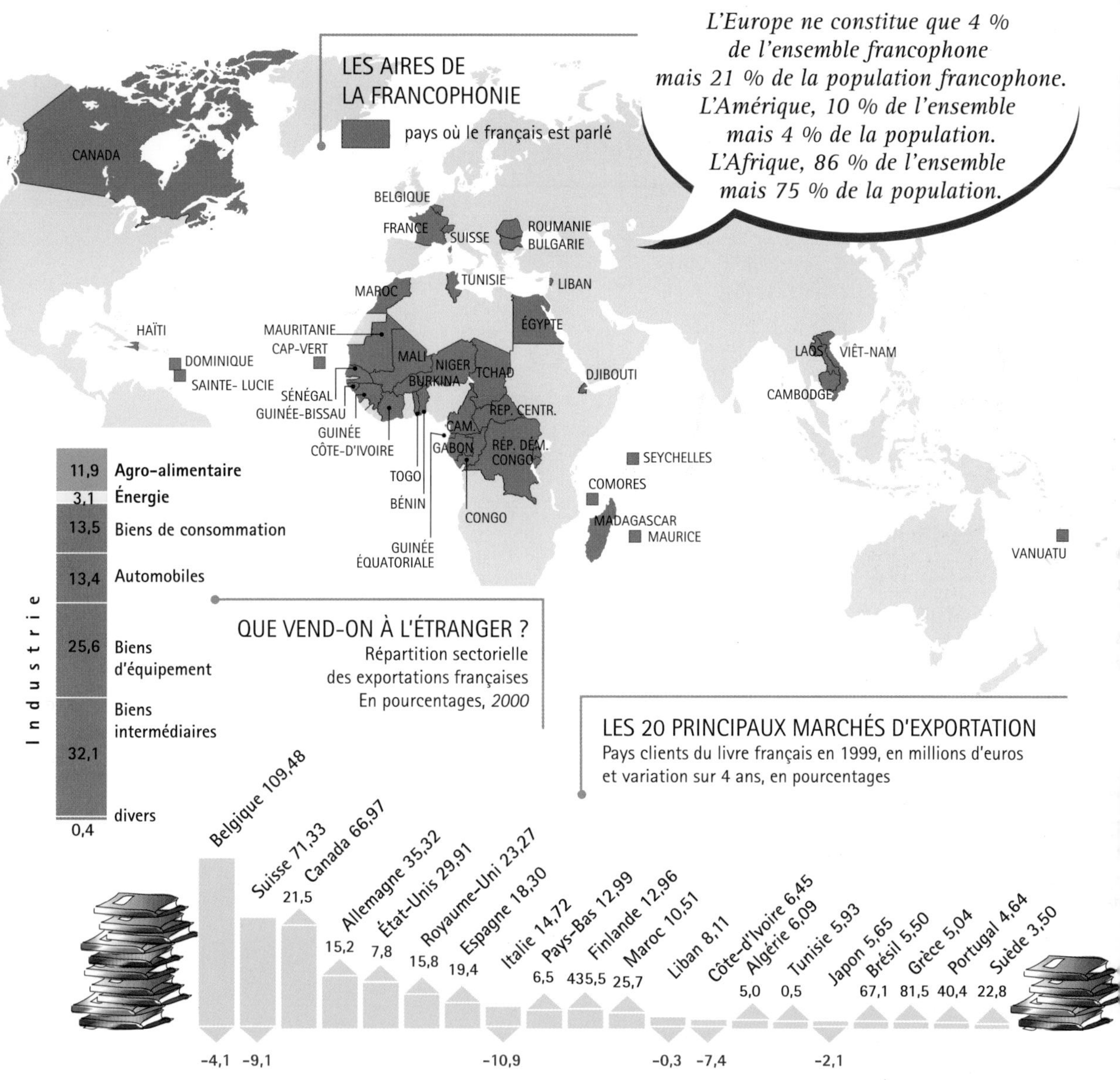
LES AIRES DE LA FRANCOPHONIE
pays où le français est parlé
L'Europe ne constitue que 4 % de l'ensemble francophone mais 21 % de la population francophone.
L'Amérique, 10 % de l'ensemble mais 4 % de la population.
L'Afrique, 86 % de l'ensemble mais 75 % de la population.
CANADA
BELGIQUE
FRANCE
SUISSE
ROUMANIE
BULGARIE
TUNISIE
LIBAN
MAROC
ÉGYPTE
HAÏTI
MAURITANIE
CAP-VERT
DOMINIQUE
SAINTE- LUCIE
SÉNÉGAL
GUINÉE-BISSAU
GUINÉE
CÔTE-D'IVOIRE
MALI
NIGER
BURKINA
TCHAD
DJIBOUTI
REP. CENTR.
CAM.
GABON
RÉP. DÉM. CONGO
TOGO
BÉNIN
CONGO
GUINÉE ÉQUATORIALE
SEYCHELLES
COMORES
MADAGASCAR
MAURICE
LAOS
VIÊT-NAM
CAMBODGE
VANUATU
QUE VEND-ON À L'ÉTRANGER ?
Répartition sectorielle des exportations françaises
En pourcentages, 2000
11,9 Agro-alimentaire
3,1 Énergie
13,5 Biens de consommation
13,4 Automobiles
25,6 Biens d'équipement
32,1 Biens intermédiaires
0,4 divers
Industrie
LES 20 PRINCIPAUX MARCHÉS D'EXPORTATION
Pays clients du livre français en 1999, en millions d'euros et variation sur 4 ans, en pourcentages
Belgique 109,48
Suisse 71,33
Canada 66,97
Allemagne 35,32
État-Unis 29,91
Royaume-Uni 23,27
Espagne 18,30
Italie 14,72
Pays-Bas 12,99
Finlande 12,96
Maroc 10,51
Liban 8,11
Côte-d'Ivoire 6,45
Algérie 6,09
Tunisie 5,93
Japon 5,65
Brésil 5,50
Grèce 5,04
Portugal 4,64
Suède 3,50
21,5
15,2
7,8
15,8
19,4
6,5
435,5
25,7
5,0
0,5
67,1
81,5
40,4
22,8
-4,1
-9,1
-10,9
-0,3
-7,4
-2,1

en augmentation rapide ; elles permettent de trouver de la main-d'œuvre, des structures et des parts de marchés directement utilisables.

De même, la France est au quatrième rang des pays d'accueil de filiales étrangères ; la construction de la zone euro est à l'origine de ce flux, mais le poids des prélèvements obligatoires met notre pays en concurrence avec les autres pays de l'Union, bien que son niveau scientifique et sa qualité de vie jouent en sa faveur dans les critères de choix des candidats à l'installation.

ON LIT DE PLUS EN PLUS LE FRANÇAIS À L'ÉTRANGER

Exportations de livres français à l'étranger
En millions d'euros, *1987 à 1999*

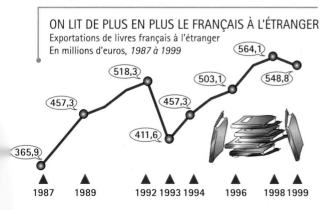

| 1987 | 1989 | 1992 | 1993 | 1994 | 1996 | 1998 | 1999 |
|---|---|---|---|---|---|---|---|
| 365,9 | 457,3 | 518,3 | 411,6 | 457,3 | 503,1 | 564,1 | 548,8 |

La France est en train de rattraper son retard en matière d'expatriation. La barrière linguistique et culturelle s'effrite peu à peu ; les jeunes les moins diplômés vont chercher un travail et un acquis linguistique qui seront valorisés à leur retour ; de plus en plus de diplômés vont approfondir leur connaissances, notamment dans la Silicon Valley où la demande de main-d'œuvre est forte. Certains y voient une fuite des cerveaux, d'autres au contraire une mobilité grandissante des compétences dans tous les pays. Ceux qui partent reviennent en général quelques années plus tard et la France accueille bon nombre d'étrangers qualifiés.

# PRÊTS POUR L'EUROPE ?

Depuis le traité de Maastricht et la naissance de l'euro, tous les Français sont concernés par la politique européenne et sont divisés entre ceux qui perçoivent l'Europe comme une chance et ceux qui pensent le contraire. Les derniers dénoncent la perte de la souveraineté nationale. Les pouvoirs de l'État sont transférés à l'Union qui cherche à détenir les moyens de lutter, en matière économique, commerciale et financière, contre la puissance dominante des États-Unis. La Politique agricole commune de l'Union comme celle du commerce extérieur ont pourtant bien servi la France. Ils dénoncent aussi ce qu'il est commun d'appeler la perte d'identité de la France, République une et indivisible, gérée par un État centralisateur et des services qui ne peuvent être que publics. Enfin ils dénoncent le « déficit démocratique », les institutions européennes sont trop éloignées du peuple et le Parlement n'a plus assez de pouvoir. Les défenseurs de l'Europe soutiennent *a contrario* le désenclavement de l'économie française, qui a permis d'accroître la productivité, de soulager les régions déshéritées, de resserrer les liens avec l'Allemagne. « L'Europe a, à elle seule, les moyens de peser sur les affaires du monde et de rendre aux États-nations qui la composent l'influence qu'ils avaient avant que les uns fassent la guerre aux autres et que deux superpuissances victorieuses en 1945 avaient annihilée[1]. »

Dans les sondages, les craintes à l'égard de l'Europe s'estompent. Ouvriers et sympathisants communistes, souverainistes du RPF et proches du Front national sont les moins convaincus. À l'inverse, cadres, professions intermédiaires et jeunes sont sereins. Une majorité de Français se disent attachés à l'Europe et pensent que sa construction n'aura pas d'incidence néfaste sur la spécificité française. Cette plus grande confiance va de pair avec l'amélioration de la conjoncture économique. En revanche, l'élargissement de l'Union aux pays d'Europe centrale et orientale fait peur : seulement 41 % approuvent le processus d'intégration de nouveaux pays.
Les Français acceptent d'être citoyens européens mais veulent rester Français en gardant la maîtrise de la politique extérieure et autres attributs de la souveraineté nationale.

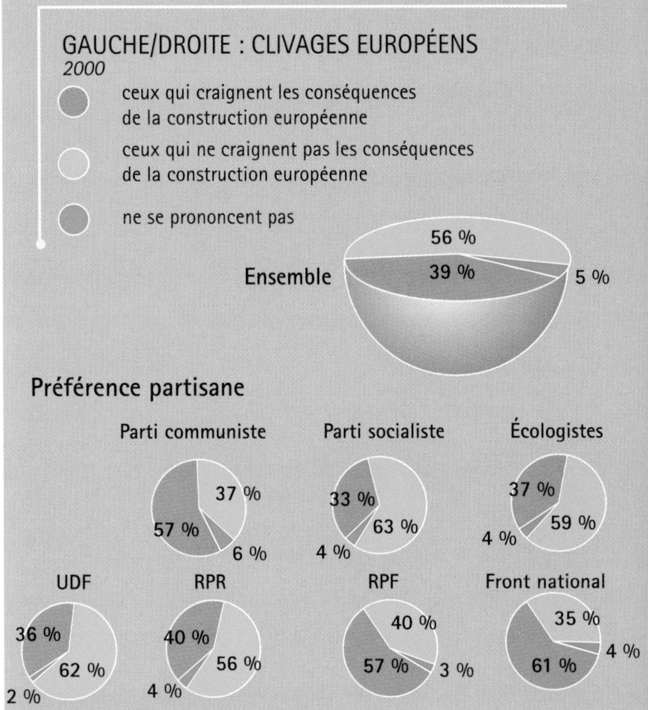

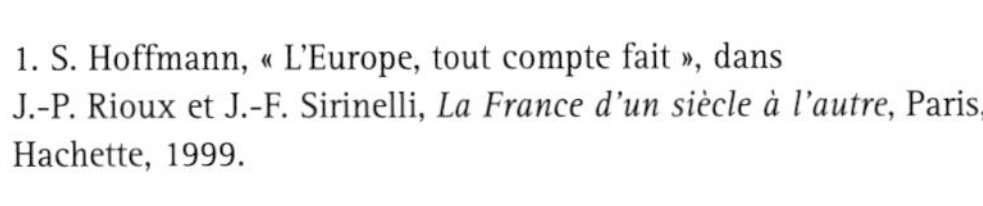

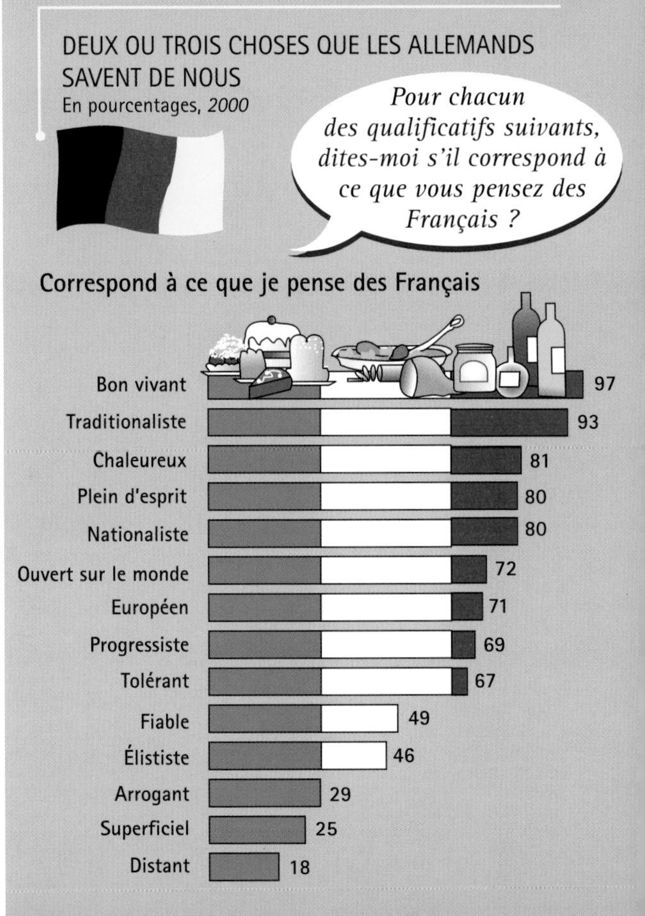

1. S. Hoffmann, « L'Europe, tout compte fait », dans J.-P. Rioux et J.-F. Sirinelli, *La France d'un siècle à l'autre*, Paris, Hachette, 1999.

## GAUCHE/DROITE : CLIVAGES EUROPÉENS

*2000*

ceux qui craignent les conséquences de la construction européenne
ceux qui ne craignent pas les conséquences de la construction européenne
ne se prononcent pas

Ensemble : 39 % / 56 % / 5 %

**Préférence partisane**

Parti communiste : 57 % / 37 % / 6 %
Parti socialiste : 33 % / 63 % / 4 %
Écologistes : 37 % / 59 % / 4 %
UDF : 36 % / 62 % / 2 %
RPR : 40 % / 56 % / 4 %
RPF : 57 % / 40 % / 3 %
Front national : 61 % / 35 % / 4 %

## DEUX OU TROIS CHOSES QUE LES ALLEMANDS SAVENT DE NOUS

En pourcentages, *2000*

*Pour chacun des qualificatifs suivants, dites-moi s'il correspond à ce que vous pensez des Français ?*

**Correspond à ce que je pense des Français**

| | |
|---|---|
| Bon vivant | 97 |
| Traditionaliste | 93 |
| Chaleureux | 81 |
| Plein d'esprit | 80 |
| Nationaliste | 80 |
| Ouvert sur le monde | 72 |
| Européen | 71 |
| Progressiste | 69 |
| Tolérant | 67 |
| Fiable | 49 |
| Élististe | 46 |
| Arrogant | 29 |
| Superficiel | 25 |
| Distant | 18 |

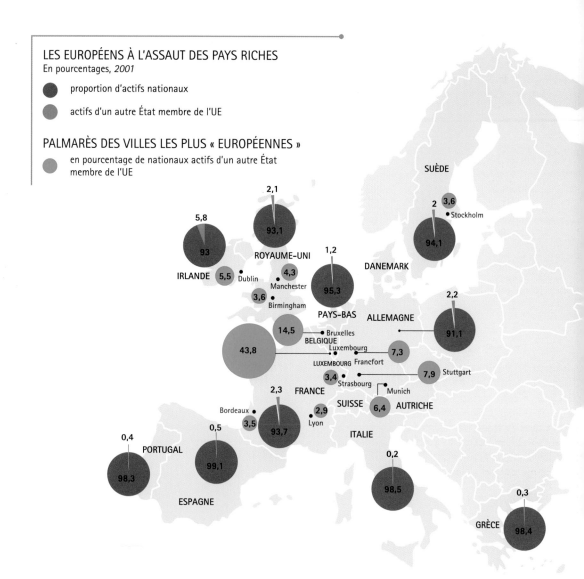

## LES EUROPÉENS À L'ASSAUT DES PAYS RICHES

En pourcentages, *2001*

- proportion d'actifs nationaux
- actifs d'un autre État membre de l'UE

## PALMARÈS DES VILLES LES PLUS « EUROPÉENNES »

- en pourcentage de nationaux actifs d'un autre État membre de l'UE

SUÈDE 94,1 – 2
Stockholm 3,6
ROYAUME-UNI 93,1 – 2,1
IRLANDE 93 – 5,8
Dublin 5,5
Manchester 4,3
Birmingham 3,6
DANEMARK
PAYS-BAS 95,3 – 1,2
ALLEMAGNE 91,1 – 2,2
BELGIQUE
Bruxelles 14,5
LUXEMBOURG
Luxembourg 43,8
Francfort 7,3
Stuttgart 7,9
Strasbourg 3,4
Munich 6,4
FRANCE 93,7 – 2,3
Bordeaux 3,5
Lyon 2,9
SUISSE
AUTRICHE
ITALIE 98,5 – 0,2
PORTUGAL 98,3 – 0,4
ESPAGNE 99,1 – 0,5
GRÈCE 98,4 – 0,3

## LA FRANCE VUE D'ALLEMAGNE

En pourcentages, *2000*

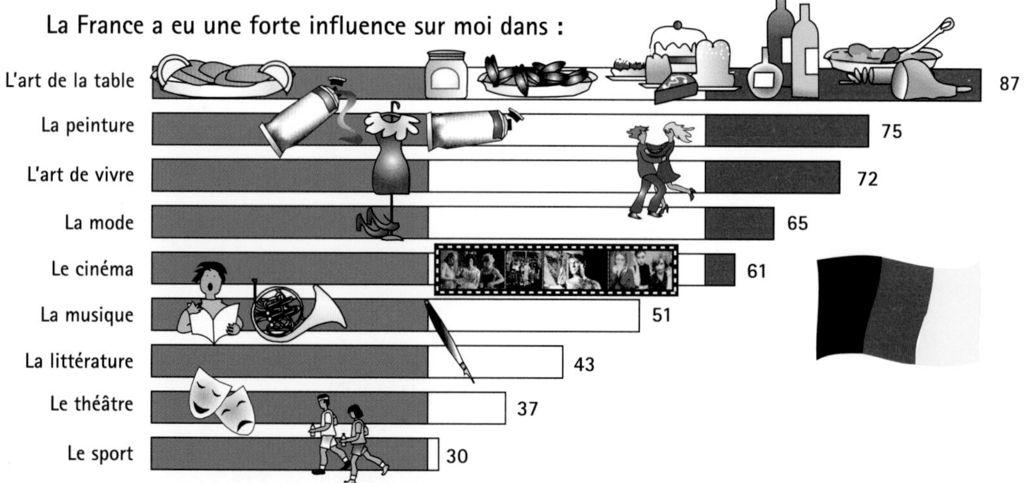
La France a eu une forte influence sur moi dans :
L'art de la table 87
La peinture 75
L'art de vivre 72
La mode 65
Le cinéma 61
La musique 51
La littérature 43
Le théâtre 37
Le sport 30

# ALORS, HEUREUX ?

*- Le vrai bonheur ne cite pas ses sources.*
*- Pourquoi ?*
*- Pour ne pas rendre le bon Dieu jaloux.*
Daniel Pennac

Quand on demande aux Français s'ils connaissent le bonheur, ils répondent en grande majorité de façon positive et, au fil du temps, ils sont de plus en plus nombreux à se dire « très heureux ». En revanche, leur jugement sur la société est critique : « Ils ont souvent le sentiment d'être mal gouvernés, la société va mal, tout va même de mal en pis[1] ». Ce paradoxe peut se résumer ainsi : « moi je vais bien, mais ça ne va pas pour les autres », marquant ainsi une séparation évidente entre soi et ses concitoyens. La société est perçue comme un univers difficile, de compétition, devant lequel on est impuissant, tandis que chez soi, l'individu est épanoui et libre de vivre comme il l'entend. Privé d'une certaine liberté dans la sphère publique, il se sent d'autant plus heureux dans la sphère privée qu'il peut y exercer son libre-arbitre, et que la libéralisation des mœurs se diffuse lentement de ce côté de la barrière. Le critère le plus important pour se sentir heureux est l'intensité de ses relations sociales : avoir des amis et des relations nombreuses, développer ses loisirs ; plus on s'engagera dans la vie publique, plus le moral sera élevé.

1. P. Bréchon et J. -F. Tchernia, « L'évolution des valeurs des Français », *Futuribles*, n° 253, mai 2000.

Cette euphorie atteint surtout les jeunes, qui subissent pourtant de plein fouet les aléas de la conjoncture mais n'ont pas encore connu les mauvaises expériences de la vie d'adulte ; elle touche en fait toutes les catégories sociales, les moins favorisées affichant aussi de l'optimisme mais plus modérément. Ces résultats de sondages doivent être interprétés avec précaution : la norme sociale impose de ne pas exposer son malheur à un inconnu – un sondeur en l'occurrence –, de surcroît, les pessimistes, marginaux, exclus, dépressifs (10-15% de la population) acceptent rarement de donner leur avis. Petite restriction : se sentir heureux ne veut pas dire que tous nos désirs sont satisfaits. Depuis vingt ans, la proportion de personnes à la fois heureuses et insatisfaites reste stable.
Depuis qu'existent les sondages, le Français, malgré une situation personnelle satisfaisante, est « rongé » d'inquiétude quant à son avenir et à celui de son pays. Le Français a une propension viscérale à prévoir un avenir morose : peur du chômage, méfiance à l'égard de ceux qui gouvernent, inquiétudes diverses qui peuvent s'étendre à l'avenir de toute la planète. Ce pessimisme vis-à-vis du futur, qui caractérise les Français, citoyens les plus alarmistes d'Europe quelle que soit la période considérée, est étudié de près par l'INSEE : il observe une influence de l'humeur de la population sur la

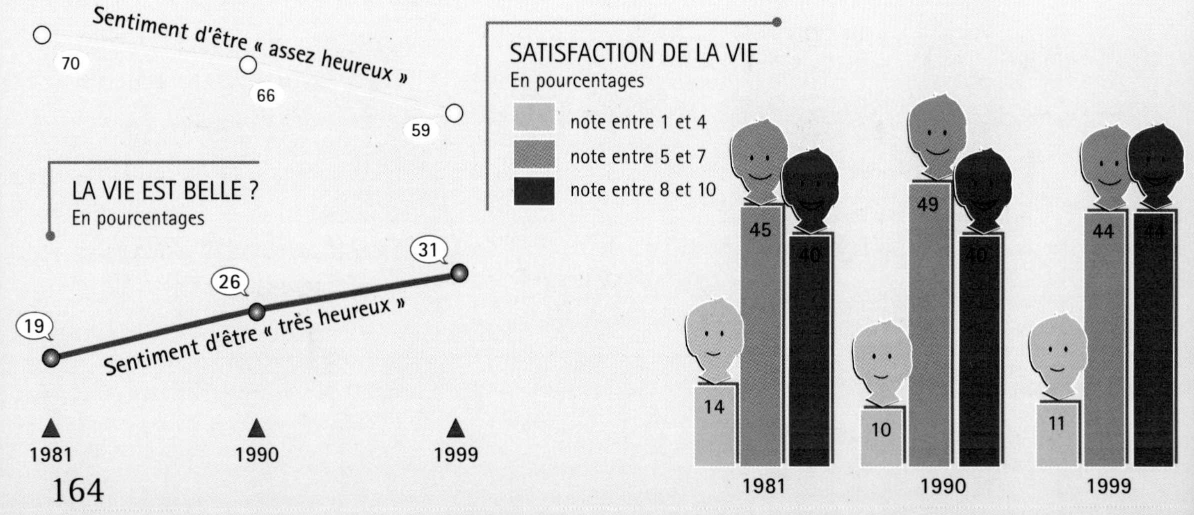

LA VIE EST BELLE ?
En pourcentages
Sentiment d'être « assez heureux »
70
66
59
Sentiment d'être « très heureux »
19
26
31
1981
1990
1999
SATISFACTION DE LA VIE
En pourcentages
note entre 1 et 4
note entre 5 et 7
note entre 8 et 10
14
45
40
10
49
40
11
44
44
1981
1990
1999

consommation et donc sur la conjoncture économique. De même, l'incidence est notée sur le comportement électoral : les natures confiantes votent plus facilement pour le système en place, quel qu'il soit (ils sont légalistes), les plus optimistes se positionnant plutôt à droite, alors que les inquiets ne font confiance à aucun système (les plus pessimistes adhérant au Front national). Le moment d'euphorie qui a caractérisé la Coupe du monde de football a profité à la fois au Président et au Premier ministre en place !
« Toujours inquiet » est une constante du caractère français, pour ne pas dire « toujours grincheux ». Pourtant, de plus en plus nombreux sont ceux qui avouent leur bonheur. Peut-on imaginer que les Français, avec leur sens aigu de l'égalité, soient en quête du bonheur pour tous ? Savoir certains de leurs concitoyens malheureux les rendraient-ils de mauvaise humeur ?

## LES VAGUES DE L' ÂME

Variations du moral selon les caractéristiques sociodémographiques
En pourcentages, *1999*

Niveau du moral

élevé / faible

Suivant les catégories les plus significatives

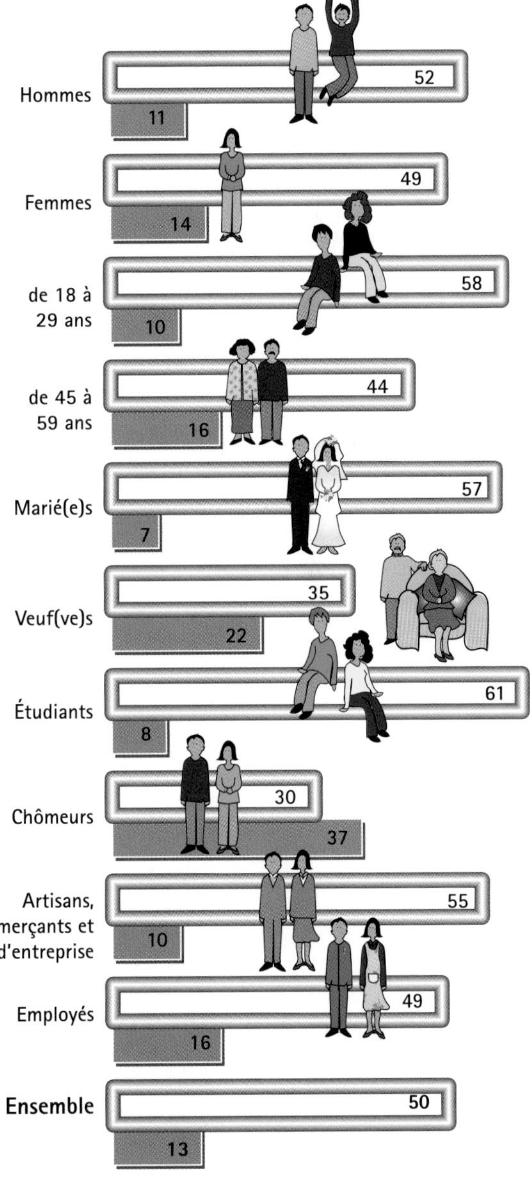

Hommes 52 11
Femmes 49 14
de 18 à 29 ans 58 10
de 45 à 59 ans 44 16
Marié(e)s 57 7
Veuf(ve)s 35 22
Étudiants 61 8
Chômeurs 30 37
Artisans, commerçants et chefs d'entreprise 55 10
Employés 49 16
Ensemble 50 13


## LE BONHEUR EST DANS LA GÉNÉRATION PLUS QUE DANS L'ÂGE

Personnes se déclarant très heureuses, par cohorte de naissance, en pourcentages

| Cohorte | 1999 | 1990 | 1981 |
|---|---|---|---|
| de 1973 à 1981 | 39 | | |
| de 1964 à 1972 | 36 | 28 | |
| de 1955 à 1963 | 32 | 33 | 20 |
| de 1946 à 1954 | 30 | 26 | 21 |
| de 1937 à 1945 | 28 | 20 | 20 |
| de 1928 à 1936 | 27 | 13 | 20 |
| de 1919 à 1927 | 17 | 22 | 22 |
| de 1910 à 1918 | | 31 | 14 |
| de 1901à 1909 | | | 14 |
| **Ensemble** | 31 | 25 | 19 |

# De beaux lendemains

Ces toutes dernières années marquent un revirement historique : « La tendance fréquente et ancienne à l'auto-dénigrement collectif est remplacé par un sentiment de fierté nationale[1]. » Depuis 1997-98, la confiance est retrouvée, les Français recommencent à vivre normalement : la consommation augmente fortement, la baisse de la natalité se stabilise, le chômage commence à diminuer. La victoire de la Coupe du monde, puis la mise en place de l'euro contribuent à persuader les Français que leur pays est bien placé dans le contexte géopolitique et les laissent remplis d'espérance pour l'avenir.

Les valeurs prônées par les jeunes générations qui arrivent à l'âge adulte peuvent être un indicateur de ce que sera la société future : les jeunes sont pragmatiques, ils tirent tous les avantages de la flexibilité du travail et des nouveaux moyens de communication, ils s'écartent de la politique mais sont très sensibles aux inégalités sociales et sont prêts à se mobiliser contre les injustices, contre le racisme... Ils préfèrent les réformes ponctuelles aux réformes radicales et profondes. Ils craignent encore plus d'individualisme pour le siècle qui commence. Mais avant tout, ils aiment la fête, la musique, les loisirs, l'amitié, les voyages, le cinéma, le sport. Et, pour eux, la mondialisation est une chance pour la France.

## Des niches de désespérance

Après des années de crise, les indicateurs s'améliorant, les Français ont envie de profiter de la vie. L'horizon s'éclaircissant, l'atmosphère est à la détente. Mais cette amélioration ne concerne pas tout le monde, et « moins les laissés-pour-compte sont nombreux, plus ils se sentent malheureux[2] ». Les situations précaires moins nombreuses sont plus difficiles à supporter que lorsqu'elles étaient plus largement réparties. Quand une entreprise annonce des licenciements, peu importe de savoir qu'au niveau national les créations d'emplois sont plus importantes, le sentiment de révolte s'empare de tous ceux qui ont un emploi.

Plus les gens ont confiance dans l'avenir, plus leurs attentes sont fortes (surtout en matière monétaire mais aussi de reconnaissance, d'équité et d'épanouissement personnel) et plus elles risquent d'être déçues. Les Français, qui vont de mieux en mieux, sont prêts à se mobiliser si les entreprises et l'État ne répondent pas à leurs attentes.

Aujourd'hui, les Français manifestent cette confiance par leur désir grandissant de s'amuser, de jouer ou de retrouver leur enfance : on croise aussi bien à Paris que dans les petites villes de Savoie ou les villages de Touraine, des adultes, parfois âgés, à trottinette ou bien lisant les aventures d'Harry Potter...

CE QU'ON ATTENDAIT DE L'AN 2000...

Rétrospective : les attentes pour l'an 2000, en 1967

En pourcentages

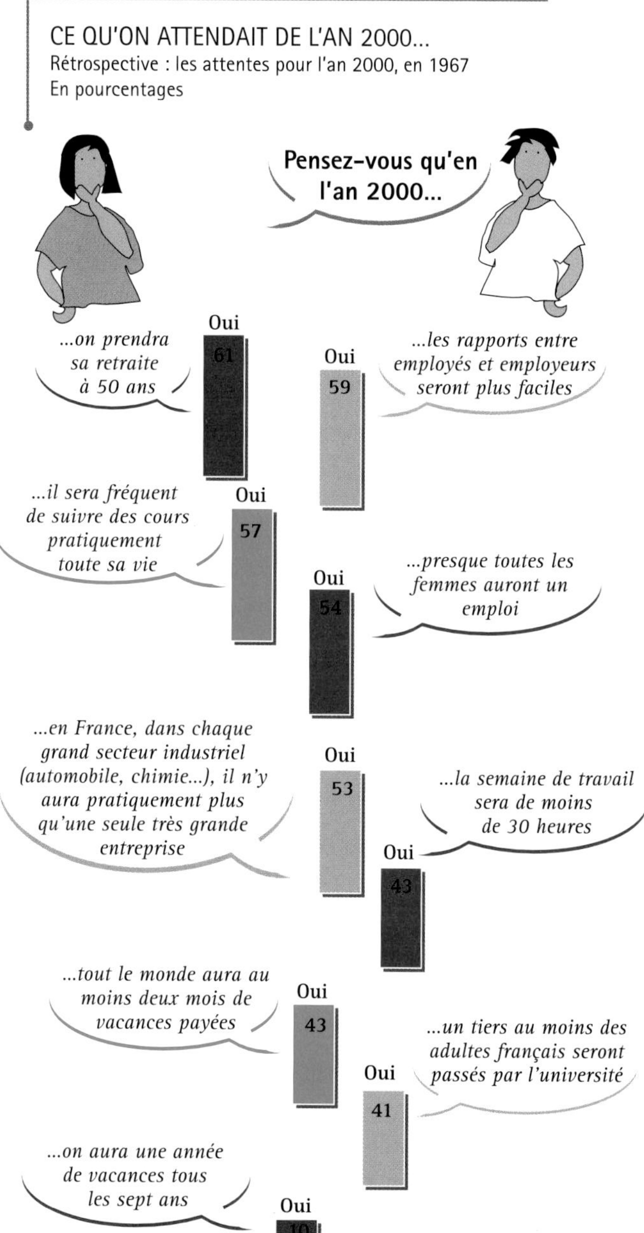

Pensez-vous qu'en l'an 2000...
...on prendra sa retraite à 50 ans
Oui 61
...les rapports entre employés et employeurs seront plus faciles
Oui 59
...il sera fréquent de suivre des cours pratiquement toute sa vie
Oui 57
...presque toutes les femmes auront un emploi
Oui 54
...en France, dans chaque grand secteur industriel (automobile, chimie...), il n'y aura pratiquement plus qu'une seule très grande entreprise
Oui 53
...la semaine de travail sera de moins de 30 heures
Oui 43
...tout le monde aura au moins deux mois de vacances payées
Oui 43
...un tiers au moins des adultes français seront passés par l'université
Oui 41
...on aura une année de vacances tous les sept ans
Oui 10


1. J. Antoine et M.-Th. Antoine-Paille, « Le futur a-t-il changé ? », *Futuribles*, n° 258, novembre 2000.
2. *La lettre de la Cofremca*, n° 51, février 2001.

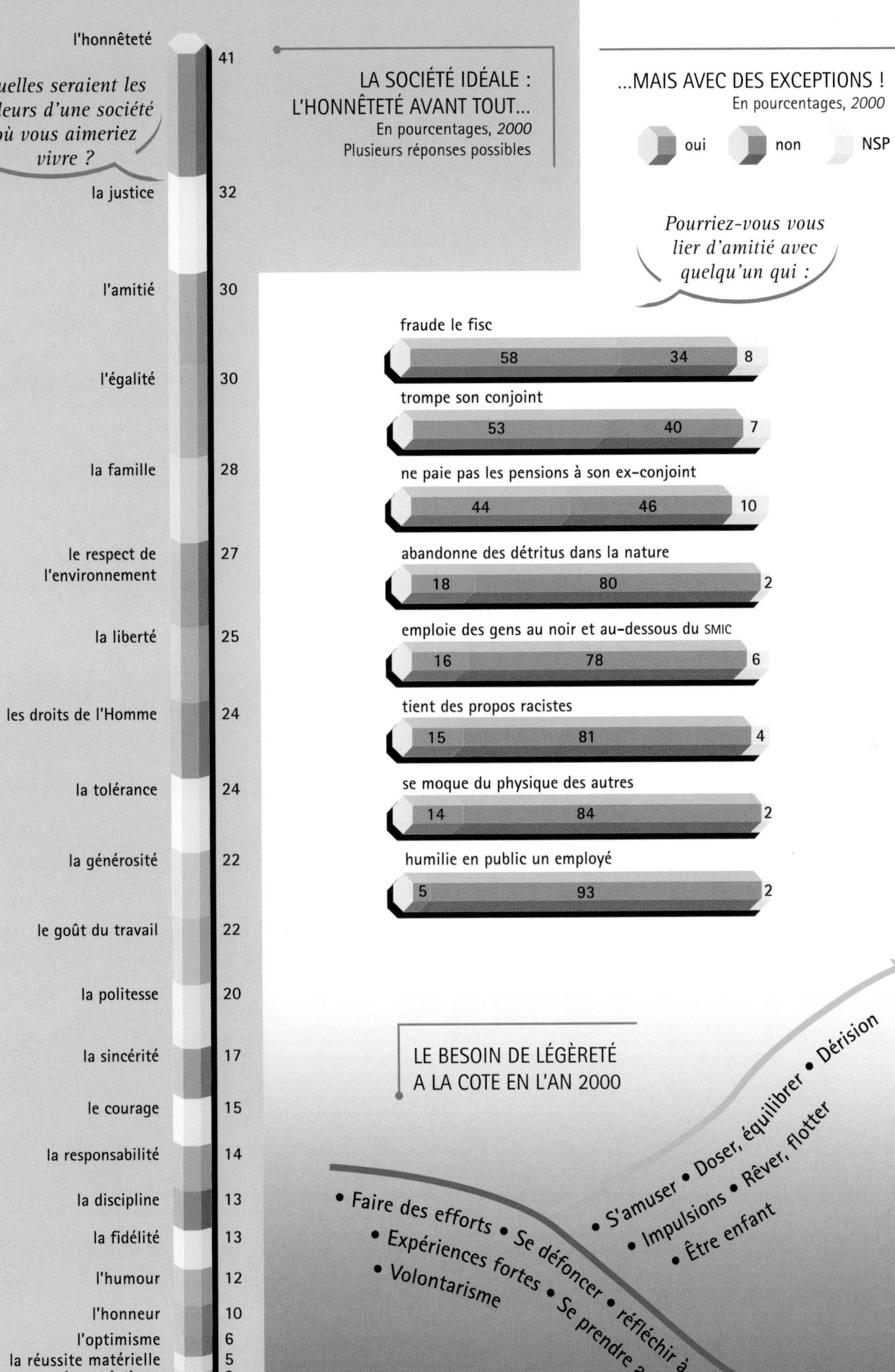
Quelles seraient les valeurs d'une société où vous aimeriez vivre ?
l'honnêteté 41
la justice 32
l'amitié 30
l'égalité 30
la famille 28
le respect de l'environnement 27
la liberté 25
les droits de l'Homme 24
la tolérance 24
la générosité 22
le goût du travail 22
la politesse 20
la sincérité 17
le courage 15
la responsabilité 14
la discipline 13
la fidélité 13
l'humour 12
l'honneur 10
l'optimisme 6
la réussite matérielle 5
le patriotisme 3
LA SOCIÉTÉ IDÉALE : L'HONNÊTETÉ AVANT TOUT...
En pourcentages, 2000
Plusieurs réponses possibles
...MAIS AVEC DES EXCEPTIONS !
En pourcentages, 2000
oui
non
NSP
Pourriez-vous vous lier d'amitié avec quelqu'un qui :
fraude le fisc
58 34 8
trompe son conjoint
53 40 7
ne paie pas les pensions à son ex-conjoint
44 46 10
abandonne des détritus dans la nature
18 80 2
emploie des gens au noir et au-dessous du SMIC
16 78 6
tient des propos racistes
15 81 4
se moque du physique des autres
14 84 2
humilie en public un employé
5 93 2
LE BESOIN DE LÉGÈRETÉ A LA COTE EN L'AN 2000
• S'amuser • Doser, équilibrer • Dérision
• Impulsions • Rêver, flotter
• Être enfant
• Faire des efforts • Se défoncer • réfléchir à sa vie
• Expériences fortes • Se prendre au sérieux
• Volontarisme

# Références

## PARTIE 1 Les grands cadres

### • 12-17 CITADINS MALGRÉ EUX

**Références bibliographiques** : L. Dirn, « Nouvelles dynamiques démographiques » *in* L. Dirn, *Observations et diagnostics économiques*, n° 44, avril 1993 ; CREDOC, « On pense différemment à Paris, dans les zones urbaines et dans le rural », *Consommation et modes de vie*, n° 147, 30 janvier 2001 ; *Insee-première* n° 516 (avril 1997), n° 691 (2000), n° 692 (2000) ; B. Caussé, « La province va très bien, merci », *Le Monde* du 24 février 2001.

**Sources des graphiques** : pp. 12-13 : *Insee-première* n° 516 (avril 1997) ; pp. 14-15 : *Insee-premiere* n° 707 (avril 2000) ; pp. 16-17 : CREDOC, *Consommation et modes de vie*, n° 147, 30 janvier 2001 ; *Insee-première* n° 758 (février 2001) et n° 800 (août 2001).

### • 18-19 LE POULS DE LA POPULATION

**Références bibliographiques** : H. Mendras, *La France dans l'Europe*, Rapport au Commissariat général au plan, Mimeo, 1999.

**Sources des graphiques** : pp. 18-19 : INED, « Conjoncture démographique en France », rapports annuels, *Population. Le Monde Campus*, mars 2001 ; INSEE, *La France et ses régions*, 1997 ; *Insee-Première* n° 757 (février 2001) ; INSEE, recensements de la population.

### • 20-35 ÉCONOMIE(S)

**Références bibliographiques** : *Time* du 12 juin 2000 ; INSEE, *L'agriculture*, Coll. Synthèses, n° 10, 1997 ; « La France en mutation », *Sciences Humaines*, Hors série n° 26, 1999 ; INSEE, *Tableaux de l'économie française* (TEF), 1999-2000 ; INSEE, *Les services en 1998*, Coll. Synthèses, n° 33, 2000 ; H. Bauchon et O. Brossard, « Croissance et technologies de l'information en France et aux États-Unis », *Revue de l'OFCE*, n° 76, janvier 2001 ; INSEE, *Données sociales*, 1999 ; INSEE, *France, portrait social, 1999-2000* ; *La lettre du Lest*, juillet 2000 ; INSEE, Dossier « Les indépendants, les PME », *Économie et statistique*, n° 319-320, 1998 ; Commissariat général au plan (CGP), *Gérer l'emploi public*, La Documentation française, 1994 ; CGP, *Rapport sur les perspectives de la France*, 1999 ; SOFRES, *L'État de l'opinion*, 1999 et 2000, Le Seuil ; N. Herpin et D. Verger, *La Consommation des Français*, La Découverte, 2000.

**Sources des graphiques** : pp. 20-21 : OCDE, principaux indicateurs ; OMC ; *Le Moci*, n° 1468, 16-22 nov. 2000 ; pp. 22-25 : AGRESTE, *Statistique agricole annuelle*, INSEE, coll. Synthèses n° 10, 1997 ; INSEE, *TEF 1999-2000* et *2000-2001* ; A. d'Angeville, *Essai sur la statistique de la population française*, 1969 ; pp. 26-27 : INSEE, *TEF 2000-2001* ; INSEE, Section synthèse et conjoncture de l'emploi ; *Les Échos*, 12 juillet 2000 et *Jupiter-Les Échos* ; pp. 28-29 : INSEE, Section synthèse et conjoncture de l'emploi, ; INSEE, *TEF 2000-2001* ; pp. 30-31 : INSEE, *TEF 2000-2001* ; pp. 32-33 : INSEE, *TEF 2000-2001* ; *Insee-première* n° 700 (février 2000) ; pp. 34-35 : INSEE, *TEF 2000-2001* ; CREDOC et CREDOC, Enquête consommation 1999.

## PARTIE 2 Les uns et les autres

### • 38-41 LES ÂGES DE LA VIE

**Références bibliographiques** : CGP, *Rapport sur les perspectives de la France*, 1999 ; O. Galland *in* INSEE, *Les Jeunes, Portrait social*, 2000 ; P. Bourdelais (dir.), « Les nouveaux retraités », *Problèmes politiques et sociaux*, n° 847, nov. 2000.

**Sources des graphiques** : pp. 38-39 : *Insee-premiere* n° 746 (nov. 2000) ; INSEE, *Les Jeunes, Portrait social*, 2000 ; pp. 40-41 : INSEE, Enquête Budget des familles ; CREDOC, *Modes de vie et consommation*, n° 135, mai 1999.

### • 42-51 ANCIENS ET NOUVEAUX MÉTIERS

**Références bibliographiques** : INSEE, *L'agriculture*, Coll. Synthèses, n° 10, 1997 ; SOFRES, *L'État de l'opinion 2000*, Le Seuil ; INSEE, *Données sociales*, 1999 ; *La lettre du Lest*, juillet 2000 ; INSEE, *Tendances régionales*, 1999 ; INSEE, , Dossier « Les indépendants, les PME », *Économie et Statistique*, n° 319-320, 1998 ; CGP, *Gérer l'emploi public*, La Documentation française, 1994 ; INSEE, *TEF 1999-2000* et *2000-2001* ; *Insee-première* n° 172 (juin 2000).

**Sources des graphiques** : pp. 42-43 : D. Merllié, « Mobilité sociale », *in* « La société française contemporaine », *Cahiers français* n° 291, mai-juin 1999 ; INSEE, Enquêtes Emploi du temps et Conditions de vie ; INSEE, *TEF 1999-2000* ; pp. 44-45 : INSEE, coll. Synthèses n° 10, 1997 ; INSEE, Scees, Direction générale des Impôts ; pp. 46-47 : INSEE, *Tendances régionales*, 1999 ; INSEE, Enquête Durée du travail, 1995 ; pp. 48-49 : INSEE, Recensement 1999 et Enquêtes emploi 1990 et 1996 ; pp. 50-51 : INSEE, *TEF 2000-2001*.

### • 52-59 CLASSES ET INÉGALITÉS SOCIALES

**Références bibliographiques** : *Insee-première*, « Comment se détermine le niveau de vie d'une personne », n° 798 (juillet 2001) ; L. Chauvel, *Revue de l'OFCE*, octobre 1995 ; INSEE, *Données sociales*, 1999 ; CGP, *Rapport sur les perspectives de la France*, 1999 ; M. Forsé *in* L. Dirn, *La Société française en tendances 1975-1995*, PUF, 1998 ; INSEE, *France, portrait social*, 1999-2000 ; S. Beaud, « La condition ouvrière aujourd'hui », *Regards sur l'actualité*, n° 259, mars 2000 ; S. Lollivier *in* INSEE, *Données sociales*, 1999 ; E. Mension-Rigau, *Aristocrates et grands bourgeois*, Perrin, 2000 ; M. Pinçon et M. Pinçon-Charlot, *Sociologie de la bourgeoisie*, La Découverte, 2000.

**Sources des graphiques** : pp. 52-53 : INSEE, *TEF 2000-2001* ; *Insee-première* n° 798 (juillet 2001) ; INSEE, Enquête Patrimoine 1997-1998 ; Sondage IFOP en 1966 et

SOFRES de 1976 à 1994 ; pp. 54-55 : Secours catholique, *Statistiques d'accueil 1999* ; INSEE, *France : portrait social*, 2000-2001 ; INSEE, Coll. Synthèses, n° 47, 2000-2001 ; pp. 58-59 : INSEE, *TEF 1999-2000* ; Ministère de l'Éducation nationale, *Repères et références statistiques*, 2000.

• 60-63 LES TRAJECTOIRES DE L'IMMIGRATION

**Références bibliographiques** : L. Mucchielli in L. Dirn, *La Société française en tendances 1975-1995*, PUF, 1998 ; *Insee-Première*, « L'emploi des immigrés en 1999 », n° 717 (mai 2000) ; *Insee-première*, « La proportion d'immigrés est stable depuis 25 ans », n° 748 (nov. 2000) ; INSEE, *Regards sur l'immigration depuis 1945*, coll. Synthèses, n° 30, oct. 1999 ; A. Jazouli *in* SOFRES, *L'État de l'opinion 1995*, Le Seuil.

**Sources des graphiques** : pp. 60-63 : *Insee-première* n° 717 (mai 2000) et n° 748 (nov. 2000) ; Enquête SOFRES, 2-8 novembre 1993 ; INSEE, Enquête sur l'Emploi 1999 et Recensement de la population 1990 et 1999.

• 64-67 DE LA VIOLENCE DES BANDES À LA RÉVOLTE DE L'EXCLU

**Références bibliographiques** : F. Dubet, « Violences urbaines », *Cahiers français*, n° 291, 1999 ; H. Lagrange, G. Mauger, F. Dubet, O. Le Noé et T. Vedel, « Jeunesse, violences et société », *Regards sur l'actualité*, n° 243, 1998 ; L. Chauvel et H. Lagrange *in Revue de l'OFCE*, n° 39 (1992) et n° 46 (1993) ; GÉRI, *Criminalité et délinquances apparentes : une approche territoriale*, La Documentation française, 2000 ; L. Mucchielli, *Violences et insécurité : fantasmes et réalités dans le débat français*, La Découverte, 2001 ; INED, *Population et société*, n° 334, avril 1998 ; OFDT, *Drogues et toxicomanies*, éd. OFDT, 1999.

**Sources des graphiques** : pp. 64-65 : Ministère de l'Intérieur, CESDIP ; *L'Express* du 15 février 2001 ; Sondage BVA/*Paris-Match*, 3 février 2001 ; pp. 66-67 : INSERM ; INED ; Observatoire français des drogues et toxicomanies.

## PARTIE 3 INTIMITÉ ET CONTINUITÉ FAMILIALES

• 70-73 DÉSIRS D'AMOUR

**Références bibliographiques** : « L'un et l'autre sexe », *Esprit*, mars-avril 2001 ; H. Lagrange, *Les Adolescents, le sexe, l'amour*, La Découverte-Syros, 1999 ; J.-M. Normand, « Le flirt », *in Le Monde* des 28 juillet, 4 et 18 août 2000 ; P. Yonnet, « Libérer le sexe pour se libérer du sexe », *Le Débat*, n° 112, nov.-déc. 2000 ; M. Bozon et H. Léridon, « Les comportements sexuels en France. D'un rapport à l'autre », *Population*, n° 276, 1993, et « Sexualité et sciences sociales », *Population*, n° 5, sept.-oct. 1993 ; E. Pisier, « Hommes-Femmes : nouveaux rapports », in SOFRES, *L'État de l'opinion 2001*, Le Seuil ; H. Leridon, « La fréquence des rapports sexuels », *Population*, n° 5, sept.-oct. 1993.

**Sources des graphiques** : pp. 70-73 : Sondages *Science et vie Junior*, février 2001 ; INED, *Population*, n° 5, sept.-oct. 1993 ; Sondage SOFRES pour *Perso*, 24-25 mars 2000.

• 74-77 NOUVELLES MŒURS, NOUVEAUX COUPLES

**Références bibliographiques** : N. Journet, *Sciences-Humaines*, n° 98, sept.-oct. 1999 ; J. Mossuz-Lavau, « Les femmes du XXe siècle », dans SOFRES, *L'État de l'opinion 2000*, Le Seuil ; INSEE, *France, Portrait social*, 1999-2000.

**Sources des graphiques** : pp. 74-75 : INED, *Population*, n° 3, 2000 ; Ministère de la Justice ; INSEE, Statistique de l'État civil et Enquête Emploi 1990 à 1998 ; pp. 76-77 : INSEE, *TEF 2000-2001* ; Bureau international du travail ; Sondage Louis Harris pour le Ministère de l'Emploi ; Rapport de la Commission pour la parité entre les hommes et les femmes dans la vie politique ; INSEE, Recensement de la population 1999.

• 78-83 AÏEUX ET DESCENDANTS

**Références bibliographiques** : C. Attias-Donfut et M. Segalen, *Grands-parents, la famille à travers les générations*, Odile Jacob, 1998 ; F. Dubost, « Les métamorphoses de la résidence secondaire », *in Universalia 1999*, Encyclopaedia universalis, pp. 255-256 ; M. Segalen, « Familles et générations », *L'État de la France 2000*, La Découverte ; J.-H. Déchaux, *in* L. Dirn, *La Société française en tendances*, PUF, 1990 ; INSEE, « Famille je vous aide », *Insee-Première* n° 631 (février 1999) ; INSEE, « 12 millions et demi de grands-parents », *Insee-première* n° 776 (200) ; INSEE, *France, Portrait social*, 1999-2000.

**Sources des graphiques** : pp. 78-79 : CNAV, 1992 ; pp. 80-81 : *Insee-première* n° 631 (février 1999) ; pp. 82-83 : Fédération française de crémation pour *Le Parisien* et *Libération* du 1er novembre 2000 ; Sondages IFOP/PFG.

## PARTIE 4 LES PASSIONS FRANÇAISES

• 86-89 LA COTE DES VALEURS

**Références bibliographiques** : M. Borgetto, « L'irrésistible ascension des droits à... », *Informations sociales*, n° 81, 2000 ; E. Keslassy, « Tocqueville l'aristo démocrate », *Alternatives économiques*, n° 188, janv. 2001 ; É. Schweisguth, « Liberté, autorité et civisme trente ans après Mai 68 » *in* P. Bréchon, *Les Valeurs des Français*, Armand Colin, 2000 ; É. Schweisguth, « La montée des valeurs individualistes », *Futuribles*, n° 200, juill.-août 1995.

**Sources des graphiques** : pp. 86-87 : SOFRES, *L'État de l'opinion 2001*, Le Seuil ; P. Bréchon, *Les Valeurs des Français*, Armand Colin, 2000 ; Ministère de la Justice ; pp. 88-89 : P. Bréchon, *Les Valeurs des Français*, Armand Colin, 2000 ; *Futuribles*, mai 2000.

• 90-101 GRANDES ET PETITES PASSIONS

**Références bibliographiques** : G. Rullière, « De la gastronomie à la diététique », *Regards sur l'actualité*, n° 229, mars 1997 ; J.-V. Pfirsch, *La Saveur des sociétés. Sociologie des goûts alimentaires en France et en*

*Allemagne*, Presses universitaires de Rennes, 1997 ; J.-R. Pitte, « Pour une géographie du goût ! », *Sciences Humaines*, n° 110, nov. 2000 ; N. Herpin, *La Consommation des Français*, La Découverte, 2000 ; L. Wylie, « Joindre le geste à la parole » *in* J.-D. Reynaud et Y. Grafmeyer, *Français, qui êtes-vous ?*, La Documentation française, 1981 ; M. Coutty, « Chirurgie esthétique : les hommes aussi », *Le Monde* du 12 janvier 2001 ; J. Defrance, « Les pratiquants du sport », *in Le sport en France*, Études de La Documentation française, 2000 ; SOFRES, *L'État de l'opinion 2001*, Le Seuil ; INSEE, *Données sociales*, 1999 ; F. Dubost et S. Nail, *in* H. Brunon (dir.), *Le Jardin, notre double*, Autrement, 1999 ; M. Racine, *Jardins en France*, Actes-Sud, 1997-1998 (introduction) ; D. Darbon, « La fronde des chasseurs », *Encyclopædia Universalis*, 1999 ; Institut français de l'environnement, *L'Environnement en France*, La Découverte, 1998.

**Sources des graphiques** : pp. 90-91 : CREDOC, Enquête Inca, 1999 ; pp. 92-93 : DCSSA *in L'Express* du 5 oct. 2000 ; INSEE, Enquête Consommation et modes de vie ; SOFRES, *L'État de l'opinion 2001*, Le Seuil ; pp. 94-95 : INSEE, Enquête Budget des ménages 1995 ; *Guide du textile et de l'habillement*, IFM-CTCOE, 2000 ; *Lettre du CTCOE*, n° 79, février 2001 ; pp. 96-97 : *Lettre du Sport*, 7 avril, 9 juin et 13 octobre 1999 ; INSEE, *TEF 1999-2000* ; INSEE, Comptes du commerce 1996 ; *Insee-première* n° 597 (juillet 1998) ; Ministère de la Jeunesse et des Sports, *Stat-Info* mars 2001 ; pp. 98-101 : *Officiel Jardin Motoculture*, n° 52, mars 1998 ; Ministère de la culture, *Pratiques culturelles, 1997* ; Office national de la Chasse.

### • 102-103 VACANCES : LE CULTE DU GRAND AIR

**Références bibliographiques** : *Insee-première* n° 734 (août 2000) ; Institut français de l'environnement, *L'Environnement en France*, La Découverte, 1998 ; F. Dubost (dir.), *L'autre maison. La résidence secondaire, refuge des générations*, Autrement, 1998.

**Sources des graphiques** : pp. 102-103 : *Insee-première* n° 734 (août 2000) ; INSEE, Recensement de la population 1990 et 1999.

## PARTIE 5 L'ÉTAT, LES GRANDES INSTITUTIONS ET LA SOCIÉTÉ CIVILE

### • 106-113 PLUS OU MOINS D'ÉTAT ?

**Références bibliographiques** : M. Forsé, « Libéralisme et interventionnisme », *Revue de l'OFCE*, n° 68, janvier 1999 ; *Les Échos* des 30 et 31 janvier 2001 ; S. Paugam et F.-X. Schweyer *in* O. Galland, Y. Lemel, *La nouvelle société française*, Armand Colin, 1998 ; SOFRES, *L'État de l'opinion*, 2000 ; DATAR, *Aménager la France de 2020*, La Documentation française, 2000 ; *Les Échos* du 2 et 3 janvier 2001 ; *L'État de la France 2000*, La Découverte ; P. Bréchon, *Les Valeurs des Français*, Armand Colin, 2000 ; P. Fournet, « Un paysage idéologique en mutation », *Sondoscopie*, juillet 2000 ; P. Bréchon, A. Laurent et P. Perrineau, *Les Cultures politiques des Français*, Paris, Presses de Sciences-Po, 2000 ; C. Dargent, « Participation et action collective », *Cahiers Français*, n° 291, mai-juin 1999.

**Sources des graphiques** : pp. 106-107 : Ministère de l'Économie, *Notes Bleues* ; SOFRES, *L'État de l'opinion 2000*, Le Seuil ; INSEE, *TEF 2000-2001* ; pp. 108-109 : P. Bréchon, *Les Valeurs des Français*, Armand Colin, 2000 ; *L'Expansion*, n° 638, 1-14 février 2001 ; pp. 110-111 : SOFRES, *L'État de l'opinion 1996* ; P. Bréchon, A. Laurent, P. Perrineau, *Les Cultures politiques des Français*, Paris, Presses de Sciences-Po, 2000 ; P. Bréchon, *Les valeurs des Français*, Armand Colin, 2000 ; pp. 112-113 : P. Bréchon, A. Laurent, P. Perrineau, *Les Cultures politiques des Français*, Paris, Presses de Sciences-Po, 2000 (Enquête OIP) ; Reclus, *Atlas de la France*, 1997 ; *L'État de la France 2000*, La Découverte ; *Futuribles*, n° 260, janvier 2001 ; CREDOC, « Consommation et mode de vie », n° 123, 31 janvier 1998, et n° 133, 20 février 1999.

### • 114-127 LES GRANDES INSTITUTIONS... LOIN DU CŒUR

**Références bibliographiques** : D. Hervieu-Léger, *Le Pèlerin et le converti*, Flammarion, 1999 ; P. Bréchon, *Les Valeurs des Français*, Armand Colin, 2000 ; Y. Lambert, « Les attitudes religieuses en France », *Archives des sciences sociales des religions*, n° 109, 2000 ; *Insee-Première*, « L'état de la pratique religieuse en France », n° 570 (mars 2000) ; J.-M. Donégani, « Identités et expressions religieuses », M. Lallement, « Relations professionnelles et actions collectives » et C. Dargent, « Participation et actions politiques » *in Cahiers Français*, n° 291, 1999 ; Y. Crozet *et al.*, *Les grandes questions de la société française*, Nathan, 2000 ; J.-P. Jaslin *in* L. Dirn, *La Société française en tendances*, PUF, 1990 ; O. Galland et Y. Lemel, *La nouvelle société française*, Armand Colin, 1998 ; *Insee-première*, « Le tissu associatif de 1983 à 1996 », n° 542 (sept. 1997).

**Sources des graphiques** : pp. 114-117 : J.-M. Donégani, « Identités et expressions religieuses », *Cahiers Français*, n°291, mai-juin 1999 ; *Insee-première* n° 570 (mars 1998) ; P. Bréchon, *Les Valeurs des Français*, Armand Colin, 2000 ; *Futuribles*, n° 260, janvier 2001 ; Sondage SOFRES-La Croix 1985 ; pp. 118-119 : P. Bréchon, *Les Valeurs des Français*, Armand Colin, 2000 ; *Le Figaro* du 14 sept. 2000 ; *Les Champs de Mars*, 2e semestre 1998 ; pp. 120-123 : D. Labbé, *La Syndicalisation en France*, DARES, 1994-1995 ; Ministère de l'Emploi et DARES ; *Liaisons sociales* du jeudi 12 oct. 2000 ; P. Bréchon, *Les Valeurs des Français*, Armand Colin, 2000 ; pp. 124-125 : Ministère de la Justice, *Annuaire statistique de la Justice*, La Documentation française, 2001 ; pp. 126-127 : CREDOC, *Consommation et modes de vie*, n° 123 (31 janvier 1998) et n° 133 (20 février 1999) ; *Insee-première* n° 542 (sept. 1997) ; Ministère de l'Environnement et CREDOC.

### • 128-131 BON BILAN DE SANTÉ

**Références bibliographiques** : INSERM, *Les inégalités sociales de santé*, La Découverte, 2000 ; D. Carricaburu, « La santé : un monde social en mutation », *Cahiers Français*, n° 291 ; N. Herpin et D. Verger, *La Consommation des Français*, La Découverte, 2000.
**Sources des graphiques** : pp. 128-131 : DREES ; INSERM, *Les Inégalités sociales de santé*, La Découverte, 2000 ;

INSEE, *TEF 2000-2001* ; Eco-santé-France 99 in *L'État de la France 2000-2001* ; INSEE, *TEF 2000*.

### •132-135 L'ÉCOLE EN EXAMEN

**Références bibliographiques :** Ministère de l'Éducation nationale, *Repères et références, statistiques*, 1999 ; INSEE, *France : Portrait social, 1999-2000* ; CGP, *Rapport sur les perspectives de la France*, 1999 ; Ministère de l'Éducation nationale, *Géographie de l'école*, 1999 ; INSEE, *Données sociales 1999* ; Eurostat, *Statistiques en bref*, thème 3 - 14/2000 ; Eurostat, enquête Forces de travail ; OCDE, base de données sur l'éducation.

**Sources des graphiques :** pp. 132-135 : Ministère de l'Éducation nationale, *Géographie de l'école*, 1999 ; Ministère de l'Éducation nationale, *Repères et références statistiques 2000* ; Eurostat et OCDE.

## PARTIE 6 CULTURE ET RÉSEAUX

### • 138-147 CULTURE : L'APPEL DU LARGE

**Références bibliographiques :** Ministère de la Culture, *Développement culturel*, n° 132 (février 2000), n° 129 (juillet 1999), n° 127 (oct. 1998), n° 135 (sept. 2000) ; O. Donnat, « La stratification sociale des pratiques culturelles », *Revue Française de sociologie*, XL-1, 1999 ; O. Donnat *in L'État de la France 2000*, La Découverte ; N. Herpin et D. Verger, *La Consommation des Français*, La Découverte, 2000 ; O. Donnat, Ministère de la Culture, *Pratiques culturelles des Français*, Enquête 1997, La Documentation française, 1998 ; Ministère de la culture, *Les Amateurs. Enquête sur les activités artistiques des Français*, La Documentation française, 1996 ; Revue *Mouvements* n° 11, sept-oct. 2000 ; D. Lepoutre, *Cœurs de banlieues, codes, rites et langages*, Odile Jacob, 1997 ; S. Allemand, « Cultures et arts de ville », *Sciences humaines*, n° 110, nov. 2000 ; SOFRES, *L'État de l'opinion 2000* ; B. Delorme-Montini, « Intellectuels, un nouvel objet d'histoire », *Le Débat*, n° 111, nov.-déc. 2000 ; J. Winock, « Philo, de la sagesse pour tous », *Le Débat*, n° 112, nov-déc. 2000.

**Sources des graphiques :** pp. 138-145 : Ministère de la culture/Département des études et de la prospective (DEP) *in L'État de la France 2000-2001* ; Ministère de la Culture, Direction des études et de la prospective, *Développement culturel* n° 135, sept. 2000 ; Items-international ; O. Donnat, *Pratiques culturelles des Français*, Enquête 1997, La Documentation française, 1998 ; pp. 146-147 : *Le Débat*, n° 111, sept.-oct. 2000 ; Syndicat national de l'Édition (enquête de branche) ; Palmarès IFOP/*L'Express*, Supplément *Livre-Hebdo*, n° 417 du 16 mars 2001.

### • 148-157 AMIS ET AFFINITÉS

**Références bibliographiques :** M. Parodi, « La lente évolution de la sociabilité », *Revue de l'OFCE*, n° 73, avril 2000 ; A. Degenne et M. Forsé, « Vers une sociabilité négociée », *in* O. Galland et Y. Lemel, *La nouvelle société française*, Armand Colin, 1998 ; *Insee-Première* n° 613 (oct. 1998) ; *Insee-Première*, « Vivre seul, sentiment de solitude et isolement rationnel », n° 678 (oct. 1999) ; *Insee-Première*, « La parenté : un réseau de sociabilité actif mais concentré », n° 600 (juillet 1998) ; *Insee-Première*, « La percée du téléphone portable et d'internet », n° 700 (février 2000) ; CREDOC, « Le repas traditionnel se porte bien », *Consommation et modes de vie*, n° 132 (janv. 1999), n° 146 (nov. 2000) ; N. Herpin et D. Verger, *La Consommation des Français*, La Découverte, 2000 ; Henri Mendras, *La Seconde Révolution française*, Gallimard, 1994 ; P. Arnaud (dir.), *Le Sport en France*, Les études de la Documentation française, 2000 ; A. Rankin, *in Courrier International*, 5-11 octobre 2000 ; O. Le Noé, « Football et violence », *Regards sur l'actualité*, juillet-août 1998.

**Sources des graphiques :** pp. 148-151 : *Insee-première* n° 613 (oct. 1998) et n° 678 (oct. 1999) ; pp. 152-153 : Sondage Louis Harris/*Le Figaro* du 1er mars 2001 ; *Insee-première* n° 700 (février 2000) ; *Connectis*, Supplément *Les Échos* du 25 avril 2001 ; pp. 154-155 : CREDOC, *Consommation et modes de vie*, n° 132, 30 janvier 1999, et n° 146, 30 novembre 2000 ; pp. 156-157 : Ministère de la Jeunesse et des sports.

## PARTIE 7 AUTRES LIEUX, AUTRES VUES

### • 160-163 FRANCE - EUROPE - MONDE

**Références bibliographiques :** *Atlas de la Francophonie*, Bordas, 1995 ; Haut conseil de la francophonie, *État de la francophonie dans le monde*, La Documentation française, 2001 ; « Les leaders de l'exportation française », *Le Moci*, n° 1468, 16-22 nov. 2000 ; « Expatriation : le mythe français de la fuite des cerveaux », *Le Moci*, n° 1389, 13-19 mai 1999 ; SOFRES, *L'État de l'opinion 2001*, Le Seuil.

**Sources des graphiques :** pp. 160-161 : *Atlas de la francophonie*, Bordas, 1995 ; *Le Moci*, n° 1468, 16 novembre 2000 ; Exportations : calculs OFCE ; *Livre-Hebdo* n° 417 du 16 mai 2001 ; pp. 162-163 : Commission européenne *in Le Figaro* du 2 avril 2001 ; SOFRES, *L'État de l'opinion 2001*, Le Seuil.

### • 164-167 ALORS, HEUREUX ?

**Références bibliographiques :** P. Bréchon et J.-F. Tchernia, « L'évolution des valeurs des Français », *Futuribles*, n° 253, mai 2000 ; P. Bréchon, *Les Valeurs des Français*, Armand Colin, 2000 ; P. Bréchon, A. Laurent, P. Perrineau, *Les Cultures politiques des Français*, Presses de Sciences-po, 2000 ; *La Lettre de la Cofremca*, n° 51, février 2001.

**Sources des graphiques :** pp. 164-165 : P. Bréchon, *Les Valeurs des Français*, Armand Colin, 2000 ; *Futuribles*, n° 253, mai 2000 ; p. 166-167 : *Lettre de la Cofremca* n° 51, février 2001 ; *Futuribles* n° 258, nov. 2000 ; Sondage BVA/*Psychologies*, mai 2000.

# Index